LES

VIGNETTES ROMANTIQUES

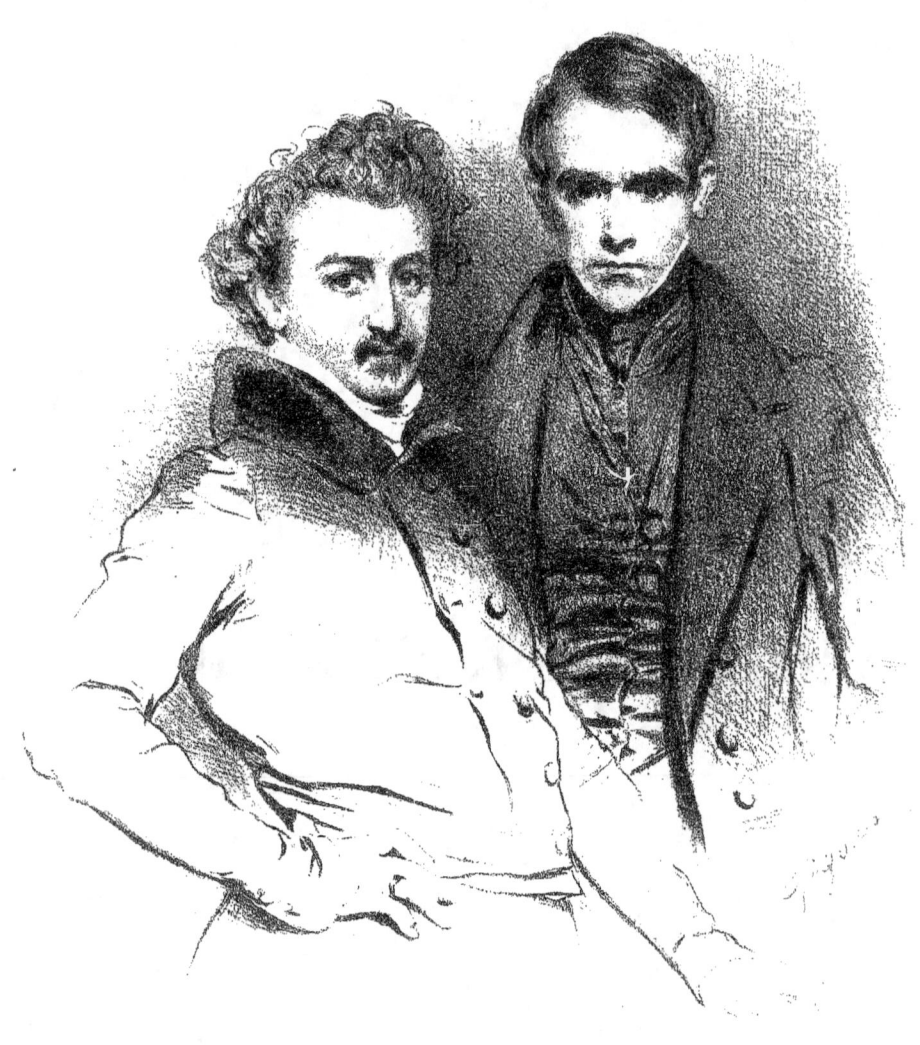

ALFRED ET TONY JOHANNOT

CHAMPFLEURY

LES

VIGNETTES ROMANTIQUES

HISTOIRE DE LA LITTÉRATURE ET DE L'ART

1825-1840

150 VIGNETTES

PAR

CÉLESTIN NANTEUIL, TONY JOHANNOT, DEVÉRIA,

JEANRON, ÉDOUARD MAY, JEAN GIGOUX, CAMILLE ROGIER, ACHILLE ALLIER

Suivi d'un Catalogue complet

des Romans, Drames, Poésies, ornés de vignettes, de 1825 à 1840.

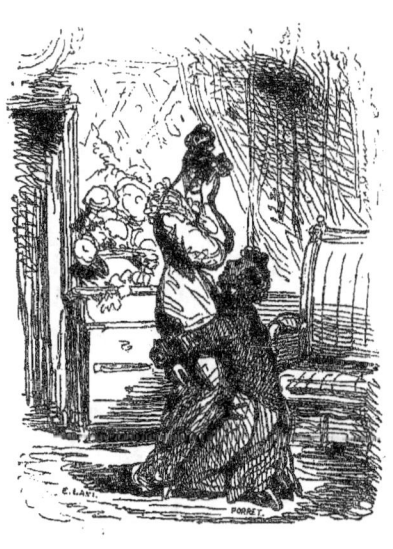

PARIS

E. DENTU, LIBRAIRE-ÉDITEUR

PALAIS-ROYAL, 15, 17, 19, GALERIE D'ORLÉANS

1883

PRÉFACE

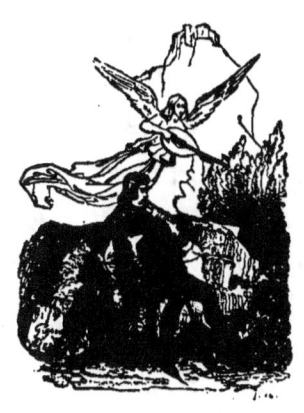

Il n'est pas d'époques, à mon sens, où le crayon et le burin formèrent aussi étroitement corps avec la littérature que pendant la période romantique. La flamme qui éclairait l'œuvre des écrivains d'alors, l'insurrection qu'ils tentaient s'étendirent comme une traînée de poudre jusqu'aux ateliers ; à l'appel des poètes et des romanciers, tout un groupe de dessinateurs influencés par les mêmes courants passionnés se jeta plein de vaillance dans la mêlée.

Les artistes de 1830 ne choisissaient pas et se montraient aussi fiers d'adjoindre un frontispice à l'œuvre d'un maître glorieux que de retracer en une page le fonds d'ouvrages parfois bizarres. Imagiers d'imposants édifices, ils prêtaient également un concours empressé à des constructions dont quelques-unes sont déjà en ruines ; pourtant, grâce à leur crayon, ils ont rendu claires et visibles les tendances multiples d'un temps déjà archaïque.

Si les livres de chevalerie qui emplissaient la bibliothèque de Don Quichotte avaient été ornés de tels frontispices, nul doute que le curé qui les condamnait, comme troublant la cervelle du brave hidalgo de la Manche, n'eût détaché les images de ces bouquins avant de les jeter au feu.

Dans le Malade imaginaire, *Thomas Diafoirus offre à Angélique qui la repousse une grande thèse pharmaceutique ornée d'un
en-tête gravé. —* Donnez, donnez, *dit Toinette, elle est toujours
bonne à prendre pour l'image, cela servira à parer notre
chambre.*

*Il en arrivera peut-être de même de plus d'une vignette de la
période romantique, non pas de celles qui accompagnent l'œuvre
des maîtres, mais de celles qui illustrent véritablement des
ouvrages d'êtres dévoués au cénacle, plus frottés de « littérarisme »
que bien doués, brillants Jeune-France au début, qui, pour
étonner les gens, se démenaient étrangement, criaient fort sinon
juste, et que l'époque actuelle a pu voir semblables aux survivants
du premier Empire, le corps flottant dans d'anciens uniformes
délabrés, la tête chenue protégée par des shakos à plumets
consternés.*

*Des livres de ceux-là la vignette reste seule. Une image,
une épitaphe! C'est pourquoi j'ai essayé de raviver la physionomie
de quelques-uns de ces oubliés; n'ont-ils pas droit à occuper un
tabouret dans l'antichambre du Panthéon romantique?*

*De même il m'a paru utile de suivre, également à l'aide des
vignettes, certaines tendances humanitaires, républicaines, socialistes
et philosophiques de 1830, ramifications provenant du même tronc
et qui jusqu'ici n'avaient pas été indiquées.*

*Nous appartenons à une époque raisonneuse plus critique que
créatrice. Malgré les hautes visées que témoignent certaines indivi-
dualités ambitieuses prétendant apporter les formules d'une littérature nouvelle, il n'en reste pas moins acquis que dans le sang de
la génération actuelle se mêle un sang romantique, et il n'est
pas besoin de microscope pour l'apercevoir, si appauvri qu'il
soit. On peut regarder en arrière, regretter la majesté classique*

des auteurs du XVIIe siècle, admirer la clarté des écrivains philosophiques du XVIIIe, il est une pente qui de Bernardin de Saint-
Pierre conduit à Chateaubriand et de là conduit inévitablement
aux efforts tentés par nos pères. Ces traits d'union, cette hérédité
devaient être notés, et on trouvera éparses dans l'ouvrage actuel
quelques-unes de ces questions, si intimement soudées à l'art qu'il
était impossible de les en détacher.

Placé par mon âge entre les vétérans de la littérature romantique et d'ardents schismatiques dont quelques aspirations de détail,
si elles sont légitimes, ne se réaliseront guère qu'en 1900, il a
fallu m'isoler et faire appel à toute mon impartialité pour exprimer sincèrement ma pensée, rentrer en possession de ma nature
et me distraire parfois dans ma retraite en faisant danser les
petits pantins qui se trouvaient à ma portée.

Pour goûter pleinement les audaces romantiques, il faut se
reporter à un demi-siècle, étudier les causes qui produisaient la
révolte, noter les cris de liberté s'échappant d'un certain nombre
de poitrines, suivre au loin les prolongements de racines du vieil
arbre, pénétrer le sens d'une époque fiévreuse dont le peu de
souci du qu'en dira-t-on peut se résumer par ces deux vers :

> Nous allons boire à nos maîtresses
> Dans le crâne de leurs amants.

On sourirait dans les salons d'aujourd'hui d'une telle frénésie ; monté sur le trépied de 1830, le poète pouvait tout oser,
certain d'entraîner des croyants à sa suite.

Ces courants, les vignettes m'ont paru les rendre saisissables
pour tous. Si subtil que paraisse mon plan, tout un coin de l'art
est éclairé par des images qui, n'étant pas de commande, furent
bizarres mais sincères.

En déterminant les diverses manières d'artistes, dont on trouve difficilement les feuilles éparses, peut-être ces études ne seront-elles pas inutiles à l'histoire d'une période fertile en sujets d'étonnement et dont nous regrettons la fièvre, l'audace, le bouillonnement.

CHAMPFLEURY.

Sèvres, 1880-1882.

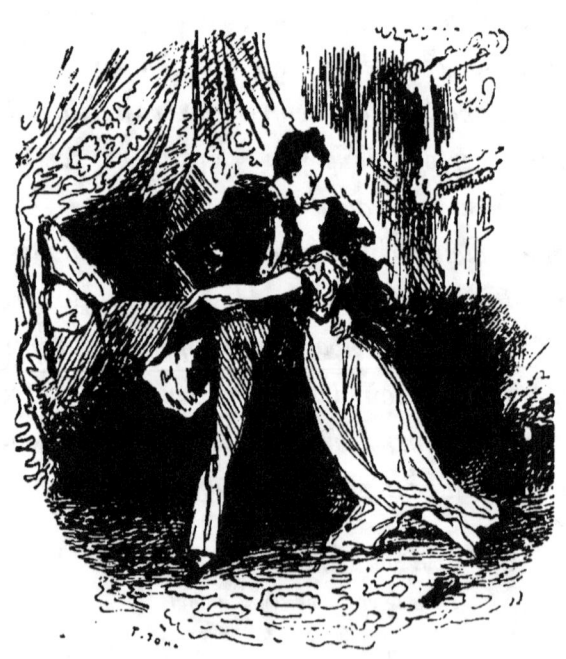

DESSIN A LA PLUME DE TONY JOHANNOT,
de la collection Charles Narrey.

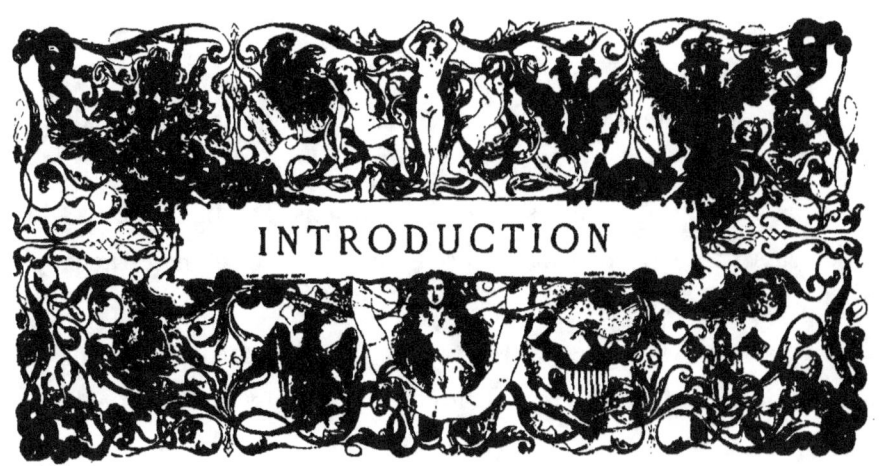

Dessin de Tony Johannot, gravure de Porret.

DE L'IMPORTANCE ATTACHÉE AUX VIGNETTES
PAR LES ÉCRIVAINS ROMANTIQUES

L'époque qui suivra celle-ci témoignera peut-être quelque étonnement de l'excessive importance attachée actuellement au petit art; elle regardera sans doute avec un sourire nos gros livres sur les faiseurs de vignettes, nos monographies à propos de crayonneurs de riens. Les admirations hyperboliques pour des culs-de-lampe et des fleurons, le thuriférariat appliqué à des grains de sable, le manque de mesure et de proportions entre le grand art et le menu donneront, je le crains, facilement raison à nos fils.

A supposer que Cochin filius soit un homme de génie, que dire du Poussin? Je veux bien que Gravelot inspire des prosopopées aux écrivains en quête de « curiosités »; ne pourrait-on établir quelques degrés entre lui et Phidias?

Si, dans les siècles antérieurs, les moines crurent avoir besoin de rehausser les Bibles, les ouvrages de piété, les classiques de l'antiquité par des miniatures, des fleurons, des culs-de-lampe, la littérature profane, dès l'invention de l'imprimerie, devait se laisser entraîner facilement vers ce courant, et au xvie siècle les écrivains les plus graves, savants, historiens, commentateurs des textes sacrés, se trouvaient honorés d'un frontispice majestueux en tête de leurs œuvres.

Du xvie au xviiie siècle il n'y eut pas d'interruption dans ce mode d'ornement des livres. Toutefois, d'architectural et de décoratif le frontispice se laissa couler vers le galant et l'amoureux; de même pour les estampes à l'intérieur des livres.

Le premier complice de cette tendance me paraît avoir été Diderot, qui, malgré son génie, donna parfois une trop grande importance au petit art de son temps. On a recueilli une boutade du philosophe à qui un ami avait prêté un volume : « Si le poème de *l'Art de peindre,* par M. Wattelet, m'appartenait, disait Diderot, je couperais toutes les vignettes, je les mettrais sous des glaces et je jetterais le reste au feu. »

La vignette au xviiie siècle prend, en effet, une certaine importance. Les poètes, les auteurs dramatiques, les romanciers la font servir à l'embellissement de leurs éditions. Jean-Jacques Rousseau trace des programmes aux dessinateurs de *la Nouvelle Héloïse*[1] et, à quelques années de là, Restif de la Bretonne sauve de l'oubli ses fastidieux récits en faisant exécuter sous sa direction de petites estampes qui, plus que les livres de l'auteur, sont piquantes et peuvent jusqu'à un certain point servir à l'histoire des mœurs.

Vint le romantisme, adorateur des images, qui donna la place d'honneur aux imagiers. Fatigué de lire, parfois je me suis amusé à étudier ces crayonnages dont quelques-uns sont ingénieux, à

---

1. *Recueil d'estampes pour « la Nouvelle Héloïse »,* avec les sujets des estampes, tels qu'ils ont été donnés par l'éditeur. Paris, Duchesne, 1761. In-12.

condition qu'on ne force pas la note par une outrance d'admiration excessive.

Eux-mêmes, Chateaubriand et Lamartine, entre 1830 et 1832,
se laissaient gagner par la mode, quoique les illustrations de
leurs ouvrages n'eussent rien de commun avec celles du cénacle.

Chateaubriand et Lamartine faisaient de la vignette une prière,

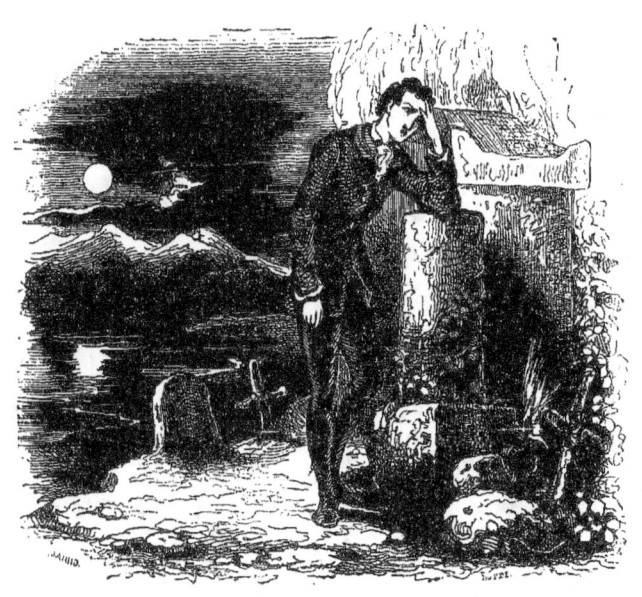

VIGNETTE INÉDITE DE TONY JOHANNOT.
(1830 à 1834.)

un souvenir chrétien, une croix, une tombe, un cimetière de
campagne, un *angelus* au clocher voisin. Dans le but d'animer le
dessin un ange jouait de la harpe avec une Bible pour partition;
de jeunes hommes mélancoliques apparaissaient enveloppés de
manteaux byroniens ou en vêtements sombres, culottes collantes.
Qu'il y avait loin de ces images aux représentations de truands,
d'adultères et d'orgies, et combien Chateaubriand dut regretter
plus d'une fois d'avoir laissé qualifier par les éditeurs ses ouvrages

du titre insurrectionnel d'*Œuvres romantiques de M. le vicomte de Chateaubriand !*[1]

Élodie pouvait reconnaître *Éloa* pour sa parente; *René* ne repoussait pas absolument *Obermann;* mais les *Han d'Islande,* les *Bug-Jargal,* dans leur sauvagerie, ne devaient-ils pas mettre en fuite ces figures angéliques qui voulaient encore espérer une sorte d'alliance entre les croyances anciennes et les tendances nouvelles?

Trait d'union fragile que devait briser un groupe de jeunes hommes ardents ne s'inquiétant guère des mélancolies du groupe de l'Abbaye-aux-Bois.

La vignette devenue religion, mais pas dans le sens Chateaubriand, devait être voyante, passionnée, diabolique, tapageuse et faire *pstt* aux lecteurs pour les raccrocher.

Aux beaux temps de 1830 à 1840 il ne paraît guère d'œuvre d'imagination sans vignettes. Les auteurs les chantent sur tous les tons dans leurs préfaces; la critique elle-même est désarmée devant l'image. Un livre n'est pas fait que l'éditeur, choisissant ses illustrateurs, les prône dans ses prospectus, et il faut des êtres nerveux ou agacés par la mode du moment, pour se priver de ce décor.

On rabâcherait à étaler les preuves, de *la Quiquengrogne* de Victor Hugo au *Spectacle dans un fauteuil.* J'y reviendrai dans des chapitres spéciaux consacrés aux dessinateurs de vignettes; ne vaut-il pas mieux montrer par quelques citations l'importance que les écrivains et les directeurs de journaux attachaient à ces illustrations?

La *Revue des Deux Mondes* alors jeune, point gourmée ni pédante, trouvait qu'une vignette de Tony Johannot pouvait aller

---

1. Paris, chez les marchands de nouveautés, 1831. 5 vol. in-18.

de pair avec une savante exégèse du *Ramayana*. A propos du *Manuscrit vert,* roman mystagogique de Gustave Drouineau, un critique de la Revue disait :

Des deux vignettes dessinées par Tony Johannot et gravées par Porret, il y en a une qui ne vaut absolument rien, celle du premier volume, et une autre, celle du second, qui est charmante. Je sais bien que l'anatomie pittoresque condamne le dessin des hanches de la femme renversée, mais toute la *façon* de cette délicieuse illustration est si légère, si souple, il y a tant de choses faites de rien, précises et du premier trait, que la critique est désarmée.

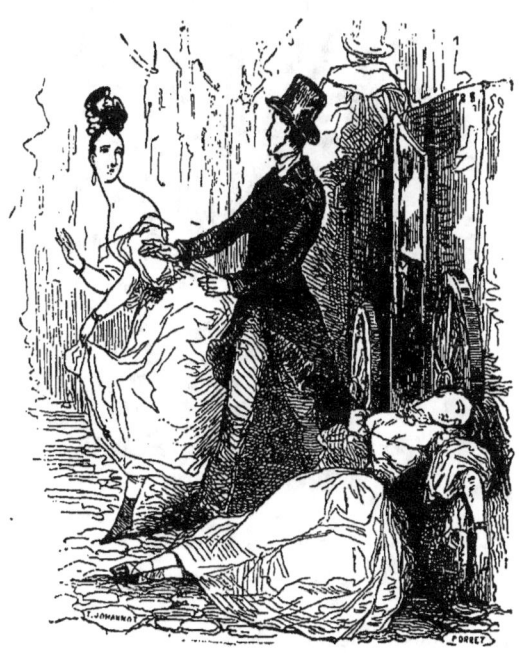

VIGNETTE DE TONY JOHANNOT

pour *le Manuscrit vert* de Gustave Drouineau (1831).

Dans ce ton cassant et pédantesque, qui ne reconnaîtrait la manière de Gustave Planche? Supprimez le jugement quelque peu bourgeois de *l'anatomie pittoresque condamnant le dessin des hanches de la femme,* vous trouvez toutefois un jugement qui caractérise bien les vignettes de Tony Johannot, « cette délicieuse illustration si légère, si souple », où se voient « tant de choses faites de rien, précises et du premier trait ».

Si de la Revue on passe aux écrivains, on verra leur ardente préoccupation de vignettes.

C'est d'abord Édouard Thierry qui, dans la préface de *Sous les rideaux*[1], s'adresse à son frère, le décorateur Joseph Thierry, pour l'aider à présenter au public ce recueil de Nouvelles.

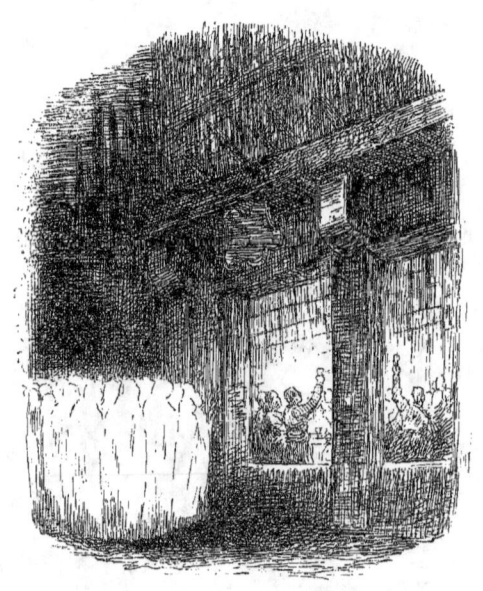

D'APRÈS UNE EAU-FORTE DE JOSEPH THIERRY
pour *les Enfants et les Anges* d'Édouard Thierry (1833).

Frère, je t'envoie le manuscrit de nos Contes ; nous n'avons plus de temps à perdre : il faut que, dès ce soir, tu allumes ta lampe et que tu promènes laborieusement ta pointe sur le cuivre. Nous voulons des vignettes, le libraire veut des vignettes, le public veut des vignettes ; trois exigences à satisfaire : arrange-toi comme tu pourras...

Édouard Thierry rappelle à son frère qu'un an auparavant il a gravé quelques eaux-fortes pour le volume de poésies, *les Enfants*

1. *Sous les rideaux*, par Édouard Thierry et Henri Trianon. Paris, A. Belin, Lachapelle. In-8", 1834.

et les Anges. C'est un engagement; aussi le refrain de la préface est-il : « Travaille à nos vignettes. »

Pour une raison qu'on ignore, Joseph Thierry ne se rendit pas à de tels vœux; un avis à la fin du volume fait connaître la fâcheuse situation des auteurs :

Les vignettes demandées n'ont pas été faites et ce livre paraissait sans eaux-fortes, prodigieux anachronisme par le temps qui court, sans l'obligeance de M. L. Chepdeville, que nous remercions de tout cœur [1].

Dans d'autres publications, c'est le libraire que l'auteur supplie d'orner son livre d'une vignette à la mode. Écoutez la supplique de Regnier-Destourbet, dans sa préface d'*Un Bal sous Louis-Philippe* [2] :

Un livre et une romance s'achètent aujourd'hui, non pour le texte, mais pour les vignettes; et M. Dumont qui ne veut pas me faire faire des vignettes! Mon livre ne se vendra pas. Ah! mon pauvre ami Delangle, où êtes-vous avec votre Tony Johannot qui dessinait si bien les folies du *Roi de Bohême?* Mon cher Delangle, vous qui m'avez si bien imprimé ma *Louisa,* qui eûtes l'esprit d'y ajouter le dessin d'une jolie femme, grâces vous soient rendues à vous et à Tony Johannot!

Hélas ! si on en croit un contemporain, Delangle était à demi ruiné déjà par les frais qu'avait entraînés la publication du livre par trop fantasque de Charles Nodier, et ce n'était pas l'auteur de *Louisa* qui pouvait remettre à flot la barque de l'éditeur [3].

1. Qu'était-ce que Chepdeville ? Un obligeant. Édouard Thierry le dit. On ne retrouve pas son nom dans d'autres publications romantiques; pour combler cette lacune, je dirai quelques mots de l'eau-forte faite pour *le Vicomte de Montmery,* une des nouvelles du recueil *Sous les rideaux.* Elle représente un homme de cour, en costume Louis XV, qui semble fort irrité à la vue d'une jeune dame pâmée dans un fauteuil. Cette vignette manque de ragoût romantique; elle explique la disparition de M. Chepdeville, un nom que je ne serais pas étonné de retrouver sur l'enseigne d'un négociant de la rue des Bourdonnais.

2. Publié sous le pseudonyme de l'abbé Tiberge, Paris, Dumont, 1831, 2 vol. in-12.

3. « Le libraire Delangle, dit M. Charles Rabou, était ce que l'on appelle un éditeur

C'étaient surtout les romanciers de province que tracassaient ces magiques vignettes auxquelles ils attribuaient le succès des livres. Dans cet ordre, je choisirai pour type Édouard Cassagnaux, qui se parait, suivant la mode du temps, du titre de son roman précédent et s'intitulait « *l'auteur du Meurtre de la Vieille Rue du Temple* ». Édouard Cassagnaux reparaissait avec une nouvelle œuvre, *le Pénitent* [1].. Ce roman était orné de deux vignettes sur chine, l'une du médiocre dessinateur Tellier, l'autre de Levasseur, d'un romantisme se ressentant de l'influence du peintre Gigoux; mais Cassagnaux lui-même, par l'admiration qu'il porte aux maîtres, semble reconnaître que les deux artistes, ses collaborateurs, ne sont pas les véritables faiseurs de vignettes qu'il ambitionnait.

Oh! s'écrie Cassagnaux dans la préface du *Pénitent*, puisqu'on a fait déjà si bon nombre de physiologies : la physiologie des passions, la physiologie du mariage, la physiologie de la poire, qui nous fera la physiologie de la préface? Quel est l'écrivain spirituel, le hardi génie qui nous la créera, qui la publiera et nous l'offrira, ornée elle-même d'une belle introduction, et de vignettes sur papier de Chine de Johannot ou de noires gravures par Célestin Nanteuil ?

C'est, près de cinquante ans après, ce que je tente de faire. Il existait alors un recueil périodique appelé *le Petit Poucet,*

artiste. Ami et admirateur de Charles Nodier, il s'était passionné pour une espèce de rébus sur le succès duquel il avait trop compté et qui l'avait séduit par son titre : *l'Histoire du roi de Bohème et de ses sept châteaux*. L'énorme dépense exigée pour l'impression de ce livre, vrai chef-d'œuvre de typographie, n'ayant pas été couverte par la vente qui fut lente et laborieuse, l'excellent Delangle dut liquider sa maison. Quelques mois plus tard, en passant au contrôle de la Porte-Saint-Martin, les gens de lettres serraient cordialement la main de cette victime de la vignette et de l'illustration; Harel, le directeur de ce théâtre, un autre oseur qui périt aussi à la peine, lui avait donné là un humble et douloureux abri. » (Préface de la 2ᵉ édition de *Louisa ou les douleurs d'une fille de joie*, par l'abbé Tiberge. Paris, Librairie centrale, 1865. In-18.)

1. Amiens, Boudon-Caron. Paris, Audin, 1833, 2 vol. in-8°.

vu son minime format. L'éditeur Souverain préludait par cette publication au rôle de libraire romantique, qu'il développa plus tard. Le texte du *Petit Poucet*, comprenant des contes et des fantaisies, était en outre consacré à la critique des romans nouveaux, et il en donnait une idée plus précise encore en reproduisant les meilleurs bois des ouvrages nouveaux.

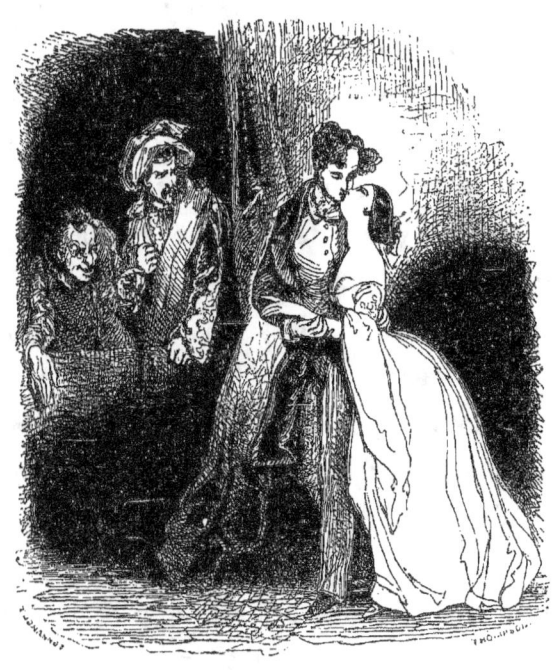

VIGNETTE DE TONY JOHANNOT
pour *la Coucaratcha* d'Eugène Sue (1832).

Par la description suivante du frontispice de *la Coucaratcha* d'Eugène Sue, on verra l'importance attachée à la gravure :

Cette vignette, qui est des bons faiseurs, Tony Johannot et Thompson, a quelque chose d'admirable, c'est le buste de la jeune fille. Quelle molle langueur dans cette pose ! quel abandon dans cette étreinte ! quels traits délicats et fins sont en contact dans ce long baiser ! Et Crao le bossu, avec quel rire satanique il montre au sombre

2

Marcel le couple qui se croit sans témoins ! Marcel a la main sur son poignard : ce geste présage et fait deviner la catastrophe [1].

Mais c'est dans *l'Artiste,* la véritable Revue romantique, qu'il convient de chercher des détails pour compléter cette étude.

Divers autres recueils, *la Revue de Paris,* le recueil *Bagatelle,* *le Ménestrel,* reproduisaient également les vignettes des romans et des poèmes à la mode ; de ces images, imprimées ainsi à de nombreux exemplaires, découlait un enseignement pour les yeux, une invite à lire des récits passionnés, traversés par des poignards, illuminés par des éclairs, au milieu desquels se traînaient des héros pantelants et des héroïnes meurtries.

Cependant tous les écrivains de cette époque ne se laissèrent pas influencer par l'appoint des vignettes.

On ne voit pas Alfred de Musset parmi les jeunes qui forment cortège à Victor Hugo ; non plus Mérimée n'est pas un des vifs partisans de la nouvelle école, et Sainte-Beuve, quoique ayant donné des gages, se détache de l'armée, alors que les principales batailles ont été livrées. Ces trois écrivains sont pourtant marqués plus ou moins profondément du sceau romantique ; mais comme il ne restait de place dans le cénacle que pour des satellites de second ordre, les vives personnalités, les natures indépendantes préférèrent marcher seules dans le sentier qu'elles se frayaient, si étroit qu'il fût.

— Mon verre n'est pas grand, disait Musset, mais je bois dans mon verre.

Les mêlées bruyantes et tapageuses des défenseurs d'*Hernani* répondaient médiocrement à l'esprit sensé et sarcastique de Mérimée. Il préférait les études archéologiques sans phrases.

1. *Petit Poucet,* 1833.

Sainte-Beuve sentit que l'école demanderait à son enthousiasme de ne jamais faiblir ; plus critique que créateur, il se retira sous sa tente.

La vue de leurs ouvrages me fait rassembler ces écrivains par un fait bien menu. Tous trois publièrent leurs livres sans adjonc-

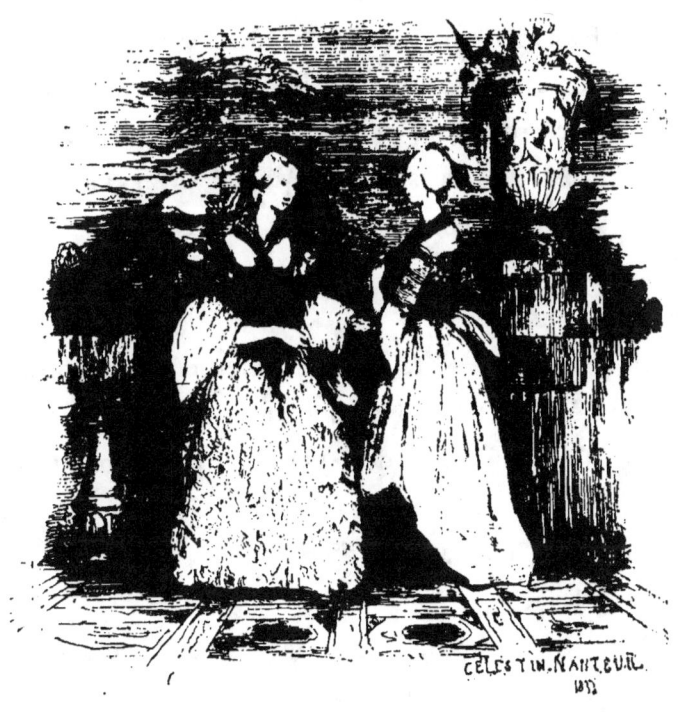

D'APRÈS UNE EAU-FORTE INÉDITE DE CÉLESTIN NANTEUIL
pour le *Spectacle dans un fauteuil* d'Alfred de Musset (1833).

tion de vignettes, et pourtant les motifs n'eussent pas manqué. Alfred Johannot, d'un talent plus alangui que celui de son frère Tony, eût prêté un concours utile pour le frontispice de *Volupté*. Mérimée, habile dessinateur et dont le crayon était presque aussi actif que la plume, pouvait, à défaut d'un peintre, dessiner lui-même certaines scènes de la *Chronique de Charles IX,* et que de sujets eussent fourni aux artistes les *Poésies* d'Alfred de Musset ou les scènes du *Spectacle dans un fauteuil!*

Musset se refusa absolument à cet honneur. Était-ce par caprice, dédain, désir de ne pas ressembler aux poètes ses contemporains? Je ne peux croire que Musset, qui dessinait un peu, trouvât ses propres crayonnages au-dessus de ceux des dessinateurs de profession[1]. Quoi qu'il en fût, l'éditeur Renduel avait commandé à Célestin Nanteuil trois eaux-fortes pour l'édition de 1833 du *Spectacle dans un fauteuil*. Les vignettes furent livrées par le dessinateur toujours prêt. Musset n'en autorisa pas la publication; quelques épreuves furent tirées seulement pour le peintre, qui en fit hommage à ses intimes, et c'est ce qui en explique la rareté.

Ce n'est pas que le texte ait merveilleusement inspiré le dessinateur. Peut-être Célestin Nanteuil fut-il gêné par l'appréhension de ne pas plaire à un poète déjà blasé et qui se montrait volontiers dédaigneux de tels hommages. Avec Alexandre Dumas, avec Théophile Gautier, même avec Victor Hugo, Célestin Nanteuil se sentait plus à l'aise.

Ainsi Musset, Mérimée, Sainte-Beuve, par divers motifs qu'ils n'ont pas rendus publics, ne laissèrent pas la vignette s'introduire dans leurs ouvrages. Ils préférèrent se présenter seuls en face du public, sans ornements, ne craignant pas d'être comparés à des protestants; mais leur réserve ne fut pas imitée et le culte des images sembla redoubler d'autant.

---

1. Les dessins, que les curieux ont pu voir à l'exposition d'une vente des autographes de Paul de Musset qui n'eut pas lieu, sont des indications, des souvenirs, des notes d'albums, des intentions plaisantes, mais de peu de valeur graphique.

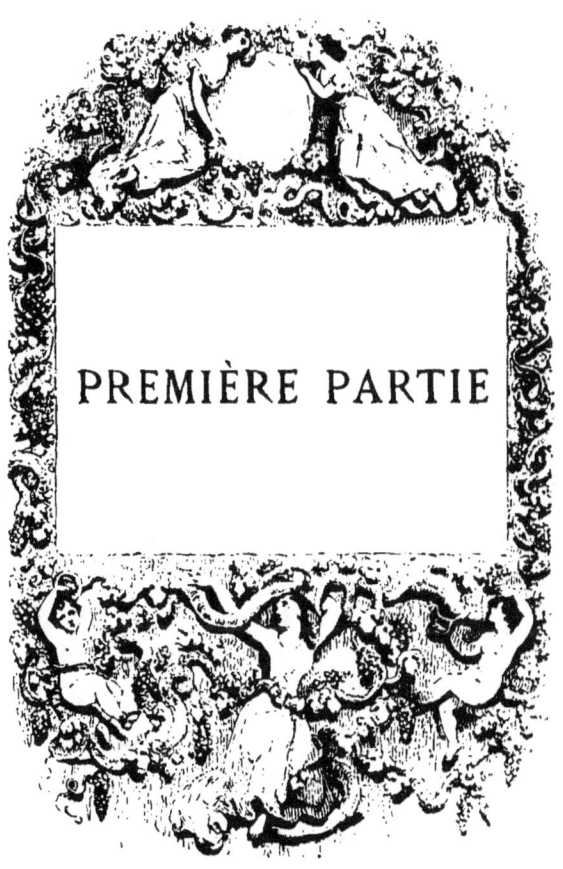

PREMIÈRE PARTIE

Dessin de Tony Johannot, gravure de Porret.

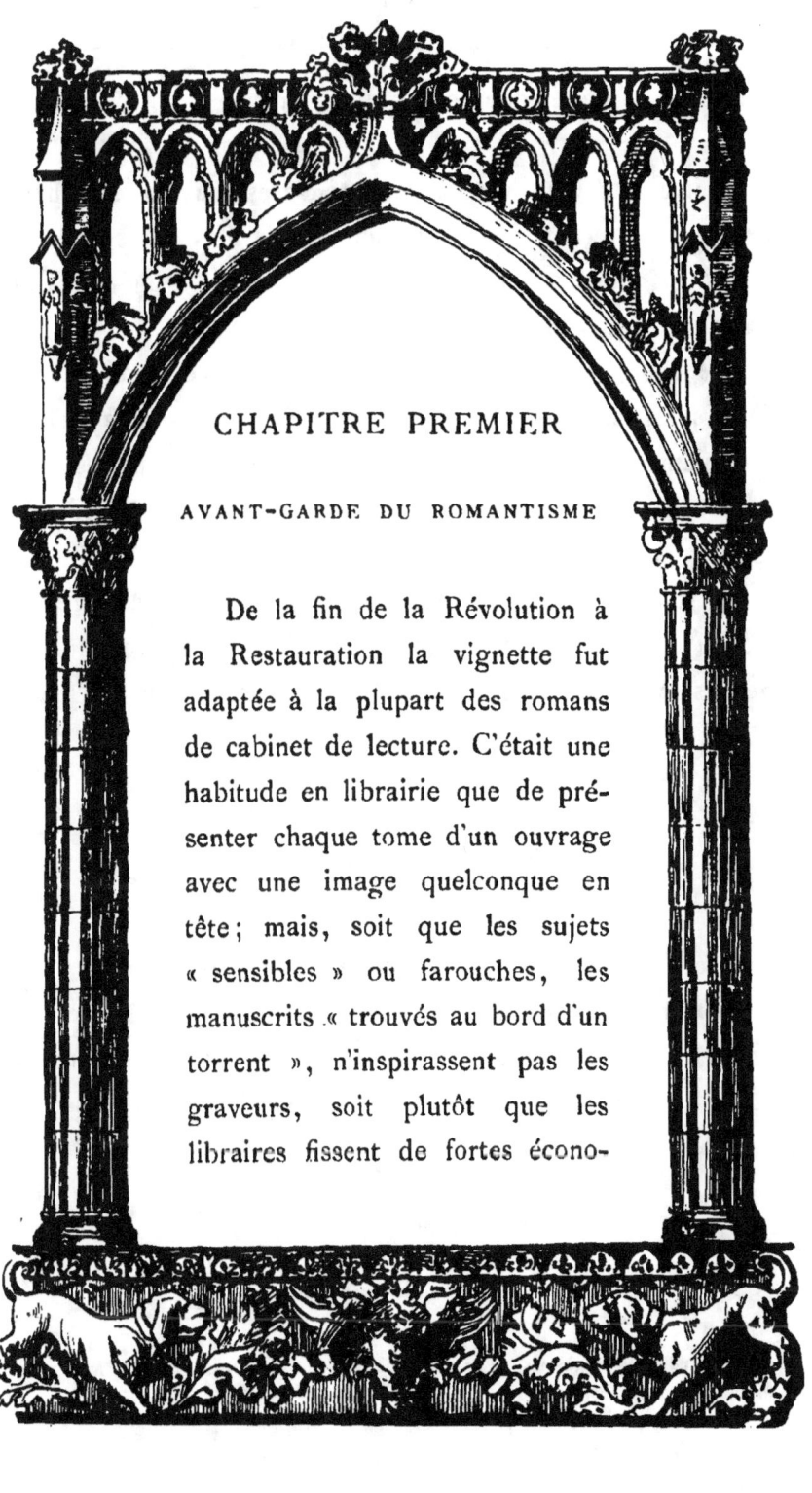

CHAPITRE PREMIER

AVANT-GARDE DU ROMANTISME

De la fin de la Révolution à la Restauration la vignette fut adaptée à la plupart des romans de cabinet de lecture. C'était une habitude en librairie que de présenter chaque tome d'un ouvrage avec une image quelconque en tête ; mais, soit que les sujets « sensibles » ou farouches, les manuscrits « trouvés au bord d'un torrent », n'inspirassent pas les graveurs, soit plutôt que les libraires fissent de fortes écono-

mies sur ces « tailles-douces », elles partaient de burins fort
ordinaires.

C'est ainsi que nous voyons les premières œuvres de Charles
Nodier se présenter à nous, avec adjonction de petites et plates
gravures à la manière noire, ne répondant en rien au texte d'un
des précurseurs du romantisme [1].

A cette époque apparaissait Mme Desbordes-Valmore avec ses
premières poésies. Ne serait-on pas bien d'accord sur le mélange
des sentiments vrais et du ton factice de certaines pièces de ce
recueil que les graveurs, par leur manière, fixeraient la véritable
date de ces poèmes.

Esprit délicat, mais surtout âme blessée par les premiers
combats d'une vie difficile, Mme Desbordes-Valmore mêlait à
ses gémissements poétiques quelques romances d'un ton moins
souffreteux :

> Avec ta gente mie,
> Où vas-tu, troubadour ?
> — Je vais à ma patrie
> Demander un beau jour.

Ainsi fait-elle parler « le *Troubadour en voyage* [2] ».

Mme Desbordes-Valmore n'abusa pas des pastourelles, de
la lyre et autres éléments chers aux versificateurs de son temps;
cependant je note dans ses premières poésies le morceau suivant,
tiré de *l'Écho,* qui a sa marque :

> Tout pour l'amour !
> Chante le troubadour
> En préludant sur sa harpe sonore.

---

1. Voir les éditions originales des romans de Nodier : *les Proscrits* (1802), *le Peintre de
Salzbourg* (1803), *Jean Sbogar* (1820), etc.

2. Desbordes-Valmore. *Élégies et Romances.* Paris, 1818. In-12.

Les dessinateurs Chasselat et Desenne, qui avaient au bout des doigts des châtelaines, des chapelles, profitèrent de ces accessoires pour orner le recueil de Mme Desbordes-Valmore d'estampes d'un goût troubadour qui pourrait tromper sur la qualité des œuvres d'une femme remarquable.

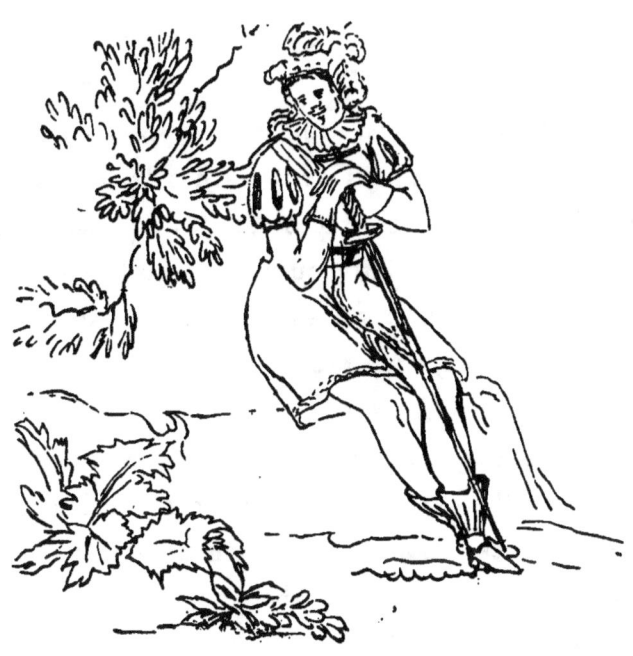

LE TROUBADOUR.

Fac-similé d'un dessin inédit (vers 1820).

Nous avons fait depuis du mot *troubadour* un qualificatif dédaigneux. N'est-il pas une des premières marches de l'escalier des donjons romantiques?

Un roman de la bonne époque, qui a pour titre *le Damoisel et la Bergerette,* n'est guère plus singulier que le *bourrel* (pour bourreau), *oisel* (pour oiseau), *mantel* (pour manteau), et toute la kyrielle de mots à terminaison en *el* que devaient employer

avec tant de complaisance, à quelques années de là, les romanciers de 1830.

On prit possession d'un certain moyen âge ; ce n'était qu'un
changement d'habits, un renouvellement d'accessoires, et je ne fais
guère de différence entre le costume d'un *Perrinet Leclerc,* tel
que l'entrevoyaient Lockroy ou Bocage, et le tombeau d'Héloïse
et d'Abélard, fabriqué presque de toutes pièces sous la Restauration.

Sans doute on avait abusé du justaucorps abricot à crevés, des
toques crénelées surmontées de panaches languissants, ainsi que
des épées à poignée en croix des « preux » ; mais la ferraille des
armures de 1830, les « Chroniques » interprétées Dieu sait comme,
la reconstitution de *burgs* ruinés ne sont-ils pas proches parents
des « *castels* » de l'époque précédente?

Que celui qui voudra avoir une idée bien nette du goût architectural romantique recherche dans Paris une maison, sans doute
bâtie par Robelin. Au-dessus de la porte se détachent en haut-
relief deux bustes d'homme et de femme dus vraisemblablement
au ciseau d'Antonin Moine ; l'homme porte une coiffure à la
Buridan, la dame est coiffée à la Ferronnière, cheveux en ban-
deaux sur les tempes, rang de perles au front. Ces sculptures
appartiennent à une maison riche d'alors ; mais les médaillons
et les frises dites Renaissance sont recouverts aujourd'hui d'un
ton poussiéreux qui n'a rien de commun avec l'austère glacis du
temps protégeant l'architecture du passé.

Pourquoi la pierre de 1830 ne veut-elle pas vieillir? Pourquoi
les ornements qui la recouvrent semblent-ils du carton-pâte déla-
bré? A quoi tient le démodé subit qui empêche de recueillir
ces plâtras qui eurent leur heure de triomphe? A ces questions me
paraît avoir répondu triomphalement le poète Siméon Chaumier

qui, parlant des siècles qui succéderont au xixᵉ, s'exprimait ainsi
à propos des arts décoratifs de son temps[1] :

. . . .

Jetant un crêpe noir sur notre faux trésor,
Ils broîront sans rancœur nos colifichets d'or,
Tentures de papier, pâtes et cartonnages,
Ornements faits en moule, affreux badigeonnages
Que la gouge réprouve et que renonce l'art.
Tout ce fatras qui luit sera mis au rancart.

. . . .

Et nous ! Nous les témoins de tant de rapsodies,
Nous, zélateurs fervents des bonnes prosodies,
Comment, dès aujourd'hui, blessés de tant d'écarts,
Ne pas traiter tous ces artisans de bâtards ?

Pour en revenir aux livres, après les pères d'un romantisme
encore timide devait surgir Victor Hugo, dont les poésies et les
romans appelaient le crayon de Devéria. Quoique dénaturées et
embourgeoisées par le burin des graveurs sur acier, ces œuvres
doivent compter dans un historique de l'illustration des livres.
A la suite de Victor Hugo, de 1824 à 1827, paraissent les *Essais
poétiques* de Delphine Gay, ornés de lithographies, les *Poésies*
de Mᵐᵉ Amable Tastu, le poème de *la Fiancée* de Philarète
Chasles, les satires héroï-comiques de Barthélemy et de Méry,
la Peyronéide, la Villéliade, que je groupe malgré leur peu
d'analogie avec les œuvres ci-dessus, à cause de la part d'ornementation que prit à toutes Devéria.

Je voudrais déblayer le terrain avant d'arriver à 1828, année
pendant laquelle la librairie planta résolument le drapeau d'une
nouvelle illustration; mais n'est-il pas utile de citer encore des
curiosités dues à deux hommes qui se cherchaient et dont on ne

1. Siméon Chaumier. *Les Dithyrambes.* Paris, Le Gallois, 1840. In-8°.

pouvait prévoir l'avenir, c'est-à-dire le dithyrambe de *Canaris* par Alexandre Dumas, orné du portrait du héros grec, puis Balzac se débattant contre la forme à laquelle il livre de rudes combats et la vignette à la manière noire d'un certain Choquet pour *Annette et le Criminel,* avec la sombre légende : « Il y a de la mort dans notre union. »

Mais, pour ne pas fatiguer le lecteur de cette nomenclature de cabinet de lecture, j'arrive à deux personnages de transition, qui me paraissent avoir cherché un gué propice pour traverser la rivière où se mêle un double courant classique et romantique; je veux parler de Baour-Lormian et d'Édouard d'Anglemont, récalci-trants jusqu'à un certain point aux tentatives nouvelles, ne sachant trop s'ils appartiennent à l'avant ou à l'arrière-garde, bien décidés toutefois à ne pas mouiller les cordes de leur lyre dans un courant impétueux et trouble.

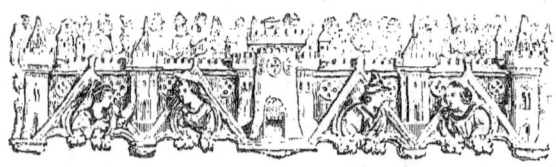

Vignette de *l'Ancien Bourbonnais* (1837).

CHAPITRE II

Les romantiques devaient s'égayer plus tard aux dépens de Baour-Lormian. *Baour* qui forme avec *giaour* une assonance somptueuse, *Lormian* rapproché d'*Ossian* qui commande une sorte de rime non moins riche, auraient dû faire respecter davantage le poète de Toulouse, le lauréat si souvent décoré aux Jeux floraux,

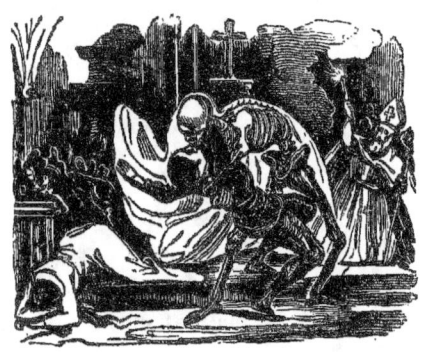

LE FIANCÉ DE LA TOMBE.

Vignette de Devéria pour les *Légendes, Ballades et Fabliaux* (1829).

celui qui fut peut-être de l'Académie; mais la jeunesse est médiocrement respectueuse. Aux environs de 1830, Baour-Lormian fut regardé comme une des perruques les plus considérablement classiques de l'époque, et sur cette perruque monumentale les Jeune-France s'essayaient à grands coups de poing.

Sans doute le poète avait eu le tort de faire jouer une tragédie intitulée *Omasis;* mais qui avait assisté à la représentation, qui avait étudié l'œuvre à la lecture avec l'attention que com-

mande un si laborieux travail? Personne parmi les adversaires :
ils jugeaient la conception du poète par le titre; ils se montrèrent
injustes. Baour n'était pas si éloigné des romantiques que ceux-ci
le croyaient : on en a une preuve par sa conception de *l'Atlantide*,
dont le sous-titre *le Géant de la Montagne bleue* montre une certaine tendance pour les préoccupations fantastiques d'alors.

Aussi bien Baour-Lormian s'est expliqué à ce sujet et nous
qui recherchons attentivement les origines du romantisme et qui
échappons aux misères des querelles littéraires d'une époque déjà
archaïque, ne devons-nous pas étudier avec soin la poétique de
l'auteur des *Légendes, Ballades et Fabliaux*, le sang nouveau qui
y était infusé, les sages conseils du poète?

S'adressant aux poètes de la nouvelle école, Baour-Lormian
disait :

> Je veux bien vous passer encore les ermites,
> Même les nécromans aux formes décrépites,
> Les cachots souterrains, les clochers en débris
> Qu'aiment tant les hiboux et les chauves-souris.
> De tout le moyen âge exhumez les annales;
> C'est être accommodant. Mais plus de saturnales!

De ces thèmes qu'indique Baour se dégage une tentative de
conciliation. Oui, Baour-Lormian eut raison de se dire « accom-
modant ». Malheureusement il avait poussé un cri d'autant plus
dangereux qu'il devait trouver de l'écho : « *Plus de saturnales!* »

Un lettré contemporain de Baour, M. de Pongerville, qu'on
croit également avoir fait partie de l'Académie, commentant le
cri d'alarme du poète son ami, écrivait peu de temps avant la
révolution de Juillet : « On touchait à cet interrègne des arts où
la démagogie littéraire outrageait, renversait toutes les gloires

passées et proscrivait le talent qui tentait de suivre les traces des maîtres. »

Baour-Lormian se retira sous sa tente « pendant la terreur du mauvais goût », dont parle son biographe. Il eut tort. Plein d'imagination, le poëte pouvait prêter son concours à certains romantiques qui suivaient une voie parallèle à la sienne. Les *Légendes, Ballades et Fabliaux*, publiés en 1829 par Baour [1], ne sont-ils pas une note dans le grand concert contemporain ?

Il y avait alors dans le marché du Temple une boutique spé-

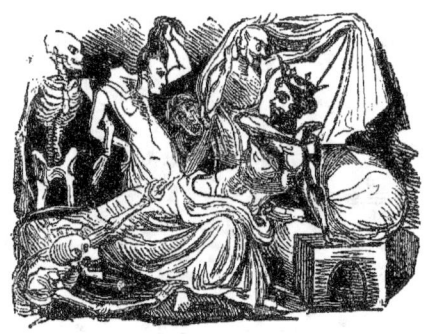

LA PREMIÈRE ABBAYE, LÉGENDE DU Vᵉ SIÈCLE.
Vignette de Devéria pour les *Légendes, Ballades et Fabliaux* (1829).

cialement consacrée à la vente d'accessoires mis à la mode par les novateurs. Baour-Lormian osa en franchir le seuil et en rapporta des *sorciers* et des *loups-garous*, ainsi qu'une *grotte infernale* pour les y loger; après avoir marchandé longuement *deux fiancés de la mort*, il trouva dans un coin des *fabliaux dans le genre naïf* et s'entendit avec le fripier qui lui céda à bon compte un lot de *squelettes* pour animer ces fabliaux.

On a prétendu qu'en sortant de la boutique Baour-Lormian

1. Paris, Delangle frères, 1829. 2 vol. in-12.

s'en revint triomphant et qu'il défia l'auteur de *Han d'Islande*
de trouver un matériel poétique plus complet que celui qu'il
venait de se procurer. Des *fantômes* et des *revenants* emplissaient
la voiture ; quant à l'*Hermite du Val-Noir à tête de mort,* donné
par-dessus le marché au poète, il eût obtenu l'assentiment du
baron Taylor lui-même si ce dramaturge eût aperçu le rictus
macabre du squelette, visible à travers les vitres du fiacre.

Mais Baour-Lormian n'avait accompli que la partie la plus
facile de sa tâche. Un collaborateur essentiel lui manquait pour

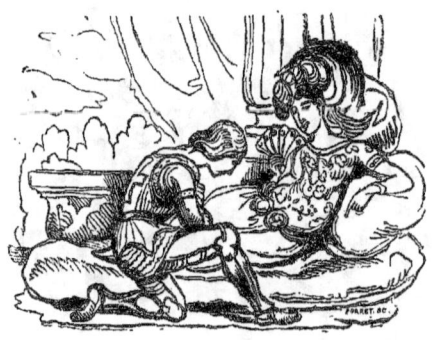

LA JEUNE FÉE.

Vignette de Devéria pour les *Légendes, Ballades et Fabliaux* (1829).

donner quelque éclat aux divers morceaux de son recueil. Pas de
livre possible alors sans un dessinateur en renom. Le plus en
vue, Achille Devéria, qui tenait alors en maître le crayon des
faiseurs de vignettes, était un romantique échevelé à qui le nom
seul de l'auteur eût fait pousser des cris de réprobation. Grâce
sans doute à l'entremise de l'éditeur, une transaction eut lieu par
laquelle l'artiste s'engageait à livrer les vignettes romantiques les
plus caractéristiques qui se pussent voir, à la condition de ne pas
les signer. Ainsi parut le livre orné de dessins dans la facture
desquels se mêlaient à la fois des ressouvenirs byroniens, de

Barbe-Bleue avec une certaine nuance troubadour pour en adoucir la férocité.

Ce qu'en pensèrent les classiques, on l'ignore. Peut-être leur parut-il piquant qu'un homme de leur bord s'emparât des armes de leurs adversaires pour jeter le trouble dans le camp ennemi. Il est certain que pour nous, déjà éloignés de la mêlée, Baour-Lormian, déguisé en romantique, tenant en main une bonne dague de Tolède et de l'autre une coupe de poison, est invraisemblable. C'est ce qui explique pourquoi les *Légendes, Ballades et Fabliaux* ont été omis par les nécrologues de l'ancienne « nouvelle école ». Une telle omission doit être réparée aujourd'hui et j'estime que sur un rayon d'une véritable bibliothèque romantique ces deux volumes doivent trouver une bonne place.

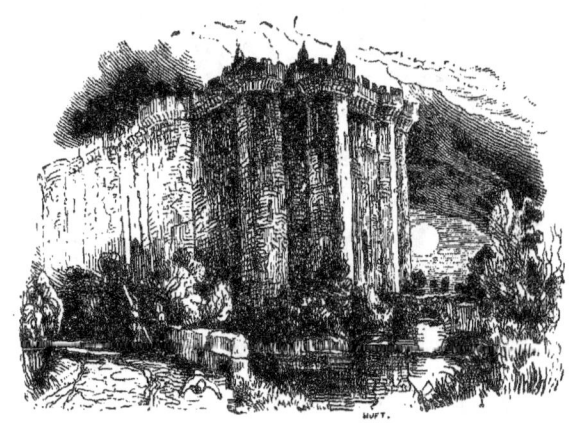

Vignette de Paul Huet (1834).

CHAPITRE III

Ils sont condamnés d'avance par les révolutionnaires en politique ou en littérature, les esprits mesurés et prudents que les Latins désignaient sous la qualification de *temperamentum temperatum*. Le public est ainsi fait qu'un acte audacieux se produisant, il en veut suivre le développement tout entier, quelles qu'en soient les conséquences.

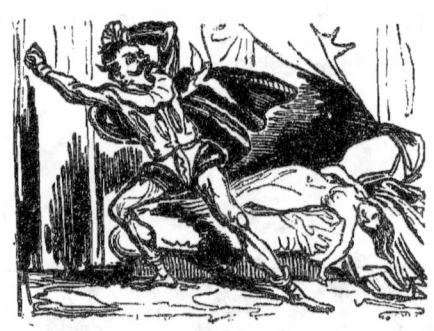

IRMA. FABLIAU.

Vignette de Devéria pour les *Légendes, Ballades et Fabliaux* (1829).

Plus de saturnales! s'écriait l'honnête Baour-Lormian, sans se douter qu'il allait contre la curiosité de la foule, qui ne trouve jamais les saturnales assez échevelées; aussi, pour avoir demandé que le rideau fût baissé avant la fin du drame, Baour fut-il traité en Cassandre.

Le romantisme, que la génération actuelle personnifie par Victor Hugo, pour fixer une date par un homme, un homme par une date, remonte à quinze ans plus haut. Si sa pleine efflorescence se produit entre 1830 et 1840, les véritables parrain et marraine furent Mme de Staël et Chateaubriand. Également quelques-uns des hommes politiques qui prêtèrent un certain concours à l'établissement de la République actuelle furent des romantiques d'avant-garde, non pas à gilets rouges et faisant le coup de poing aux représentations dramatiques de leur époque, mais des gens du monde fréquentant les salons de la nouvelle aristocratie bourgeoise et ne voulant avoir rien de commun avec les Jeune-France quelque peu rapins. Ces hommes nouveaux se rattachaient presque tous au *Globe*, organe doctrinaire et très en crédit, qui devait en faire des hommes d'État après la chute de la Restauration. Les Rémusat, les Mérimée, les Sainte-Beuve, les Villemain, les Cousin, les Vitet, furent les têtes principales de cette Gironde du romantisme. Tous cultivaient les lettres, que quelques-uns considéraient plutôt comme un moyen que comme un but.

Pendant que M. Thiers combattait dans le *Constitutionnel* pour la nouvelle génération artistique, le jeune Charles de Rémusat lisait dans les salons un drame relatif à l'Amérique, et Baour-Lormian, déjà inquiet de cette gloire naissante, s'écriait de dépit :

> Dût *Charles Rémusat*, avec son drame *noir*,
> D'un succès colossal me ravir tout l'espoir...[1].

On a là une première couche de romantisme sourd et ouaté, mais qui préparait les hautes classes de la bourgeoisie à accepter de bien autres audaces à quelques années de là.

Baour-Lormian, en compagnie de MM. Jay, de Jouy, Étienne, etc., put lancer divers mémoires à la tête de ses adver-

---

1. « Tout le monde, ajoute Baour-Lormian, connaît ou doit connaître une tragédie en prose nègre, composée par M. Rémusat, et lue par lui dans plusieurs salons... » Voir, pour plus de détails sur ce drame, la *Correspondance* d'Ampère.

saires [1]; le public ne s'en inquiéta pas. La cause était entendue et jugée d'avance.

Je ne veux pas entrer dans plus de détails; je tiens particulièrement à noter, parmi les gens broyés par le chariot de la nouvelle école pour avoir voulu mettre des bâtons dans ses roues, quelques figures effacées.

A côté de Baour-Lormian se présente un poète, mort dans ces dernières années, Édouard d'Anglemont, à qui les journaux ont à peine fait l'aumône de deux lignes de Faits divers. Celui-là, type plus marqué de réactionnaire littéraire, eut le tort de s'attaquer à la Montagne. La Montagne, pour se venger, l'enveloppa de son ombre.

Il existe un petit volume, *la Physiologie du poète* [2], qui parodie avec esprit la manière des principaux poètes de l'époque romantique. Le lyrique, l'échevelé, l'olympien, l'élégiaque, l'humanitaire y figurent; il manque à cette amusante galerie de portraits le poète vaniteux, aigri, qui, mécontent de son lot, gendarme ses confrères, met en lumière le défaut de leur cuirasse, proscrit toute ornementation qui ne porte pas sa marque de fabrique et laisse entrevoir que lui seul, l'esprit chagrin, suffit à la gloire des lettres, en France et à l'étranger.

Édouard d'Anglemont appartint, pour son malheur, à cette fâcheuse race irritable, déblatérante, dont la bile sans cesse en mouvement fait paraître jaunâtre ce qui est clair, terne ce qui est resplendissant.

L'homme, à qui ni la fortune ni le loisir ne manquaient, avait débuté jeune au bon moment; son premier volume d'*Odes*,

---

1. Baour-Lormian, *Encore un mot, seconde satire pour faire suite à la première satire du même auteur, le classique et le romantique*. Ambroise Dupont, 1827.

2. Sylvius, *Physiologie du poète*. Illustrations de Daumier. J. Laisné, 1841. In-18. Ce volume est attribué à M. Edmond Texier.

sur lequel je reviendrai tout à l'heure, date de 1825. Mais, soit par orgueil, soit par éloignement systématique, Édouard d'Anglemont ne paraît pas s'être rattaché aux groupes militants de son temps; il en donne la raison dans la préface des *Légendes françaises* [1], où il se plaint que toutes les places de la république des lettres sont prises :

L'histoire de cet accaparement poétique serait très intéressante, si on osait l'écrire; ils [les romantiques] ont pris tellement possession des moindres lagunes qu'il est impossible de dire après eux : « Et moi aussi, je suis poète! »

Suit une grêle de critiques amères dont il faut recueillir un grêlon plus gros que les autres, visant spécialement Victor Hugo :

Le premier d'entre eux, peintre à touches larges et savantes, à luxe prodigieux de couleurs, enlumine quelques pieds de toile et s'écrie : « Ceci est l'Orient! L'Orient est à moi! N'y touchez pas! » Et les thuriféraires de battre des mains et de dire : « C'est vrai! »

Le chantre de l'Orient s'est encore réservé le champ de l'horreur : il s'est approprié les fantômes, les gnomes, les goules, les larves, les salamandres, les djinns, et enfin le diable, tout classique qu'il est.

D'Anglemont a ceci de commun avec Baour-Lormian, c'est que, sans vouloir l'avouer, les sentiers de la littérature romantique l'attirent. Ces fantômes, ces goules, ces djinns, ce diable qu'on y rencontre semblent lui appartenir aussi bien qu'au maître : un secret dépit perce, qui résulte de l'emploi de ces motifs par un autre:

J'ai parcouru les campagnes, les châteaux ruinés, les côtes de la mer; j'ai parlé en paysan à des paysans et ils m'ont fait, dans un langage rustique, des récits variés : les plaisanteries du diable, les miracles et les méfaits des moines, les infortunes des jeunes filles, les prodiges des sorciers, Richard sans Peur et Henri IV, la Normandie et la Bretagne, rien n'y a manqué; toute une histoire en contes merveilleux et étranges, mais qui risquent d'être vrais; tout un vieux poème gaulois, plein de naïveté et de

1. Paris, L. Dureuil, 1829. In-8°.

bonnes terreurs ; un vieux manuscrit taché de l'eau de la mer et jaune à force de vivre : voilà tous mes livres. Il n'y a rien de grec, rien d'oriental, rien de judaïque ; c'est une chronique française...

Ah ! les préfaces, les dangereuses préfaces, dans lesquelles la rancune perce et s'accuse ! Véritablement d'Anglemont se crut en butte aux haines de ses confrères, quand sa vanité seule le faisait buter :

A présent, puisse la nouvelle pléiade se retirer de mon soleil, me faire un peu de place dans l'attention, laisser à mes traditions assez d'allure pour faire un pas !

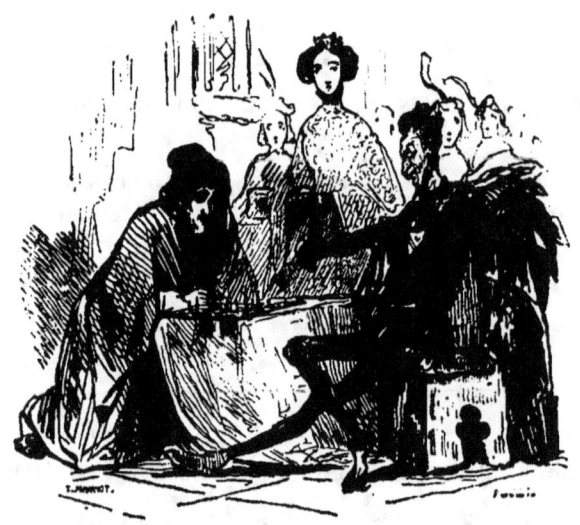

LA PARTIE D'ÉCHECS DU DIABLE.

Vignette de Tony Johannot pour les *Chroniques et Traditions surnaturelles de la Flandre* (1831).

Il existe bien des sortes d'orgueil dans la gent littéraire ; on en trouvera rarement un si excessif parmi les romantiques contemporains du poète d'Anglemont. Ouvrez *le Duc d'Enghien, histoire-drame* [1], conçu sous l'influence des scènes historiques de Romieu, vous trouverez en tête : « Ceci est une préface. Lisez ceci ; il ne faut plus mépriser les préfaces. » Et avant que la toile se lève

1. Paris, Mame-Delaunay, 1832. In-8°.

vous voyez un homme occupé à jeter des pierres dans les propriétés de Balzac, du bibliophile Jacob et de Sainte-Beuve :

> Il y avait autrefois une littérature en France!
>
> Une littérature, ce n'est pas les *Contes drôlatiques*, véritable combinaison chimique de Rabelais, de Boccace et de la reine de Navarre ; ce n'est point du moyen âge distillé en poussière de mots comme il en pleut dans nos remouleurs de Walter Scott... Ce n'est pas non plus... J'allais vous parler de Joseph Delorme et autres... Respect aux morts !
>
> Où en est donc notre pauvre littérature ?

A en croire d'Anglemont, ce sont des reflets morbides que projettent les lettres sur la société de 1830 :

> Si, puisque aujourd'hui votre littérature est sans couleur, fausse, exotique, votre société est donc nécessairement soumise à de funestes influences. Il y a trois ans vous avez renversé la règle des trois unités : quel est le théâtre qui vous reste ? Il y a deux ans vous avez sapé la base essentielle des trois pouvoirs : quel est le gouvernement qui vous reste ?

Je ne cite pas sans but des morceaux de cette médiocrité rancuneuse, fatigante dans ses plaintes contre les hommes de son temps. D'Anglemont servira de trait d'union pour marquer l'emploi de la lyre par les poètes à l'époque où il débuta dans les lettres.

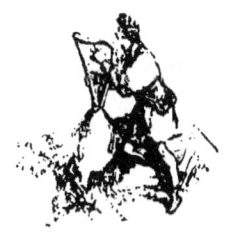

CHAPITRE IV

DE L'EMPLOI DE LA LYRE

Les poëtes du Directoire et de l'Empire s'étaient servis fréquemment de la lyre comme accompagnement à leurs versifications; les premiers romantiques de la Restauration tirèrent encore quelques sons de l'instrument. A diverses reprises, Corinne, ou plutôt Mme de Staël, est représentée sur le cap Misène, tenant une lyre et défiant les éléments de s'opposer à son chant. A cette époque, toute personne du sexe, inspirée, porte un turban sur la tête et une lyre à la main.

Delphine Gay faisait seule exception. On remarque en tête de ses poésies[1] une lyre entrelacée à un fuseau; mais Mlle Gay, qui à quelques années de là devait devenir Mme de Girardin, était une femme d'esprit : pressentant le courant, elle laissa de côté les preux et les troubadours, passa à l'ennemi et fut une des premières à ouvrir son salon aux insurgés de la nouvelle école; et si elle ne tint pas précisément un fuseau dans les doigts, son esprit resta féminin.

On doit compter Casimir Delavigne comme un des derniers instrumentistes qui sut pincer de la lyre avec quelque habileté. Son jeu manqua peut-être de flamme; mais le musicien apportait de la conscience dans l'exercice de son art, et c'était avec conviction qu'il prenait en mains la lyre à quatre cordes pour accompagner les *Messéniennes* dans les salons.

Les culs-de-lampe de ces temps poétiques représentent souvent

---

1. *Essais poétiques*, par Mlle Delphine Gay. Paris, impr. Gaultier-Laguionie. 1824. In-8°.

une lyre sur le premier plan et au fond le profil de tombes et
de croix de pierre respectables ; ou bien la lyre est posée sur le
gazon au bord d'un torrent.

> Quelquefois seulement, quand mon âme oppressée
> Sent en rhythmes nombreux déborder ma pensée,
> Au souffle inspirateur du soir, dans les déserts,
> Ma lyre abandonnée exhale encor des vers.

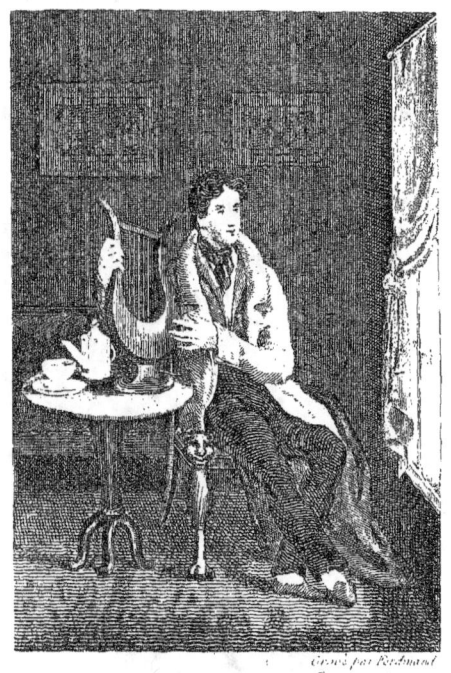

Fac-similé du frontispice des *Odes*, par Édouard d'Anglemont (1825).

Ainsi dit Lamartine. Son instrument, il le promène à travers
bois, en haut des montagnes, et sur les lacs, Elvire en goûte les
accents ; mais j'admettrai plus difficilement l'emploi qu'Édouard
d'Anglemont fit de la lyre.

Comprend-on qu'en 1825, le poète, sans respect pour la
tradition du cap Misène, se fît représenter prenant son repas du
matin avec une lyre sur la table ?

La lyre entre la chocolatière et la tasse destinée à contenir la décoction de cacao !

Une pareille profanation se peut à peine décrire. Le poète s'est levé matin : cela se voit à sa robe de chambre, à sa cravate roulée négligemment autour du cou, à ses pantoufles. La femme de ménage a balayé cet intérieur bourgeois. D'Anglemont va puiser ses inspirations dans une tasse de chocolat.

Quitte la lyre, ô ma Muse !

se serait écrié, à la vue d'un pareil spectacle, un pindarique du Directoire.

Il fut bien coupable, l'auteur des *Odes,* de ravaler ainsi un noble instrument. D'Anglemont avait gâté la lyre avec son chocolat : les Jeune-France de 1830 reléguèrent le noble instrument au grenier

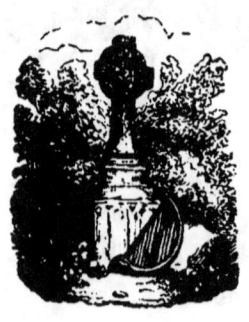

CHAPITRE V

LE THÉATRE DE L'ÉPOQUE : CHARLES NODIER, AUTEUR DRAMATIQUE

Il semble qu'il y ait peu à apprendre à la génération actuelle sur Charles Nodier; polygraphe fécond, il a fourni le thème de nombreux articles, et la critique a étudié tour à tour le natura-

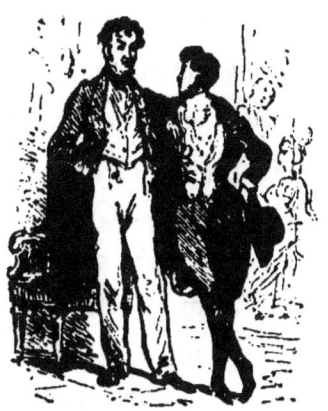

CHARLES NODIER.

Vignette de Tony Johannot pour l'*Histoire du Roi de Bohême et de ses sept châteaux* (1830).

liste, le poète, le linguiste, le romancier, le moraliste, l'écrivain à tout faire de la librairie, le journaliste, le bibliographe, l'humoriste, le bibliothécaire, l'académicien, celui que les caricaturistes nous représentent lisant sans cesse, feuilletant toujours, assis sur une pile d'in-folio.

On l'appelait « le bon Nodier », de même qu'on disait « le bon Ducis », « le bon Andrieux »; mais « ils étaient tous bons

à cette époque », a fait spirituellement remarquer Henry Monnier, qui n'admettait qu'avec réserve cette « bonté » entre écrivains.

Un homme qui débute en 1798 par une *Dissertation sur l'usage
des antennes dans les insectes,* qui donne de nouveaux gages aux
sciences naturelles par la publication d'une *Bibliographie entomo-
logique* (1801), et qui change tout à coup de voie en livrant au
public *le Peintre de Salzbourg, journal des émotions d'un cœur
souffrant* (1803), est déjà quelque peu inquiétant, surtout s'il
ajoute à son bagage les *Essais d'un jeune barde,* pour les faire
suivre des *Questions de littérature légale* (1802).

Je ne voudrais pas faire de catalogue ; encore faut-il noter le
volume des *Pensées de Shakespeare,* imprimé en 1801 à Besançon,
le *Jean Sbogar,* publié en 1820, la traduction de *Bertram* (1821),
d'après le Révérend Père Mathurin. On croit que Nodier est désormais voué au roman, à la poésie, au théâtre, le voilà qui apparaît
avec le *Dictionnaire des onomatopées françaises ;* puis il entreprend
en 1820, avec ses amis Taylor et Cailleux, la lourde publication
des *Voyages pittoresques et romantiques dans l'ancienne France.*
Mêlé aux luttes du journalisme, Nodier trouve encore le temps
d'étudier *l'Éloquence révolutionnaire,* qui est la trame du *Dernier
Banquet des Girondins* (1833), et au milieu de ces diverses études
se glisse le livre humoristique du *Roi de Bohême et de ses sept
châteaux.*

C'est là, moins la flamme et le génie, un cerveau à la Diderot,
c'est-à-dire un cerveau d'écrivain besoigneux servi par des facultés
intellectuelles multiples, qui enrichissent rarement leurs posses-
seurs. Si de semblables études ne sont pas faites à coups de ciseaux,
si la pensée a cherché son moule, si une déplorable *facilité* ne
forme pas le fond de ces livres, que de lectures diverses, de

méditations, de volte-face et de soubresauts intérieurs pour passer d'un sujet à un autre, et combien le public, dérouté par cette polygraphie, préfère les écrivains médiocres qui, toute leur vie, suivent la même route plane, sans cahots et sans secousses!

Dans cet ordre d'idées, de tels êtres ne sont appréciés que par leurs pairs; ceux-là seuls se rendent compte du labeur qui a présidé à une pareille multiplicité de travaux; aussi l'œuvre de Nodier, maintes fois étudiée dans ses diverses parties, donnerait aujourd'hui une idée quasi complète de l'écrivain, si son théâtre n'avait pas été passé sous silence.

C'est pourtant dans l'œuvre dramatique de Nodier que sort des limbes le gnome du romantisme. Quelque timidement que soit jeté le gant, la préface de *Bertram* [1] doit compter dans la série des importants manifestes qui devaient suivre.

Sans analyser ce « Bertram exalté par le crime, orgueilleux de l'assassinat, cruel envers tous les hommes », cette « âme de fer » touchée par « la douce voix d'une femme », encore faut-il relater la déclaration des droits des penseurs faite en 1821 : « On est tombé depuis peu, disaient les traducteurs du *Bertram*, dans une grossière erreur en rapportant arbitrairement au genre romantique toutes les productions que le genre classique aurait désavouées. »

Le drame, d'ailleurs, ne fut pas joué, et si d'autres *Bertram* se glissèrent sur la scène, c'étaient de piteuses interprétations du héros de Mathurin, dues à des faiseurs.

Il est quelques pièces que Charles Nodier ne voulut pas signer et qui constitueraient un volume curieux, je parle du mélodrame

---

[1]. *Bertram ou le château de Saint-Aldobrand*, tragédie en cinq actes, traduite librement de l'anglais du Révérend Père Mathurin, par MM. Taylor et Ch. Nodier. Paris, Gide, Ladvocat, 1821. In-8°.

le Monstre et le Magicien[1], et particulièrement du *Vampire*[2], qui précéda cette hardie conception dramatique.

Pourquoi se priver du plaisir d'analyser *le Vampire*, plaisir qui vraisemblablement sera partagé par mes lecteurs? C'est une composition hors ligne qui marque l'heure de l'horloge dramatique

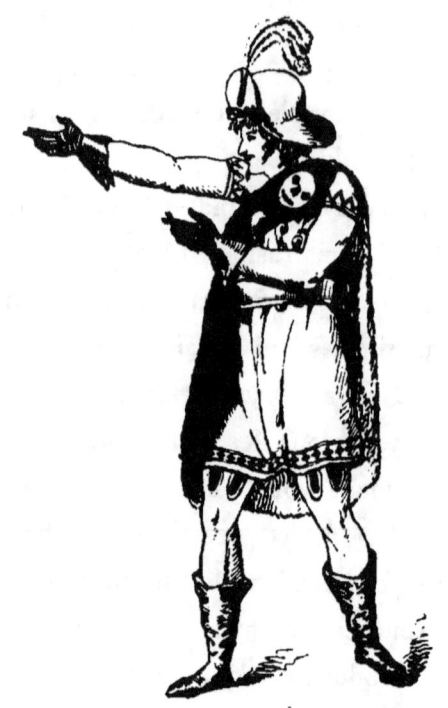

TRAÎTRE DE MÉLODRAME,
d'après une gravure du temps (vers 1824).

de 1820. Tout d'abord, il convient de remarquer que les auteurs de cette fantastique affabulation s'étaient retranchés derrière l'anonyme. Une prudence de Nodier, à en croire Alexandre Dumas.

La direction du théâtre s'était mise en frais.

1. *Le Monstre et le Magicien*, mélodrame-féerie à grand spectacle, par MM. Merle et Antony. Paris, 1826.

2. *Le Vampire*, mélodrame en trois actes, avec un prologue, par MM. ***. Paris, 1820.

La musique de Piccini réalisait merveilleusement l'intention des auteurs. Avant le lever de la toile, « l'ouverture a exprimé une tempête ».

La toile se levait lentement et si nous ne pouvons admirer les merveilles du décorateur, le texte des auteurs suffit : « La scène se passe dans une grotte basaltique, dont les longs prismes se terminent à angles inégaux vers le ciel. L'enceinte est semée de tombeaux de formes diverses, de colonnes, de pyramides, de cubes d'un travail brut et grossier. »

J'admire l'astuce profonde de Charles Nodier, son désir de pénétrer dans les masses. Pour mieux se faire comprendre, il emploie, comme s'il l'avait pratiquée toute la vie, la langue des célèbres faiseurs de mélodrames de son époque ; on le sent par la citation d'un détail de mise en scène :

Sur une tombe, on voit une jeune fille couchée et plongée dans le plus profond sommeil. Sa tête est appuyée sur un de ses bras, et *recouverte* de son voile et *de ses cheveux.*

Le prologue ne comporte que trois personnages : *Ituriel, l'ange de la Lune,* représenté par Mlle Descottes ; *Oscar, le Génie des mariages,* que M. Moessard jouait « dans la perfection », disent les contemporains, et un *Vampire,* dont l'emploi était tenu par un certain M. Philippe.

Ituriel, vêtu d'une longue robe blanche flottante, parle ainsi au Génie des mariages :

Que vois-je ? Est-ce toi, mon cher Oscar, toi, le génie protecteur des mariages, dans ces lieux redoutables que je crains moi-même d'éclairer !... Oui, de toutes les scènes lugubres de la nuit, dont l'astre que je conduis sert à dissiper l'horreur, il n'en est point qui m'effraye autant que l'approche des grottes de Staffa. Quand les premiers rayons de la lune se brisent sur la neige éblouissante des sommets de la Calédonie, je frissonne malgré moi et l'aspect de ces tombeaux me saisit d'une horreur que je n'ai pu m'expliquer encore.

L'âme des spectateurs devait déjà tressaillir, émue des craintes de l'ange de la Lune.

— Serait-il vrai, demande Ituriel, que d'horribles fantômes viennent quelquefois, sous l'apparence des droits de l'hymen, égorger une vierge timide et s'abreuver de son sang ?

— Ces monstres s'appellent les Vampires, répond Oscar. Une puissance, dont il ne nous est pas permis de scruter les arrêts irrévocables, a permis que certaines âmes funestes, vouées à des tourments que leurs crimes se sont attirés sur la terre, jouissent de ce droit épouvantable qu'elles exercent de préférence sur la couche virginale et sur le berceau. Tantôt elles y descendent, formidables, avec la figure hideuse que la mort leur a donnée ; tantôt, plus privilégiées parce que leur carrière est plus courte et leur avenir plus effrayant, elles obtiennent de revêtir des formes perdues dans la tombe et de reparaître à la lumière des vivants sous l'aspect du corps qu'elles ont animé.

Ainsi est posé, dès le début, lord Ruthwen, un faux lord, un faux Ruthwen, qui n'est autre que le Vampire lui-même, et qui tente de faire tomber dans la trappe de ses ténébreuses·machinations la jeune Malvina, que Mme Dorval rendait si intéressante.

Je n'entreprendrai pas de détailler *le Vampire*, cette fantastique composition simple comme les œuvres du génie. Il me paraît suffisant, ayant donné une idée du prologue, d'arriver immédiatement à l'épilogue.

On entend sonner une heure au timbre *argentin* d'une cloche éloignée. Le tam-tam la répète d'écho en écho par gradation.

Toutes les tombes se soulèvent. Un spectre vêtu d'un linceul s'élance jusqu'à la place où miss Aubray est endormie, en criant : *Malvina !*

Alors un accord de harpes se fait entendre annonçant le retour du bon Oscar, le génie des mariages, « un vieillard dont la tête

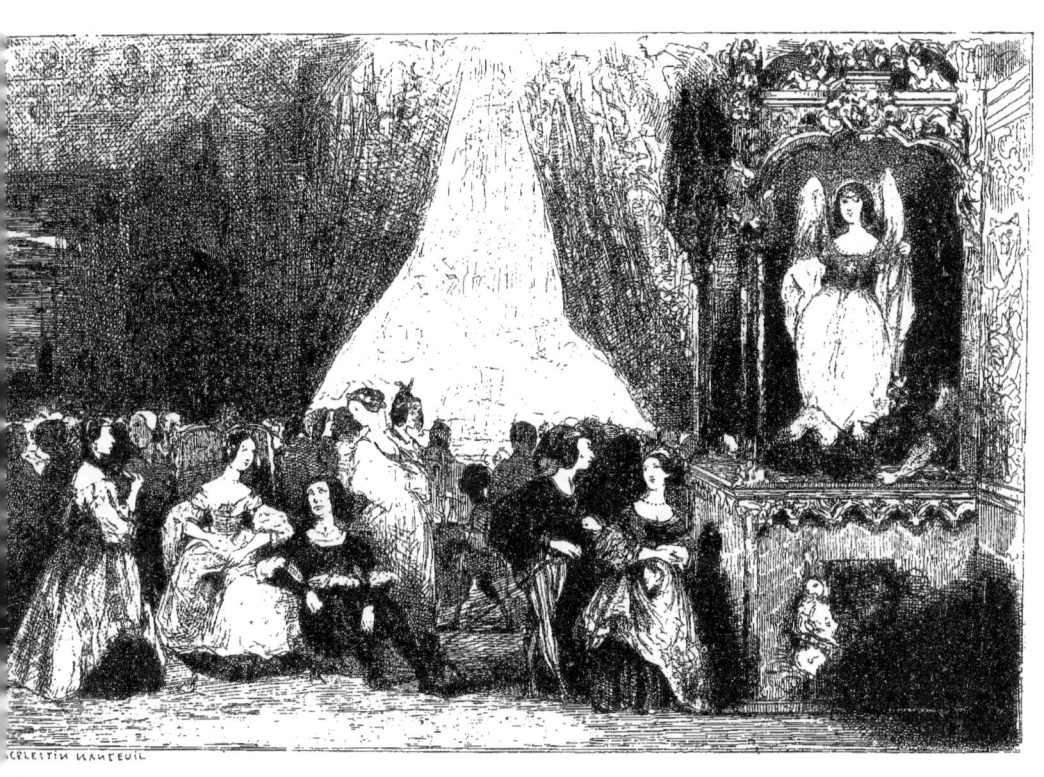

DON JUAN DE MARANA.

Fac-similé d'une eau-forte de Célestin Nanteuil (1836).

vénérable inspire le respect », dont la « démarche a quelque chose d'imposant et de majestueux ».

OSCAR. Retire-toi.

LE SPECTRE. Elle m'appartient.

OSCAR *(saisissant la jeune fille endormie)*. Elle appartient à Dieu et tu appartiendras bientôt au néant.

LE SPECTRE *(se retire, menaçant, en répétant)*. Le néant !

Alexandre Dumas rapporte dans ses *Mémoires* qu'assistant en 1820 à une représentation du *Vampire,* il se trouva à côté d'un spectateur qui sifflait vertement le mélodrame et que ce spectateur exaspéré n'était autre que Nodier. L'invention est peut-être plaisante; mais il faut une foi d'enfant à la mamelle pour se laisser prendre aux hâbleries de Dumas.

Je n'ai pas vu le bon Oscar, le génie du mariage, disputer l'infortunée Malvina au faux lord Ruthwen; mais, vers 1833, une bande de comédiens de province qui essayait de représenter le mélodrame *le Monstre et le Magicien,* avec toutes les pompes que comportait le chef-d'œuvre, me laissa une impression ineffaçable pour la vie [1].

Je cherche pourquoi ce drame m'a frappé si vivement. Est-ce parce que je l'ai vu jouer tout jeune et que le tendre cerveau de l'enfant reçoit de ces représentations un décalque ineffaçable que ne ternit pas le souffle de la critique? Intérêt, surprise, admiration, appartiennent heureusement au jeune âge. Cependant si, à l'âge d'homme, je revois ces drames et que l'effet premier se produise, dois-je l'attribuer à un entendement influencé par des impressions d'enfance?

1. Le drame a été repris depuis, et sans doute reparaitra-t-il sur la scène lorsque la roue de la fortune aura tourné et fera jeter un regard en arrière sur une conception qui ne manquait pas de grandeur.

Singulier vacillement de la raison sur·lequel on ne peut guère faire plus de fond que sur la flamme d'une bougie. A combien d'inclinaisons semblables est exposé notre jugement suivant la disposition du moment, l'âge, le cadre, les interprètes!

J'eus plus tard la bonne fortune de voir jouer en hollandais *le Monstre et le Magicien*, pendant la kermesse de Rotterdam; de la pièce il ne restait que le squelette, la mimique, mais un squelette plus grand que nature et imposant comme celui d'un animal antédiluvien, et j'admirai que la France eût pu produire une conception quasi shakespearienne.

C'est vraisemblablement à Nodier qu'en est due l'idée. Le bibliographe Quérard est d'avis de lui attribuer cette paternité; le collaborateur *Antony*, adjoint au nom de Merle, ami de Nodier, doit cacher le polygraphe qui, à ce moment déjà, rêvait sans doute les palmes académiques et ne voulait pas les compromettre dans les cahots du char dramatique.

Théoriquement d'ailleurs, Charles Nodier défendait le mélodrame et lui prêtait même une haute portée sociale. Dans un compte-rendu que faisait le journaliste de *la Gaule poétique* de M. de Marchangy, Nodier concluait ainsi :

> L'inutile levée de boucliers des classiques contre les romantiques, ou, si l'on veut, des routiniers de la littérature contre les idées libérales, n'empêchera pas le mélodrame de se naturaliser sur notre scène. C'est, puisqu'il faut le dire, un des pas de la perfectibilité et une de ces conquêtes irréparables dont il n'est pas possible de s'appauvrir, parce qu'elles sortent d'elles-mêmes de l'institution sociale et qu'elles deviennent, comme la littérature l'est toujours, l'expression d'un siècle.

Il nous paraît que Nodier avançait bien imprudemment ses pions en prononçant de telles paroles. Le mélodrame, *expression d'un siècle,* dut faire frissonner les auteurs de tragédies, contemporains de Nodier. Il n'en était rien. Ouvrez les *Tablettes romantiques* de 1823, vous trouverez réunis, dans le même keepsake, les portraits des célébrités du jour : Alexandre Guiraud, auteur de la tragédie des *Machabées;* Ancelot, le poète de *Marie de Brabant;* Alexandre Soumet, père de la tragédie *la Fête de Néron;* Charles Nodier, auteur de tout ce qu'on voudra. Critique

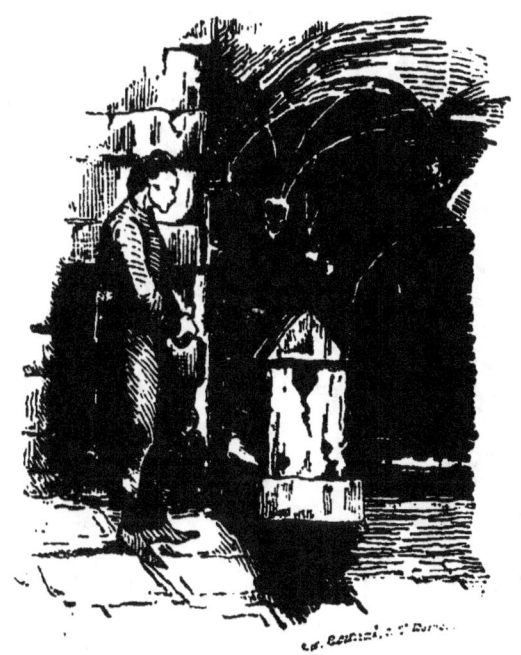

VIGNETTE D'ALEXANDRE BIDA.
(Revue de Toulouse, 1833.)

important, il était dispensateur de la réputation de ses confrères; on lui passait ses exagérations, et comme il sautillait de branche en branche et ne restait jamais sur le même arbre, peut-être ne passait-il pas pour dangereux.

Cependant le mélodrame avait fait son temps. Tous ces héros fictifs, hors nature, que les auteurs dramatiques tiraient des grottes de Fingal ou des brumes du Nord, semblaient usés.

Nodier se dit qu'ils devaient être remplacés par des personnages empruntés à notre histoire; peut-être y était-il poussé par un jeune homme plein d'ardeur qui piaffait comme un cheval arabe impatient de courir. Qui pouvait mieux comprendre Alexandre Dumas que Charles Nodier? Tous deux grands donneurs de crocs-en-jambe à l'histoire et jongleurs de première force dans l'art de faire sauter en l'air des noms historiques, de les mêler à des incidents romanesques, tous deux finissant par croire à leurs propres tours de passe-passe.

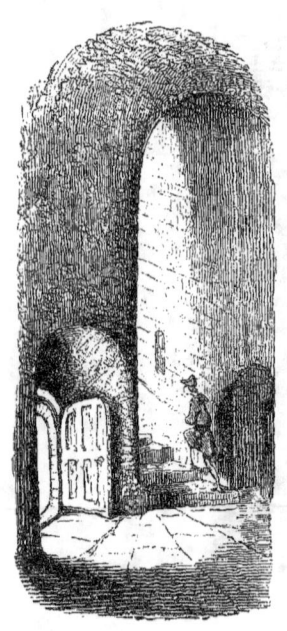

LE SOUTERRAIN DU DONJON.
Gravure de Lacoste.

Il est bien curieux en ce sens le Prospectus signé par Nodier en tête des *Œuvres complètes* d'Alexandre Dumas, que le libraire Charpentier publiait en 1834. Avec précaution, au début, Nodier énumère complaisamment tous les écrivains qu'il a aidés, sur lesquels il a appelé l'attention.

Avant tous les autres j'ai osé attacher la garantie obscure de mon nom aux premiers écrits de Ballanche, aux premières chansons de Béranger, aux premiers vers de Casimir Delavigne, de Lamartine et de Vigny, aux premières inspirations de Sainte-Beuve. La première voix qui ait fait retentir aux oreilles de mon cher Victor le *macte animo* du poète, il me semble que c'était la mienne. Ce n'est pas jouer de malheur, n'est-il pas vrai?

Voici Dumas dont le berceau était placé si près du leur, et qui marche avec eux, Dumas arrivé à cet âge de force où le génie se complète de tous les progrès de la méditation, cette fille modeste de l'imagination qui détrône innocemment sa mère et qui ne l'exile point. Vieux héraut placé sur le chemin de la renommée, je proclame mon Alexandre à son tour, comme ce prophète des Hébreux qui annonçait infailliblement la terre promise et qui ne devait jamais la voir.

Parlant de l'ami de La Fontaine qui s'appelait Gâche, de l'ami de Rousseau qui s'appelait Bâche, de l'ami de Voltaire qui s'appelait Thiriot, Nodier ajoute :

Gâche, Bâche et Thiriot ne mourront jamais dans la mémoire des hommes, ni moi non plus; je suis l'ami de Dumas.

A soumettre cette conclusion à un creuset délicat, on y trou-

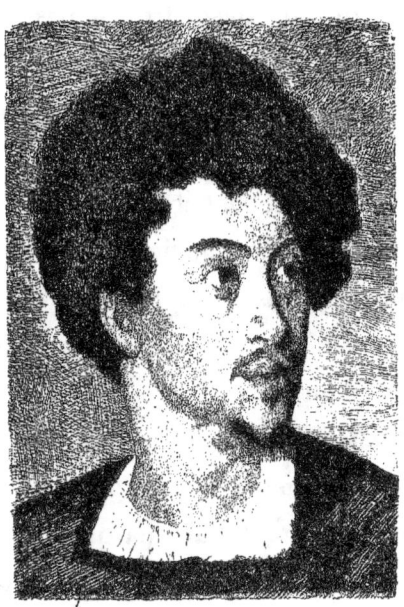

ALEXANDRE DUMAS,
peint par Guichard en 1832, d'après une eau-forte inédite de Bracquemond.

verait peut-être un élément légèrement ironique. Nodier s'était fait volontairement paterne et bonhomme ; mais la bonhomie comporte son grain de malice.

Si j'avais à entrer plus profondément dans la personnalité de Nodier, j'ajouterais que Franc-Comtois et madré comme certains enfants de cette province, l'homme assistant à la naissance du mouvement romantique jugea jusqu'où iraient les audaces des novateurs. Peut-être pourrait-on avancer qu'il était de plume avec cux, pas de cœur ; nourri de littérature classique, la langue qu'il avait apprise dans les maîtres ne le poussait pas aux tendances modernes. On trouve de l'audace dans sa pensée, on n'en trouve pas dans la forme. De même son costume d'érudit était en désaccord avec les coupes triomphantes des habits des Jeune-France de son entourage. Peu importait à ce doyen qui était âgé de cinquante-quatre ans quand Alexandre Dumas n'en comptait que trente et un.

« Laissons passer ce carnaval », dut se dire Nodier, qui, grâce à cette tolérante complicité, fut appelé le « bon Nodier ».

Cette politique, d'ailleurs, contribuait à sa réputation et lui permettait d'entrer à l'Académie, quoique ce corps respectable ne goûte pas la société des gens besoigneux.

Mais un point reste acquis dans cette vie de production décousue, le titre d'auteur dramatique que Nodier eût porté sans doute s'il n'avait pas jugé que ses aspirations seraient réalisées, avec plus d'audace, de fougue et de passion, par un groupe de jeunes hommes dont l'œuvre devait marquer et modifier, pendant une période de cinquante ans, les conditions du théâtre romantique.

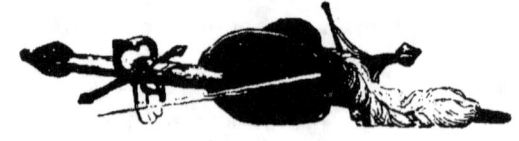

CHAPITRE VI

DE L'INFLUENCE GERMANIQUE SUR L'ART ROMANTIQUE

Ce n'est pas une vaine curiosité qui pousse un peuple à s'inquiéter du mouvement intellectuel des nations voisines, et le libre-échange, malgré les difficultés qu'il crée, a sa raison d'être en art comme en produits industriels. Si parfois un engouement momentané résulte de cet échange d'idées et de forme entre deux peuples, les littératures et les arts de l'Orient ne montrent-ils pas aux nations occidentales le danger de vivre sur un fonds archaïque, sans appliquer des greffes à des rameaux épuisés pour en obtenir de nouvelles fleurs ?

La France, fertile en soubresauts, échappa à ces dangers. Vers 1820, les romantiques eurent raison d'aller à l'Allemagne : trente ans auparavant, Gœthe et Schiller étaient bien allés à la France. Un guide enthousiaste, Mme de Staël, avec son livre *De l'Allemagne*, entraînait la littérature dans ce voyage au-delà du Rhin. Ce fut une empreinte marquée qu'en reçut la poésie française, empreinte qui ne s'était pas entièrement effacée en 1850, époque à laquelle débutait une nouvelle génération; mais déjà la marque devenait fruste par un abus de moulages successifs et les esprits jeunes n'eurent que peu d'efforts à faire pour échapper à un enseignement trop exclusivement shakespearien dans les lettres, de même que l'influence due à l'abus de motifs allemands avait prédominé pendant vingt-cinq ans dans les arts.

Cette influence se manifesta sensiblement vers 1830 par deux arts, la peinture, la musique, et je m'efforcerai de traduire mes

7

souvenirs en toute sincérité, ayant vécu avec les hommes qui pouvaient me transmettre la tradition d'œuvres du passé, qu'aussi bien, vingt ans plus tard, je pouvais étudier avec mon libre sentiment.

De même qu'il ne peut être question de littérature romantique sans que le nom de Victor Hugo ne soit écrit presque à chaque ligne, de même tout historique de l'art de la même époque met en pleine lumière la fiévreuse personnalité d'Eugène Delacroix.

A l'exception du *Faust* de Gœthe, le peintre n'illustra aucun livre de son époque. Delacroix se prêtait volontiers à tout ce qu'on lui demandait, à chaque procédé découlant de son art ; il peignit à la fresque des chapelles, des plafonds de palais, laissa une nombreuse série de tableaux, dessina au pastel, au crayon, à la plume, et se fit parfois son propre graveur suivant les procédés industriels qui se présentaient : à l'eau-forte, au vernis mou, à l'aqua-tinte, en lithographie, sur bois. Cet homme d'un génie inquiet saisissait tous les moyens de reproduction propres à ajouter plus de durée à son œuvre.

Un éditeur l'eût prié de donner des dessins pour une édition de Shakespeare ou de Byron qu'il se fût mis de grand cœur à la besogne, car il était avant tout d'essence shakespearienne et byronienne. Aussi bien, Delacroix se prêtait à ces fréquentations avec les poètes étrangers, qui le troublaient moins que les tempêtes soulevées par les poètes ses contemporains.

Homme du monde, fils d'un ministre plénipotentiaire, Delacroix craignait, ainsi que Mérimée et les rédacteurs du *Globe,* les hordes romantiques et la jeunesse par trop bruyante dont Mme Victor Hugo n'a pas caché les excès [1].

1. Voir le chapitre consacré à la première représentation d'*Hernani* dans *Victor Hugo par un témoin de sa vie.* Paris, Lacroix, 1863. 2 vol. in-8°.

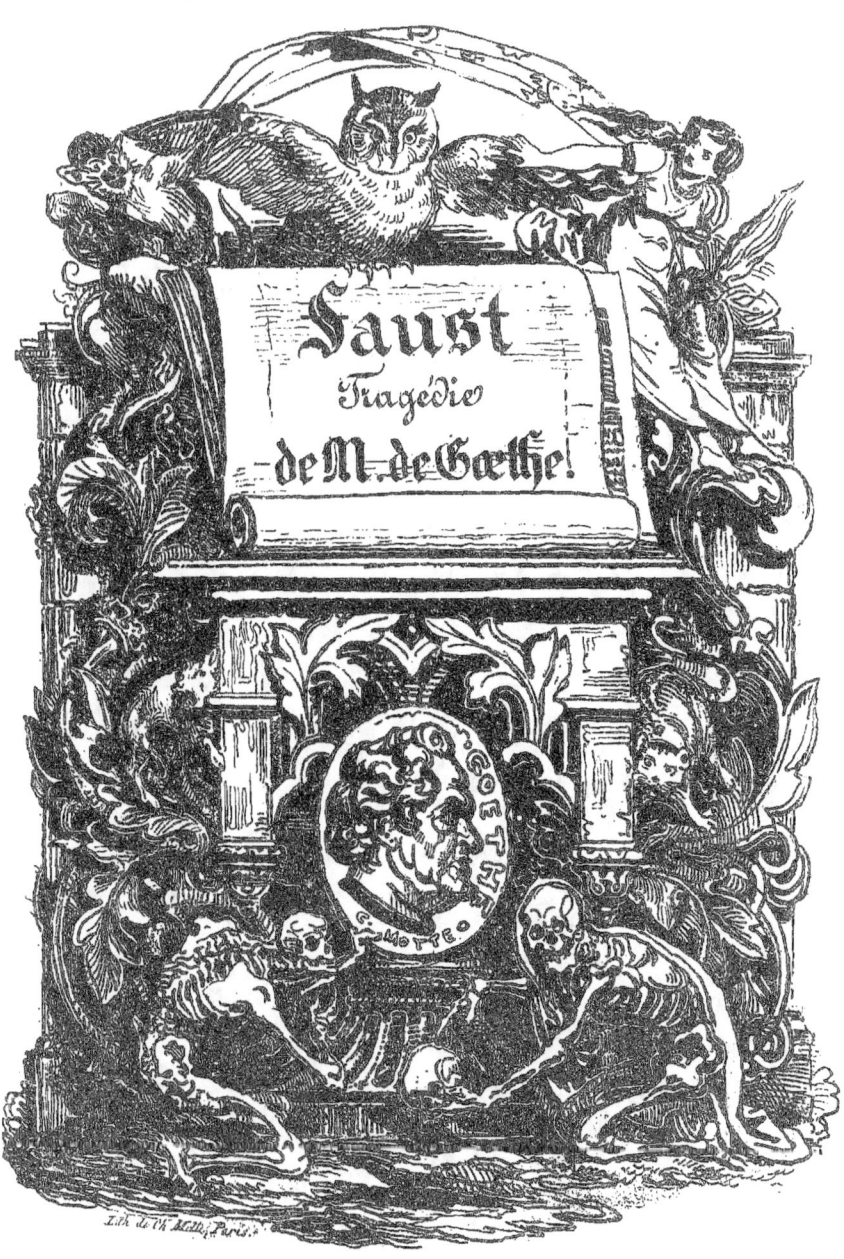

Faust
Tragédie
de M. de Gœthe!

FAC-SIMILÉ RÉDUIT DU FRONTISPICE DU « FAUST »,
lithographié par Eugène Delacroix (1828).

De nature féminine et réservée, Eugène Delacroix avait besoin du recueillement de l'atelier pour se consacrer à son art qui exigeait tant de dépense de nerfs ; il eût été mal à l'aise au milieu des romantiques tapageurs qui insultaient les « bourgeois », couraient les aventures et se faisaient arrêter comme *bouzingots,* un mot qui sonnait mal aux oreilles de cet esprit délicat. A chaque Salon nouveau, Delacroix soulevait tant de cris par ses audaces qu'il jugeait inutile d'augmenter le fardeau en endossant celui des écrivains de son temps. Pour avoir la paix, le peintre se déclarait classique, admirait, disait-il, certaines tragédies de Voltaire ; s'il exposait ses idées dans les Revues, il le faisait en style modéré sans rapport avec l'éclat des images accumulées par les stylistes romantiques.

Il entrait bien une sorte de politique dans cette ligne de conduite ; peut-être faut-il ajouter qu'Eugène Delacroix ne se souciait pas de devenir le second de Louis Boulanger, le peintre favori de Victor Hugo, et qu'il laissait au poète ce disciple déréglé des premières années qui marchait un peu trop dans les sentiers de l'artiste.

Il n'en fut pas de même avec les poètes étrangers. Delacroix pouvait les populariser sans crainte. Shakespeare était mort depuis trois siècles ; Gœthe, qui achevait à Weimar sa longue et olympienne carrière, se rattachait aux doctrinaires amis de Delacroix, aux rédacteurs du *Globe* dont il suivait de loin les déclarations de principes avec intérêt[1]. Tous ces motifs poussèrent donc Delacroix à illustrer une traduction de *Faust* que venait de donner M. Stapfer, en 1828[2].

---

1. Voir *Conversations de Gœthe avec Eckermann,* trad. par E. Délerot. Paris, Charpentier, 1863. 2 vol. in-18.

2. *Faust, tragédie de M. de Gœthe traduite en français par M. Albert Stapfer, ornée d'un*

Gœthe avait été vraisemblablement travaillé par le jeune
Ampère et d'autres amis du peintre, car le grand poète, qui
aimait la sérénité dans les œuvres d'art, dut être quelque peu
surpris en feuilletant le volume qui contenait ces fiévreuses
compositions.

Il avait été publié du vivant de Gœthe des gravures d'un
ouvrier patient et froid ; ce Retsch, dont nous possédons les

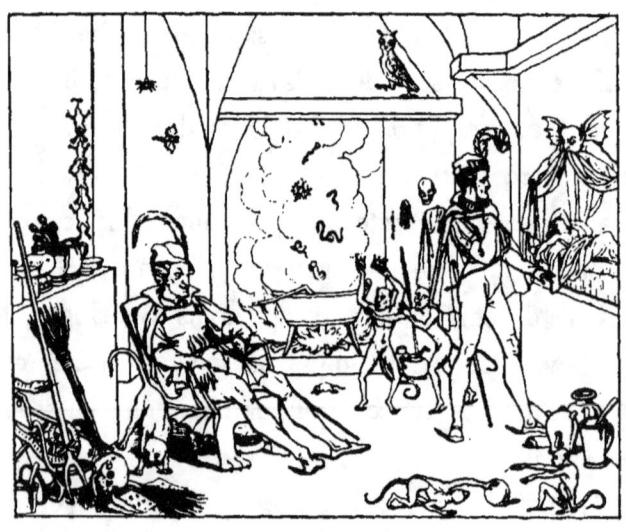

LE LABORATOIRE DE FAUST.
D'après une composition de Retsch (vers 1820).

cahiers de *Faust*, représente bien l'art allemand de l'époque,
s'inspirant des procédés de Flaxman. Il est bon de noter que le
romantisme en Allemagne était classique, rangé, conservateur,
et non pas excessif, véhément et démolisseur ainsi qu'en France.

Parmi les fidèles qui entourent Gœthe, je compte le peintre

*portrait de l'auteur et de dix-sept dessins composés d'après les principales scènes de l'ouvrage et
exécutés sur pierre par M. Eugène Delacroix. Paris. Ch. Motte, éditeur, Sautelet, libraire,
1828. In-4°.*

Meyer, disciple et continuateur de Winckelmann, nourri par conséquent de la pure tradition antique. En sa compagnie, le poète se livre à son esthétique en matière d'art ; avec lui, il feuillette les portefeuilles de sa riche collection de dessins et de gravures d'après les maîtres. Sur ce sujet, Gœthe revenait sans cesse. Un soir d'hiver, faisant voir à Eckermann une série d'estampes de Raphael : « Je m'occupe très souvent de Raphael, disait-il, afin de me maintenir toujours en relations avec la perfection et pour m'exercer à la méditation des idées d'un grand homme. »

Gœthe se préoccupait également des pierres antiques, des compositions du Poussin, de Claude Lorrain. Ce n'était pas là ce qui répondait aux tendances des peintres romantiques.

En littérature, Gœthe se donne « comme philosophe, apôtre de la félicité; comme poète, organe et interprète de la jouissance large et pure, complète et honnête ».

— « Élevons des édifices [poétiques] où l'humanité viendra goûter des joies pures », disait le poète à son fidèle disciple.

On comprend qu'avec de telles vues, Gœthe se montrât peu sympathique à ceux des romantiques qui avaient la prétention de faire dresser les cheveux sur la tête de leurs lecteurs. L'auteur d'*Hermann et Dorothée* revient à diverses reprises sur ce sujet dans ses entretiens familiers; il n'aimait pas ce qu'il appelait « des abominations ».

Aussi, quand on a pénétré l'esthétique élevée de Gœthe, sa raison pure, son enthousiasme pour l'art grec, il est facile de se le figurer en face du Faust si contourné de Delacroix, de la Marguerite que le crayon a écrasée, endolorie et pantelante, sur la pierre lithographique.

Rien que le frontispice du poème indique le sabbat de crayon

de l'intérieur. Les hiboux, les singes, les chats, entourent le
médaillon du poète, pendant qu'au revers apparaît un Méphisto
mélodramatique.

Le monde dans lequel vivait Gœthe, les archéologues qui
l'entouraient, les peintres de Weimar durent ouvrir des yeux
considérablement effrayés à la vue de cette « illustration » d'un
poème que Gœthe tenait pour absolument logique et raisonnable.

Sur ces lithographies de Delacroix, tracées comme avec un
charbon par une main de possédé, Gœthe s'exprimait en toute
liberté dans l'intimité :

M. Delacroix est un grand talent qui a, dans *Faust*, précisément trouvé son vrai
aliment. Les Français lui reprochent trop de rudesse, mais ici elle est parfaitement à
sa place...

Gœthe dit encore :

...Si mon *Faust* a pourtant eu un succès dont je vois encore la preuve, en ce moment
même, dans ce luxe de typographie, c'est qu'il renferme, fixé là pour toujours, le développement d'un esprit pareil au nôtre, qui a souffert de toutes les peines qui tour-
mentent l'humanité, qui a éprouvé toutes les agitations qui la troublent, qui a partagé
toutes ses haines, qui a joui de toutes les félicités auxquelles elle aspire...

Le poète est visiblement touché de l'hommage rendu par un
peintre français à son œuvre.

Il est bien curieux, ajoute-t-il, que l'esprit d'un artiste ait trouvé dans cette œuvre
obscure tant de plaisir, et se soit si bien assimilé tout ce qu'elle renfermait de sombre
dans sa conception première qu'il a pu tracer les principales scènes avec un crayon
aussi tourmenté que la destinée du héros.

Cependant la sérénité de Gœthe est froissée par les coups
multipliés de ce bélier qui bat les murailles de l'art classique;
telle est sa conclusion après avoir fermé *Faust,* et je souligne un

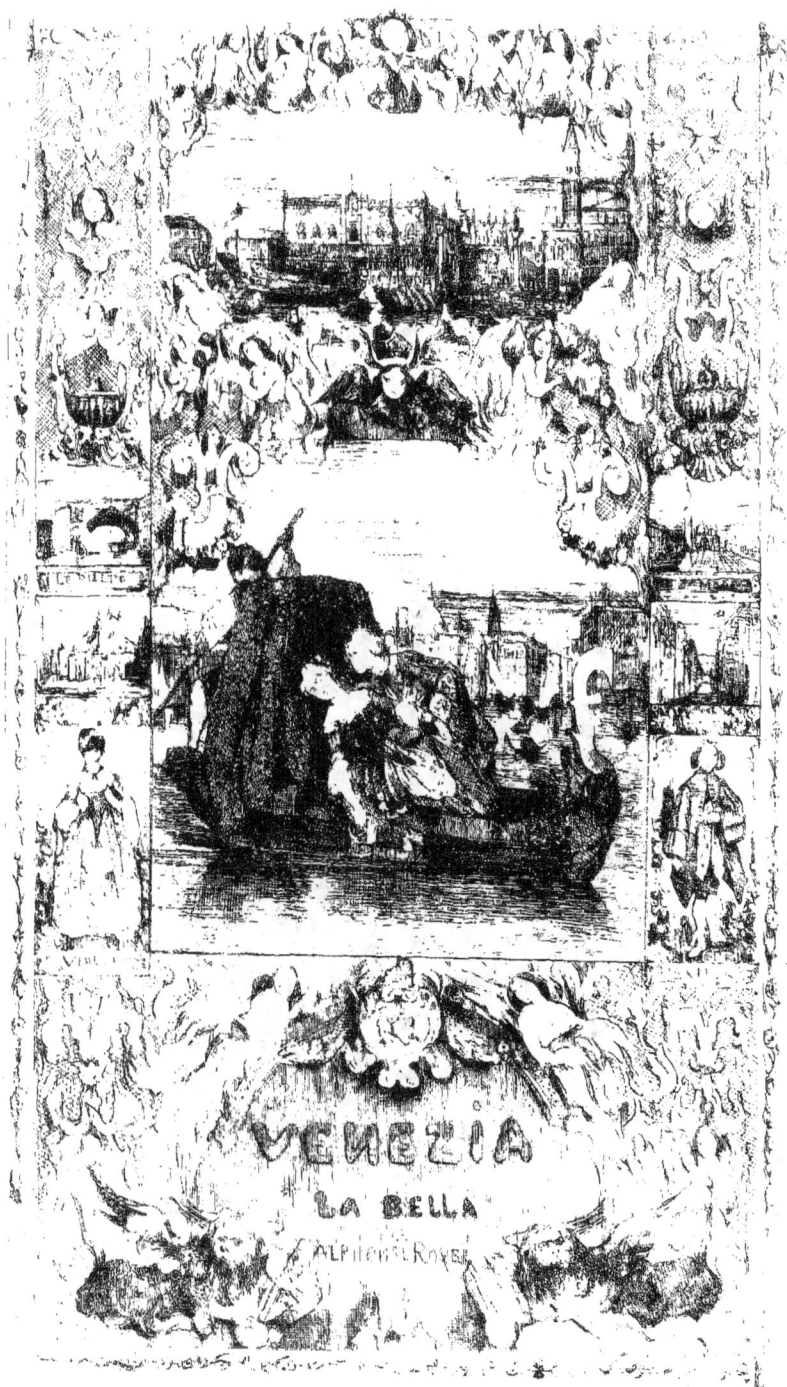

VENEZIA

LA BELLA

ALPHONSE ROYER

FAC SIMILÉ D'UNE EAU FORTE DE CÉLESTIN NANTEUIL
pour Venezia la Bella d'Alphonse Royer
1833.

passage qui me paraît montrer le fond de la réelle pensée du poète :

M. Delacroix est un peintre d'un incontestable talent ; mais il est accueilli comme le sont souvent les jeunes gens par nous autres vieillards. Les connaisseurs et les amis de l'art ne savent pas trop à Paris ce qu'il faut dire de lui, car il est impossible de ne pas lui reconnaître des qualités, *et cependant on ne peut louer sa manière désordonnée.*

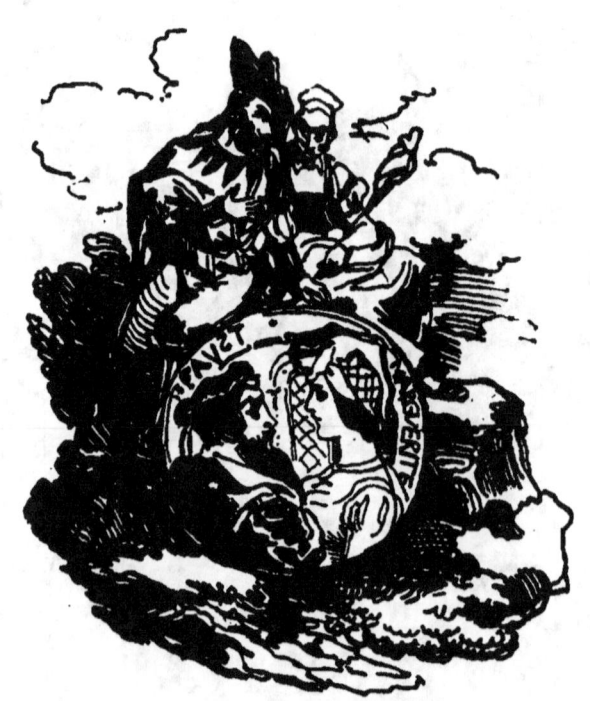

RÉDUCTION FAC-SIMILÉ DE LA COUVERTURE DU « FAUST »,
lithographiée par Eugène Delacroix (1828).

CHAPITRE VII

HIPP⌐ ⱯTE MONPOU

La génération actuelle, même celle qui se pique de connaître l'histoire de la période romantique, ne semble pas avoir conservé un vif souvenir d'Hippolyte Monpou. Le compositeur appartient à cette classe qui n'a pas encore bénéficié de la conversion du démodé en archaïque, et qui, avant d'entrer dans les Champs-Élysées de l'art, flotte dans des pénombres mystérieuses ou doit rentrer dans la nuit éternelle de l'inconnu pour n'en plus sortir.

Pourtant Monpou fut un des sectaires le plus en vue du romantisme. Son nom se rattache étroitement à ceux de Victor Hugo, d'Alfred de Musset, de Gérard de Nerval. Monpou fut le musicien des romantiques de même que Célestin Nanteuil en était le graveur.

En tant que compositeur, Hippolyte Monpou entrevit certains horizons nouveaux et, s'il n'a pas laissé d'œuvre éclatante, il improvisa une page amoureuse et vibrante que peut-être le public écoutera un jour, étonné de la passion qui s'en échappe.

D'abord, et sans prétendre donner une chronologie bien rigoureuse, ce sont, dans un intervalle de 1832 à 1835, les poésies de Victor Hugo qui servent de trame aux mélodies du compositeur : *le Beau Moine, les Deux Archers, la Chanson du fou de Cromwell, le Fou de Tolède,* etc.

Monpou semble avoir été le musicien des salons de la place Royale, comme Louis Boulanger en fut le peintre. Là sans doute Monpou fit connaissance avec tout un monde de poètes, de con-

teurs, d'auteurs dramatiques qui ne demandaient qu'à s'associer à
sa gloire.

A la même date il faut placer les mélodies pour un jeune et
brillant dandy, Roger de Beauvoir, qu'une vie de plaisirs excessifs
empêcha peut-être de donner tout ce qui était en lui. Monpou
compose pour le poète la musique des romances *le Noir*, *le
Vœu sur mer*, qui ne sont pas restées ; mais la cantatille *la Tour*

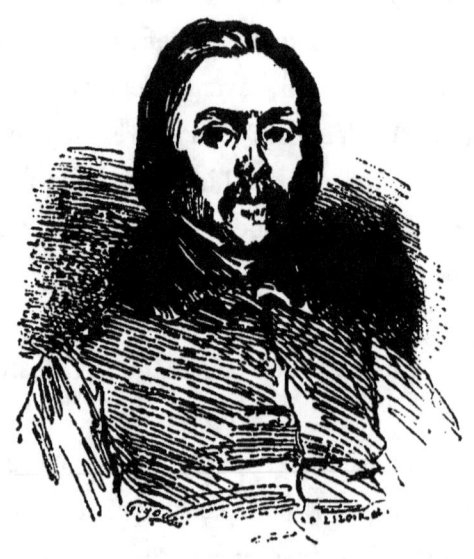

HIPPOLYTE MONPOU.
Fac-similé d'un bois dessiné par Gigoux (vers 1835).

de Nesle, ballade tirée du roman de *l'Écolier de Cluny*, fit sensation.

Deux mois avant la représentation du fameux drame de *la
Tour de Nesle*, de Gaillardet, Roger de Beauvoir avait conté les
aventures de Marguerite de Bourgogne qui faisait monter chez
elle les beaux cavaliers et au matin les envoyait tenir compagnie
aux goujons de la Seine[1].

1. Voir *l'Écolier de Cluny ou le Sophisme*, par Roger de Beauvoir. Paris, Fournier. 1832. In-8°.

De ce sujet, qui préoccupait divers esprits, Monpou s'empara et, s'inspirant du texte de Roger de Beauvoir, il adapta une mélodie à la ballade suivante qu'une voix chantait, *andante con stupore,* dans une « *pâle* embarcation » de seigneurs et d'hommes d'armes passant devant la Tour de Nesle :

Il est un sombre manoir
Où se balance nuit et jour
La lance d'un archer noir.
Des créneaux que la flamme est terne!
Un vautour plane à la poterne.
Votre bâton blanc à la main,
Vous qui passez par le chemin,
Pèlerin,
Que Dieu vous gouverne!
Voici la tour
Sans retour.

Cette composition musicale, de même que d'autres, avait sans doute paru assez hardie pour que Monpou s'en expliquât; aussi la romance du *Noir*, publiée par Meissonnier en 1834, contient-elle une note-manifeste dans laquelle le musicien, en même temps qu'il se défend, fait sa déclaration de principes :

Des gens chagrins ne manqueront pas de dire que c'est pour faire niche aux règles que j'ai fini cette chanson sur le troisième temps de la mesure, et l'occasion étant belle pour m'appeler ROMANTIQUE, ils s'empresseront d'en profiter. J'attendrai pour en finir avec cette qualification que je repousse, car je ne la comprends pas, qu'une plus grave occasion se présente d'en parler un peu longuement; jusque-là, je ne veux rien être, persuadé que les deux épithètes qui divisent encore quelques esprits dans les arts n'ont plus que peu de temps à avoir cours dans le public, et qu'il n'y a plus que des intérêts personnels qui les maintiennent pour en profiter. H. M. 1834.

Monpou, ainsi que quelques-uns de ses compagnons, était peut-être de bonne foi en repoussant le titre de *romantique;* il le fut pourtant à outrance, et rien que la typographie bizarre des titres de ses ouvrages, les poésies qu'il mettait en musique, la collaboration permanente de Célestin Nanteuil pour chacune des productions du compositeur, le choix des épigraphes, indiquent un Jeune-France fervent.

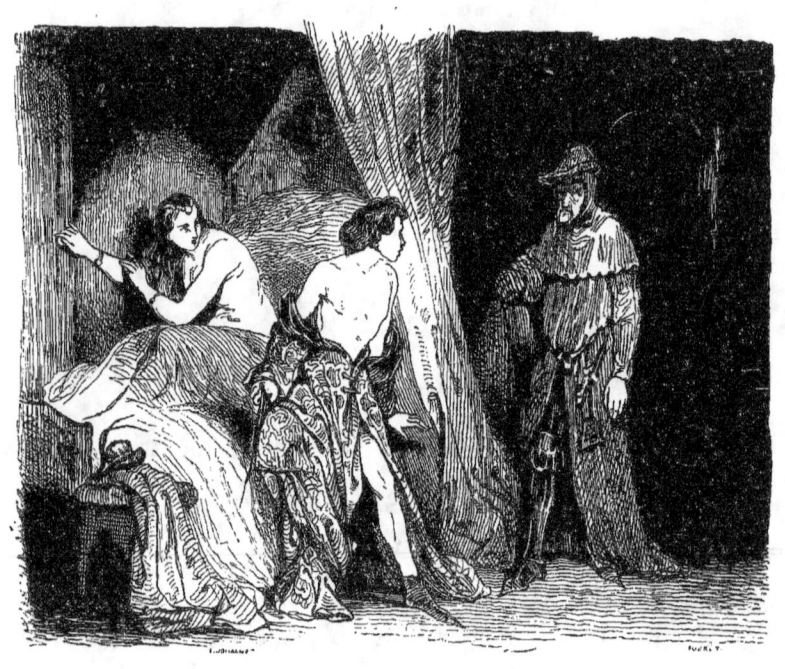

VIGNETTE DE TONY JOHANNOT,
pour l'Écolier de Cluny, de Roger de Beauvoir (1832).

Frédéric Soulié écrit pour Monpou *les Trois Manteaux, chanson des compagnons orfèvres du temps de la Fronde,* et les *Résurrectionnistes,* en tête duquel sont amassées toutes les herbes romantiques de la Saint-Jean : 1° épigraphe d'*Hamlet;* 2° épigraphe du *Bertram* de Mathurin, qui a son prix : « Viens donc, je te chanterai des chansons que les esprits des cimetières m'ont apprises »; 3° titre dessiné à la plume par J. G. [Jules Goddé], s'inspirant des deux épigraphes; 4° à l'autre page, en tête de la mélodie, troisième épigraphe tirée des *Deux Cadavres,* de Frédéric Soulié :

Ce chant semblait d'abord monotone et ennuyeux à écouter; mais, à mesure qu'on l'entendait, la modulation lente et régulière qui le composait prenait quelque chose de solennel et de triste ; puis, peu à peu, cette phrase musicale qui revenait toujours, cette mélodie, pour ainsi dire inflexible, qui reparaissait sans cesse à l'oreille comme un fantôme aux yeux, uniforme et implacable, finissait par saisir l'âme, l'importuner et la remplir enfin d'une terreur inexplicable, mais réelle.

Voilà bien l'effet musical que cherchait Monpou dans quelques-unes de ses compositions.

Tout un petit groupe de poètes de second ordre se tournait en même temps vers Monpou, *Édorard* Thierry, qui devint plus tard plus correct sous le nom d'Édouard, Bernard Lopez, Alfred Vannault, et bien d'autres oubliés.

Il faut dire quelques mots de *la Madonna col bambino* que mettait en musique Monpou pour ce dernier. Le chant est dédié par le compositeur à Célestin Nanteuil; une double épigraphe flanque un dessin à la plume de J. G., le modeste Jules Goddé qui ne croit devoir signer que d'initiales ses croquis dans la manière de Camille Rogier. La première épigraphe est empruntée au *Mystère de la conception* de Jehan Michel, poète du xvᵉ siècle; la seconde est tirée de l'*Évangile selon saint Luc.*

Monpou fut entraîné par divers courants : sensuel et espagnol avec Alfred de Musset et Roger de Beauvoir, il se plie par moments au moyen âge de Victor Hugo, de Frédéric Soulié; à d'autres instants les vieux poètes naïfs le tentent; ou employant tout à coup la grave mélopée il s'associe à Edgar Quinet qui venait de prendre texte des paroles : « Tu seras l'homme qui ne

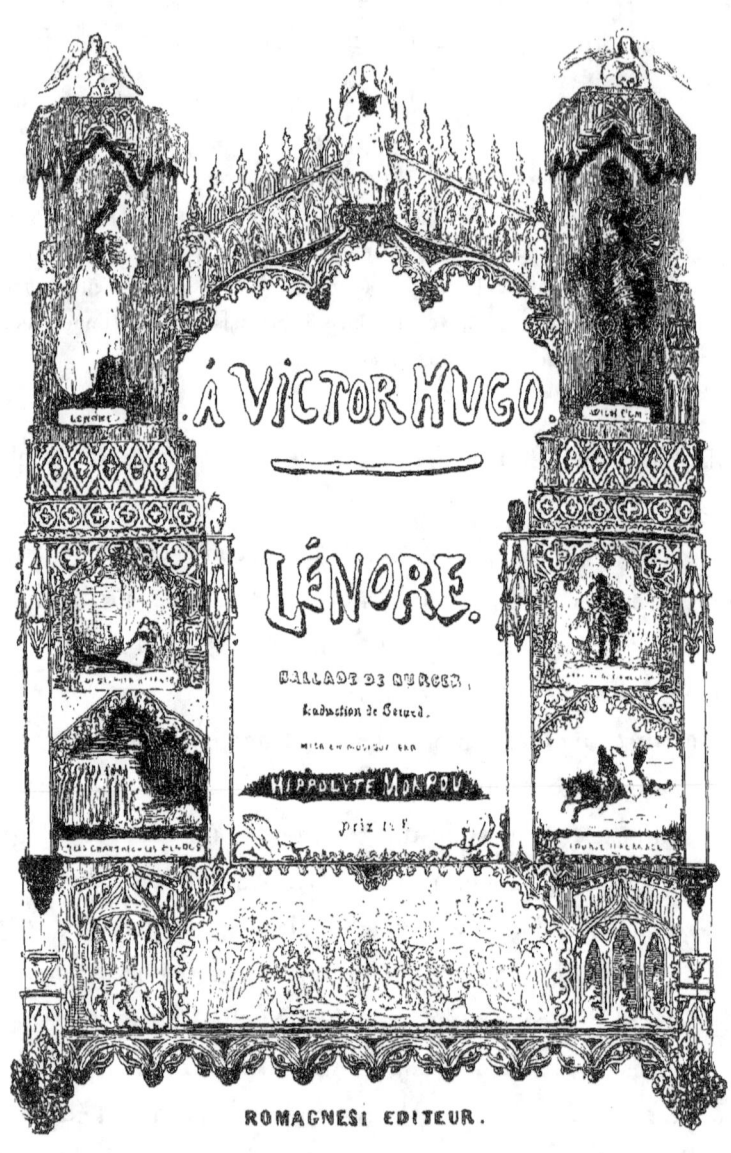

FAC-SIMILÉ DU FRONTISPICE DE J. GODDÉ,
pour la *Lénore* de Monpou (vers 1835).

meurt jamais », pour en faire le thème d'une conception bizarre[1].
A son imitation, Monpou met en musique — pour voix de basse
naturellement — une scène en prose d'*Ahasvérus le Juif errant*.
Il avait préludé dans le même sens en enveloppant dans le man-
teau d'une mélodie solennelle certaines strophes en prose des
Paroles d'un croyant de l'abbé de Lamennais.

Je n'ai pas l'intention d'entrer dans le détail de cette conception lyrique; les indications données par le compositeur suffisent.
Le mouvement de la ritournelle est marqué : « *Andante triste,
résigné, fatal* »; pour l'ensemble : « *Il faut chanter cela comme
une lamentation de Jérémie* », a écrit Monpou.

Quoique les hôtes des salons romantiques fussent habitués
à bien des singularités, les *Paroles d'un croyant* en musique ne
s'imposèrent pas dans un monde littéraire et artistique, plongé
dans le moyen âge et ne s'inquiétant guère des modernes imprécations démocratiques de l'abbé de Lamennais.

Monpou, et c'est là ce qui indique une nature à part, inquiète
et pleine de soubresauts, ne s'en tint pas à ces divers essais.
Dès 1835 la poésie populaire le tenta : une *Chanson de nourrice*,
une *Chanson des fileuses du pays de Caux*,

Il était trois chasseurs,

lui semblèrent des thèmes propres à recouvrir de mélodies naïves.
En cela il se trompait. La poésie populaire fait corps avec le
chant populaire. Un poète qui touche à la conception, un musicien qui croit pouvoir régulariser la mélodie enlèvent les tons
crus des ailes de ce papillon sauvage.

Ce que la critique pensait alors des débuts du compositeur

---

1. L'*Ahasvérus* d'Edgar Quinet parut en 1833.

a son intérêt et j'en donne un fragment, tiré de *l'Artiste*
de 1832 :

Le genre de M. Monpou sort un peu de la romance; il s'attache avec une préférence exclusive à la poésie romantique telle que l'a faite Alfred de Musset. Assez peu
soucieux de la régularité du rhythme et de la phrase musicale, M. Monpou court où
l'entraîne une imagination bondissante; il résulte de là une musique neuve et pittoresque, mais un peu étrange, et qui ne jouira peut-être pas d'abord de tout le succès
qu'elle mérite auprès du public habitué à ne voir sous le nom de *romance* que les
mélodies carrées et les modulations tirées au cordeau de MM. Panseron et de
Beauplan.

L'article, quoique vraisemblablement d'un ami, fait comprendre
les tendances du compositeur.

Ce fut à quelque temps de là que Monpou se tourna du côté
de l'Allemagne. Gœthe lui dut la mélodie de *Mignon*[1], Bürger la
transformation de la ballade de *Lénore* en drame lyrique; mais,
avant d'étudier cette partition, il convient de revenir sur le *lied*
et les raisons de sa popularité en France.

1. *Mignon*, *chanson de Wilhelm Meister de Gœthe*, traduction de Théod. Toussenel,
musique d'Hipp. Monpou. Titre lithographié par Gigoux.

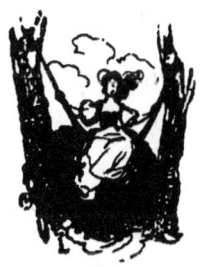

CHAPITRE VIII

LÉNORE

L'Allemagne fut, vers 1828, un des côtés du triangle sur lequel s'appuyaient volontiers les romantiques. Ils croyaient qu'avec l'Angleterre et l'Espagne la nation germanique devait ouvrir des voies nouvelles au théâtre et le régénérer; mais comme trois ou quatre drames de Gœthe et de Schiller ne suffisaient pas à faire oublier Corneille, Molière et même Marivaux, ce fut au tour des poètes de se tourner vers leurs confrères d'outre-Rhin.

L'Allemagne abondait en auteurs de ballades, de *lieds* et les richesses germaniques parurent inépuisables[1]; mais quand il fallut choisir parmi ces petites pièces et décider quelles étaient celles qui s'adaptaient le mieux à l'esprit français, deux poésies : *la Fille de l'Hôtesse* d'Uhland, la ballade de *Lénore,* restèrent à peu près seules de cette chrestomathie qui correspondait au lugubre à la mode.

« Bürger, avait dit Mme de Staël, est de tous les Allemands celui qui a le mieux senti cette veine de superstition qui conduit si loin dans le fond du cœur[2]. »

Nous ne sommes plus aujourd'hui tout à fait dans le même courant d'idées et il est peut-être utile d'examiner de près la ballade du poète Bürger.

Le soldat Guillaume a combattu à Prague sous Frédéric. La

---

1. Voir Sébastien Albin [Mme Cornu], *Ballades et Chants populaires anciens et modernes de l'Allemagne.* Gosselin, 1841. In-18.
2. *De l'Allemagne.*

paix est faite. Une blonde fiancée attend le soldat. Parmi des rameaux verts, au bruit des chants, des cris de joie, des bruissements de cymbales, « *et cling et clang* », les soldats reviennent au pays, tous moins Guillaume. Lénore se laisse aller à la douleur. Cependant une nuit elle entend au loin comme un galop de cheval : « *trap, trap, trap* ». Un cavalier descend sous le balcon de la jeune fille avec un cliquetis d'armes. Le heurtoir de la porte frappe : « *pan, pan* ».

C'est Guillaume. Brûlant d'amour, il veut, cette nuit même, faire faire cent lieues à sa fiancée pour la conduire au lit nuptial. Lénore s'habille, descend, saute sur le cheval, passe ses bras autour du cavalier, et « *harre, harre, hop, hop* », ils partent au galop.

Pendant le chemin Guillaume ne répond à Lénore étonnée que : « *Hourrah! hourrah!* les morts vont vite. »

Cheval et cavalier sont haletants; les cailloux se brisent, des étincelles en jaillissent; « *hop, hop, hop* », la course continue fiévreuse.

Guillaume et sa fiancée passent près de potences où, à demi éclairés par la lune, s'agitent des pendus. — « *Hé! hé!* bonnes gens, ici, suivez-moi, dansez-nous la ronde de noces quand nous nous mettrons au lit. »

— « *Hou! hou!* Les bonnes gens se mettent à leur suite. C'est comme le vent quand il tournoie dans les feuilles mortes. *Hop! hop! hop!* La course continue au galop. »

A l'aube, les deux fiancés arrivent près d'une grille de fer. C'est la porte du cimetière!

« Tout d'un coup, quel affreux miracle! L'habillement du cavalier tombe pièce par pièce, semblable à des lambeaux pourris. Sa tête n'est qu'un crâne nu, sans chair et sans cheveux, son corps est un squelette, sa main tient la faux et le sablier. »

Voilà ce qu'est devenu le beau soldat Guillaume.

« Le cheval se cabre, souffle, lance des flammes, se dérobe de dessous sa charge; il a disparu, il est englouti. » Mort aussi le cheval de Guillaume.

Lénore, saisie d'effroi, lutte entre la vie et la mort et finit par succomber.

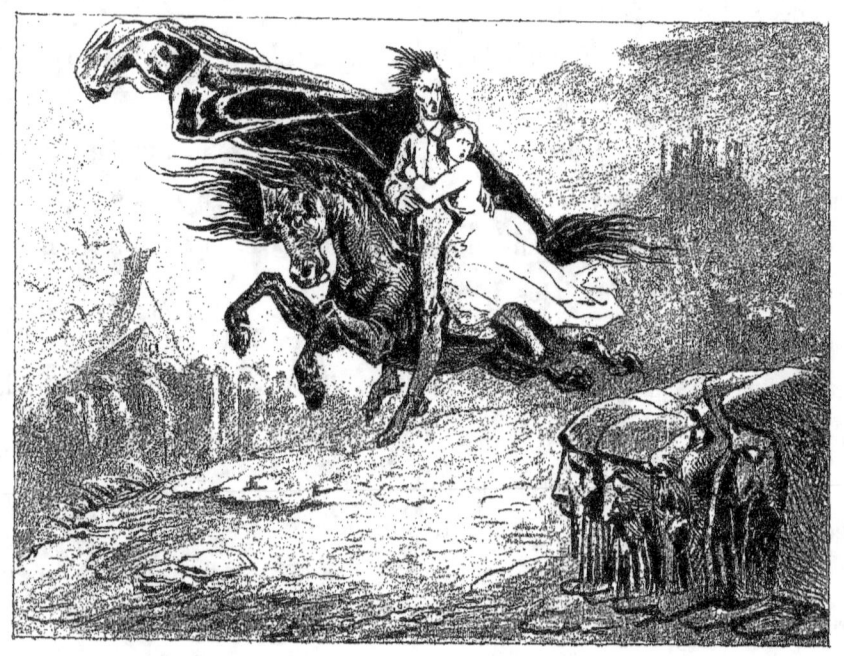

D'après une lithographie de Ziegler, de la Revue *la Silhouette* (1830).

« A la clarté de la lune, les esprits dansent une ronde autour d'elle. »

Tels sont les principaux détails de la ballade de *Lénore,* qu'introduisit en France Mme de Staël et dont elle se montrait si enthousiaste.

A étudier la trame du poème de Bürger on trouve le motif exploité si souvent dans les chants populaires : une jeune fille est

morte de chagrin en apprenant que son fiancé a succombé sur le
champ de bataille. Rien de plus. De sombres incidents colorent,
il est vrai, le thème germanique : l'invitation à la nuit de noces,
la course échevelée dans la campagne, le cheval haletant, le
passage près du champ des suppliciés, l'escorte des pendus, le
jeu de la lune et des nuages, le sifflement du vent, le cimetière,
la ronde des fantômes, et, si on y joint les rudes assonances
imitatives de la langue allemande, les *cling clang* des cymbales,
les *trap, trap* du galop du cheval, les *hourra* et les *hop, hop* du
cavalier, les lugubres *hou, hou* des squelettes agités par le vent,
on reconnaîtra combien, sous le premier Empire, cette conception
dut rompre avec le poncif des derniers poètes de l'*Almanach des
Muses*.

De 1810 à 1830, la ballade de *Lénore* fut traduite plusieurs
fois. Elle contenait trop d'éléments romantiques pour ne pas aider
au courant; mais sa vulgarisation fut due aux peintres plus particulièrement. Eux aussi sont de « bonnes gens » qui, en quête
de pittoresque, s'inquiètent médiocrement du fond. Deux fiancés
chevauchant la nuit à travers les espaces, suivis de gnomes, faisaient à merveille leur affaire : du noir, du blanc, la lune assom-
brie par les nuages, des fantômes, un sujet populaire et qui porte,
combien d'artistes n'en demandent pas davantage!

Les peintres envisagèrent le fiancé de Lénore de diverses
manières, entre autres en personnage désespéré, vêtu d'un collant.
Ceux qui voulaient plaire aux dames représentaient Guillaume en
hussard; d'autres, sans se préoccuper de l'année 1773, époque à
laquelle Bürger avait composé sa ballade, s'en tinrent à l'habillement pseudo-Renaissance mis à la mode par les Devéria.

Traducteurs et peintres vulgarisèrent tellement le *lied* que,
sous le coup des idées de 1830, les frères Cogniard firent

jouer au théâtre de la Porte-Saint-Martin, dont ils étaient directeurs, un drame fantastique de *Lénore;* mais le public ne montra pas un vif enthousiasme pour cette conception; et nous-mêmes, quoique élevés dans l'admiration de ce poème, nous nous apercevons aujourd'hui que la *Lénore*, malgré sa toile de fond macabre, est aussi démodé; que « le jeune et beau Dunois ».

La ballade de *Lénore* devait tenter également les compositeurs par son caractère mélodramatique, ses sombres détails et les ressources qu'ils offrent à la musique imitative. Monpou se mit à la besogne, incité sans doute par Gérard de Nerval qui, lui aussi, avait donné une traduction de l'œuvre de Bürger. Un album en résulta d'autant plus dans l'esprit du temps que trois artistes, Célestin Nanteuil, Camille Rogier, Jules Goddé, s'étaient entendus pour illustrer l'œuvre et la rendre digne de Victor Hugo à qui la symphonie fut dédiée.

A lui seul le frontispice est un monument. Architecture, sculptures dans les niches, rappel des principaux motifs du drame font songer aux « ouvertures » de drames lyriques dans lesquelles le compositeur enchâsse les mélodies les mieux venues de sa partition. Trois lithographies, une de Camille Rogier, deux autres de Célestin Nanteuil, précèdent chaque division de la ballade et les motifs fantastiques sont empruntés au riche magasin d'accessoires où sont remisés les chevaliers d'outre-Rhin bardés de fer, les pâles fantômes, les squelettes au rictus grimaçant, les cimetières et la lune dans son plein illuminant d'effroyables spectacles.

Sans contredit les compositeurs, ainsi interprétés par les peintres, doivent passer d'agréables quarts d'heure.

Malgré le luxe de mise en scène déployé par l'éditeur, la *Lénore* d'Hippolyte Monpou, contemporaine du *Childe-Harold* de

Berlioz, ne produisit pas une vive sensation ; du moins je n'en trouve pas trace dans les journaux et les revues de l'époque.

Un musicien de mes amis[1], qui a étudié cette œuvre avec plus d'autorité qu'il n'appartient à un écrivain, me dit qu'on aurait une pauvre idée de l'auteur de tant de mélodies romantiques si on s'en rapportait à ce que, dans sa préface, il appelle « le drame fantastique en récit et en action ».

Il reste heureusement à la mémoire d'Hippolyte Monpou d'autres mélodies moins ambitieuses qui prirent rang et font encore tressaillir le cœur de quelques-uns de ses contemporains.

Le véritable Monpou, il faut le chercher en Espagne. C'est là son terrain, qu'il a fait sien presque autant que Beaumarchais. Barcelone lui appartient comme Séville à Figaro.

Avez-vous vu dans Barcelone ?

a commandé une phrase musicale qui triomphe de la suggestion du poète. Ce n'est plus Musset qui en est le créateur, c'est Monpou. Dans de semblables associations entre poètes et musiciens, il faut que le poète consente à porter sur ses épaules le compositeur et lui serve de piédestal. Si jeune et si moderne que soit resté Alfred de Musset auprès des étudiants et des femmes d'aujourd'hui, c'est pourtant Monpou qui l'emporte dans la petite pièce amoureuse consacrée aux charmes de la marquise d'Almaëgui.

Tout est bien venu, d'un jet amoureux, dans cette ballade qu'il faut avoir entendu chanter par Roger. Un vif entraînement caractérise le refrain qui n'a besoin ni de castagnettes ni de tambours de basque pour faire penser aux mantilles, aux tailles

---

1. M. A. Boisseau, à qui je dois communication de la très rare *Lénore* de Monpou.

cambrées, au regard noir et provocant des femmes espagnoles. L'amour colore chaque note de cette séguédille; il faut être jeune, ardent, amoureux, pour laisser échapper de sa poitrine une telle émotion, chaste et sensuelle à la fois.

Monpou fit jouer des opéras, composa de nombreuses romances; il n'a rien laissé de comparable à cet élan musical si bien d'accord avec son époque. Par là il reste associé aux esprits du même temps. Il lui avait été donné de dire un mot qui n'avait pas été dit si chaleureusement.

Une mélodie, un conte, un sonnet, suffisent pour sauver de l'oubli le nom d'un homme. Monpou, mort jeune, est resté poétique. Et peut-être sa tombe est-elle entretenue de fleurs par une vieille dame de 1830, qui, le jour des Morts, dépose une couronne à la mémoire du compositeur, et, pleine d'émotion, s'en va en songeant :

Avez-vous vu dans Barcelone ?

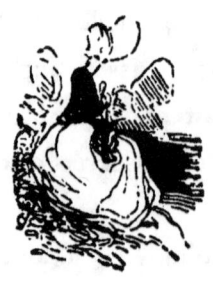

CHAPITRE IX

HOFFMANN

Avec Gœthe et Bürger, le conteur Hoffmann préoccupa particulièrement les romanciers et les dessinateurs. Trois éditions parisiennes parurent à quelques années de date, celle de Loëve-Weimar, celle de Théodore Toussenel, celle d'Henri Egmont, toutes trois illustrées de vignettes et de frontispices dus aux maîtres en vogue. Tony Johannot fut appelé naturellement par Renduel; l'éditeur Jules Lefebvre choisit Ziegler pour la couverture ornée de son édition; Camille Rogier dessina pour le libraire Camuzeaux des encadrements de couleur destinés à relever des vignettes sur acier un peu trop embourgeoisées par le graveur.

La traduction de Loëve-Weimar se recommandait en outre par un portrait d'Hoffmann, gravé par Henriquel-Dupont, graveur classique, qui jamais n'avait prêté son concours à l'ornementation d'une publication romantique.

De combien de faussetés est coutumière l'iconographie, c'est ce que savent ceux qui, consultant une collection de portraits relatifs à un même personnage, se trouvent parfois en face d'images sans aucuns traits de ressemblance entre elles. Est-ce parce que le public n'admet pas qu'un personnage célèbre soit doué d'une physionomie calme et régulière? Je crois plus volontiers que certains artistes, incapables de rendre la finesse des traits de leur modèle, se laissent aller à une fâcheuse facilité et prêtent une physionomie toute conventionnelle au poète; adoptant une sorte de préconçu d'après de banales légendes sur le compte de ceux qu'ils ont à représenter, ils en font alors des séraphins ou des êtres cacodémoniaques, des inspirés ou des mélancoliques, des messieurs pleureurs ou des ténors d'opéra-comique, des âmes tendres ou de farouches monstres; et ainsi nous sommes privés

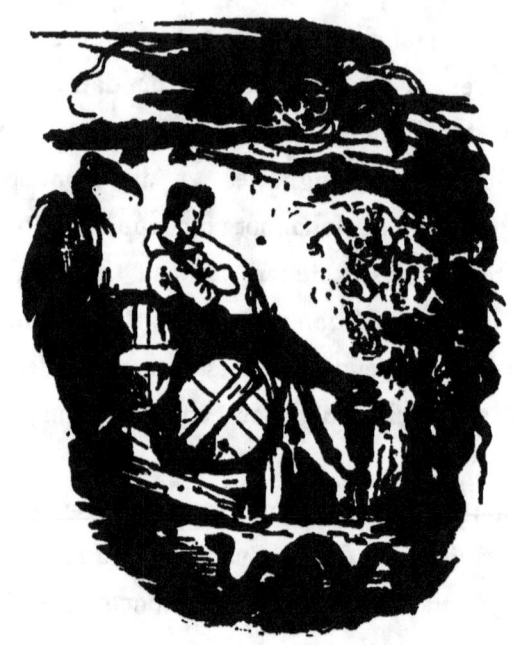

FAC-SIMILÉ DE ZIEGLER,
pour les œuvres d'Hoffmann (1830).

de la physionomie réelle d'hommes de talent que des crayons mensongers ont affublés de postiches de carton.

Elle est pourtant intéressante la figure d'un homme, si bourgeoise qu'elle paraisse, quand on sait y pénétrer comme les maîtres primitifs pénétraient dans leurs modèles. J'aime la représentation de l'homme de génie plutôt à l'état calme qu'aux rares heures d'inspiration. Dans son état normal, un tel homme peut paraître vulgaire à quelques-uns. Il ne l'est pas. Mais qu'il est difficile de savoir par quelle fissure s'échappe son génie, avec quelle volonté a été modelé son menton, dans quel réseau de rides s'abrite la pensée, les habitudes qu'elle commande au corps, le poids dont elle charge les épaules, l'agrandissement du front qui s'est développé d'année en année, la flamme qui ranime ces yeux fatigués en apparence, les méplats que la pensée a imprimés aussi vivement aux parties molles du visage qu'un fer à repasser de blanchisseuse qui corne un col de chemise!

Tout cela est remplacé le plus souvent par la convention; le dessinateur n'a rien vu, rien observé de la figure du personnage, et il conviendrait autant de donner le portrait du valet de chambre de l'homme célèbre que cette inutile image.

Ces réflexions, peut-être un peu grondeuses, tombent cependant devant une représentation tout à fait fantastique, inspirée à Ziegler[1] par la caractéristique des œuvres d'Hoffmann; véritablement les dames, qui regardèrent le portrait en tête de la traduction des *Contes* donnée par Théodore Toussenel, durent avoir une singulière idée du romancier berlinois.

En réalité, Hoffmann était d'allures correctes dans les divers postes qu'il occupa, soit comme greffier du tribunal criminel, soit comme chef d'orchestre du théâtre de Cracovie.

Les travaux qui le faisaient vivre terminés, Hoffmann allait rejoindre ses amis dans une cave de Berlin, c'est-à-dire un petit sous-sol tendu d'un papier à fleurs, éclairé convenablement et où les habitués buvaient et fumaient en dissertant sur l'esthétique.

---

1. J'attribue à Ziegler ce singulier frontispice, me fondant sur l'avis de l'éditeur : « Vignettes pour les Œuvres complètes de Hoffmann, d'après les dessins de Tony Johannot et Ziegler, gravés sur bois par Porret. Il paraîtra une livraison de 4 vignettes par livraison de texte. » Ce projet n'eut pas de suite. Tony Johannot, d'ailleurs, étant engagé par Renduel pour les vignettes de l'édition Loève-Weimar; c'est ce qui me pousse à attribuer à Ziegler les vignettes ci-contre.

L'imagination de Théodore Hoffmann, d'Adalbert de Chamisso, de Lamothe-Fouqué, qu'elle s'appuyât sur de curieux faits scientifiques ou du domaine de l'art pur, était suffisamment tenue en

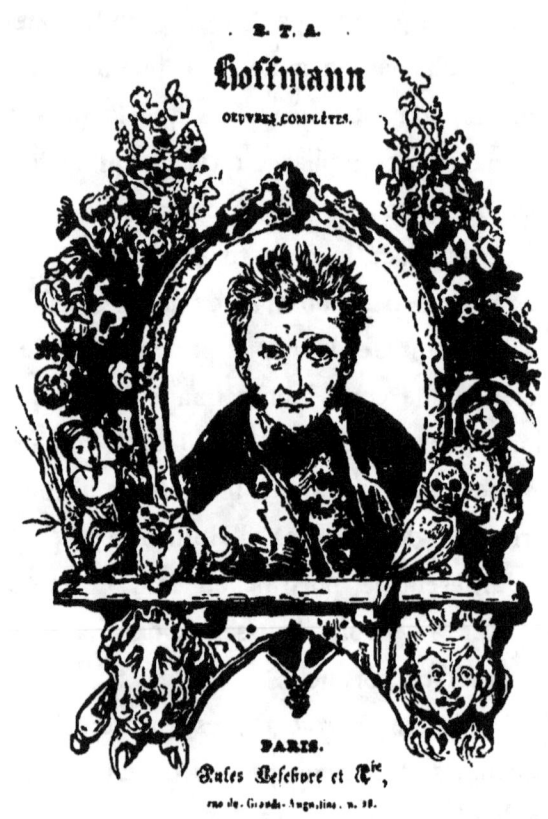

FAC-SIMILÉ D'UN FRONTISPICE DE ZIEGLER,
pour les œuvres d'Hoffmann (1830).

éveil dans ce milieu. Les dessinateurs romantiques ne voulurent pas l'envisager ainsi.

On s'imagina que la chevelure d'Hoffmann lançait des reflets étranges semblables à ceux du punch bleuâtre brûlant dans un bol d'argent. Le conteur fut condamné à porter une cravate dénouée, un pantalon collant terminé naturellement par de fins escarpins. Sa physionomie devint celle d'un être extraordinairement névralgique, dévoré par de bizarres pensées.

Il m'en coûte de détruire cette iconographie de fantaisie; au premier aspect et à regarder en passant un portrait réel d'Hoffmann, il ferait penser à un juif allemand si des yeux humoristiques n'indiquaient un regard sans cesse en quête de gnomes, de *Daucus carota,* d'héroïnes bizarres et de personnages détraqués vagabondant dans le cerveau du conteur; mais lui-même le conteur est, malgré ses bizarres conceptions, au contraire pondéré aussi juste que le commande l'exercice de son art.

Beethoven peut être en proie à de vives souffrances morales; c'est, au physique, un homme semblable à ses contemporains.

Tout le monde connaît la jolie petite statue berlinoise qui représente Gœthe debout, le ventre faisant saillie sous la houppelande boutonnée. Voilà une œuvre qui nous fait connaître l'homme de génie dans sa vie.

Voulez-vous voir un premier rôle de l'Ambigu-Comique? Regardez ce jeune homme fatal, appuyé contre une rangée de tonneaux dans une sombre cave; il fume une longue, longue pipe, en contemplant des crapauds, des couleuvres, des gnomes et des larves. Voilà l'Hoffmann romantique, l'Hoffmann de 1834[1].

Il paraît que de telles images étaient nécessaires à la compréhension de ses contes. Mais combien les Allemands durent être étonnés de l'imagination de nos dessinateurs!

---

1. *Le Magasin pittoresque, le Musée des familles* rivalisaient à la même époque de portraits extravagants, de prétendus fac-similés de dessins d'Hoffmann; j'en ai déjà parlé et j'y ai joint un dessin d'Henry Monnier qui mystifia le public des Magazines en donnant comme du conteur une fantasmagorie sans parenté avec l'essence germanique. (Voir *Henry Monnier, sa Vie, son Œuvre*. Paris, E. Dentu, 1879.)

CHAPITRE X

« Quand une fois le sang s'est mêlé au sang, lorsque deux âmes se sont fondues en pleurs et en volupté, mon Dieu, se peut-il qu'on oublie cela ? » Ainsi parle le romantique Aloysius Block, injustement oublié aujourd'hui. Car rien que par l'échantillon ci-dessus, on peut juger du langage passionné d'un auteur qui remuait les fibres des dames de 1834.

Époque à la fois bourgeoise et tourmentée, qui resterait platement constitutionnelle sans les hardiesses des poètes, des romanciers, des peintres et le concours que la femme leur prêta.

Ce n'était pas le gouvernement qui favorisait les efforts des romantiques. La femme seule vint en aide à ces audacieux; elle les poussa en avant, souffla en eux la passion et se donna comme récompense aux plus exaltés. Mais aussi à combien de sources diverses de romantisme pouvaient se désaltérer les femmes! Elles y trouvaient leur compte, les mystiques et les matérielles, les poétiques et les prosaïques, les pudiques et les ardentes, celles qu'on devait prier comme celles qu'il fallait brutaliser, les mélancoliques à qui un clair de lune suffisait, les pieuses qui s'abritaient au pied de croix vermoulues, celles qui écoutaient une déclaration étendues sur un sopha et celles qui ne reculaient pas devant le funèbre décor d'un cimetière.

On promettait aux femmes de les aimer longtemps, toujours, même mortes, et on vit alors des héros de romans, après des rendez-vous sous les tilleuls, se rendre la nuit sous de sombres

cyprès et soulever la pierre des tombeaux pour se repaître encore
une fois de la vue de leurs maîtresses trépassées.

La religion saint-simonienne ne s'imposa que par les femmes.
Un très bel homme que le père Enfantin et quels aimables dis-

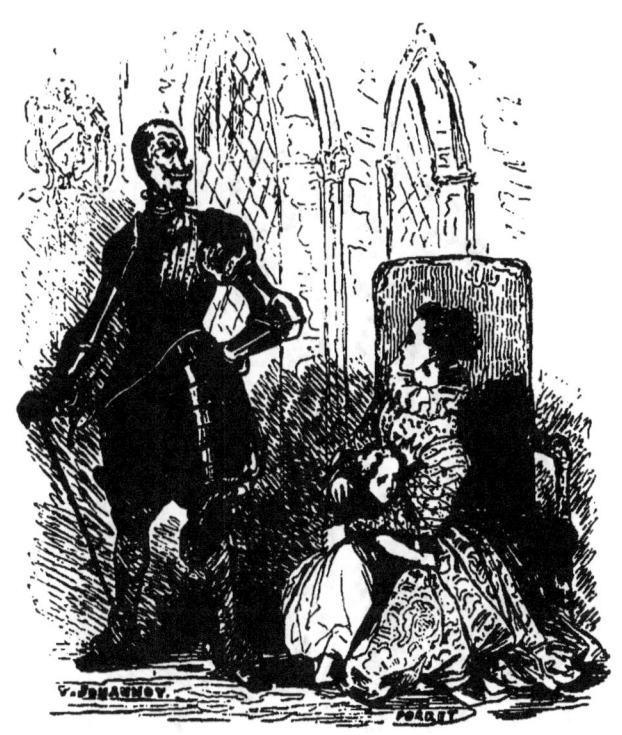

VIGNETTE DE TONY JOHANNOT,
pour *les Romans et Contes philosophiques* de Balzac (1831).

ciples que ceux qui l'entouraient, vêtus d'une tunique bleue et de
pantalons collants!

Tout pour les femmes, tout par la femme, était l'hymne qui se
répandait des hauteurs de Ménilmontant sur la cité. Et, quand
un gouvernement « d'épiciers » interdisait aux apôtres de prêcher
la liberté de la femme et que la police fermait la salle Taitbout
par la force, il ne manquait pas de femmes pour s'interposer entre

les missionnaires à cheveux bouclés et la force brutale, symbole des idées bourgeoises.

On vit moins fréquemment la femme suivre l'enseignement moyen-âgiste d'alors ; les vieux bibliophiles, avec leur langage gothique et leurs manuscrits poussiéreux, apportaient avec eux une odeur de renfermé qui n'était rien moins que galante. S'ils

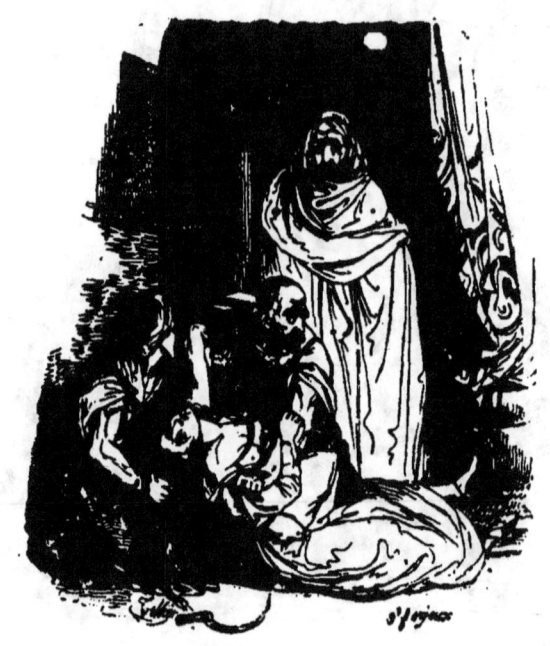

VIGNETTE DE TELLIER,
pour une brochure politique sur Alger (1832).

parlaient de filles, c'était de truandes du dernier degré, et ils s'oubliaient sans vergogne dans des logis de bas étage tenus par d'horribles vieilles ; cependant on leur pardonnait parce qu'ils avaient adouci ce vilain mot de police correctionnelle : *adultère*, par *avulterie*[1], qui n'avait pas la sécheresse et le coupant du terme juridique.

1. Mystère du xvᵉ siècle.

Les archéologues non plus ne paraissent pas avoir fortement attaché la femme.

> Oh! je voudrais *la* voir, sur l'antique ruine,
> Assise et son beau front appuyé dans sa main!

est un conditionnel qui montre que « l'antique ruine » n'était pas très fréquentée par les dames.

L'amour des jeunes hommes poitrinaires était d'un meilleur placement. Tout un groupe de poètes, à la faveur d'une poitrine débilitée, poussa hardiment sa pointe. Ils étaient jeunes, mélancoliques, et la pâleur de leur front ne recouvrait pas moins des passions brûlantes. Cette veine, Sainte-Beuve l'exploita avec infiniment d'astuce.

> Pour trois ans seulement, oh! que je puisse avoir
> Sur ma table un lait pur, dans mon lit un œil noir!

sont deux vers qui feront sourire les séducteurs de 1880. Ce lait pur sur la table de nuit, cet œil noir brillant dans la ruelle, le poète les sollicitait pendant trois ans « seulement ». Voilà un tempérament faible qui se donnait de la marge; mais les femmes savaient bien que celui qui offrait un bail semblable était un poitrinaire pour rire qui s'engagerait volontiers pour trois, six, neuf.

Partout les romantiques cherchaient des congénères, surtout à l'étranger. Dans cette ardeur de recherches en Espagne, en Angleterre, en Allemagne, en Italie pour former des alliances, les romantiques poussèrent jusqu'à l'antiquité et le roi Salomon lui-même devint un puissant auxiliaire en matière d'amour. En effet, cet Oriental savait parler aux femmes un langage qui était déjà une caresse !

Ecce dilectus meus loquitur mihi : Surge, propera, amica mea, columba mea, formosa mea, et veni.

(Voilà que mon bien-aimé m'a dit : Lève-toi, hâte-toi, mon amie, ma colombe, ma toute belle, et viens.)

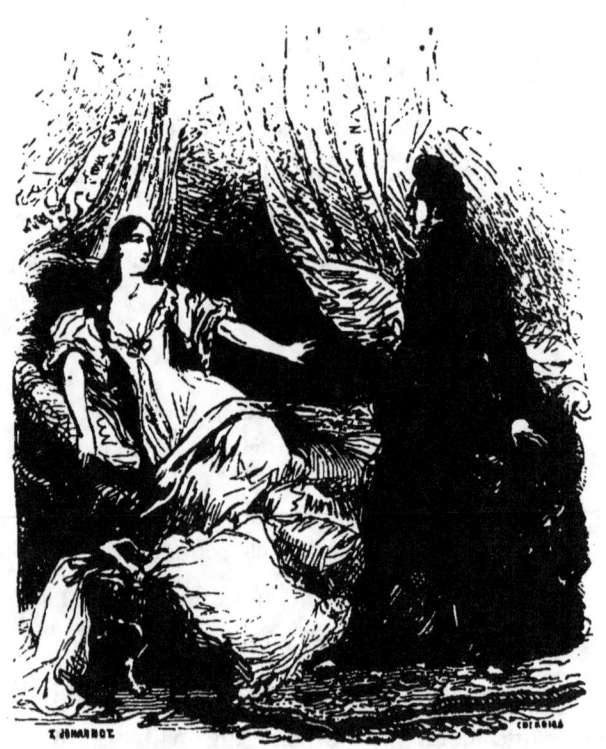

VIGNETTE DE TONY JOHANNOT,

pour *Résignée*, de Gustave Drouineau (1832).

Le joli latin tendre et parfumé ! *Amica mea, formosa mea, columba mea !*

Tota pulchra es, amica mea, et macula non est in te.
(Tu es toute belle, mon amie, et l'on ne trouverait pas en toi une tache.)

Ces mots, à demi voilés pour les oreilles féminines, ne sem-
blaient-ils pas pleins de promesses?

Les romantiques ne se lassaient pas de citer le *Canticus
Canticorum* :

> *Lectulus noster floridus,*
> (Notre petit lit est tout de fleurs.)

La femme savait gré aux poètes et aux romanciers de plonger

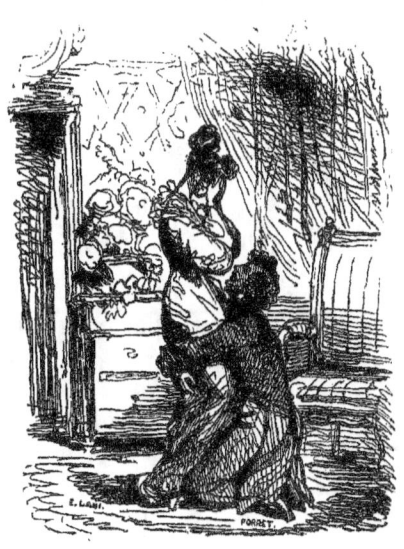

VIGNETTE D'EUGÈNE LAMI,
pour *Une Nuit d'automne*, Nouvelle de M. le comte H. de V. (1831).

dans l'Ancien Testament et d'en rapporter de pareilles perles!
Sans doute, les prêtres qui débitaient de tels sermons du haut
de la chaire de leurs livres étaient des démons tentateurs, des
concupiscents, des serpents sensualistes; mais ils disaient pour
leur défense : — Tous les peuples ont parlé la même langue
d'amour. La chair a frissonné pantelante en Occident comme en
Orient; la race saxonne elle-même a ses moments d'entraînement
comme la race latine.

Il est vrai que Shakespeare avait dit : « Dix baisers seront aussi courts qu'un seul, et un seul aussi long que vingt. » Et lui-même, Milton, le grave poète du *Paradis perdu*, s'était écrié :

Imparadised in each other's arms.
(En paradis dans les bras l'un de l'autre.)

De semblables citations contribuaient à calmer bien des consciences féminines. Aussi, plus d'une femme, laissant vibrer sa chair, fit entendre alors des cris voluptueux qui rappelaient les lettres de Mirabeau à Sophie :

De la honte, à toi, mon ange! Mais pouvais-tu, dis-moi, échapper à mon amour? Pouvais-tu, toi, si bonne et si tendre, te soustraire à cette passion qui t'arrivait avec mes regards, avec mes soupirs, avec l'air que tu respirais? [1]

Ce n'est pas Mme Sand qui parle ainsi, non, c'est une inconnue, Mme Sophie Pannier, une oubliée d'un siècle qui produisit tant d'élans passionnés qu'il négligea d'en faire connaître les auteurs.

Quel est le pleutre qui a dit que les femmes d'alors s'ennuyant avaient amené la venue de Mme Sand et contribué à ses succès ?

Voulez-vous un échantillon des occupations de la femme entre 1828 et 1834 ?

Elles regardaient la lune, et la lune d'alors, personne ne l'ignore, était une autre lune que celle d'aujourd'hui;

Les femmes plongeaient leurs yeux nacrés dans des lacs;

Des seigneurs sans courtoisie les traînaient par les cheveux;

Elles éprouvaient d'horribles angoisses de mères;

1. Sophie Pannier, *Un et un font deux,* nouvelle publiée par *l'Artiste.*

Des gens farouches leur meurtrissaient les poignets avec des gantelets d'acier.

« A votre tour, Ralph! Croyez-vous que le cœur de cette femme n'est pas assez large pour contenir deux amours à la fois? [1] »

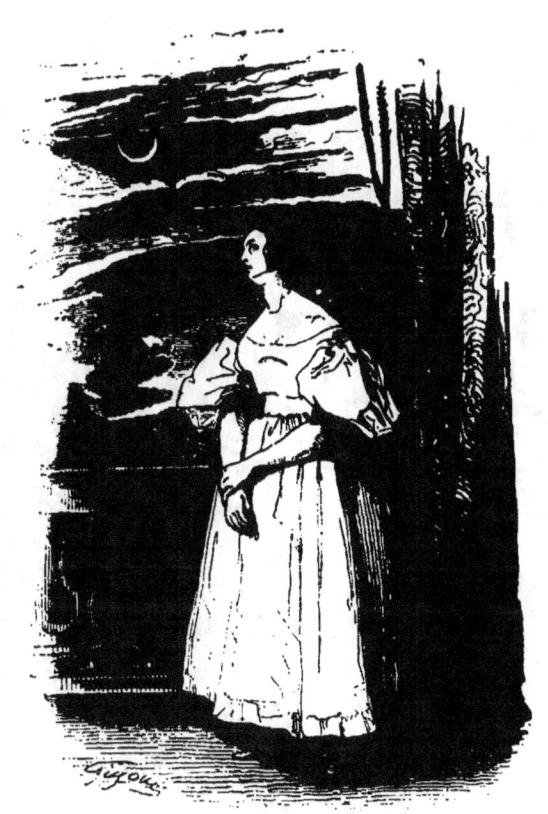

VIGNETTE DE GIGOUX,
pour les *Poésies du cœur*, de Mélanie Waldor (1833).

C'étaient des valses enivrantes dans les bras de jeunes hommes. (Lui-même, Paul Foucher, était un beau jeune homme.) Au théâtre, les actrices roulaient du haut en bas des escaliers,

[1]. Staniel Stéénie.

la tête la première; et avec son sourire de gentleman, Alfred de Vigny les applaudissait du faîte de sa tour d'ivoire.

Adultère! adultère! Le mot poursuivait partout les femmes et était inscrit en lettres de feu dans les plis de leurs robes de châlis.

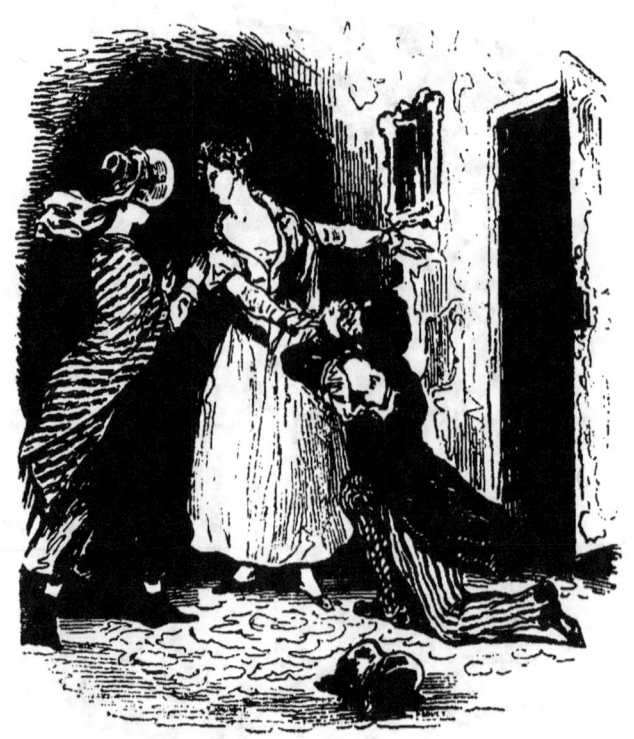

VIGNETTE DE TONY JOHANNOT,
pour *Vertu et tempérament,* du bibliophile Jacob (1833).

Elles croyaient aimer un noble cœur. C'était un forçat!

On se battait pour elles sous les réverbères.

« Cœur contre cœur, lèvres contre lèvres », s'écriait l'honnête Michel Masson [1].

1. *Contes de l'atelier.*

Le beau temps où la femme pouvait s'écrier : « Gennaro ! mon Gennaro ! »

La bosse des bossus eux-mêmes contenait d'immenses trésors de tendresse.

C'étaient des brutalités et des ardeurs de soudards : — *Je vous veux*, et non pas : *Je vous aime.*

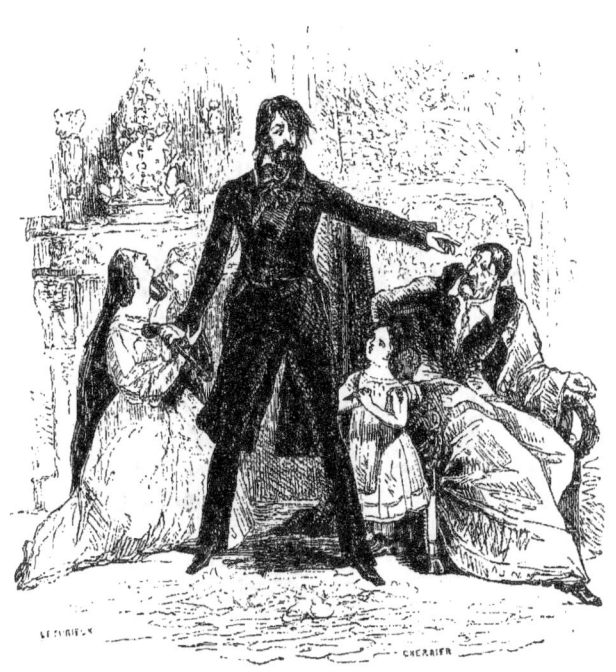

VIGNETTE DE LECURIEUX,
pour *Un Mauvais Ménage*, de Pons (1853).

Et quel beau langage ! « *J'ai fait sensation à cette femme.* »

Eugène Sue leur disait : « Pourquoi dire anathème, cordieu, sur les beautés noires et fougueuses comme une cavale africaine, farouches et emportées comme une jeune tigresse ? [1] »

Delphine Gay s'écriait :

Qu'il est beau ! Que ses regards brûlants font frémir !...

1. *Atar-Gull.*

Louise Arbey (?) disait :

> Au réveil, donne-moi ton long regard de flamme,
> Ton doux sourire et ton baiser.

Lui-même, emporté par ce torrent de passion, M. Scribe s'écriait : « Viens, gentille dame! »

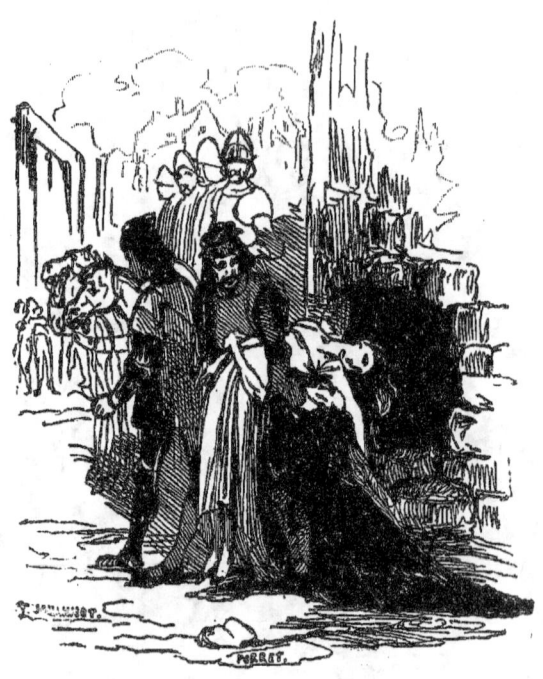

VIGNETTE DE TONY JOHANNOT,
pour l'édition in-12 de *Notre-Dame de Paris* (1831).

Et on ose dire que la femme s'ennuyait à cette bienheureuse époque! Poètes, romanciers, auteurs dramatiques, peintres, compositeurs ne cessaient de s'occuper d'elle; les femmes avaient fini par se regarder comme de grandes dames italiennes ou espagnoles, à leur choix. Leurs beautés les plus diverses étaient étudiées en tout sens.

> Noirs et brûlants, jeunes femmes,
> Noirs et brûlants, qu'ils sont beaux !

12

Je me hâte de dire qu'il s'agit des yeux! Mais si vous n'avez pas entendu chanter cette mélodie d'Hippolyte Monpou dans son mouvement *presto troppo molto appassionnato*, vous ne pouvez savoir ce que c'est[1].

Demandez aux femmes d'aujourd'hui ce qu'elles pensent de nos jeunes habitués de clubs.

— Pas une dague, pas un stylet! De vils porte-monnaie au lieu d'escarcelles! Absence complète de braguettes! Et s'il ne s'élevait de temps à autre quelques voix autorisées pour crier : — « Tue-le. — Tue-la. — Tue-l'homme », on se croirait à Genève, en plein pays protestant.

Un poète de 1830, Haag, avait bien prévu notre calamiteuse époque ·

> De grace, dites-moi, puissances inconnues,
> Pourquoi faut-il aimer comme les chiens des rues?

Des recherches sur le problème de l'éducation des femmes, des écoles professionnelles, des filles de bourgeois qui prennent des brevets de capacité, des Américaines docteurs en médecine, des magistrats, des philosophes qui disent de gros mots durs : adultère, concubinage (combien l'ancien mot était plus ouaté : *quoqubinaige*), est-ce là vraiment l'époque qui devait succéder à celle que nous ont dépeinte des ouvrages tels qu'*Un Cœur pour deux amours ?*

1. *Les Yeux noirs. Caprice.* Paroles de Ch. Dovalle. Musique de Monpou.

CHAPITRE XI

L'ADULTÈRE EN 1830. — L'ORGIE

Ce furent deux des principaux mots du dictionnaire romantique, ceux que les écrivains employaient avec le plus de complaisance.

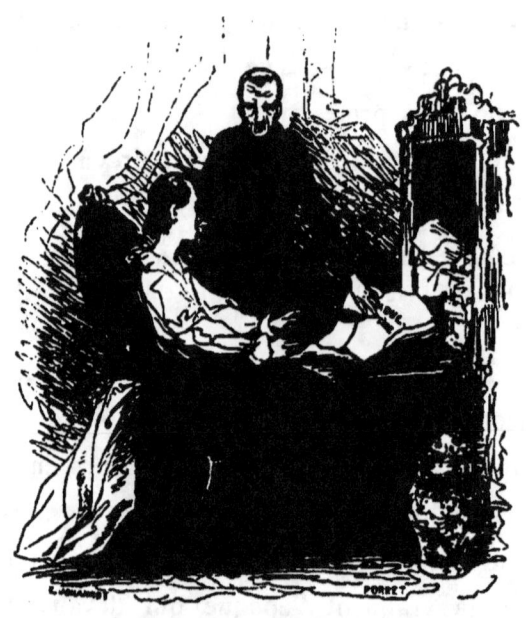

VIGNETTE DE TONY JOHANNOT,
pour *le Manuscrit vert*, de Gustave Drouineau (1831).

Sans prétendre entrer profondément au cœur de la grave question de l'adultère, une vignette de Tony Johannot m'attire : un peu plus grave que ne le comporte d'habitude le crayon de ce gentil petit maître, elle m'a paru appeler quelques commentaires.

Un élégant jeune homme en déshabillé du matin (peut-être

vient-il de s'arracher des bras d'une galante créature) se trouve
en face d'un prêtre austère qui, le doigt posé sur un livre entr'ou·
vert, appelle son regard sur le mot *adultère*. Ce livre n'est pas
le Code, mais bien l'Évangile au passage où il est dit : « Ni les
fornicateurs ni les adultères n'entreront dans le royaume des
cieux. » Ainsi était paraphrasé par la vignette un chapitre du
Manuscrit vert de Gustave Drouineau, romancier humanitaire,
subissant le souffle du même vent enflammé qui embrasait la
plupart des poitrines d'écrivains de la même époque.

Mais ne convient-il pas d'indiquer la situation de quelques
lettrés qui regardaient la mêlée romantique sans y prendre part
et cependant étaient agités, au plus profond de leur être, par les
violentes secousses des poètes et des romanciers contre les institutions sociales ?

Sans doute les doctrines de Gustave Drouineau, sorte de mys·
tagogue au cerveau mal équilibré (il mourut il y a peu d'années
dans une maison d'aliénés), trouvaient peu d'adhérents. Il n'en
fut pas de même de George Sand qui, tout d'abord, dans sa
première manière, entraîna à sa suite un certain nombre « d'âmes
meurtries ployant sous le joug du mari », aspirant par conséquent
à la liberté.

Le miroir que projetait alors Mme Sand sur le terrain du roman
intime ne reflétait à vrai dire que sa propre image. Si, à côté de
ce portrait, apparaissait le mari ou l'amant, c'était à l'état,
l'un de repoussoir, l'autre d'utilité. Tel fut le trio que longtemps
mit en action l'auteur de *Lélia,* en le rehaussant d'une phraséologie qui ne manquait pas d'une sorte d'éloquence.

Si les mœurs font les romans, la société du commencement
du règne de Louis-Philippe dut être profondément boulever-
sée, matrimonialement parlant. A s'en rapporter aux écrits de

Mme Sand, l'*adultère* planait au-dessus de la France, en province aussi bien qu'à Paris.

Dans cet ordre de choses, George Sand fut-elle véritablement l'expression de son époque ?

J'entrevois une jeune femme douée de facultés imaginatives exceptionnelles, que la puissance du mari révolte, « cœur qui se débat contre les arrêts de la destinée », qui n'a pas trouvé sa

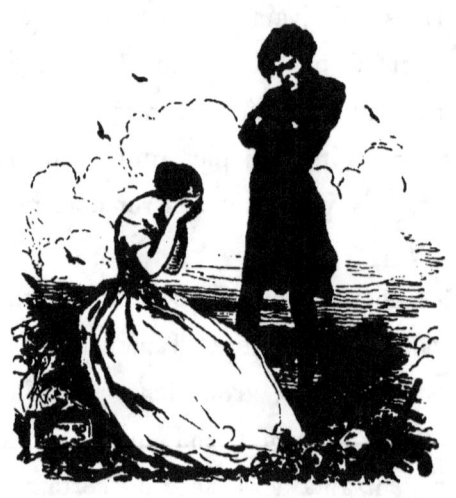

VIGNETTE INCONNUE,
de l'école de Tony Johannot (vers 1830).

moitié pas plus que, libre, elle ne la trouvera après de nombreuses recherches. Cette femme, grâce à sa plume facile, entraine après elle le cortège de personnes qui manquent du sens pratique de la vie à deux : passionnant les uns, attaquée par les autres, jouant avec habileté du thème du « malaise social » ou des « grandes plaies de la civilisation agonisante », Mme Sand, par ses « aspirations vers une existence meilleure », conquit une popularité susceptible d'égarer ceux qui se piquent d'étudier les mœurs à travers les romans.

Si la statistique pouvait intervenir dans ce courant d'études, on verrait que l'adultère puni par la loi n'était guère plus considérable en 1830 qu'en 1880.

La France n'est pas une nation qui lapide celles qui violent la foi conjugale; elle s'amuse plus volontiers aux dépens de leurs victimes et en fait le sujet de comédies piquantes qui font connaître bien plus le sentiment gaulois que les prèches dogmatiques sans rapport avec notre esprit sceptique.

Alors que, sous le premier Empire, des hommes politiques discutaient sur ce sujet :

— L'adultère qui, dans le Code civil, est un fait immense, dit Napoléon, n'est, dans le fait, qu'une galanterie, une affaire de bal masqué.

Il revint encore dans la même soirée sur le sujet.

— L'adultère, ajoutait Napoléon, n'est pas un phénomène, c'est une affaire de canapé.

Les législateurs sont cyniques; mais les conteurs français du xve et du xvie siècle ne pensaient-ils pas de même avec plus de gaieté, et n'ont-ils pas engendré *la Physiologie* (qu'on pourrait aussi bien appeler la philosophie) *du mariage?*

Mme Sand ne comprenait pas plus l'ancienne gauloiserie que Mme Cottin; aussi aujourd'hui celui-là serait-il bien arriéré qui prendrait pour thème de ses arguments contre l'adultère des citations de *Lélia,* et il faut voir avec quelle violente et peu respectueuse ironie Proudhon traita, vingt ans plus tard, les déclamations des « cœurs qui se révoltent contre les arrêts de la destinée », les imprécations poétiques à propos des « passions réprimées par les lois[1] ».

---

1. De même, au début, ces doctrines répondaient faiblement à l'idéal romantique. — Une Génevoise, disait-on de Mme Sand dans le monde des poètes.

Un des écrivains qui contribua à vulgariser fortement l'adultère, à le rendre significatif et possible même dans sa violence, fut Alexandre Dumas; avec moins de ménagement que Mme Sand, plus d'emportement, une sensualité ardente qui ne se cachait pas derrière le paravent hypocrite de réformes sociales, l'auteur d'*Antony* arbora l'adultère comme un drapeau; il en fit le pivot du drame moderne, comme les Grecs avaient employé la fatalité dans leurs grandes conceptions dramatiques. Avec le créole l'adultère faisait son entrée triomphante dans quelques salons, et certaines femmes de ce temps ne demandaient qu'à se jeter aux pieds de ce vainqueur irrésistible.

Je dis *quelques* salons et *certaines* femmes. L'adultère, tel qu'on l'affichait dans les drames et les romans, n'était mis réellement en pratique que par des bas-bleus, des actrices, les déclassées, les curieuses qu'un nom retentissant attire et qui se mêlent volontiers au monde où on s'amuse. On jouait à l'adultère comme on joue à un jeu de hasard. Sans prétendre faire des rosières des femmes de 1830, celles qui vécurent dans le monde des artistes et en acceptèrent le sans-gêne ne furent qu'une excessive minorité dans Paris. Le factice et l'entraînement de l'adultère n'eurent prise que dans un cercle restreint. Et il en fut, je le crois, de l'adultère comme de l'orgie.

Sans doute il est des époques où une agitation singulière s'empare des esprits. La fièvre enflamme le sang. La vie domestique paraît maussade. Ce que veut alors la nation, elle l'ignore; elle est inquiète, nerveuse, quasi hystérique et à des moments d'abattement fait succéder de bizarres ardeurs.

Un certain nombre de jeunes hommes qui, en 1830, entraient dans les lettres et les arts, remportèrent quelques victoires faciles en marchant, sous le drapeau de l'adultère, à la rencontre des quelques dames décrites ci-dessus ; ne trouvant pas une complète satisfaction à enlever des femmes à des maris peu jaloux, peut-être cet assouvissement sans danger les poussa-t-il à ajouter le mot *orgie* sur l'étendard de leurs passions.

Orgie devint facilement à la mode. Peu de drames sans orgie, depuis que Gennaro avec son poignard avait gravé sur la façade du palais des Borgia la triomphante anagramme *Orgia*.

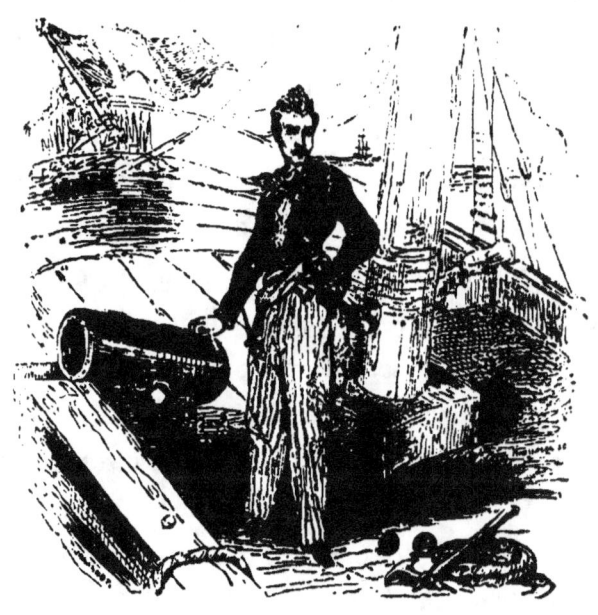

VIGNETTE DE TONY JOHANNOT,
pour les *Poèmes* d'Alfred de Vigny (1829).

Il était fécond le nombre d'incidents mouvementés auxquels prêtaient ces deux courtes syllabes si pleines. L'orgie, c'étaient, avec la beauté et la richesse, la sensualité, l'oubli de la vie, les joies de l'enfer, la révolte contre la société, le délire des sens, l'homme redevenu mâle, la femme femelle.

Que de belles orgies au théâtre, dans les livres !

L'orgie partie de très haut devait descendre très bas. N'est-ce pas l'orgie qui provoqua l'invention du *roman maritime* qui fleurit pendant une couple d'années? On avait bu jusqu'à la lie les meilleurs vins de Chypre; les robes de soie des grandes dames avaient été suffisamment arrachées. Les poisons italiens les plus fameux semblaient fades. Les bonnes lames de Tolède étaient ébréchées. Les romanciers arrivèrent aux coups de couteaux. Et quels coups de couteaux que ceux de matelots ivres!

Vraiment une orgie sur le pont d'un navire, même rapportée sur son livre de bord par le conscieneieux M. Jal, historiographe de la marine, était émouvante et féroce. Plus de lambris dorés! Ils avaient été brûlés par d'impétueuses Vénitiennes! Pour décor, un pont de navire, les flots, la lune éclairant l'ivresse, le sang, le viol!

Triomphantes orgies que celles des romans maritimes! Nous les regardons aujourd'hui d'un œil quelque peu étonné, nous demandant la cause de ces singulières infiltrations dans le courant modéré des institutions sociales d'alors.

L'orgie des premières années de 1830, je la rattacherai plutôt par un fil, si mince qu'il soit, aux gaillardises de la fin de la Restauration, aux succès de Pigault-Lebrun, aux couplets salés et très salés de M. Vatout, et plus particulièrement à cette fameuse soirée du château de Grandvaux où, après souper, Adolphe Thiers montra, dit-on, à une fenêtre du château la face contraire à celle qu'exposait Quasimodo au pilori. Une gaminerie rabelaisienne qui projette un rayon gai sur le grave auteur de l'*Histoire de la Révolution*.

Si cette légende, attachée à la mémoire du « petit bourgeois », repose sur un fond de vérité, elle appartient plutôt aux joyeusetés de l'auteur du *Secret de Monsieur Ladureau* qu'au domaine de l'orgie. Les romantiques se piquaient de tenue et ne recherchaient pas de pareils effets.

13

CHAPITRE XII

LES SALONS ROMANTIQUES

Sur l'historique des salons romantiques, où se brassaient les
succès de la nouvelle école, on serait réduit à peu d'échappées

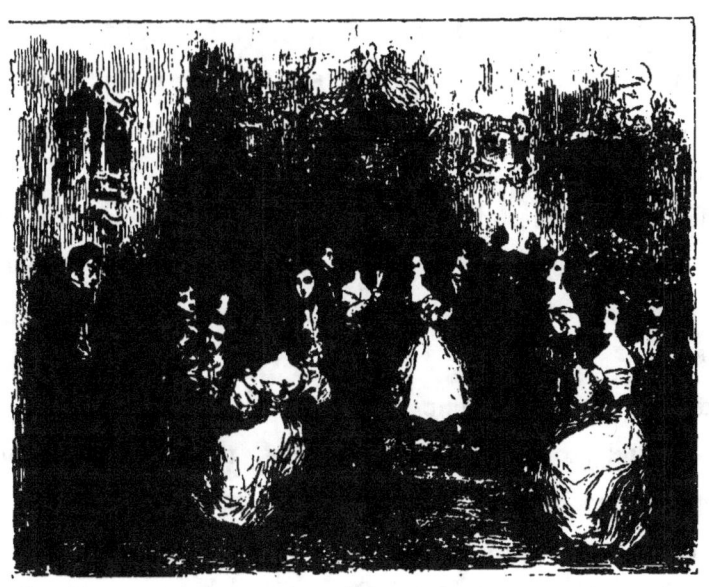

SOIRÉE A L'ARSENAL.
Gravure à l'eau-forte de Tony Johannot (1831).

lumineuses, si les vignettes et les lithographies ne fournissaient
certains renseignements de détail. Mme Menessier-Nodier, qui a
écrit un livre intime sur son père, a négligé de rendre le mouvement des fameuses soirées de l'Arsenal ; là pourtant passèrent les
célébrités du romantisme, les étoiles poétiques qui pointaient, les
astres qui ne demandaient qu'à briller. « L'allumeur » était un fin

compère, une sorte de bonhomme lettré, philosophe, à qui la fiction historique ne déplaisait pas et qui, voilant prudemment sa pensée, consentait facilement à devenir *le père* de cette jeunesse ardente. Condamné à une vie difficile par son peu de fortune, Charles Nodier se prêta de tout cœur à ouvrir ses bras aux nouveaux venus, certain que ceux-ci, à l'occasion, lui rendraient la monnaie de sa pièce.

C'est de la politique de vieillard bien portant que de donner des fêtes aux jeunes. De même qu'Enfantin, dans les dernières années de sa vie, recevait dans ses salons les jeunes femmes et les jeunes hommes qui marquaient, Nodier ouvrit à deux battants les portes de l'Arsenal. Dans cet endroit, plein de souvenirs historiques, on fit des lectures, on joua, on dansa, on se livra à de chaudes discussions que semblait écouter le maître du logis rêveur, et dont Tony Johannot a laissé un vivant croquis.

Quelles sont ces femmes emportées dans un galop « vertigineux » ? Quels sont ces jeunes hommes, dont la petite dimension de l'estampe n'a pas permis au graveur de marquer suffisamment les traits ? Jules Janin excepté, je ne trouve qu'un personnage bien en vue, très ressemblant, Paul Foucher, alors très remuant, très myope, très crépu, à qui le journalisme du temps attribuait nombre de bizarreries[1].

J'ai trouvé, dans les cartons de mon beau-père, M. Pierret[2],

---

1. Sur la myopie de l'homme les histoires plaisantes ne tarissaient pas. Paul Foucher entre dans un salon où se trouve une copie de la Vénus nue du Titien. « Mademoiselle votre fille ?... dit-il à la maîtresse de la maison. Beau portrait ; je vous en fais mon compliment. » Un rédacteur de *l'Artiste* (1832) disait de lui : « Paul Foucher est célèbre surtout par la manière dont il danse le galop. Il parle volontiers de ses ouvrages, les explique et les récite presque à ceux qui ne les ont pas lus. Il a une manière de regarder les femmes et de leur parler en décrivant un arc, qui appelle sur lui les yeux de l'assemblée. »

2. La maison hospitalière des Pierret s'ouvrait tous les soirs à un groupe de peintres et

un dessin à la sépia d'Eugène Delacroix, représentant l'allure habituelle de ce nouveau petit Poinsinet ; c'est dire qu'on n'entrevoyait dans le monde ni dans les ateliers le bon Paul Foucher sous un jour bien sérieux.

On regrette que Mme Victor Hugo n'en ait pas dit plus sur les

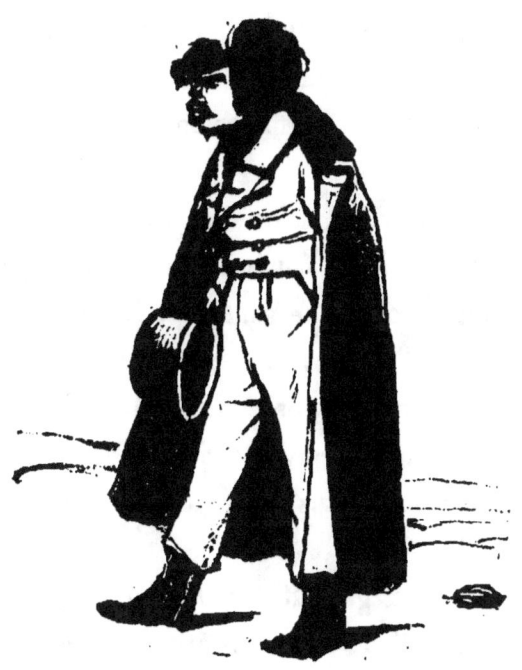

PAUL FOUCHER.

D'après un croquis à la sépia d'Eugène Delacroix (vers 1832).

soirées de la place Royale. Elle s'est étendue avec raison sur la grande bataille livrée à la Comédie-Française par les partisans d'*Hernani ;* mais les discussions esthétiques de 1830, les

d'amis des arts : Delacroix, Schwitter, Frédéric Villot, Jal, etc.; divers croquis donnent à croire qu'à la suite de quelque mésaventure récente attribuée à Paul Foucher, toute une soirée fut consacrée à dessiner ses faits et gestes. Voir pour plus de détails sur ce petit cénacle *la Correspondance d'Eugène Delacroix,* éditée par M. Ph. Burty, et les *Peintres et Statuaires romantiques,* de M. Ernest Chesneau. Paris, Charavay, 1880. In-18.

imprécations et les violences qu'appelaient bénévolement sur leurs têtes des adversaires âgés, ne sont peut-être pas suffisamment développées.

« Avec impunité les Hugo font des vers ! »

s'écriait également en vers le vieux Népomucène Lemercier, un novateur de jadis pourtant, mais qui, ulcéré d'être mis à l'écart par les néophytes de la nouvelle école, traitait de criminelle la prosodie romantique et eût certainement envoyé sans remords ses sectateurs au bagne.

Népomucène Lemercier, c'est le vieux Barbé-Marbois, le conventionnel déporté à la Guyane, qui, devenu pair de France sous Louis-Philippe, condamne sans pitié les accusés d'Avril.

Si les poètes de l'Empire se permettaient de telles violences vis-à-vis de leurs adversaires, on admettra la réciprocité des Jeune-France dont l'un, à la représentation d'*Hernani*, criait à un spectateur hostile : « Je vais t'enfoncer le sifflet dans la gorge avec ce poignard ! »

Mot mémorable et gai. Il est fâcheux qu'aucun acteur du temps n'en ait recueilli du même ordre. Aux salons romantiques il a manqué un observateur discret, un La Bruyère teinté de Mérimée, qui, impassible, eût écouté sans s'y mêler les discussions littéraires des divers groupes, qui eût regardé les rapports entre les jeunes hommes et les jeunes femmes de l'époque.

On était jeune, on s'aimait, je ne le nie point; mais les morsures à la peau et au cœur, les regards fatals, les désespérances de damnés inscrits dans les œuvres d'imagination d'alors, ne sont-ils pas quelque peu superficiels et d'épiderme?

Un soir pourtant que j'écoutais, dans les salons d'une Muse, une conversation entre M. Cousin et Alfred de Vigny, il me sembla que du plomb fondu venait d'être versé dans mon oreille. Un astronome plein d'esprit, M. Babinet, qui, les cheveux en broussaille, le menton appuyé sur la poitrine, semblait sans cesse sommeiller, me souffla tout à coup : « Dans notre temps, nous traînions les femmes par la chevelure sur le parquet. » Après cette étrange confidence, le brave astronome ferma les yeux et sa tête retomba, comme d'habitude, sur sa poitrine; mais M. Babinet, jouant les *Antony,* me jeta dans quelque trouble.

Je vois, d'après les images de l'époque, des dandys causant dans les « raouts » avec les femmes, entre deux quadrilles; je ne trouve pas dans leur attitude, dans leurs regards, cette poussée à l'adultère, ces âcres sensualités consacrées par les poètes et par les romanciers : je me demande même parfois si ces romantiques fougueux n'étaient pas des mystificateurs qui voulaient stupéfier les Parisiens. Il y a là, me semble-t-il, plus de cherché, de voulu, que de frénésie réelle. Un Jeune-France se vante de boire du punch dans un crâne; qui sait si, en rentrant, cet enragé ne prend pas une infusion de camomille dans une vulgaire tasse de porcelaine ?

Je me garde toutefois d'affirmer, ayant eu sous les yeux la correspondance du poète romantique le plus gentleman de l'époque avec une actrice de drame passionnée. Je ne sais quelle torche enflammée secouait cette femme parmi les hommes de son entourage; ce sont des échanges de sensations auprès desquelles la correspondance de Sophie et de Mirabeau est réservée. Le délire des sens atteint une intensité que je ne me hasarderai pas à décrire : les lettres étranges adressées à Mme Marie D..... par des poètes, des romanciers et une femme célèbre, dont je ne veux même pas donner les initiales, font partie actuellement d'une collection de l'étranger la plus riche en documents sur le

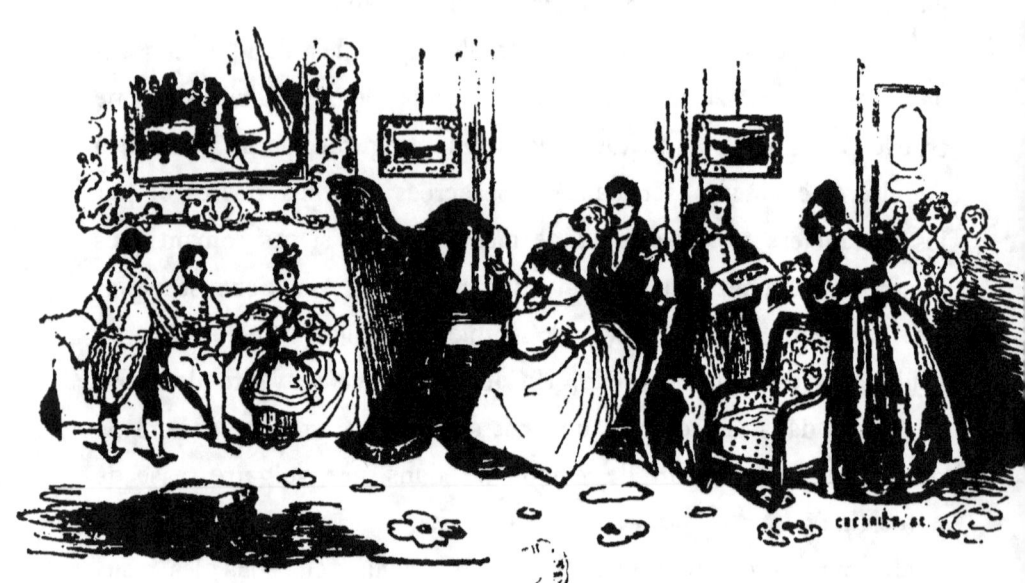

VIGNETTE DE GIGOUX.

Fac-similé du titre du journal *le Vert-Vert.*

romantisme. On se demande ce que pensera l'avenir de telles révélations le jour où elles seront divulguées.

Pour en revenir aux principales réunions romantiques, on peut ne faire qu'un du salon de Charles Nodier et de celui de Victor Hugo, non par analogie des rois et des reines qui y tenaient le sceptre, mais en raison des invités qui s'y pressaient. L'Arsenal offrait une certaine sévérité d'aspect; des restes de décoration du temps où Sully l'habitait s'opposaient à l'encombrement d'objets d'art, qui, d'ailleurs, n'étaient pas le fait de Charles Nodier. Amateur de livres rares, il était de ceux que ravit une bibliothèque couvrant les murailles d'un appartement. Par son âge, Nodier appartenait à la classe de l'homme de lettres tel qu'on le comprenait au xviii⁰ siècle, c'est-à-dire un philosophe porté à la méditation par les objets qui l'entourent : une sphère sur le bureau, des cartes tapissant les murs, sur le haut de la bibliothèque des bustes de grands hommes de l'antiquité.

Cette austérité d'ameublement n'empêcha pas l'Arsenal de devenir, à quelques années de là, une sorte d'antichambre des salons de la place Royale; ce fut comme le purgatoire de ce paradis alors qu'après le résultat des grandes batailles dramatiques, Mᵐᵉ Victor Hugo reçut les amis de son mari. Un honneur, un plaisir délicat que d'être accueilli par cette beauté majestueuse, dont les triomphantes épaules, le teint, les yeux noirs, faisaient penser à une reine d'Espagne.

A la place Royale, de même qu'à l'Arsenal, les femmes étaient nombreuses. Qui voudra les voir dans leur élégance, leurs airs de tête de l'époque, devra consulter l'œuvre de Tony Johannot, certaines lithographies de la première manière de Gavarni et, pour les détails de costumes et de coiffures, les dessins sur pierre de Devéria.

14

Si un esprit porté à la critique s'arrêtait aux poupées gravées sèchement par les journaux de modes de l'époque, avec raison il trouverait quelque peu ridicules les ajustements féminins de 1830; mais à se reporter aux scènes d'ensemble recueillies par les dessi-

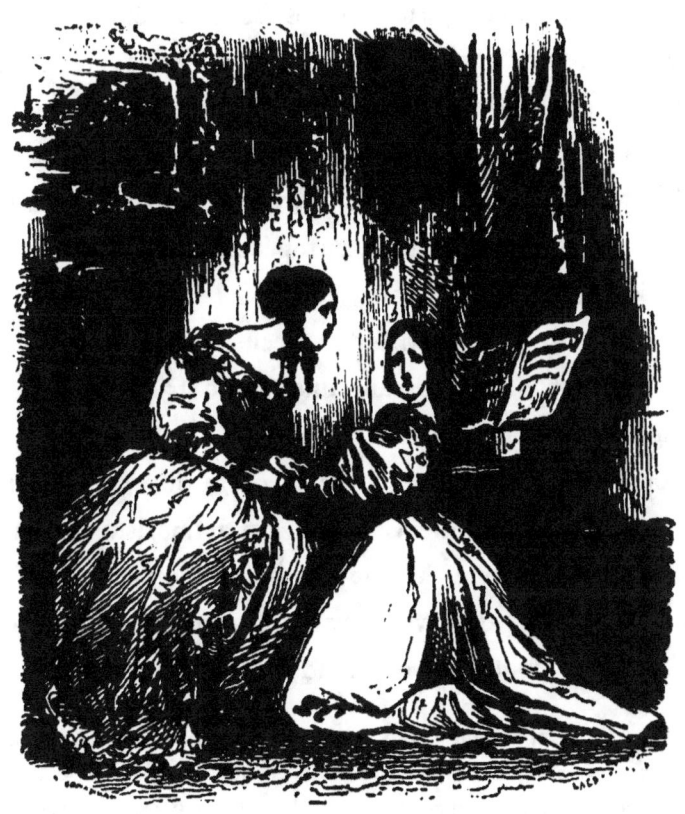

VIGNETTE DE TONY JOHANNOT,
pour *Une Ame en peine*, d'Amédée Kermel (1834).

nateurs dont je parle, l'impression change; on entre dans le courant d'alors et le charme de ces jolis papillons de salons apparaît plus piquant.

Le fanatisme pour les modes de femmes est aujourd'hui poussé si loin que, dans les journaux à informations, le compte rendu d'une comédie débute souvent par la description des différentes toilettes d'une actrice. Un bon critique doit être doublé d'une marchande de modes, et la description des robes d'une comédienne en renom offre parfois plus de développements que l'analyse·de la pièce. Pour faire plaisir à ces couturiers je dirai que, de 1830 à 1834, les chapeaux et les coiffures étaient fournis par *Victorine*, *Palmyre* et *Mme Saint-Laurent*, trois rivales dans les magasins desquelles les femmes à la mode devaient se montrer. Les étoffes, les soieries, m'ont fourni cette nouvelle à sensation : « Les *Herbault*, les *Gagelin*, les *Burty* ne seront pas cette année au-dessous de leur renommée européenne; leur fécond cerveau travaille déjà pour Longchamp. »

Ces détails, il serait facile d'en recueillir une forte touffe ; je ne veux signaler qu'en passant une étoffe très recherchée alors, tout à fait oubliée aujourd'hui et qui a sa place marquée dans le musée d'un M. de la Mésangère : je parle du *châly* célèbre dans les romans de 1834. Émile Cabanon, cet humoriste qui eut l'esprit de ne laisser qu'un livre, habille son héroïne d'une « robe de châly noire où se jouaient de vives rosaces écarlates ». Un autre romancier, parlant du boulevard de Gand, près du café de Paris, écrit :

C'est là qu'entre huit et neuf heures, au moment où l'air se rafraîchit en même temps que la pensée, est assigné le rendez-vous de ce que la Chaussée d'Antin possède d'aimable et de galant. Les robes de soie et de châly se fripent sur des chaises grossières. N'importe ! Toutes ces femmes que vous admirez, parées, agaçantes et étourdies, elles ont fui leur boudoir et leur divan jaspé pour un siège rustique en plein air; et cela parce que dans leur boudoir elles s'ennuyaient d'être seules en tête-à-tête avec la glace de leur toilette ou les derniers dessins de Devéria, et que sur le boulevard elles ont pour admirateurs tout un peuple de désœuvrés.

Un vent doux agite mollement ou courbe en ondulations embaumées et capricieuses les voiles de gaze, les plumes, les rubans [1].

1. *Le Fashionable*, nouvelle du *Corridor du puits de l'ermite*, par Adolphe Choquart et Georges Guenot. Paris, 1833. In-8°.

Ce *chàly* étant un fait établi, peut-être même un document humain, il me paraît nécessaire de recueillir quelques sentiments des personnages. Je voudrais montrer, dans un coin de salon romantique, le jeune homme cherchant, parmi un essaim de beautés, l'idéal que caresse son esprit ; le court monologue suivant a sa date bien marquée et peut être appliqué à un songeur regardant tourbillonner devant lui les danseuses :

Tu seras belle pour moi ; tes yeux seront noirs, tes sourcils harmonieusement tracés, tes chairs blanches se carminant aux moindres excitations d'un sang impatient, ta prunelle sera vive et languissante, le son de ta voix plein d'une amoureuse paresse, ton corps flexible comme celui de la couleuvre... O mon Dieu, que tu seras belle !

Ainsi fait parler un de ses héros M. Amédée Kermel, auteur d'un roman romantique[1] qui n'en est pas meilleur malgré sa date, mais qu'une vignette de Tony Johannot a sauvé de l'oubli. Quelque faibles que fussent certaines de ces œuvres, elles n'en reflètent pas moins une tournure et des sensations qu'il serait difficile de rendre avec la langue moderne.

Il en est de même des lectures d'œuvres inédites qui se faisaient dans les salons les soirs où on ne dansait pas. Les épithètes laudatives sont tout à fait modifiées aujourd'hui et d'un autre tour. Balzac, alors qu'il rédigeait presque à lui seul *la Caricature* de Philipon, a tracé une amusante charge de ces soirées et des cris d'enthousiasme qui coupaient une lecture.

« C'est sombre et magnifique comme une nuit d'hiver !

— C'est de la poésie qui ne peut malheureusement être comprise que de dix hommes par peuple !

— C'est une tour d'ivoire sculptée !

— C'est apocalyptique !

1. *Une Ame en peine.* Paris, Levavasseur, 1834. In-8°.

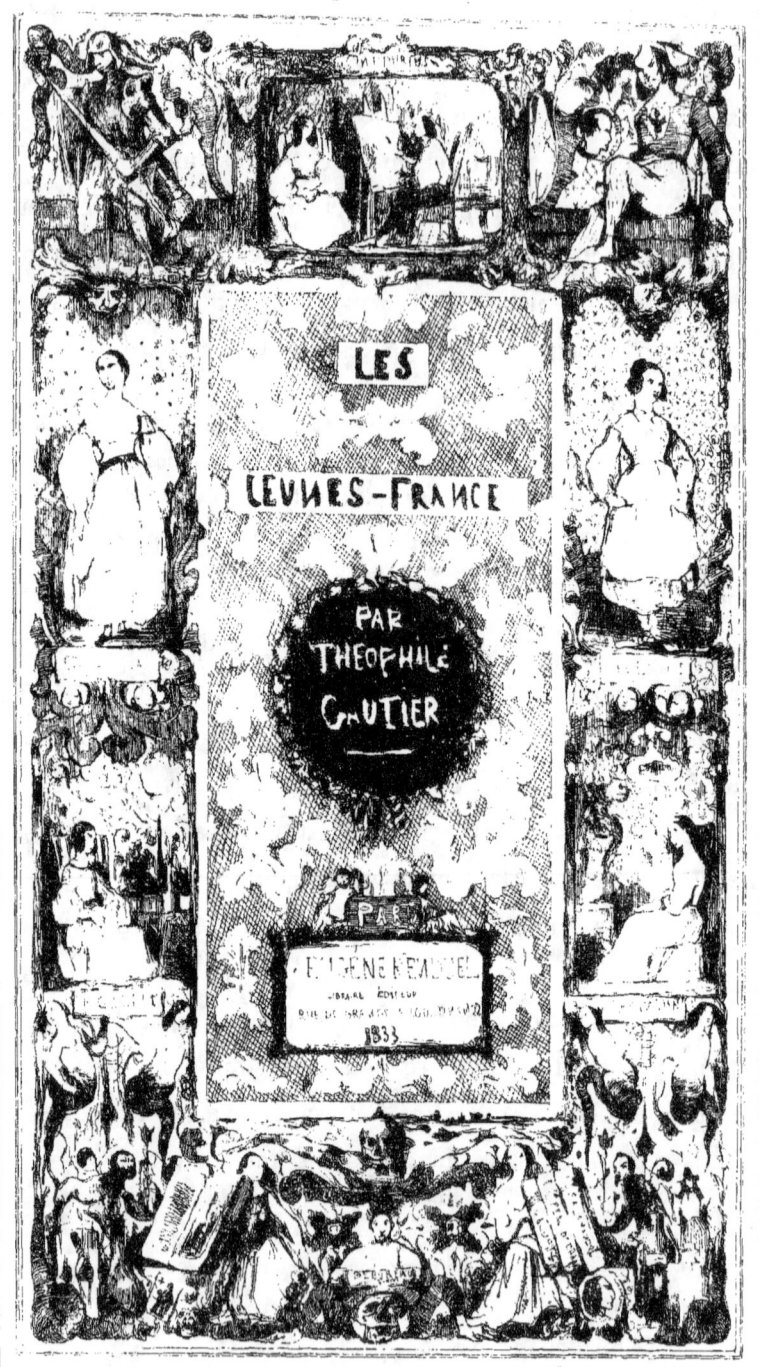

LES

JEUNES-FRANCE

PAR THEOPHILE GAUTIER

EUGENE RENDUEL
LIBRAIRE ÉDITEUR
1833

FAC-SIMILÉ D'UNE EAU-FORTE DE CELESTIN NANTEUIL

— C'est Homère, le Dante, Milton et l'Arioste, traduits d'une vignette du moyen âge !

— C'est une nielle de Florence !

— C'est un miroir concentrique où la nature se réfléchit ! »

Puis les voix devenant plus confuses, j'entendis comme un chœur d'opéra, à travers le bruit duquel perçaient quelques notes plus fortes que les autres :

« Psychologique, — œcuménique, — polytechnique, — pathologique, — figue, — plique, — blique, — curieux, — divin ! — d'honneur !... — étourdissant ! — vissant ? — gisant ? — poétique, — scriptural !... — Byron ! — Scott, — crott', — bon, — tal, — pal, — Zschokke ! !... »

A travers cette gausserie rabelaisienne que se permettait Balzac, peu sacerdotal de sa nature, on retrouve les adulations de salons, parfois de commande, parfois ironiques, dont se payent les auteurs, à la suite de la lecture de morbifiques et piteuses tragédies, de sonnets et de sornettes rimés dont se rendent complices, vis-à-vis de leurs invités, quelques maîtresses de maison.

— *Il y a de la poésie là dedans !* est un autre cliché romantique de l'époque qui faisait le désespoir d'un certain M. Ch. Deglény, auteur d'une étude sur *le Langage à la mode*[2]. C'est également à cette date, à s'en rapporter au même écrivain, que fut lancé dans les salons le mot *rococo,* dont le sens ne fut pas fixé tout d'abord.

Rococo ! Drôle de mot que celui-là, qui se replie comme un serpent sans qu'on puisse l'atteindre, échappe à toutes les définitions, se livre à toutes les fantaisies, se prête à tous les caprices, proscrit tout ensemble les genres les plus opposés et permet d'accoupler David à M. Dubufe, M. Viennet à Racine : on n'ignore pas qu'avant d'être un polisson, Racine était *rococo.*

Suivant l'honnête M. Deglény, qui s'en plaint amèrement,

1. *La Caricature.* Art. signé Alex. de B., 9 déc. 1830.

2. *Nouveau Tableau de Paris au xix° siècle,* t. VI. Paris, Béchet, 1835. In-8°.

pour les uns *rococo* c'était l'antique, pour les autres *rococo* figu-
rait le gothique; ou bien *rococo* atteignait en pleine poitrine
Girodet et ses imitateurs; c'était également une sorte de qualificatif dédaigneux de Boucher, de Dorat, de Watteau, de Crébillon
fils [1].

En même temps que la langue s'enrichissait de mots d'art
nouveaux, les salons, sous l'influence des célèbres collectionneurs
Sauvageot et du Sommerard, se modernisaient par l'introduction
d'anciens objets d'art : vieux bahuts, figures gothiques allongées,
manuscrits à miniatures, vitraux, etc. Ce fut alors, dans les appar·
tements à la mode, un pêle-mêle de moyen âge et de Renaissance, de meubles piqués des vers, de tapisseries dans lesquelles
se logeait la poussière, de vitraux qui empêchaient de voir clair,
de commodes incommodes. Grands et menus objets de pierre, de
marbre, de cuivre recouvraient les murailles; il fallut tout un
attirail de dressoirs, de crédences, de consoles, pour supporter
des émaux, des bas-reliefs, des verreries.

Un soir que Gœthe s'entretenait de la mode romantique avec
ses amis, « on parla, dit Eckermann, de l'âge gothique, et, à ce
propos, de l'habitude moderne de disposer ses appartements dans
le goût gothique et d'habiter dans cet entourage d'un temps
vieilli ».

Gœthe dit alors : « Dans une maison qui renferme tant de chambres qu'on en
laisse quelques-unes libres et qu'on n'y entre que trois ou quatre fois par an, on peut
se permettre une pareille fantaisie, et on peut avoir aussi une chambre gothique,
comme je trouve fort joli que Mme Panckoucke, à Paris, en ait une chinoise. Mais
garnir la chambre que l'on habite d'un pareil attirail d'ornements étrangers et vieillis,
cela me paraît blâmable. C'est toujours une espèce de mascarade qui, à la longue, ne

1. Sous cette dernière acception le mot est resté. M. Littré, qui a accueilli *rococo* dans
son Dictionnaire, croit pouvoir le faire dériver des ornements *rocaille* dont abusaient les
décorateurs du xviiie siècle.

produit à aucun point de vue de bons effets; elle peut même, sur l'homme qui s'y laisse aller, avoir une influence nuisible. »

Que penserait Gœthe aujourd'hui de la manie des *bibelots* qui a succédé à la mode moyen âge de nos pères? Que ces méchants objets d'étagère, ces faïences accrochées à la muraille, ces petites peintures à la mode du jour qui emplissent les maisons, de la mansarde à la loge du .portier, font penser à un miroir fêlé en mille morceaux devant lequel un honnête homme serait obligé de se faire la barbe; avec de si menues distractions sans cesse devant les yeux, l'esprit ne ressent pas le calme produit par une collection de minéraux correctement classés.

Après avoir parlé des quelques salons romantiques qui faisaient autorité, il est juste d'adjoindre la *Revue des Deux Mondes;* non pas que cette publication eût conquis au début l'autorité suprême qui en fit plus tard, avec le *Journal des Débats,* le dispensateur principal des fauteuils académiques. La *Revue des Deux Mondes* cherchait sa voie; elle avait paru en juillet 1829 et se consacrait alors presque exclusivement à des aperçus politiques concernant l'Europe ou à des relations de voyage; elle ne se lança résolument dans la littérature qu'en juillet 1830 : mois mémorable, car la fortune de la Revue, depuis cette époque, tint à une série d'événements politiques dont était touchée la maison d'Orléans. En juillet 1830, la Revue crut devoir porter les couleurs de Tony Johannot, suivant la mode du temps qui ne permettait à aucun périodique de se présenter au public sans un frontispice signé de ce gentil petit maître; l'Europe et l'Amérique furent symbolisées par la vignette avec la grâce attachée aux moindres crayons du dessinateur.

Sous le coup du courant d'art nouveau qui soufflait à cette époque, le romantisme fut défendu chaudement par la Revue. La citation suivante donnera une idée de la liberté qui y régnait. Un des rédacteurs, rendant compte du drame de *la Maréchale d'Ancre*, d'Alfred de Vigny, disait :

Ainsi la liberté politique a amené aussi la liberté de l'art : nulle bataille ridicule ne s'est, comme autrefois, livrée à cette représentation. Lorsque, en philosophie et en religion, toutes les voix sont libres, ne serait-il pas plaisant d'être dogmatique en

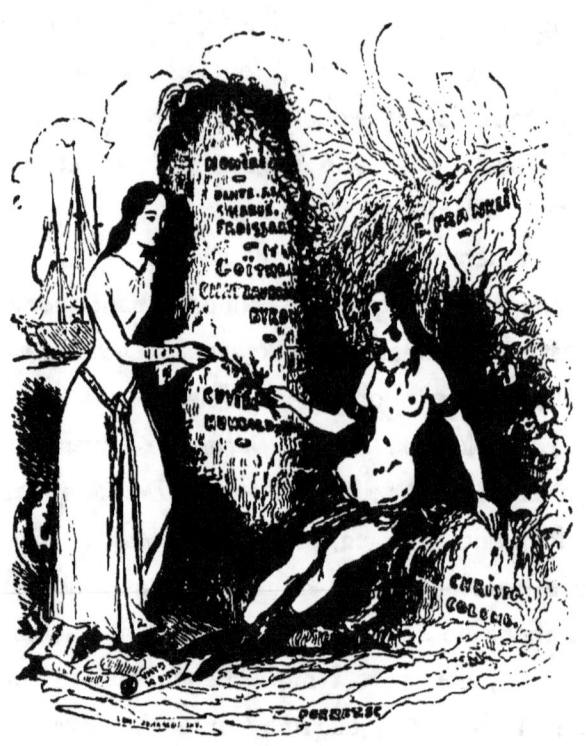

VIGNETTE DE TONY JOHANNOT,
pour *la Revue des Deux Mondes* (1830).

poésie! Euripide et Périclès parlaient le même jour à Athènes. Il faut nous faire à cette vie de mouvement. Les arts doivent fleurir chez un peuple libre. Il y a deux mois, nous avons eu l'*Antony* de M. Dumas ; après *la Maréchale d'Ancre* nous avons le drame de M. Victor Hugo. Athéniens, que voulez-vous donc [1] ?

Il est vrai que les collaborateurs de la Revue, tous plus ou moins dans le mouvement, se nommaient Charles Nodier, Edgar

1. *Revue des Deux Mondes*, juillet 1831.

Quinet, Balzac, Alfred de Vigny, Auguste Barbier, Jules Janin, Alexandre Dumas, Sainte-Beuve, Gustave Planche, Paul Foucher, Émile Deschamps.

Défendre le comte Alfred de Vigny et ses doctrines semblera naturel à ceux qui ont connu le poète-gentilhomme qui fréquentait les salons et y apportait cette politesse exquise, ce grand air qu'il conserva jusqu'à la fin de sa vie; mais à quelque temps de là devait paraître, dans la même Revue, une machine de guerre bien autrement audacieuse qui avait pour titre : *Une lettre sur le théâtre à propos d'Antony*, lettre prudemment signée Y, car l'auteur ne crut pas devoir se présenter dans la lice, visière découverte.

Oh! bel art de la scène, disait l'écrivain anonyme, si tu corriges les mœurs, ce n'est pas en riant cette fois!

Non, on ne rit pas, on pleure peu, mais on souffre beaucoup en voyant ce drame. On éprouve cette nerveuse agitation des personnages, qui crispe les mains et les pieds malgré qu'on en ait, comme si on voyait quelqu'un toujours prêt à tomber d'un toit...

Cette jeune femme est comme menacée par un vautour qui tourne sur elle. L'épouvante saisit pour elle à la vue d'un jeune homme convulsif qui porte en lui-même deux causes d'exaltation, son amour d'abord, puis cette rancune de bâtard et d'orphelin qui lui fait bouillonner dans le cœur une éternelle rage contre la société.

. . . .

On pressent (et c'est habile à l'auteur), on pressent que cet homme, toujours en garde contre tous, qui a toujours l'épigramme à la bouche et le poignard à la main, saisira la première occasion de se donner une victime. Et qui choisira-t-il? Cette douce et gracieuse beauté qu'il a perdue en combinant froidement l'héroïsme et calculant sur sa pitié, en ensanglantant son salon de soie pour qu'elle l'y garde, en volant ses faveurs sur la grande route comme un brigand... Ce serait horrible si ce n'était utile et moral.

Il ne m'est pas possible de croire que M. Dumas écrive un ouvrage pareil sans une pensée dominante et sans conclusion, comme on parle sans idée dans un bal. — Non, je crois ce drame médité dans un but d'utilité morale et même religieuse [1].

Et il y a onze pages sur le même ton!

1. *Revue des Deux Mondes*, juillet 1831, t. VIII, p. 322 à 333.

Toute cette période de 1831, la *Revue des Deux Mondes* la remplit de tentatives, d'audaces, d'excès. Sa critique du Salon, elle la confiait à Henry Monnier!!! Elle médit de la Comédie-Française et exalte le théâtre de la Porte-Saint-Martin ; elle ravale Casimir Bonjour et s'enthousiasme pour Anicet Bourgeois ; cela est écrit en toutes lettres.

Un autre vent souffla bientôt, plus modéré, qui n'enlevait pas les ardoises des toitures consacrées ; la vignette de Tony Johannot fut supprimée comme manquant de style et les doctrines de la jeune école n'y furent admises que mitigées, trempées, avec beaucoup d'eau dans le vin. Les romantiques perdaient un salon où devaient prendre place les doctrinaires constitutionnels.

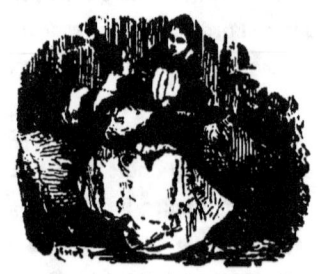

CHAPITRE XIII

LES ATELIERS. — LES THÉATRES

Une gazette de modes, une feuille de théâtre étaient sous le gouvernement constitutionnel le moniteur des petits détails de coulisses; les grands journaux qui avaient de la tenue les négligeaient; aussi, pour tout ce qui concerne les menues choses qui s'agitent autour d'une importante représentation, faut-il consulter les feuilles spéciales. Si par exemple on veut avoir quelque idée de la représentation de *Marie Tudor* à la Porte-Saint-Martin, *le Petit Follet*, journal des modes, nous apprendra comment Victor Hugo et Harel le directeur « faisaient » la salle. Chose importante en matière de théâtre que le choix et le groupement des spectateurs.

Le roi, la reine, apparaissaient rarement dans ces solennités. Louis-Philippe tenait pour les classiques; mais ses fils étaient plus dans le mouvement, surtout le duc d'Orléans; il occupait l'avant-scène de gauche avec ses frères, les ducs de Nemours et de Montpensier; à l'avant-scène de droite on remarquait le prince de Joinville et le duc de Trévise. Dans la salle étaient groupés les amis de la famille Hugo, les défenseurs, les enthousiastes, les gens de lettres, les poètes, les critiques : Méry, Théophile Gautier, Charles Nodier, Alfred de Vigny, Sainte-Beuve, Alfred de Musset, Gustave Planche, Henri Berthoud, Frédéric Soulié, Lassailly, jusqu'à Marco de Saint-Hilaire; on y voyait aussi des hommes politiques, des historiens : le comte de Rambuteau, Lautour-Mézeray, de Vaulabelle ; les journaux politiques et

littéraires étaient représentés par Émile de Girardin, Armand
Marrast, Anténor Joly, Bohain, Nestor Roqueplan, Capo de
Feuillide, etc.

Un chroniqueur aujourd'hui ne manquerait pas de détailler les
toilettes des « lions » de l'époque : habits de Staub, pantalons de
Blin, gilets de Blanc, chapeaux de Gibus, bottes de Sakosky et
cannes de Marcadée. Il vaut mieux parler des chapeaux-calèches

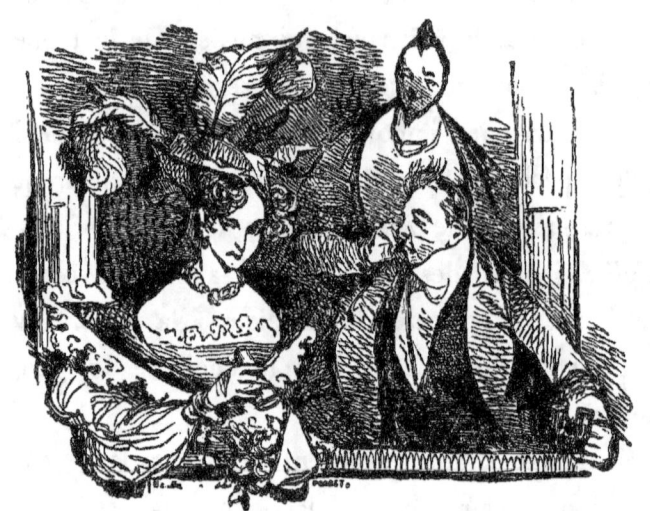

VIGNETTE D'HENRY MONNIER.

En tête du journal *l'Entr'acte* (1831).

« de chez Herbault » et des robes à manches pendantes dites
« à la folle » que portaient Delphine Gay, accompagnée de sa
mère, Mme O'Donnell, sœur de Delphine, la duchesse d'Abrantès,
Mme Eugénie Foa et nombre d'autres beautés.

Hélas! *le Petit Follet,* malgré la sûreté de ses informations,
ne dura qu'un an. L'homme de génie qui l'avait fondé était de
cinquante ans en avance sur le siècle du « reportage ».

En recherchant avec persévérance des faits du même ordre
dans les petits journaux (mais les vignettes de Tony Johannot et

d'Henry Monnier en tête de *l'Entr'acte* et du *Vert-Vert* ne suffi-
sent-elles pas?) on aurait une idée plus complète des succès ou de
l'attente de succès au théâtre : leur popularité se continuait à
l'atelier ainsi que dans certains salons en camp volant, et un auteur
dramatique remuant pouvait encore étonner le « tout Paris » de
son temps par des fêtes improvisées.

Alexandre Dumas, l'homme le plus exubérant de l'époque,
représente bien cet écrivain que j'ai en vue. Aimant à paraître et
à se donner en spectacle, doué d'une vitalité excessive, Dumas
arbora sans cesse un panache voyant; mais ce remuement, ce
grimpement sur les épaules des autres tenaient tellement à la
nature du créole que ses rivaux eux-mêmes ne s'offensaient pas de
l'étalage de sa personne que faisait ce grand enfant.

Alexandre Dumas marqua ses divers campements parisiens par
des fêtes dont les décors étaient merveilleux. Les quelques peintres
d'alors en réputation regardaient comme un honneur de tra-
vailler pour la gloire de ce roi du romantisme; peut-être un
banquier n'eût-il pas obtenu à prix d'or ce que Dumas obtenait
des artistes avec un sourire.

Ce fut en 1832 ou 1833 que l'auteur d'*Antony* donna une
fameuse fête de nuit, au square d'Orléans où il campait plutôt
qu'il n'y résidait. Pour ce bal costumé Célestin Nanteuil avait
peint des anges soutenant le médaillon de Victor Hugo; Louis
Boulanger s'était réservé une scène de *Lucrèce Borgia;* Ziegler
représenta *Phœbus et Esmeralda.* Le rival de Victor Hugo ne
lui marchandait pas la gloire, comme on le voit; il ne demanda
à Clément Boulanger comme pendentif que trois scènes de la
Tour de Nesles. Parmi les décorateurs se faisait remarquer en
outre Eugène Delacroix, qui avait peint à la détrempe un *Rodrigue
fuyant,* d'après une poésie d'Émile Deschamps.

Pour consacrer le souvenir de cette fête, Célestin Nanteuil se chargea d'en graver à l'eau-forte les principaux motifs décoratifs. Un ami, fort lancé jadis dans le mouvement romantique, me fit cadeau d'une suite de cinq croquis, suite si rare que je ne l'ai jamais vue signalée jusqu'ici. Ce sont des dessus de portes avec des figures

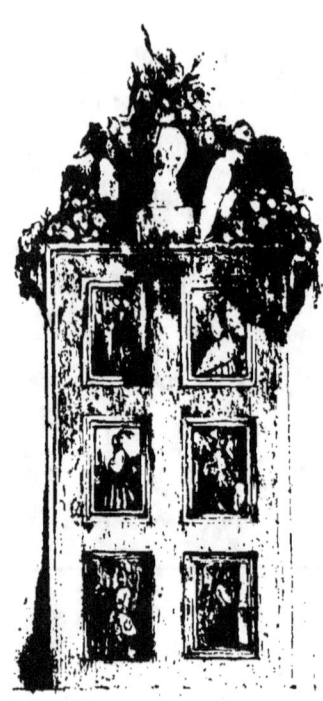

D'après une eau-forte inédite
de Célestin Nanteuil.

allégoriques soutenant, l'une le portrait de Victor Hugo, avec le masque de Quasimodo au-dessous, l'autre le profil d'Alexandre Dumas, auquel est jointe une scène de roman ou de poésie dont je n'ai pu retrouver le sujet; la dernière eau-forte représente la porte d'un bahut ornementé, dans ses cartouches, de diverses peintures. A l'aide de ces croquis on peut reconstituer jusqu'à un certain point, et dans quelques parties de détail, les décors de la salle de bal.

Avant les soirées de Victor Hugo, les fêtes improvisées par Alexandre Dumas, il eût été logique de donner une idée des réunions dans l'atelier des Devéria. Ceux-là peuvent être dits les pères du romantisme; chez eux brûlait le foyer de l'insurrection, et un contemporain, M. G., qui a donné une étude sur ces artistes, doit être cité comme connaissant bien le terrain :

Les deux frères vivaient en famille dans une maison de la rue de l'Ouest, isolée au milieu d'un grand jardin. C'est là, sous les grands arbres, que vivaient ces gens remarquables et excellents. Ils allaient peu chez les autres, Achille surtout dont une seconde valait un louis; mais tout Paris venait chez eux, le tout Paris intelligent et artiste qui se plaisait au milieu de cette demeure pleine de gravures, de meubles rares, de curiosités de toute sorte. L'hospitalité était princière et les soirées qu'on y donnait n'ont pas dû s'effacer de toutes les mémoires. Qu'il y eût cinq amis ou cinquante personnes, Achille Devéria travaillait toujours; installé dans un petit cabinet, il causait tout en dessinant sur la pierre. Sans doute plus d'une de ces charmantes petites femmes au chignon relevé, que nous retrouvons dans son œuvre, a été faite d'après nature au murmure d'une valse; et je trouve en effet que ses dessins ont le brillant, l'éclat et l'aisance d'un homme qui travaille dans un salon bien éclairé.

Ce qu'il y a de remarquable dans les Devéria, et c'est une qualité qu'ils ont en commun avec tous les artistes de leur époque, c'est la franchise d'impression et d'exécution. Ils veulent une chose, ils ont un but, et, réussie ou non, leur œuvre est toujours nette. Il y a eu, en 1830, un souffle artistique; il semble que, pendant un court moment, les hommes de cette époque aient respiré un air particulier et que leur sang ait circulé avec plus d'ardeur dans leurs veines. . . . .

Les Devéria appartiennent tous deux à cette époque d'enthousiasme où tout le monde avait trop chaud, où l'on se battait au parterre de l'Odéon, où l'on s'enthousiasmait pour ou contre, où l'indifférence était inadmissible. Dans ce milieu-là ils ont été brillants et ont occupé une belle place; mais le milieu changeant, la température baissant tout à coup, ils n'ont pu se transformer et ont pour ainsi dire cessé d'être.

Ce n'est donc que rue de l'Ouest, dans leur petit hôtel, entouré de fleurs, qu'il faut voir les Devéria, l'un dessinant à la lueur de sa lampe, tandis que Victor Hugo, Alfred de Musset, Philipon, Bonnington, les Johannot, Louis Boulanger, Mme Paradol causent autour de lui[1].

Ces beaux temps devaient avoir une fin : « Après le succès de son tableau *la Naissance de Henri IV*, Eugène Devéria, renonçant tout à coup à la blouse pleine de couleurs et d'huile, à la coiffure échevelée et au désordre tout romantique alors fort à la mode, devint sans transition grand seigneur et petit maître. Ce n'était plus un peintre coloriste, c'était un homme du monde, un cavalier de haute mine au toupet en flamme de punch, à la cravate haute et serrée. »

Le salon de Victor Hugo, les fêtes de Devéria, de Dumas n'empêchaient pas la formation de cénacles moins nombreux, où

1. *Vie parisienne*, 18 février 1865. Article signé G.

étaient discutées, entre peintres et poètes, des questions d'art
nouveau et parfois dissident, mais sans prendre la proportion
d'un schisme; c'est ainsi qu'à la rue du Doyenné le moyen âge
fut laissé de côté pour le XVIIIᵉ siècle : Théophile Gautier, Gérard
de Nerval, Arsène Houssaye, le peintre Camille Rogier, évo-
quèrent tout un monde galant qu'ils rendaient plus romanesque

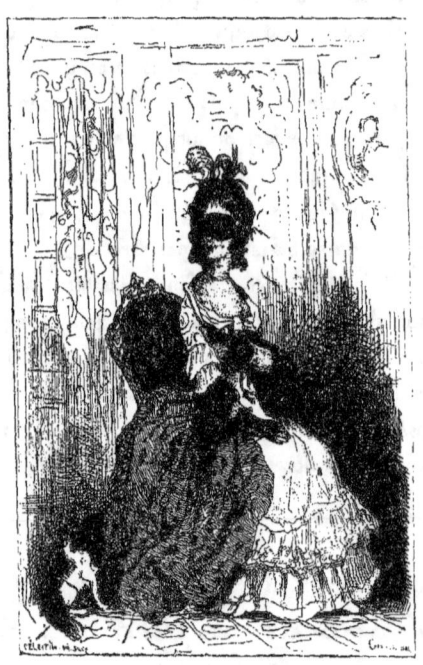

EAU-FORTE DE CÉLESTIN NANTEUIL D'APRÈS GÉNIOLE,
pour *le Jeu de la reine*, de la comtesse Dash (1839).

encore que ne le comportent Crébillon fils et Boucher ; de
belles filles d'Opéra se mêlaient à ces enthousiastes du fard et
des mouches, et l'historique en a été traité maintes fois par
l'auteur de tant de romans de pécheresses.

Le goût de ces fêtes d'artistes s'était répandu jusqu'en province.
A Rouen, le jeune comédien Mélingue, en compagnie d'archéologues, de peintres, de poètes et de journalistes de l'endroit,

devait, en costume triomphant, marquer sa personnalité essentiellement romantique dans « un bal d'artistes » organisé à l'hôtel
de ville.

Ce n'est pas une fête ordinaire que ce bal, disait le rédacteur de *la Revue de Rouen*,
c'est la reconnaissance en action de ce grand principe que tous les arts sont frères,
c'est le premier pas fait en dehors de cette ligne de démarcation qui séparait jusqu'alors
le *bourgeois* d'avec l'*artiste*.

Bourgeois! Artiste! La grande injure antithétique du moment.
Les romantiques n'avaient jamais pu pénétrer au cœur du monde
orléaniste, dont les gouvernants étaient voltairiens. L'ombre de
Voltaire tenait les portes fermées de ces salons aux novateurs.
Voltaire, c'est-à-dire la raison, la mesure, l'esprit français par
excellence. Les romantiques pouvaient faire une large enjambée
de Gringoire à Chateaubriand et passer par dessus Molière et
La Fontaine; le gros de la nation ne les suivait pas, étant composé
d'hommes qui avaient étudié à ces sources.

M. Thiers est bien le type de ces bourgeois qui représentent
le sentiment du pays; aussi les opinions littéraires de l'historien
méritent-elles d'être recueillies, ne fût-ce qu'à titre de renseigne-
ment. M. John Lemoinne, dans son discours de réception de
M. Labiche à l'Académie française, a bien montré la nature de
l'ancien président de la République, très hostile, même cinquante
ans plus tard, aux courants littéraires qu'il avait côtoyés :

Je me rappelle qu'un matin, dans les plus mauvais jours de 1871, M. Thiers, que
j'étais allé voir à Versailles, m'ayant demandé des nouvelles de M. de Sacy, je lui
répondis qu'il continuait à être amoureux de ses vieux livres et à ne pas connaître les
romantiques. Et M. Thiers me dit avec cette vivacité dont vous avez le souvenir : — Ah !
il a bien raison, Sacy; les romantiques, c'est la Commune!

Il ne faut pas trop prendre au pied de la lettre cette boutade;
je la recueille comme un fragment de conversation, devant la

16

cheminée d'un salon, entre deux hommes politiques, et en enlevant
la passion qui est dans la forme, je retrouve les sentiments peu
sympathiques des hommes d'État de la génération de Louis-Philippe
pour les romantiques.

Ceux-ci s'en consolaient en donnant des fêtes, et il est bon d'en
signaler une qui fut la dernière et comme une sorte de bouquet

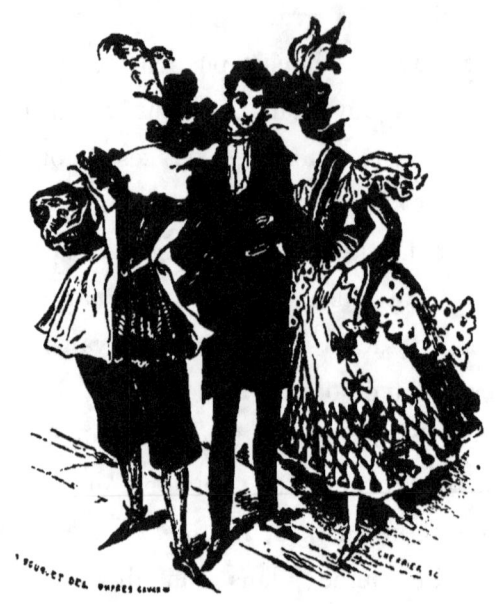

VIGNETTE D'AUGUSTE BOUQUET,
d'après Gavarni (vers 1835).

de feu d'artifice. Un grand bal de nuit paré et masqué eut lieu à
l'Opéra-Comique le 14 janvier 1835. Comme toujours, les peintres
en avaient fait les frais. Clément Boulanger était le directeur des
divertissements. Pour décors, une toile de fond représentant le
golfe de Venise, un pont des Soupirs jeté entre la scène et la
salle. L'organisation des tableaux vivants, d'après la *Jane Grey*
et le *Cromwell* de Paul Delaroche, avait été confiée à Camille
Roqueplan. Les danses étaient coupées par des « proverbes,

scènes comiques et lazzis composés par Henry Monnier »; enfin, un élégant programme était orné d'une eau-forte de Célestin Nantéuil.

Toute la bande des gens d'esprit et des peintres, Ourliac et Gavarni en tête, recherchait ces fêtes élégantes. D'autres cénacles, d'un ordre plus intime, réunissaient dans des quartiers en dehors du Paris mondain les gloires qui commençaient à poindre.

C'est une humble nature que celle de la banlieue de Paris, elle était encore plus pauvre en 1830 qu'aujourd'hui : des jardins de maraîchers, des carrés de fleurs et de légumes au milieu desquels le jardinier se garde bien de laisser pousser des arbres, d'un côté la grande route droite et interminable bordée d'ormes, parfois un champ de seigle avec son petit sentier qui le partage, puis se détachant sur le ciel l'armature d'une énorme roue de carrier; à l'horizon quelques collines s'estompant en bleu. Avec quelques masures plâtreuses, tel était en 1828 le quartier de la barrière Montparnasse. A la suite de guinguettes, de bals, de marchands de vin, de fricoteurs de gibelottes, commençait ce paysage particulier que seul peut apprécier le Parisien. En traversant la chaussée du Maine, après avoir suivi quelques sentiers détournés on voyait au milieu de la plaine une petite maison ombragée d'arbres. Des tables et des bancs de bois garnissaient une cour plantée d'acacias, chose rare dans ces parages. C'était le cabaret de la mère Saguet, fréquenté assidument par Charlet.

Chez la mère Saguet se réunissaient également à de certains jours les poètes et les artistes du quartier du Luxembourg : Victor Hugo, David d'Angers, Sainte-Beuve, les Devéria, l'architecte Roblin et un pindarique par excellence, Denne-Baron. Là, comme l'a dit un écrivain qui a recueilli avec ces noms le souvenir d'agapes sans prétention, on mettait en commun « la gaieté, la bonne humeur [1] ». On se livrait à des plaisanteries anti-classiques, faisant comparaître à la barre un faux Bignan pour discuter avec lui sur la prosodie nouvelle et avoir facilement raison de son classicisme.

C'est encore un cénacle que le cabaret. Celui de la mère Saguet fut très suivi alors que Victor Hugo demeurait dans la rue de Vaugirard. Vint le jour où la gloire appela le poète sur la rive droite.

J'ai connu, dans ma jeunesse, ce dernier cabaret littéraire jadis hanté par les romantiques et j'ai été lié avec les deux derniers hommes qui étaient restés fidèles au quartier Montparnasse, le sculpteur Préault promenant ses agitations et l'étincelle de ses mots, Sainte-Beuve qui faisait sa promenade quotidienne sur le boulevard extérieur.

Recherché dans les salons du second Empire, l'aimable vieillard préférait écouter les chansons des étudiants revenant de la Closerie des Lilas et le gai babillage des grisettes du quartier. Du romantisme auquel il avait pris une si vive part, le célèbre critique ne parlait qu'avec une sourdine et bien des atténuations; mais, dans ses promenades à la barrière, le vieil homme se rappelait l'heureux temps de sa jeunesse où la gloire n'apparaissait que doucement estompée, sans les exigences que commande le génie. La main dans la main, le cœur sur les lèvres, les propos joyeux de table, tout cela renaissait au souvenir du cabaret de la mère Saguet pour le critique devenu philosophe et prenant les sacerdoces littéraires, le char de triomphe des poètes, les succès retentissants d'aujourd'hui pour ce qu'ils vaudront demain.

---

1. Max de Villemarest, *la Barrière Montparnasse.* (*Les Cent-et-un,* t. III, 1832. In-8°.)

CHAPITRE XIV

DU BEAU ROMANTIQUE EN MATIÈRE DE PORTRAITS

On accusa jadis avec véhémence les romantiques de cultiver spécialement le laid; ils firent, il est vrai, une certaine consommation de cet agent esthétique et l'employèrent à larges teintes plutôt qu'en frottis légers; toutefois, si on écarte les nains, les bossus, les bâtards et toute la truanderie chère aux romanciers de 1830, on voit se profiler de jeunes hommes songeurs, des femmes passionnées dont la beauté, quoique fatale, ne fait pas tache en regard des types élégants des keepsakes de fin d'année. Les créateurs de ces personnages romanesques reconnaissaient tellement l'utilité du beau qu'eux-mêmes, quand ils daignèrent communiquer leur image au public, se firent peindre jeunes, distingués, étranges et répondant au goût de leur époque.

Les principaux écrivains romantiques passèrent par le crayon de Devéria, qui donna à leur physionomie, ainsi qu'aux plis de leurs habits, un tour tout à fait fatal. Jean Gigoux, Louis Boulanger, Célestin Nanteuil, Jehan Du Seigneur trouvèrent à ce moment des regards, des chevelures, des attitudes qui n'appartenaient pas précisément à l'école de Holbein, mais qui, répétés avec insistance sur la toile, le marbre, le bois et le cuivre, donnent à croire que poètes et romanciers des deux sexes de ce singulier temps appartenaient plus ou moins à la famille d'*Angèle* et d'*Antony*, et que le velours, la soie, prodigués pour répondre à de triomphantes coupes d'habits, sortaient non plus de la main de vulgaires tailleurs, mais de couturiers vénitiens de l'époque du Véronèse.

Parmi les personnages célèbres de l'époque qui n'appartenaient pas au clan romantique, quoiqu'ils en subissent toutefois certaines influences, on compte Balzac et Mme Sand. Le premier prit un certain temps plaisir à encadrer sa physionomie rabelaisienne dans une robe blanche monacale; pour Mme Sand, son profil d'éphèbe méditatif se détacha sur un fond presque aussi sombre que l'ample vêtement de velours noir sous lequel se déguisaient ses formes.

Elle ne se laissa peindre en femme que tard. Le titre de *madame* lui plaisait médiocrement; pendant quarante ans elle tint à paraître *George* aux yeux du public.

Nous n'aurions pas le burin de Calamatta d'après l'auteur de *Lélia*[1] qu'il resterait un livre curieux où la femme de lettres permit à Tony Johannot de la peindre d'après ses aspirations.

Un certain M. Pictet, major fédéral d'artillerie, qui, à l'époque des *Lettres d'un voyageur,* représentait à Genève le romantisme international, entreprit lui aussi de rendre compte au public de ses impressions de voyage. Le livre du major Pictet a pour titre : *Une Course à Chamounix, conte fantastique*[2]. Je n'abuserai pas de mes lecteurs en leur donnant une analyse de ce roman franco-génevois; les mandragores de la fantaisie s'acclimatent diffi-cilement dans la cité au-dessus de laquelle flotte l'ombre austère de Calvin, et si le fantastique d'Hoffmann ne se greffe qu'impar-faitement sur l'article-Paris, on comprend combien il dut se montrer rebelle à la nature méthodique du major Pictet. Heureu-sement Tony Johannot, toujours en verve, dessina pour le frontis-pice du livre du Génevois un jeune Sand songeur qui semble de

---

1. En tête de *Mauprat.* Paris, 1837.

2. Librairie orientale de B. Duprat. Paris, 1838. Petit in-8°. Dans la 2e édition, publiée en 1840 à la même librairie, le titre a subi des modifications : *Une Course à Chamounix, fantaisie artistique, pour servir de supplément aux « Lettres d'un voyageur ».*

la famille des artistes italiens, peints plus tard avec amour par l'auteur des *Maîtres mosaïstes*.

Quoique la nature des écrits de Mme Sand se ressentît de l'influence de Jean-Jacques, une sorte de curiosité artistique la poussait vers les fantoches; en cela Mme Sand se rattachait par un coin aux doctrines de l'école romantique, c'est-à-dire de l'art détaché de toute préoccupation humanitaire et communiquant un souffle vital, même à des marionnettes. Ce fut ainsi que Tony Johannot représenta, partant pour un sabbat littéraire, l'amie du major Pictet à cheval sur un de ces angoras fantastiques tels que les imagi-

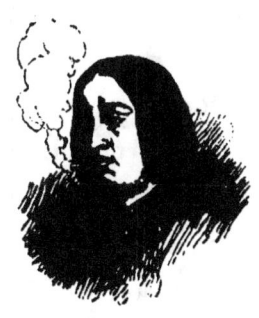

GEORGE SAND.
Vignette de Tony Johannot (1838).

nations populaires se les représentent, au dernier coup de minuit, dans le carrefour d'une forêt.

La postérité, si elle s'occupe de semblables amusettes, reconnaîtra la dose d'illusions particulière aux romantiques; elle s'apercevra en outre que, sous l'influence des feux follets qui s'ébattaient dans leur imagination, la plupart des poètes et des romanciers de 1825 à 1840, en même temps qu'ils affichaient des sentiments fictifs, se composèrent « une tête ».

Il est des êtres dont les sentiments ne vibrent qu'au contact du vrai. Ne leur parlez pas du beau, du laid, ils ne savent ce que veulent dire ces formules et répondent par le vrai. Ces gens se trompent parfois, entraînés par la recherche de la vérité quand même; mais ils ont le courage de ne pas s'inquiéter d'un public qui a soif de mensonges.

Un de ces sectaires m'apporta un jour le portrait que voici (voir page 129) :

— Vous vous révolterez, me disait-il, mais je place l'image de

Mme Barthélemy-Hadot beaucoup au-dessus de celle de George Sand.

L'hérésie, en effet, semblait considérable.

— Mme Barthélemy-Hadot, reprit l'homme, tout en ayant fait sa toilette...

— Pour l'amour de Dieu, m'écriai-je, qu'est-ce que cette personne?

— Un peu de patience et vous serez éclairé... Mme Barthélemy-Hadot écrivait pour le libraire Pigoreau des romans historiques qu'on peut classer à la suite de ceux de Mme Cottin. Ne froncez pas le sourcil... *Les Écorcheurs* du vicomte d'Arlincourt, *l'Hôtel du Petau-Diable* de Siméon Chaumier n'ont jamais obtenu la popularité d'*Amélie Mansfield* ou de *Malvina*. Vous seriez tout à fait injuste de faire descendre Mme Barthélemy-Hadot du rang que lui a conquis à cette époque son imagination... Mais je ne m'occupe que de son portrait; il peut choquer un partisan de l'école romantique, il offre la suprême qualité d'être essentiellement vrai... Vrai comme un ancien pastel de grand'tante de province...

Ce fanatique de vérité quand même était impitoyable; mais sa réelle connaissance des arts primitifs, jointe à un fonds de raillerie toujours en éveil, faisait qu'on l'écoutait avec profit, même sans partager ses opinions.

— Si j'écarte, pour les besoins de ma démonstration, continuat-il, les nuages symbolisant la gloire de cette dame de lettres, je trouve une honnête personne dont les yeux et la ligne sinueuse des lèvres annoncent un observateur convaincu... Mme Barthélemy-Hadot possédait une qualité indispensable aux grands travailleurs, la santé : son bras a l'ampleur de celui de la célèbre Mlle Georges; sa poitrine est richement meublée et si la ceinture, ornée d'un médaillon dont seul M. de Goncourt pourrait dire l'origine et la

valeur, n'était pas remontée haut suivant la mode du temps, on
verrait les hanches de cet auteur surgir triomphalement de la
robe en fourreau... La délicate écharpe de gaze, ornée de fleurs,
qui assujettit, sans en avoir l'air, le *tour* de cheveux de Mme Barthélemy-Hadot, ne féminise pas sensiblement les traits sévères du

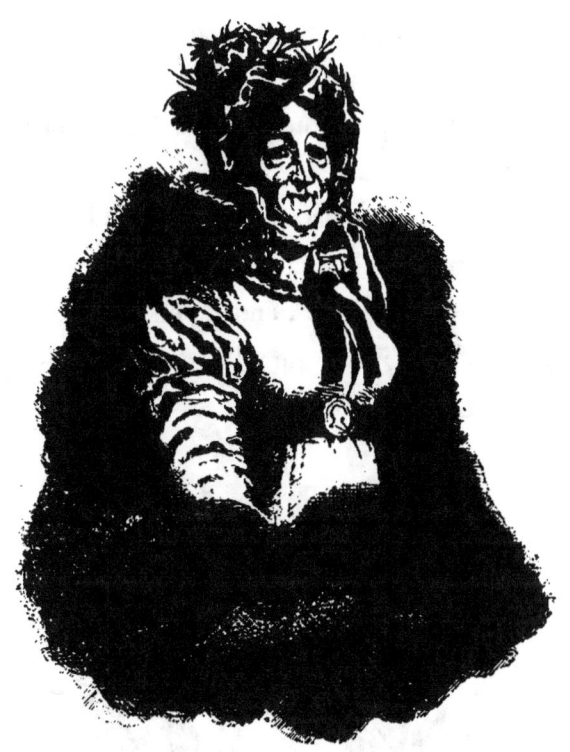

MADAME BARTHÉLEMY-HADOT,
pour le Supplément au *Dictionnaire des romans* (1828).

visage de l'historien. Alors qu'elle posait devant le dessinateur
dans cette toilette de Sainte-Périne, Mme Barthélemy-Hadot voulut
se présenter au public sous le costume qu'elle eût choisi pour aller
dans le monde; mais sa physionomie reste intègre. Point de ces
sourires alléchants que font les auteurs à la porte de la baraque
de leurs livres pour engager les lecteurs à y entrer... Les coins

17

de la bouche se dirigent vers le sol en signe de méditation. Impassible comme Mlle Lenormand, Mme Barthélemy-Hadot semble tirer les cartes pour les lecteurs de romans historiques et, pleine de sérénité, elle attend que la postérité ratifie les nuages de gloire dont l'a entourée le libraire Pigoreau.

Un peu accablé d'abord par le *pallas* de l'acharné défenseur de la réalité, j'allais répondre. L'homme approcha les deux images l'une à côté de l'autre, pour me forcer à les comparer, et, prenant congé de moi :

— Je juge donc un tel portrait vrai comme la vérité, ajouta-t-il, et tout en admettant qu'il n'offre pas le charme bizarrement androgyne de celui de Mme Sand, j'en reste à ma première impression, je préfère l'image de Mme Barthélemy-Hadot.

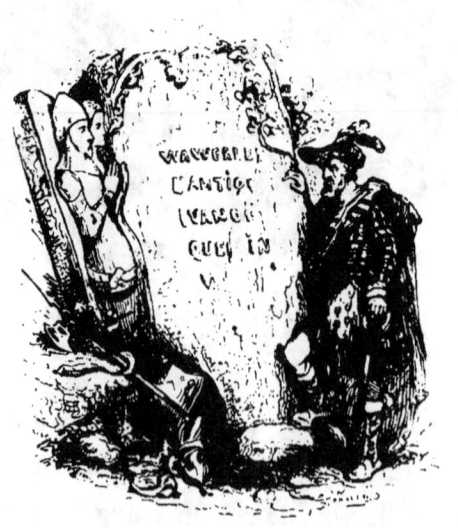

FRONTISPICE DE TONY JOHANNOT
pour les Œuvres de Walter Scott (1832).

CHAPITRE XV

Qui n'a remarqué, sous le porche des cathédrales, de nobles et pensives figures dont les pieds reposent sur des consoles historiées de profils grimaçants? Les tailleurs de pierre du moyen âge se plaisaient à ces contrastes; ils savaient fondre de telle sorte la majesté des lignes avec le caprice, que gravité et raillerie s'harmonisaient et se complétaient comme dans la vie.

J'entrevois presque sous un même jour la littérature romantique. Au seuil se dressent de nobles statues pensives, d'autres mutilées conservant toutefois de la grandeur, certaines tout à fait frustes gisant sur le sol couvertes de mousses, pendant qu'à côté la main des hommes et les intempéries de l'atmosphère ont respecté des bas-reliefs d'une moindre importance.

Ces images n'ont pas la même proportion et ne jouissent pas de la même lumière. Aux étages supérieurs du monument s'agite, perdu le plus souvent dans l'ombre, tout un monde de statuettes, de figurines, de mascarons, de gargouilles que notre siècle curieux fait mouler dans leurs niches et leurs tourelles pour les mettre en pleine lumière dans des musées d'architecture. Ces écarts de l'art trouvent un écho dans le monde intellectuel. A côté de Balzac et de Victor Hugo, ces hommes au regard profond qui transperce l'humanité, se dresse tout un monde de figures de troisième ordre qui n'avaient pas été vues jusqu'ici et qu'il était bon de descendre de la hauteur où elles étaient placées pour bien les juger.

La critique moderne a donné beaucoup d'extension, peut-être trop, à un groupe d'êtres inconnus ou oubliés dont on emplirait un Panthéon. J'y adjoindrai volontiers quelques statuettes, les unes un peu académiques, les autres narquoises, par cette raison que sous les maîtres il est utile de grouper les élèves. Dans l'école je choisis quelques disciples, quelques écoliers : ils ont pour avantage d'avoir moins de tenue, de réserve, de dire imprudemment tout haut ce que les maîtres pensaient tout bas, de montrer les défauts des qualités, enfin de servir d'écorchés faciles à étudier.

Avant que le romantisme eût conquis le terrain et planté sa glorieuse oriflamme de Montjoie Saint-Denis sur les murailles d'un Paris qui ne comptait alors que douze arrondissements, le Bibliophile Jacob fut un des combattants mémorables de l'époque. Il portait la visière de son casque baissée, mais son armure admirablement ouvragée le faisait remarquer de tous, et quand, à vingt ans de là, de jeunes écrivains surgirent entre 1845 et 1850, ils n'entrevoyaient qu'avec respect l'un des pères du roman historique, bien que déjà ce mode de récits fût délaissé pour la peinture de mœurs modernes.

Le Bibliophile eut-il conscience de cette transformation profonde qui n'était pas seulement particulière à la France, car Dickens opposé à Walter Scott ne dut plus tard sa popularité qu'au même courant? Toujours est-il qu'abandonnant le roman historique qui lui avait donné droit d'entrée, en compagnie des auteurs sacrés, des historiens et des moralistes, dans la classique collection du *Panthéon littéraire*, le Bibliophile Jacob, laissant de côté un pseudonyme fatigué, reprit son véritable nom de Paul Lacroix.

Rarement on vit depuis lors un auteur plus fécond. Le sang de l'écrivain semblait de l'encre, son cœur un encrier, ses doigts une plume à cinq becs. Paul Lacroix, si particulièrement doué au point de vue de la productivité, ne connut dès lors ni trêve, ni loisirs, ni repos, ni fêtes carillonnées. Écrivant sur tout et bien d'autres choses encore, il donnait quotidiennement de la besogne à tout un atelier de typographes et faisait hausser, dit-on, les actions de la papeterie où se fournissaient ses éditeurs.

Il n'en fut pas tout à fait ainsi alors que, voué à l'acharné labeur des œuvres d'érudition, l'écrivain pâlissait sur les études que commandent de semblables recherches.

Entre les divers romans qui avaient consacré le nom du Biblio-phile Jacob, il convient de citer particulièrement *la Danse macabre*. Ce fut le joyau de son œuvre, le livre-type que le public accroche au nom d'un auteur et qui fait qu'à Victor Hugo l'écho répondait jadis *Notre-Dame de Paris*, comme *Eugénie Grandet* fut longtemps le roman qui accablait Balzac. Écho qui ne sonne pas toujours juste, mais dont le son répond au cœur des masses. Pour la génération qui suivit et qui a besoin d'une étiquette nettement écrite, le Bibliophile Jacob fut appelé à traîner à sa suite *la Danse macabre* et il eut l'insigne honneur d'être l'auteur d'*un* livre, récompense flatteuse qui n'est pas toujours accordée aux littérateurs de talent.

Il importe peu de savoir si le romancier avait bénéficié de la popularité imprimée par Holbein à cette danse sarcastique et égalitaire; aussi bien le Bibliophile prouvait par de profondes recherches que le titre de *la Danse macabre* était amplement justifié et qu'il ne recouvrait pas une marchandise de pacotille. Rien que l'introduction historique qui se dresse devant l'œuvre semble un porche précédant une majestueuse cathédrale. Dans une préface développée, l'auteur se plut à montrer l'échafaudage qui suppor-tait son livre.

Embarrassé devant ce trésor de connaissances les plus diverses, j'en détacherai l'étymologie du mot *macabre* : bien des pensées, bien des veilles, bien des lampes mourant faute d'huile au petit jour, ont permis à cette savante étymologie de se produire.

Macabra en arabe veut dire *cimetière :* en anglais *make* signifie *faire* et *break* *briser :* en hébreu *maccahbi* s'explique par le latin *plaga ex me,* c'est moi qui fais le mal : en vieux français *ma cabre* se prend pour *ma chèvre :* d'autres ont prétendu que

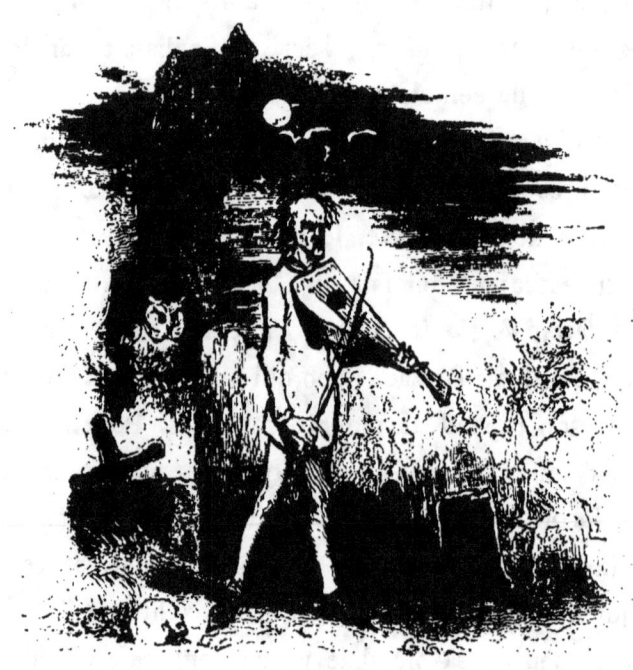

VIGNETTE DE TONY JOHANNOT,

pour *la Danse macabre,* du Bibliophile Jacob (1832).

Macabre était l'inventeur de cette danse ; et, en effet, ce peut être un troubadour nommé *Macabrus* qui a composé des espèces de complaintes sur la mort et la fragilité humaine.

Enfin le mot de *macabre* n'a-t-il pas certaine analogie avec la formule magique *abracadabra* [1] ?

On voit combien l'imagination en éveil, prêtant son appui à

1. Préface de *la Danse macabre,* édition de 1832.

l'érudition plus raisonneuse, peut ouvrir de vues aux écrivains. *Abracadabra* gros de *macabre*, c'est la rosace à vitraux de couleur par laquelle la clarté entre dans une œuvre et illumine les lecteurs.

A l'époque où fut publié ce roman historique se débattait dans la littérature un cerveau plein de choses, parfois confuses, parfois lumineuses, cerveau appartenant à un être tourmenté mêlant l'industrie à l'art, la critique à la création et qui, nourri de lectures accumulées, prétendait se rendre compte de toutes les formes de l'imagination. Je parle de Balzac qui, non content de chercher à se juger lui-même, jugeait volontiers les autres et faisait passer ses propres inquiétudes dans l'esprit de ses confrères. En ce sens le morceau de critique qu'il consacra dans le *Feuilleton des journaux politiques* [1] à un livre nouveau que venait de publier le Bibliophile Jacob, *les Deux Fous, histoire du temps de François Ier*, mérite d'être lu, quoique un peu acerbe et emporte-pièce. Cet article, curieux pour l'époque où l'art de la critique allait disparaître étouffé par le journalisme, ne suffit pas à Balzac. Il revint à la charge, mais équipé plus à la légère. Le portrait intitulé « le Bibliophile Jacob » montre un Balzac plein de bonne humeur et de gaieté rabelaisienne. Dans cet article anonyme, mais signé à chaque mot, apparaît un *Gaudissart* qui s'est emparé du bâton de Polichinelle et qui en joue avec une verve que n'ont jamais atteinte certains personnages gausseurs de *la Comédie humaine*.

Quoiqu'il [M. Jacob] ait la mine refrognée d'un vieux juge fatigué d'une audience, il est doux, affable, un peu bavard, et simple comme La Fontaine. Si vous ne le questionnez pas et que vous passiez devant lui, il ne s'offensera pas de vos rires et vous regardera en marmottant ou marmottera en vous regardant, comme il écrit en feuilletant

1. *Œuvres complètes de Balzac*, t. XXII.

et feuillette en écrivant. C'est toujours à lui que le garçon de la Bibliothèque vient dire : « Monsieur, il est trois heures, on va fermer. » Ce bonhomme rassemble alors ses papiers, garde la plume, et s'en va par les rues, étonnant les flâneurs qui le prennent pour l'ombre d'un pilier de la Sorbonne. Il a l'air d'un vieux portrait qui sort de son cadre et marche, ou plutôt il ressemble à une note, à un bourdon d'imprimerie mis au milieu d'une page : il vit en marge du temps présent.

Eh bien, cet homme-là est, en quelque sorte, la conscience de l'histoire, l'histoire même ou quelque chose de plus que l'histoire, un tiers de Dieu, car il voit le passé comme s'il était devant lui.

Tout être qui a rêvé de devenir chat pour se donner la jouissance de prendre des souris trouvera une certaine satisfaction à savourer le passage où le Bibliophile Jacob devient « *la conscience de l'histoire, l'histoire même ou quelque chose de plus que l'histoire* ».

Balzac continue à faire sauter sa souris en l'air et à la rattraper avec d'amusants coups de patte.

M. Jacob connaît tous les siècles avec leurs meubles, leurs costumes, leurs mœurs, leur langage, leurs gestes, leur architecture. Il vous dira, en voyant sur le boulevard des gaufres roulées, que, sous Charles VI, cette pâtisserie avait une forme bien plus déshonnête. Il sait quand un mot est né, pourquoi il est né, de quoi il est né et quand il est mort. Il ne connaît pas la rue aux Ours, mais bien une rue *aux Oiles* où l'on vend des oies, et qui mène de la rue Saint-Denis à la rue Saint-Martin. Souvent il demande des *macreuses* à sa ménagère et se plaint qu'on ne lui serve pas des *foulques*, des *paons* et du *beurre rôti*, comme en savait faire *Taillevent*.

A part lui l'auteur ainsi secoué put se dire que Balzac, qui jadis s'était essayé dans le roman historique, était peut-être jaloux de ce genre compliqué.

Toujours occupé avec sa souris, le critique continuait :

C'est à P. L. Jacob, bibliophile, c'est à ce digne et excellent homme, c'est à cette espèce de mouleur en cire qui passe sa vie à guetter une syllabe, un fait, qui prend les empreintes de toutes les faces héroïques des vieux siècles; c'est à ce modèle des

antiquaires, qui voudrait mettre sous verre toute une époque, qui se plaint de la peti-
tesse des médailles, et souhaite vingt fois par jour un *Carporama*[1] des faits historiques,
c'est à ce consciencieux et modeste auteur, l'ami de tous ceux qui le connaissent, c'est
à ce Vaucanson littéraire que nous devons *les Deux Fous !*... Lire ce livre, c'est vivre
dans le xvie siècle, et nous le comparerions volontiers au cabinet de Curtius dont, par
un coup de baguette, les figures auraient reçu, pour un jour, la vie et le mouvement.
En effet, cette composition tient de la peinture, de la sculpture, du drame et de la
magie. C'est un *sièclorama*. On regrette bien vivement que le temps prodigieux réclamé
pour ces sortes de compositions les rende si rares. Enfin, m'est advis que Sa Majesté
Charles X devrait donner quelques fonds à notre ami P. L. Jacob pour élever,
fonder, administrer, diriger, entretenir une manufacture royale de mosaïque historico-
littéraire.

Ainsi conclut le chat qui, fatigué de donner des coups de
patte à sa souris, se repose victorieux en la regardant étendue,
sans mouvement, sur le plancher. Après s'être longuement amusé,
le chat n'en fera qu'une bouchée tout à l'heure et ce goûter sera
vraiment succulent. Eh bien non, la souris n'est pas morte; la
preuve, c'est que d'un trait elle vient de regagner son trou, à la
barbe du matou ébahi.

Pour l'édification du petit monde littéraire où, du plus gros au
plus petit, chacun joue le même jeu, il convient de rapporter
comment plus tard la souris se vengea du chat.

Avec son système de surexcitation cérébrale et de travail désor-
donné, Balzac avait abrégé ses jours; les efforts du Bibliophile
Jacob étaient incessants, mais mesurés et moins fiévreux. Le style
« fiel et amertume », « sang et malédiction », de ses conceptions
moyen âge n'était que pour la montre.

Avec une pointe d'ironie qui devenait juste, Balzac avait dit
du Bibliophile : « Il a la naïveté d'un La Fontaine ». Un La

---

1. A l'époque où furent inventés le *Panorama*, le *Diorama*, le *Toporama*, un industriel
organisa une exposition de fruits et de plantes exotiques à laquelle il donna le nom de *Carporama;* d'où la langue *rama* de 1830, dont Balzac a donné de facétieux échantillons dans
le Père Goriot.

Fontainé du xıxᵉ siècle, il est vrai, faisant gémir la presse et obligé pour vivre de se répandre en publications de toute sorte.

Le bon Paul Lacroix n'avait pas de rancunes. Balzac mort, il se vengea de son adversaire en écrivant une notice très élogieuse du romancier, en tête des *Femmes de Balzac*. N'est-ce pas un rare exemple que celui-là, donné par un saint Sébastien criblé de flèches qui chante un hymne à la louange de son bourreau ?

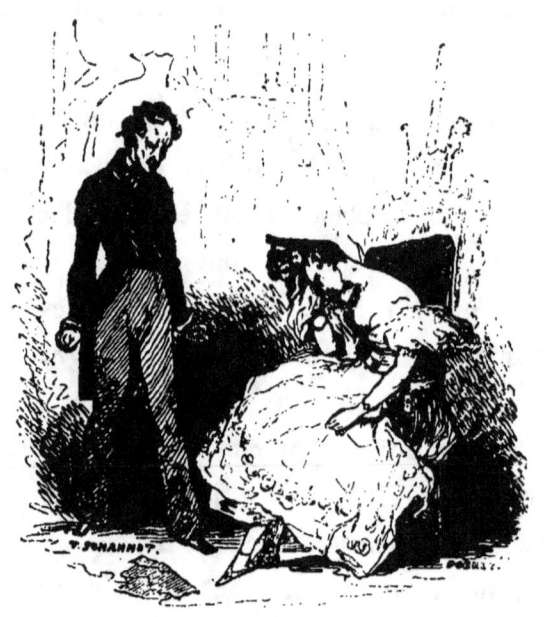

VIGNETTE DE TONY JOHANNOT,
pour *le Divorce*, du Bibliophile Jacob (1831).

J'estime l'excellent Bibliophile Jacob à ce titre ; je lui pardonne *Vertu et tempérament*, et un point tout particulier commande mes sympathies pour le doyen des écrivains d'aujourd'hui.

Quoique rêveur et aimant à regarder voltiger l'idée dans les étincelles du foyer ou à travers la fumée d'une cigarette, je ne suis pas de ceux qui envient les hommes pressés de produire, jaloux d'emplir les colonnes des dictionnaires bibliographiques, et je laisse l'avenir se prononcer sur cet amoncellement de produits. Mais le Bibliophile Jacob, quoi qu'il arrive, n'avait-il pas droit à un chapitre spécial par son culte des vignettes ? Pour lui, Tony Johannot a dessiné les vignettes qui caractérisent le mieux la souplesse de son talent. En tête il faut placer *le Roi des Ribauds*, une silhouette reconstituée sans doute d'après les indications de l'érudit auteur de cet ouvrage.

Tony Johannot a laissé en outre, dans la vignette du roman *le Divorce*, un petit chef-d'œuvre de grâce et d'élégance, ce n'est pas trop dire. La Parisienne ainsi vue, c'est à un thème du Bibliophile Jacob qu'on la doit, et il faut savoir gré au laborieux écrivain d'avoir laissé de côté ses truands et ses malandrins pour fournir à un artiste matière à une si délicate représentation de la femme de 1830.

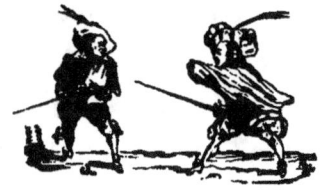

CHAPITRE XVI

HIPPOLYTE TAMPUCCI

Il peut sembler hors de saison de faire figurer Tampucci dans la pléiade romantique. L'homme suivit, même de bien loin, l'honnête voie tracée par Casimir Delavigne; mais ses liaisons avec certains poètes plus en avant, les renseignements biographiques sur l'enfance de quelques-uns de ses contemporains qu'on trouve seulement dans un livre rare[1], le concours que lui apporta le plus célèbre des aqua-fortistes de l'époque, expliquent le rang qu'il occupe dans ces études.

Fils d'un préparateur du cours de chimie du collège Charlemagne, Tampucci, ayant imprudemment témoigné de certaines aspirations à la poésie, fut placé par son père chez un *cordonnier*. Un poète dans l'échoppe d'un rapetasseur de chaussures ! « On espérait par là détruire toutes ses illusions, faire taire ses doux rêves d'enfance », dit M. V..., qui a fait précéder le volume de *Poésies* d'un court avertissement.

Le poète « résista saintement à son père, brisa les outils pour lesquels il n'était point fait, et redevint libre en se rendant à lui-même. »

Cependant le préparateur de chimie, jugeant sans doute qu'il avait trop rabaissé son fils, lui fit obtenir l'emploi de garçon de classe au collège Charlemagne. Tampucci accepta sans répugnance, quoique cette nouvelle fonction ne fût pas encore d'un ordre bien relevé. « C'était pour lui rester en famille, dit son biographe : il

1. *Poésies*, par Hippolyte Tampucci. Paris, Paulin, 1833. In-8°.

avait été élevé dans la maison, s'était mêlé aux jeux de quelques-uns des élèves, devenus depuis écrivains distingués. »

C'étaient Théophile Gautier, Gérard Labrunie, Édouard Thierry, qui avaient suivi les cours du collège Charlemagne; aussi les principales pièces du volume de poésies leur sont-elles dédiées comme gages d'affectueux souvenirs.

Déjà par ces liaisons Tampucci se rattache incidemment au mouvement romantique. Le poète en a les amertumes, les désespérances; il est touché par un bout de l'aile du vieux Temps de 1833.

L'âge, qui avait mis en rapport ces collégiens et le pauvre garçon de salle, eut pour effet plus tard de permettre à Tampucci de se rappeler au souvenir de Gérard et de Théophile.

Grâce à ce volume, on a un profil de Gautier, enfant blond, couvé sous les tendresses de la famille. La note tendre et émue des premières années d'adolescence, que n'a jamais fait vibrer l'auteur des *Jeune-France,* se trouve là seulement.

> Sur un sable doré ta vie, ô Théophile,
> Coule parmi des fleurs.

L'existence de son ancien camarade, fils d'un employé dans les douanes qui ne paraît avoir contrarié en rien la vocation du poète, semblait un paradis à Tampucci en comparaison de la sienne :

> Ta lèvre n'a jamais goûté l'absinthe amère
> Du morne désespoir.
> Près de toi sont tes sœurs ; un baiser de ta mère
> Clôt tes yeux chaque soir.

Qu'il y a loin de ce croquis d'enfant chéri au chef des bandes d'*Hernani !*

On entrevoit par les vers suivants de la même pièce que l'auteur
d'*Albertus* se souciait déjà bien plus d'un pourpoint rouge que
d'aspirations sociales. Il n'avait pas souffert.

> Théophile ! viendront des jours où dans ton âme
> Luira, n'en doute pas, une plus sainte flamme.
> L'humanité gémit et crie aux oppresseurs :
> Haine, opprobre ! Voilà la tâche du poète !

Vers peu éclatants, sages conseils qui ne répondaient en rien à la
nature factice que tout jeune Théophile Gautier semble s'être créée[1].

Avec Gérard le pauvre Tampucci se sentait plus à l'aise.
L'humoriste ouvrait au contraire la porte aux sensations intimes
dont son ami Théophile condamnait l'étalage. Gérard aimait et
épanchait ses rêves dans le cœur du pauvre Tampucci.

> Ton jeune cœur, brûlant de l'amour de la gloire,
> D'un autre amour aussi vient de sentir les feux ;
> Poursuis, Gérard, poursuis ! Qu'une double victoire
> Bientôt vienne combler tes désirs et mes vœux.

Et plus loin :

> Pourtant, quand, le front ceint d'une flamme si belle,
> D'un père par tes chants embellissant les jours,
> Et couvert de baisers d'une amante fidèle,
> Tu viendras me conter ta gloire et tes amours.
>
> . . . .

C'est bien là la camaraderie affectueuse de deux jeunes gens.
Gérard, sans morgue, sans prétentions littéraires, comme il le

---

1. À diverses reprises la critique reprocha au poète cette indifférence pour tout sentiment
humain. « Le poète ne doit pas geindre en public », me disait Théophile, plus sensible à ces
attaques qu'il n'en faisait montre.

Le masque flegmatique, que l'homme crut utile de porter dans la vie, finit par se coller à
son visage : il avait jeté tant de pierres sur ses sentiments qu'ils restèrent murés et incapables
de reparaître.

montra toute sa vie, avait déjà publié un certain nombre d'opus-
cules; sa traduction du *Faust* et des poètes allemands le mit hors
de pair. Il aimait quelque belle inconnue et faisait pénétrer un
rayon de poésie et d'amour dans l'âme du pauvre Tampucci en lui
confiant ses aspirations poétiques, les battements de son cœur.

POÉSIES

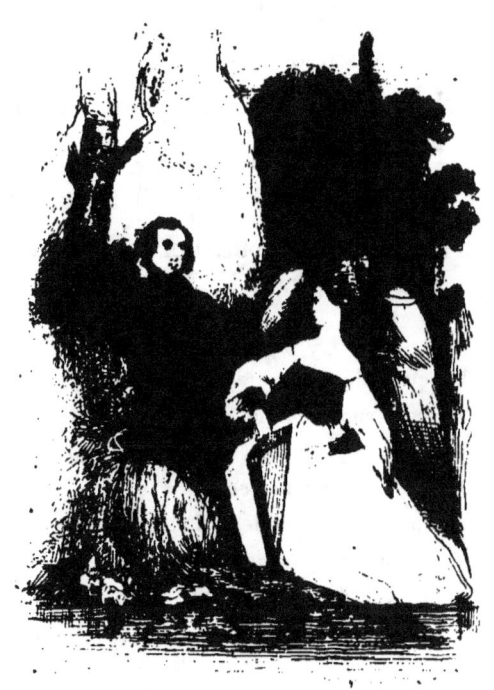

D'APRÈS L'EAU-FORTE DE CÉLESTIN NANTEUIL,
pour les *Poésies* d'Hippolyte Tampucci (1833).

Plein de tolérance, Gérard pouvait entendre les vers suivants
du garçon de salle sans se gendarmer :

Je chéris Casimir, j'admire Lamartine,
Je goûte de leur luth les sons mélodieux.

Deux vers qu'à aucun titre Théophile n'eût admis. L'enthousiasme pour Casimir Delavigne équivalait, vers 1833, à un brevet de cuistrerie impardonnable.

Le volume de *Poésies* de Tampucci contenait, il est vrai, une sorte de pièce romantique dédiée à Victor Hugo; mais au fond du cœur le garçon de salle du collège Charlemagne préférait certainement les cordes du « luth de Casimir », comme plus faciles à pincer.

Ce qui consacre toutefois Tampucci et lui donne place au second rang d'une bibliothèque d'ouvrages romantiques, c'est l'eau-forte de Célestin Nanteuil qui sert de frontispice au recueil, image étrange dans l'œuvre du graveur qui en laissa de si extraordinaires.

Une muse de Bohème, un des motifs favoris de l'artiste, est assise au bord d'un ruisseau, contemplant le sombre poète et ne demandant qu'à lui mettre en main sa cithare.

> Oh ! lorsque fatigué d'un travail sans honneur,
>   Souvent à ma main qui se lasse
> Échappe le balai; que le front en sueur
>   Je rêve, seul dans une classe,
> Ma poitrine se gonfle, et de mes pleurs amers
>   Je sens que ma joue est baignée,
> Que mon être grandit, qu'un Dieu parle, et mes vers
>   Jaillissent d'une âme indignée.

Combien dut être choqué de l'étalage de détails si bas d'un *geigneur* ulcéré Théophile Gautier à qui la pièce est dédiée! Aussi n'est-ce pas dans la dégradante attitude d'un balayeur de classe que Célestin Nanteuil représenta le poète : c'est en vêtements noirs, en cheveux noirs, avec une physionomie pâle que Tampucci écoute la muse bizarre, la même qu'on retrouve dans le frontispice des néo-romantiques les plus ardents.

L'eau-forte a pénétré trop profondément dans les habits de

Tampucci, dans le corsage de velours noir de la muse, ragoût de plus pour ceux qu'intéresse le « crevé » des morsures du cuivre : la physionomie du poète en sera plus mélancolique, la jupe de la muse de Bohême apparaîtra plus blanche; mais si Casimir Delavigne fut quelque peu étonné d'un si romanesque emploi de son luth, Gérard de Nerval et Théophile durent se féliciter de la vitalité toute de 1833, prêtée par leur ami le graveur à un recueil qui ne brillait pas par la hardiesse de la versification.

Hippolyte Tampucci était entré dans la vie sous le coup de circonstances trop défavorables pour tracer un sillon profond. Il se redressa pourtant et sacrifia de loin en loin au culte des muses. A dix-sept ans de là, devenu chef de bureau de la préfecture de la Marne, il publiait encore un volume de poésies[1]; mais le volume manquait de vignette et n'est-ce pas l'étrange frontispice de Célestin Nanteuil qui a conservé, dans le souvenir des bibliophiles, le nom du pauvre Tampucci?

1. *Quelques fleurs pour une couronne, poésies nouvelles.* 1847. In-12.

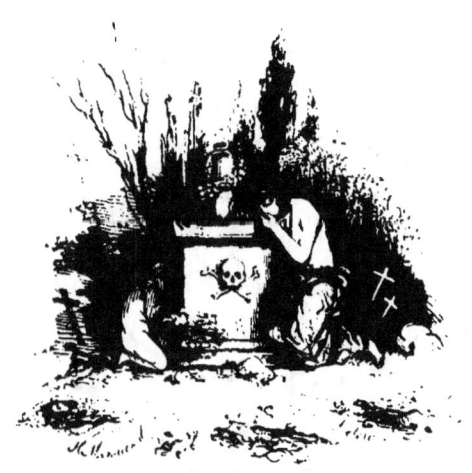

CHAPITRE XVII

En 1845, alors que s'agitait dans les bureaux de *l'Artiste* une bande gaie et tapageuse à laquelle Arsène Houssaye ouvrait les portes de sa Revue, je me rappelle un personnage mélancolique qui, debout devant la cheminée, parlait gravement.

C'était Pétrus Borel. Un nom éclatant des anciens jours pour cette folle jeunesse qui rimait et contait en chantant.

Pétrus Borel faisait partie du petit groupe d'écrivains : Théophile Gautier, Gérard de Nerval, Alphonse Esquiros, amis d'Arsène Houssaye ; mais, en même temps que ses anciens camarades, le directeur de *l'Artiste* avait su attirer à lui une jeune garde tant soit peu indisciplinée : Henry Murger, Charles Monselet, Baudelaire et bien d'autres, sans compter les poètes, presque aussi nombreux que les grains de sable de la mer.

Dans cette Revue qui, jusqu'en 1850, fut un salon ouvert l'après-midi aux impatiences des uns, à la sérénité des autres, les relations entre les anciens et les nouveaux furent de bonne camaraderie. Rien qui rappelât la malsaine influence des bureaux de rédaction de journaux : en plein quai Malaquais, dans l'hôtel Pellaprat, un des plus importants du quartier, au milieu d'une belle galerie du rez-de-chaussée dont les fenêtres s'ouvraient sur la Seine, arrivaient, pour causer plus que pour écrire, ceux qui avaient donné des gages à la littérature, ceux qui aspiraient à les imiter.

Ce fut là que j'aperçus une seconde fois Pétrus Borel dont

le nom retentissait à mes oreilles comme le son d'une trom-
pette. Pétrus Borel le lycanthrope, l'auteur de *Madame Putiphar*,
le biographe des croque-morts, le beau Pétrus Borel était de ces
personnages « fatals » qui s'imposent à la jeunesse et lui apparaissent avec le nimbe d'une réputation bizarre.

Il n'en était plus tout à fait ainsi en 1845. L'étrangeté du
poète s'était quelque peu décolorée aux yeux des astronomes
parisiens qui constatent les étoiles filantes du monde intellectuel.
Les *Rhapsodies*, les *Contes du Lycanthrope, Madame Putiphar*
elle-même, malgré son titre, n'avaient pu triompher de l'indifférence du public. A *l'Artiste* Pétrus Borel publiait des articles
tout à fait singuliers : un pastiche de Montaigne (Montaigne et
Pétrus Borel !!!), une étude sur *la Chaussure chez les anciens et
les modernes???* De tels sujets n'étonnaient plus. La signature
de l'écrivain devenait insuffisante pour faire passer ces caprices.

« La caisse de *l'Artiste,* a dit quelque part Monselet, était plus
bourrée de roses que d'écus. » Nous nous contentions volontiers,
nous jeunes, d'une poignée de roses, et quand un louis égaré,
extrait des profondeurs de cette caisse fantastique, nous permettait
d'aller nous ébattre, en compagnie de nos amies, sous les ombrages
d'Aulnay ou de l'île du Bas-Meudon, une si mince rémunération
n'était pas à la hauteur d'un personnage de la réputation de
Pétrus Borel; aussi disparut-il de cet endroit trop poétique pour
chercher sa vie dans la fondation de petits journaux : n'y trouvant
la gloire ni la fortune, il fut forcé d'accepter un poste au delà
des mers, dans l'administration de l'Algérie.

Tel je cherche à revoir dans l'ombre de mes vingt ans, de
mes lectures, de mes souvenirs, ce Pétrus Borel, forçant l'étrangeté pour dissimuler peu d'imagination, se présentant en « loup »
dans la civilisation, goguenard très travaillé, sans cesse en quête

de sujets étonnants, voulant attirer l'attention du public par son orthographe, n'écrivant toutefois qu'avec peine de bizarres récits en prose, poète jadis, dont les vers étaient hirsutes et martelés, à la tête autrefois d'un groupe d'artistes à tous crins qui avaient laissé leurs cheveux dans les mains de l'occasion. Une austère coiffure à la malcontent, une admirable barbe que jalousait Théophile Gautier, un habit noir boutonné sévèrement jusqu'au col, avec adjonctions à la Marat, avaient fait remarquer dans sa jeunesse l'homme par les Parisiens. Le plus clair de la réputation de Pétrus Borel n'était-il pas dû à un fameux portrait de Louis Boulanger, dont le modèle se profilait, noir et sérieux, sur le paysage, avec un vague reflet d'attitude à la Velasquez?

Les motifs particuliers au lycanthrope, les souvenirs de Morgue et de pompes funèbres déteignirent momentanément sur quelques débutants, Baudelaire et moi-même tout le premier. La jeunesse se regarde comme prodigieusement avancée de jouer avec les sujets macabres ; elle se donne pour très hardie et se complaît dans ce qu'elle croit une étrangeté, sans s'inquiéter de la somme de voulu, de peiné qui forment la trame de productions en apparence bizarres. Au début on ne goûte pas le charme du naturel, de la simplicité, dont la clarté et la transparence demandent plus d'études que de faciles oppositions de noir et de blanc et d'images ambitieuses.

Malgré ses efforts, Pétrus Borel ne fit pas école. Heureusement. Le jacobinisme qu'il invoque dans ses écrits et qui est tout de fantaisie, la liberté de Diogène que l'auteur des *Rhapsodies* réclame pour son art, les néologismes qu'il comptait mettre en circulation, les *racas* de Fracasse jetés à la hure des « flasques » et des « gavaches », tout cela put étonner un moment et servir de prétexte à des préfaces guerroyantes ; tout cela, sauf quelques

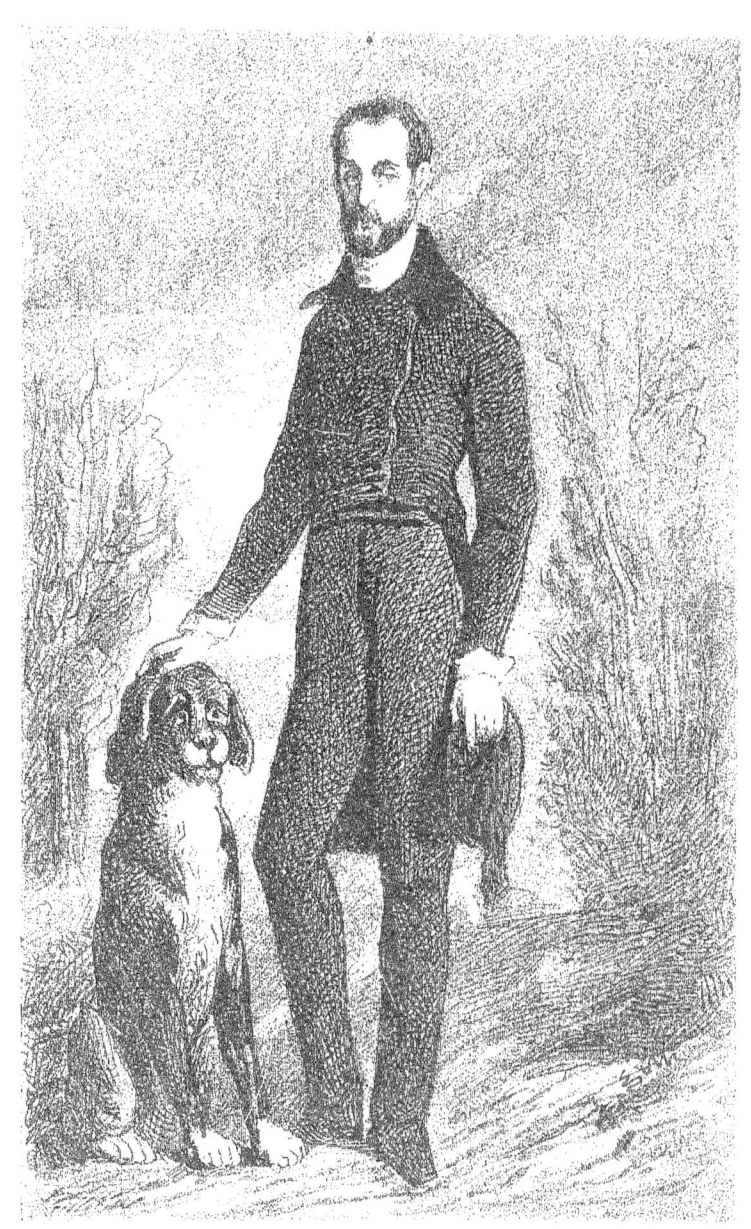

PÉTRUS BOREL,
par Louis Boulanger, d'après l'eau-forte de Célestin Nanteuil, 1876.

élans, quelques cocasseries, n'a guère plus de valeur aujourd'hui que les fameux « beaux vers frappés » par les auteurs de tragédies du premier empire.

Pétrus Borel, à bien chercher, a laissé quelques pages ; mais son œuvre, à cinquante ans de distance, ne me paraît pas viable. On peut réimprimer, pour répondre aux désirs de quelques bibliophiles attardés, certains de ses livres, devenus rares ; on ne les fera pas sortir du domaine de la « curiosité ».

Pétrus Borel n'en reste pas moins, physiquement, un spécimen très accentué du romantisme. Comédien habile, il s'était composé une tenue tout à fait particulière ; son masque avait été soigneusement travaillé dans le silence du cabinet avant de se profiler devant le public.

M. Jal rapporte dans son livre des *Causeries du Louvre*[1] qu'un certain Napoléon Thomas avait exposé au Salon de 1833 un portrait de Pétrus Borel ainsi costumé : « Gilet rouge, habit aux larges revers pointus, gants sang-royaliste, chapeau pointu, barbe et cheveux flottants. »

Ce merveilleux portrait excitait d'autant plus l'attention qu'il avait un *cadre tricolore!!!*

Il est fàcheux que la critique d'art n'ait pas été plus développée en 1833. A part la courte analyse donnée par M. Jal, je ne trouve pas de renseignements sur le portrait, et on peut en conclure que la peinture n'était pas à la hauteur de l'encadrement.

Ce Napoléon Thomas, chanté par l'auteur des *Rhapsodies* : « A toi, Napoléon Thom, le peintre, air, franchise, poignée de cœur soldatesque », était en réalité un crayonneur médiocre, peu digne de faire partie de la bande du Bouzingot. Les pauvres lithographies dont il a « orné » le volume de vers de Pétrus Borel

---

1. Jal. *Salon de 1833. Les Causeries du Louvre.* Paris, Gosselin, 1833, in-8°.

ne valent que par le thème qui lui a été dicté par le poète ; la
faiblesse de leur exécution fait comprendre comment Napoléon
Thomas, rangé au début parmi la bande des « cœurs de salpêtre »,
devint plus tard un ouvrier aux gages des marchands d'estampes
de la rue Saint-Jacques.

Aussi la seconde édition (fausse) des *Rhapsodies* fut-elle précédée d'un frontispice de Célestin Nanteuil ; dans cet encadrement,
plus digne du poème, tout grouilla avec des alternances de noir,
de blanc, d'anges, de démons, de gardes nationaux, de blagues à
tabac, de têtes de mort, enfin toute la salade qu'accommodait si
merveilleusement le graveur.

Une autre représentation fut donnée de Pétrus Borel par le
sculpteur Jehan Du Seigneur. A part le collet d'habit à la Marat,
ce n'est pas dans ce médaillon qu'il faut chercher le farouche
lycanthrope[1]. Le poète paya toutefois largement son sculpteur :
« A toi, Jehan Du Seigneur, le statuaire, beau et bon de cœur,
fier et courageux à l'œuvre, pourtant candide comme une jeune
fille. Courage ! Ta place serait belle : la France pour la première
fois aurait un statuaire français. »

Pétrus Borel ne paraît pas se rappeler qu'à cette même époque
David d'Angers modelait avec quelque puissance les médaillons
des forces intellectuelles de l'Europe ; mais David, quoique associé
avec les républicains, ne descendait pas jusqu'aux bouzingots. De
cœur avec les romantiques réellement puissants ses contemporains,
il négligea d'introduire dans son Panthéon le personnage

> Drapant sa souffrance secrète
> Sous les fiertés de son manteau.

---

1. De ce médaillon, M. Aglaüs Bouvenne a donné une lithographie tirée à quelques
exemplaires. Depuis, la Revue *le Livre*, dans le numéro d'avril 1882, a publié une bonne
reproduction du profil en relief de Pétrus Borel.

Et c'est ce qui me paraît expliquer comment Jehan Du Seigneur était appelé à fournir « pour la première fois » un statuaire à la France.

On peut dire que l'art a rendu de nombreux services à la réputation de Pétrus Borel. Au portrait de Louis Boulanger, au

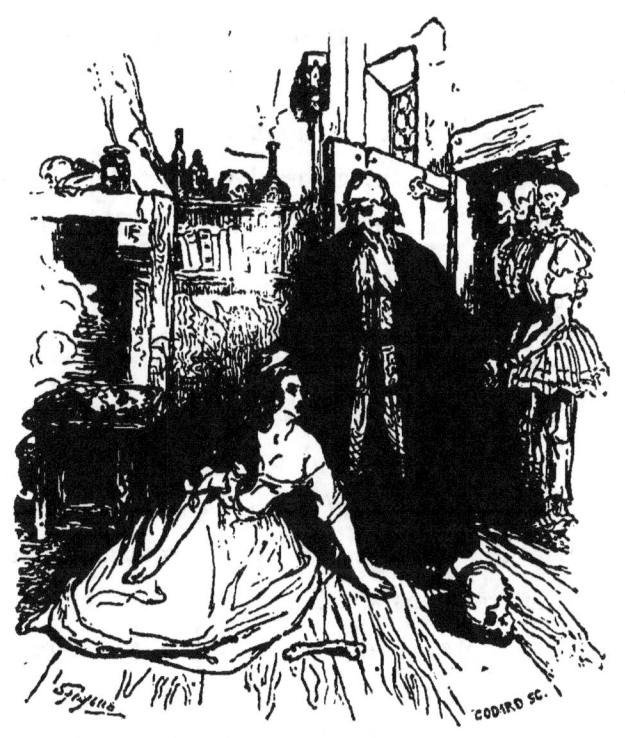

VIGNETTE DE GIGOUX,

pour *Champavert. Contes immoraux.* de Pétrus Borel (1833).

frontispice de Célestin Nanteuil, il faut joindre la vignette de Gigoux pour *Champavert.*

C'est une image à sensation qui donnerait la chair de poule si le conte de *Barbe-Bleue* n'existait pas. D'André Vésale, le grand chirurgien du XVIe siècle, Pétrus Borel fit le héros d'un de ses récits sous le nom d'Andrea Vesalius. Les galants de sa

20

femme, le chirurgien les tuait : par jalousie autant que par amour de la science, il se livrait sur eux à une dissection approfondie, et les squelettes bien préparés, rangés soigneusement dans une armoire, André Vésale les montrait à l'épouse coupable, qui elle-même devait à son tour être préparée anatomiquement. C'est la scène palpitante qu'a dessinée Gigoux.

Je ne veux pas perdre de temps à analyser l'œuvre de Pétrus Borel : la critique contemporaine a amassé les matériaux pour bien faire connaître l'œuvre et l'homme [1].

Un témoignage d'un contemporain ne doit cependant pas être négligé. Gabriel Laviron, rendant compte du *Champavert,* disait :

> Ce livre est d'une étrange vérité : vrai dans ses passions et ses meurtres, vrai dans sa philosophie désolée et son suicide athéiste, vrai dans son rire de crâne [2].

Voilà des mots de l'époque précieux à collectionner, car nous n'en trouverions pas de pareils dans les dictionnaires de 1880.

Si le *Champavert* est « *vrai dans son rire de crâne* », on n'en peut dire autant de *Madame Putiphar,* roman qui fut annoncé pendant plus de trois ans en librairie et dont l'enfantement fut laborieux; aussi, après une lecture de cette œuvre, le lecteur cherche-t-il le pourquoi du brouillard malsain qui pénètre et enveloppe son esprit, brouillard vraisemblablement produit par la fumée d'une lampe charbonneuse qui a éclairé les soucis d'un auteur se battant inutilement les flancs et se donnant tant de peine pour aboutir à si peu d'intérêt.

Il est un remède aux fâcheuses sensations causées par ce genre

---

1. Pour plus de développements touchant l'écrivain, on peut consulter : Asselineau, *Biblio-graphie romantique;* Baudelaire, *Réflexions sur quelques-uns de mes Contemporains* (Œuvres complètes. t. II), et surtout l'intéressant petit volume de J. Claretie, *Pétrus Borel le Lycan-thrope.* (In-18. 1865.

2. *L'Artiste,* 1833.

d'écrits. Jetez dans un coin la *Madame Putiphar* de Pétrus Borel,
et prenez en main un livre plein de calme et de science d'un
érudit, son homonyme, un de ses aïeux peut-être, le fameux traité
de Petrus Borellus : *De vero Telescopii inventore cum brevi
omnium conspiciliorum historia, accessit etiam centuria observationum microscopicarum* [1].

Pour rasséréner l'esprit des hommes, la science est toujours
prête à ouvrir sa porte à ceux qui veulent l'interroger sur les
mystères de la nature.

1. 1655. Portrait et figures.

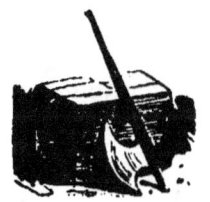

CHAPITRE XVIII

GÉRARD DE NERVAL

Qui évoque le souvenir de Gérard fait apparaître une personnalité délicate, la plus singulière peut-être de la période romantique. Ce n'est pas tant le bagage intellectuel laissé par le poète, qui forme son œuvre, qu'une vie toute de fantaisie, semée d'incidents et terminée par un drame mystérieux.

Gérard fut un des rares humoristes sincères d'un temps où la plupart des écrivains travaillaient leur bizarrerie et cherchaient à lui imprimer un voyant relief; plus naturel que ses camarades, loin de se donner en spectacle au public, Gérard rentrait dans sa coquille et s'intéressait seul au jeu de ses propres caprices. Ces tempéraments d'écrivains sont plus communs en Angleterre qu'en France, et leur nature laisse une telle empreinte dans leurs ouvrages que les Anglais les ont classés sous la rubrique d'*essayistes*. A personne plus qu'à Gérard le mot ne peut être appliqué : il voltigea de la satire au drame, du conte aux impressions de voyage et fut un véritable *essayiste* français.

Les dictionnaires le classeraient sous la rubrique de polygraphe; sans doute il le fut, ayant traité de sujets très opposés, mais sans s'y arrêter et en délimiter bien nettement le champ. Atteint de la papillonne commune aux humoristes, Gérard se rattacha tour à tour aux classiques, aux romantiques, aux réalistes. Aux uns et aux autres ce montreur de kaléidoscope donna certains gages; mais il courut trop vite après l'heure où le rêve devait l'emporter sur la vie, une existence décousue, des infiltrations qui se produisaient dans son cerveau ne lui permettant plus de veiller à l'équilibre de ses pensées.

Aussi une notice sur l'œuvre de Gérard est-elle difficile à écrire ; de jolis fragments, dignes d'être cités dans des dictionnaires de morceaux choisis de la littérature française, se pressent si abondants qu'ils semblent avoir écarté les critiques méthodiques ; il faut chercher les diverses sources où ont puisé ces écrivains non classés, montrer l'influence des milieux où ils vécurent, celle de leurs contemporains, de leur temps. J'essaie seulement une sorte d'esquisse, sans avoir d'autre prétention que de donner quelques traits d'après l'homme et son œuvre.

D'abord se cherchant vers 1825 [1], Gérard se trouva, par des liaisons de jeunesse, poussé vers le romantisme ; son camarade de classe au collège Charlemagne, Théophile Gautier, l'y entraîna d'autant plus facilement que le jeune homme était porté vers la littérature dramatique et qu'à cette époque le théâtre n'admettait que des personnalités jeunes et ardentes.

S'il est vrai qu'on doive à Gérard la fondation du *Monde dramatique,* là en effet, dans les trois premiers volumes de ce curieux recueil, on put voir, avec les aspirations des écrivains qui faisaient du théâtre le porte-voix bruyant du romantisme, une sorte de plan de dramaturgie internationale, reliant les principaux auteurs de l'étranger à ceux de la France et éclairant la critique par des vignettes dues aux artistes à la tête du mouvement.

Ce fut une note bien particulière de Gérard, qui des grandes épopées de l'Inde passait au *Faust* de Gœthe et trouvait dans ces

1. « Gérard de Nerval avait publié sous la Restauration des poésies nationales et napoléoniennes qu'il ne voulait pas qu'on lût, déclarant tout le premier que c'était du *poncif*. » (*Lettre inédite de Philothée O'Neddy sur le groupe littéraire romantique dit des bouzingots*. Paris. 1875. In-8.)

drames un élément à son esprit chercheur; aussi, vingt-cinq ans plus tard, l'écrivain, retrouvant dans le foyer de son esprit des charbons qui ne s'étaient pas éteints, faisait représenter le *Chariot d'enfant* du roi Soudraka, de même que dans *l'Imagier de Harlem* il cousait des ressouvenirs du *Faust* de Gœthe.

Ceux qui seraient tentés d'étudier Gérard dans ce courant de drames ambitieux auraient une idée tout à fait fausse de l'humoriste. A la fin de la Restauration on l'entrevoit libéral (mais tous les Parisiens l'étaient et même à demi carbonari). A quelques années de là, devenu tout à fait anti-académique, Gérard, introduit dans la bande des bouzingots, s'efforça de pousser un cri de guerre terrible, le cri d'un homme timide[1].

De son véritable nom il s'appelait Gérard Labrunie[2]. Pour ne pas choquer son père, vieux médecin que la vie de bohème effarouchait, le poète prit le pseudonyme de Gérard *de Nerval,* un nom qui semble appartenir à un héros des romans de Mme Sophie Gay, et il fallut tout le talent de l'homme pour faire oublier cette appellation qui convient plutôt à un élégant de 1825 en culotte à demi collante et en spencer.

Timide dans la vie, Gérard offrait une certaine résistance intérieure, et quoiqu'il vécût en pleine camaraderie avec la bande de Pétrus Borel et qu'il fût admis à l'honneur suprême de fournir une épigraphe au tapageur volume des *Rhapsodies,* Gérard appartenait à la littérature claire, obtenant des effets plus par le sentiment que par une palette chargée de couleurs. Ses amis

---

1. Sur les mots *Bouzingotisme, Bouzingot* ou *Bouzingo,* voir *Lettre inédite de Philothée O'Neddy,* citée plus haut.

2. Dans un catalogue de la librairie Renduel sont annoncées comme devant paraître « prochainement » les *Aventures d'un gentilhomme périgourdin,* par Théophile Gautier et Gérard Labrunie : c'est la seule publication à ma connaissance que l'humoriste signa de son nom véritable, et elle ne parut pas.

pouvaient à leur aise rivaliser avec l'art secondaire de la peinture ;
lui se contentait de presser doucement son cœur pour en faire
jaillir de tendres souvenirs.

La génération de jeunes gens qui entra dans les lettres au
demi-siècle entrevit un Gérard à peu près inconnu jusque-là, un

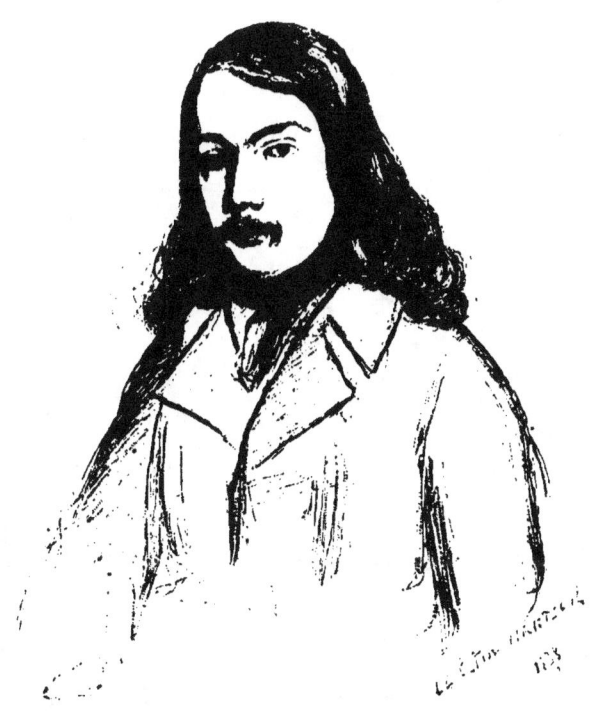

THÉOPHILE GAUTIER,
d'après un crayon de Célestin Nanteuil (1838).

voyageur sentimental qui, ayant vécu quelques mois à Constantinople, voulait bien étudier les hommes, les femmes, les mœurs,
sans trop se soucier de descriptions de monuments, de vieux murs,
de ciels et d'horizons.

Il y aurait un parallèle curieux à établir entre lui et Théophile
Gautier. En tout et sur tout ils différaient absolument ; c'est ce
qui explique peut-être leur liaison. Gautier a l'impassibilité d'un

Oriental; on le voit, calme, accroupi sur un divan, détaillant sa
littérature comme s'il vendait des ouvrages en filigrane, d'une
excellente fabrique d'ailleurs; Gérard toujours remuant, un sourire
dans des yeux clignotants, rêvant à mille petites chimères; Gautier
tout à fait indifférent en politique, s'en vantant et recouvrant de
paradoxes son scepticisme; Gérard quelque peu républicain et tout
fier de le dire :

« Je me souviens, m'écrivait-il à la suite d'un assez pauvre
article que tout jeune j'avais publié sur *les Scènes de la vie
orientale*, que la salle de la Porte-Saint-Martin croulait d'applau-
dissements quand, au deuxième acte de *Léo Burckart*, un des
étudiants conspirateurs s'écriait : Les rois s'en vont!... Je les
pousse.... »

Les jeunes gens sont très fiers de se poser en conspirateurs
et de paraître jouer leur tête. Le bon Gérard s'en contait quelque
peu à lui-même; mais il était à la fois sous le coup de l'admiration des *Brigands* de Schiller et peut-être des courants réels
de légitime revendication de ses droits qui remuaient toute la
France d'alors.

On a vu dans le chapitre sur Tampucci que Gérard lui confiait
ses amours. Dans le volume intitulé *les Filles du feu*[1], quelques
ressouvenirs de jeunesse, quelques profils de jeunes filles donnent
à penser que Gérard avait laissé, dans les campagnes du Valois
où il avait été élevé, des compagnes, des amies d'enfance à qui
depuis il n'osa jamais déclarer les tendres sentiments qu'il éprouvait pour elles. Il a dessiné dans cet ordre d'idées d'aimables
pastels pleins de douceur, qui sont obtenus avec rien : la légèreté
de touche de ces portraits n'indique-t-elle pas le peu de profon-
deur de ces amours de jeunesse? Le fond de ces esquisses en est

1. Paris, Giraud. In-18. 1854.

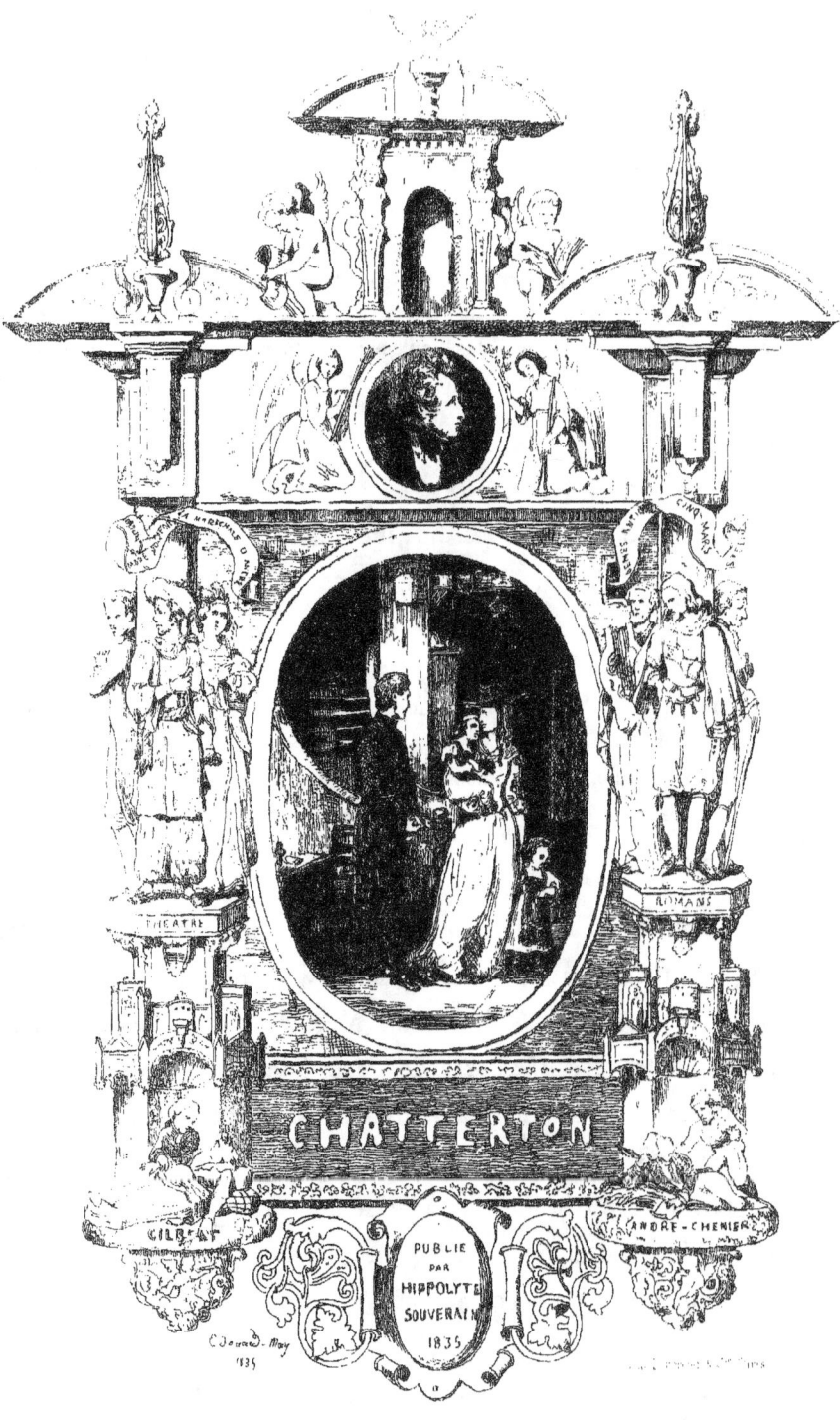

CHATTERTON

PUBLIE
PAR
HIPPOLYTE
SOUVERAIN
1835

FAC-SIMILÉ D'UNE EAU-FORTE D'ÉDOUARD MAY

coloré d'autant : villages, grandes routes de Picardie, jusqu'aux arbres eux-mêmes.

C'est le jour des Morts que je vous écris ; — pardon de ces idées mélancoliques. Arrivé à Senlis la veille, j'ai passé par les paysages les plus beaux et les plus tristes qu'on puisse voir dans cette saison. La teinte rougeâtre des chênes et des trembles sur le vert foncé des gazons, les troncs blancs des bouleaux se détachant du milieu des bruyères et des broussailles, — et surtout la majestueuse longueur de cette route de Flandre, qui s'élève parfois de façon à vous faire admirer un vaste horizon de forêts brumeuses, tout cela m'avait porté à la rêverie.

Il semble que Gérard craigne que sa note ne soit trop mélancolique. En habile musicien, il passe aussitôt du mineur au majeur.

En arrivant à Senlis, j'ai vu la ville en fête. Les cloches — dont Rousseau aimait tant le son lointain, — résonnaient de tous côtés ; les jeunes filles se promenaient par compagnies dans la ville, ou se tenaient devant les portes en souriant et caquetant. Je ne sais si je suis victime d'une illusion : je n'ai pu rencontrer encore une fille laide à Senlis ![1].....

Mais combien les portraits des jeunes filles des *Confessions* de Jean-Jacques sont plus affirmés ! A la netteté des images, on voit combien le Génevois sentait plus vivement, plus sensuellement. C'est à travers une sorte de gaze, jaunie par vingt ans, que Gérard dessine ses pastels d'amoureuses plus entrevues que réellement aimées. Grétry parle quelque part du singulier assemblage que produiraient un homme et une femme aussi réservés l'un que l'autre. Ce fut le cas de Gérard ; cependant ses amours de Paris contribuèrent jusqu'à un certain point à former la légende qui est restée.

Dans sa jeunesse, le poète avait été vivement épris de Jenny

---

1. *Angélique*, nouvelle des *Filles du feu*, 1854.

Colon, une actrice du théâtre des Variétés. Ce fut encore une sorte de passion de collégien, c'est-à-dire une de ces passions discrètes d'autant plus intenses qu'elles ne trouvent pas jour à s'exprimer. Gérard aurait pu passer toutes ses soirées à l'orchestre des Variétés sans faire comprendre sa flamme à celle qui en était l'objet.

Jenny Colon, à s'en rapporter aux portraits dessinés d'après elle, était une blonde assez étoffée, vraisemblablement une aimable créature qui ne se fût pas montrée trop farouche pour le soupirant.

Le conteur a retracé lui-même ses sensations d'amoureux :

Je sortais d'un théâtre où tous les soirs je paraissais aux avant-scènes en grande tenue de soupirant..... Indifférent au spectacle de la salle, celui du théâtre ne m'arrêtait guère, — excepté lorsqu'à la seconde ou à la troisième scène d'un maussade chef-d'œuvre d'alors, une apparition bien connue illuminait l'espace vide, rendant la vie d'un souffle et d'un mot à ces vaines figures qui m'entouraient.

Je me sentais vivre en elle, et elle vivait pour moi seul. Son sourire me remplissait d'une béatitude infinie; la vibration de sa voix si douce et cependant fortement timbrée me faisait tressaillir de joie et d'amour. Elle avait pour moi toutes les perfections, elle répondait à tous mes enthousiasmes, à tous mes caprices, — belle comme le jour aux feux de la rampe qui l'éclairait d'en bas, pâle comme la nuit quand la rampe baissée la laissait éclairée d'en haut sous les rayons du lustre et la montrait plus naturelle, brillant dans l'ombre de sa seule beauté, comme les Heures divines qui se découpent, avec une étoile au front, sur les fonds bruns des fresques d'Herculanum!

Gérard entretenait ses amis de ses ardeurs, ce que voyant Alexandre Dumas essaya de les apaiser en faisant écrire au poète un *libretto* pour l'actrice qui venait de débuter à l'Opéra-Comique. Présenté à Jenny Colon, Gérard ne fut pas mal reçu, et, pour donner à la divinité une idée avantageuse du luxe qui l'attendait, l'écrivain se mit à la recherche d'un autel des plus magnifiques, c'est-à-dire d'un lit flamand à colonnes torses supportant des bas - reliefs finement ouvragés. On n'eût pas trouvé de couche plus somptueuse à l'hôtel Cluny; elle était large à tenir la moitié de l'appartement du poète; des bonnes grâces en soie ponceau et des rideaux merveilleux en faisaient une chambre mystérieuse où la blonde Jenny Colon pouvait se regarder comme une princesse de Brabant.

On a dit que le lit resta vierge et que Gérard en fut pour ses prodigalités d'ameublement. L'homme était par trop réservé en amour, non pas ce qu'on appelle familièrement « amoureux transi », mais trop sensitif et n'osant pousser sa pointe. La femme était pour le poète un idéal qu'il ne caressait qu'en pensée. Ce qui explique bien des choses; mais avant d'arriver à en donner la clef, il faut pénétrer plus avant dans la vie littéraire de l'humoriste.

Gérard avait besoin d'amis, de soutiens; il fallait des tuteurs pour appuyer les fleurs de son imagination. Avec Alexandre Dumas il entreprit le libretto de *Piquillo* pour Hippolyte Monpou et surtout pour Jenny Colon; mais il était de nature à rester tapi dans l'ombre d'une loge et à ne manifester sa qualité d'auteur par aucunes familiarités avec les comédiens.

Méry lui ouvrit toutes grandes les portes de l'Odéon et de la Porte-Saint-Martin, sans que l'adaptation du drame du roi Soudraka et la légende de Gutenberg contribuassent fortement à sa réputation. Gérard se sentait plus dans son élément en collaborant au feuilleton dramatique de Théophile Gautier. Longtemps ils signèrent G. G. le feuilleton de *la Presse*, pour faire pendant aux fameuses initiales J. J. du *Journal des Débats ;* mais, quand Théophile porta seul le sceptre de la critique dramatique, Gérard demeura à l'état de « critique blond », c'est-à-dire de collaborateur dévoué qui court les petits théâtres, fait fonctions d'intérim et tient l'emploi obscur de second chef d'orchestre.

Une longue et durable amitié se perpétua pendant bien des années entre Théophile et Gérard. Ce fut plus tard seulement que celui-ci, ayant achevé de manger l'héritage de son père, devint écrivain de profession, non par vanité, mais pour vivre de sa plume. Il avait semé de côté et d'autre, dans des Revues et des journaux, divers Contes et esquisses biographiques. Il les relia de son mieux

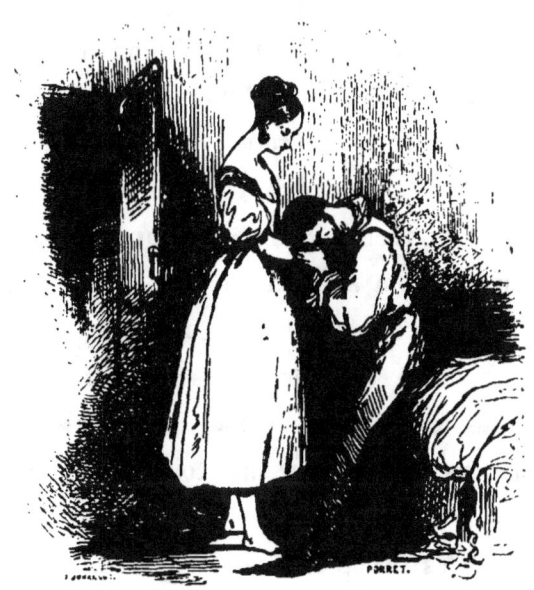

VIGNETTE DE TONY JOHANNOT,
pour *Sous les Tilleuls*, d'Alphonse Karr (1832).

pour en faire des volumes. Aux ouvrages cités plus haut, il convient d'ajouter *les Illuminés, Lorely, Souvenirs d'Allemagne*, etc.

Tous contiennent des pages émues, de fines observations, des détails qui, je l'ai dit, témoignent d'un écrivain délicat; mais ils étaient insuffisants pour le gros public qui veut être remué et colleté. Qu'est-ce que le merveilleux sonnet de Félix Arvers? Qu'est-ce que le *Gaspard de la Nuit*, d'Aloysius Bertrand? Qu'est-ce que *la Vieille Tasse de porcelaine* de Charles Lamb pour un public goulu :

Aussi ces·intelligences délicates, de nature déjà fragile, reçoivent de tels chocs dans la civilisation qu'une fissure se produit fatalement dans leur cerveau.

S'occupant de menus détails qu'ils enjolivent sans cesse de broderies, ces humoristes ont la conscience de ne pouvoir les servir qu'à un nombre très restreint de gourmets. Ils comprennent la force; mais le fracas qu'elle produit les rend encore plus réservés. Gérard se comparant à Alexandre Dumas devait se regarder comme un vermisseau ; il savait les rudes poussées qu'il faut imprimer à la foule pour s'y faire un trou; il avait touché l'énorme porte-voix à l'aide duquel un homme, pour devenir célèbre, doit sans cesse crier son nom aux masses. De là bien des haltes dans les petits sentiers parcourus par les essayistes, bien des regards intérieurs affligés, bien des plongeons inutiles et dangereux. Et l'existence de tous les jours se dresse impitoyable pour ces douces créatures venues au monde avec une toison de brebis quand une peau de lion est à peine suffisante !

Vient l'âge où les déceptions contraignent ces hommes restés enfants à vivre solitaires, car ils ont la délicatesse de ne rien demander aux autres; c'est alors que, succédant aux blondes willis, de méchantes fées les entraînent dans des chemins semés de fondrières.

J'ai beaucoup fréquenté Gérard à l'époque où se produisirent fatalement ces difficultés. Quoique ses bizarreries fussent d'accord avec une vie de noctambule, des absences prolongées hors de Paris et mille caprices auxquels les plus intimes du poète ne prenaient pas garde, des excentricités un peu trop marquées obligèrent de faire entrer l'humoriste dans une maison de santé.

Au début on me permit de le faire sortir pour le distraire;
mais diverses journées passées en compagnie de Gérard me rendaient inquiet.

Il me contait que quelques jours auparavant, passant près du
bassin des Tuileries, il vit les poissons rouges le saluer et faire
assaut de politesse pour l'engager à les suivre. « La reine de
Saba t'attend », disaient-ils. Le poète, très flatté de la passion de

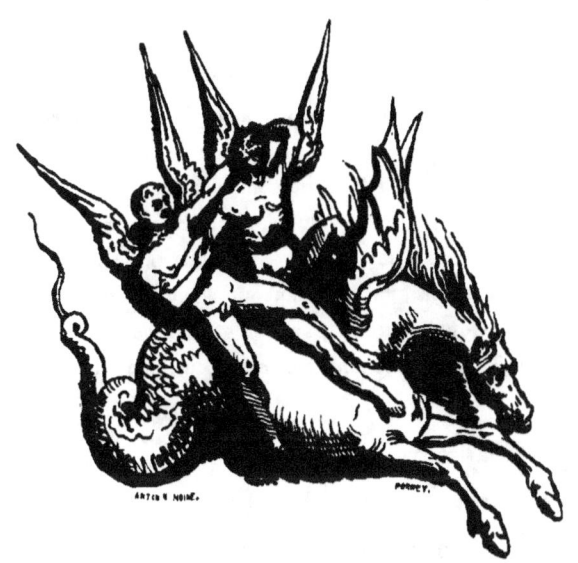

LE LUTIN, D'APRÈS UN BAS-RELIEF D'ANTONIN MOINE.
Vignette du *Salon de 1831*, de Gustave Planche.

cette souveraine dont lui faisaient part ses émissaires les poissons
rouges, ne crut pas toutefois devoir accepter le rendez-vous de la
reine de Saba. — « J'ai craint, me disait-il, de blesser la vanité
de Salomon. »

Cette histoire, quoique rehaussée d'un sourire demi-sceptique,
annonçait déjà un esprit en relations trop suivies avec les mandragores.

Gérard avait toujours eu un faible pour le surnaturel. Il tenait *le Diable amoureux* pour une histoire qui ne manquait pas de réalité ; sa notice intéressante sur Cazotte montre que les kabbalistes, les hermétiques et les alchimistes étaient pour lui des voyants raisonnables auprès desquels ceux qui ne s'intéressent qu'aux faits et aux choses de la vie sont des êtres vulgaires, doués seulement des cinq sens habituels.

Gérard en était arrivé à l'état de Charles Lamb, l'humoriste anglais, avec lequel il avait plus d'un point de ressemblance.

Les deux dernières semaines qui ont fini l'année dernière, écrivait Charles Lamb à son ami Coleridge, votre très humble serviteur les a passées fort agréablement dans une maison de fous à Hoxton. Je suis devenu maintenant un peu plus raisonnable et je ne mords personne, mais j'étais fou et mon imagination m'a entraîné dans une multitude de divagations de quoi faire un volume, si on les contait....

Parfois, ajoute Lamb, je jette en arrière, sur l'état où je me suis trouvé, un regard d'envie, car, tant qu'il a duré, j'ai eu beaucoup d'heures de pur bonheur. Ne croyez pas, Coleridge, avoir goûté toute la grandeur et tout l'emportement de la fantaisie si vous n'avez été fou. Tout, maintenant, me semble insipide en comparaison.

J'ai rapporté ailleurs, avec trop de détails, les phases de l'état de Gérard pour revenir sur cette correspondance douloureuse dans laquelle le poète montre que, même en se livrant aux actes les plus extravagants, il avait toujours au dedans de lui un observateur curieux, un second *moi* plus raisonnable qui notait ces bizarreries et s'en repentait [1].

L'œuvre de l'homme, tout incomplète qu'elle soit, offre un charme pour ceux qui savent admirer une belle page, une sensation fraîchement exprimée, une silhouette de jeune fille à sa fenêtre, un souffle de nature senti et rendu sincèrement.

On a beaucoup disserté sur la mort mystérieuse de l'humoriste :

---

[1]. « Le cerveau étant double dans tous ses organes, dit Gall, un homme peut être aliéné d'un côté, sain de l'autre, et observer sa folie. »

quelques-uns veulent voir en Gérard une victime d'un guet-apens nocturne. La physiologie suffit pour tirer des conséquences certaines de la vie et des actes du poète, et le sculpteur Préault a, dans un mot très enveloppé, fait bien comprendre l'état pathologique de l'homme qu'il connaissait bien : « Gérard, disait-il, a trop sacrifié à sa ressemblance sur les autels de l'illusion. »

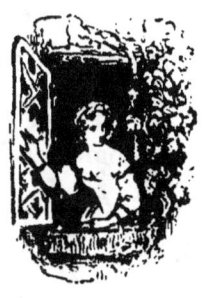

CHAPITRE XIX

ÉMILE CABANON

Celui-là, Émile Cabanon, est l'écrivain réellement humoristique de 1834; non pas que les gens d'esprit fissent défaut à cette époque; mais l'absolue croyance imposée aux disciples de l'école romantique, leur embrigadement, le zèle dont ils devaient faire preuve pour défendre la doctrine, gênaient ceux qui sentaient poindre en eux une personnalité quelque peu railleuse.

Cabanon n'appartint donc en rien aux moyen-âgistes, aux tortureurs de femmes, aux échevelés. Les bosquets de Trianon, la galanterie, l'élégance, sont la toile de fond sur laquelle se détachent une Cydalise, un Julio dans le *Roman pour les cuisinières*.

En 1834, quelques esprits commençaient à se fatiguer du roman historique, des truands, des orgies de mauvais lieux; le placage des mots recueillis dans d'anciens glossaires par les sectateurs du moyen âge ne semblait guère plus solide que les coquillages fixés à des boîtes à l'aide de la colle forte. D'un bond certains novateurs sautèrent du xııᵉ au xvıııᵉ siècle. Peu après Théophile Gautier, Cabanon franchit ce large espace, et de même que l'auteur des *Romans goguenards*[1], il faisait preuve d'une certaine ironie à l'endroit de la phraséologie habituelle des romanciers ses contemporains.

J'ai plongé mes mains dans l'or, mes bras dans l'or et j'ai joui. Oh! oui, j'ai eu des bonheurs qui auraient dû me tuer, frêle que je suis. Je puis dire que j'ai vécu, moi! que j'ai été heureux, moi! que j'ai eu de tout, moi! Je puis me permettre d'être blasé, moi!

1. La première édition des *Jeune-France, romans goguenards,* est de 1833.

Un tel redoublement de *moi* ne se produit pas sans malice.

C'est habituellement dans les préfaces que les écrivains mettent leur âme à nu et laissent percer leurs secrets sentiments. « Arrivé au bout de ma première page, écrit Cabanon, je ne sais encore si je dois conter ou dramatiser l'histoire véritable dont j'ai résolu de gracieuser le public. »

Gracieuser le public est peut-être d'une langue tant soit peu précieuse; mais Cabanon est-il sincère lorsque, se posant en néologiste sans vergogne, il entreprend de faire passer l'adverbe *avunculairement* dans la langue?

« Que Lucifer m'enrhume, s'écrie-t-il, si je sais à quoi me résoudre ! » Cette apostrophe au dieu des enfers par quelque « escholier » eût été en situation employée par l'auteur de *l'Hôtel du Petau-Diable ;* mais Cabanon est de ces êtres narquois d'autant plus récréatifs qu'ils n'ont pas l'air de railler ; aussi, pour n'en pas être la victime, ai-je étudié attentivement son héros, Julio de Clémantine, dans ses attitudes familières, dans son costume, dans son langage et même dans son mobilier.

La physionomie de Julio est illuminée par « un regard plein de feu et de suavité, d'homme vendu au diable ». Un peu usée la caractéristique du personnage qui a fait un pacte avec Satan; mais le regard *plein de feu et de suavité* ne relève-t-il pas le poncif?

Si on s'attache aux vêtements on trouvera que « le costume de Julio était d'une rare simplicité; il portait une robe de chambre en cachemire orange, un gilet de satin mauve et un pantalon du matin en velours vert ». Cabanon se moque évidemment à la fois de ses lecteurs et de son héros qu'il habille en perroquet; sur la tête de Julio était posé « un bonnet grec en brocart d'argent », coiffure qui empêche d'admettre avec l'auteur que le costume du héros était « d'une rare simplicité ».

Passons au langage de Julio :

— Je n'ai jamais, dit-il, su compter en rien : ni en amour, ni en finances. Mon
intendant et mon alcôve peuvent me tromper aisément.

— Fat et fou ! répond un de ses compagnons.

— Fat parce que je suis fou, et fou parce que je suis fat.

Voilà une piquante danse de mots qui me paraît railler les
procédés de dialogues des personnages de drames chers à Alexandre
Dumas.

En étudiant le mobilier du personnage je constate, d'après
Cabanon, que « Julio de Clémantine se tenait à la renverse dans
un de ces fauteuils gothiques dont on s'est ressouvenu de nos
jours avec tant de bonheur ».

Avec tant de bonheur! Hum!

Passant des détails à l'ensemble du *Roman pour les cuisinières*,
j'avoue qu'après l'avoir relu à des époques différentes, une sensation assez semblable à celle que laisse *le Diable amoureux* de
Cazotte m'est restée dans l'esprit. Sensation qui tient de celle
d'un songe agréable, d'un nuage bizarrement coloré au lever du
soleil et dont on ne peut fixer la description sur le papier. Certains détails paraissent ingénieux, d'autres charmants; des hardiesses de situation ont été remarquées. Fermez le livre. Cherchez
à vous rappeler les qualités; tout est envolé comme à la suite
d'un rêve.

La vignette de Camille Rogier, qui sert de frontispice au
roman, est plus visible.

Quelques heures après, Cydalise se réveilla en sursaut. Son premier mouvement,
aussi rapide que sa pensée, fut de s'assurer si elle était seule dans le lit. Tranquille
sur ce point, elle tourna la tête vers Julio. Le paisible jeune homme, à demi vêtu,
dormait dans son fauteuil d'un honnête sommeil. Il était beau à voir; elle s'amusa à le
regarder.

Ne me demandez pas de faire subir aux images romantiques un système quelconque de pédagogie; elles sont aimables, galantes, bien dans l'esprit de l'époque et elles font pressentir ce qui va se passer, car un beau jeune homme, en l'année 1834, ne pouvait rester ainsi tranquille toute une nuit dans un fauteuil, près du lit occupé par une jolie créature.

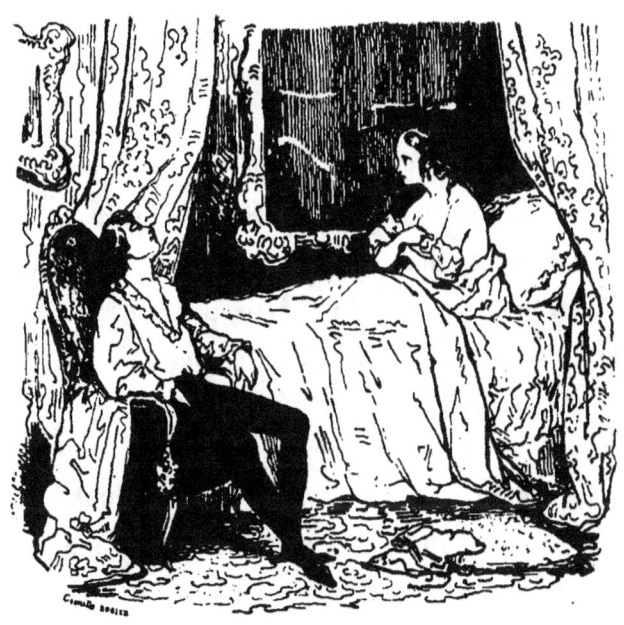

VIGNETTE DE CAMILLE ROGIER.

Frontispice d'Un Roman pour les cuisinières, d'Émile Cabanon (1834).

La pensée et la vue de Cydalise se promenaient ainsi depuis quelques instants quand Julio ouvrit les yeux.

— J'ai froid, dit-il; un peu de place, veux-tu ?

Agile et souple comme un serpent, Julio se glissa à son côté et la remercia dans une modeste étreinte.

Le mot de la fin est joli; mais cette situation, si délicatement exprimée, pouvait-elle être comprise par la classe de personnes auxquelles Cabanon prétendait s'adresser ?

C'est là qu'éclate la précieuse liberté de l'école romantique. L'éditeur Renduel fut vraisemblablement étonné quand l'auteur lui apporta le manuscrit : *Un Roman pour les cuisinières;* il se laissa aller et inscrivit le titre sur son catalogue, à côté des *Paroles d'un croyant*[1], sans demander de concessions au romancier : bien différent en cela de Michel Lévy qui, s'imaginant un jour que les écrivains n'ont pas le génie des titres, fit confectionner par un de ses commis une longue pancarte de titres à effet que chaque écrivain devait endosser, s'il voulait percevoir sa part des trésors que le généreux éditeur faisait miroiter à ses yeux.

Aussi bien Cabanon ne mentait pas à son titre. Lorsque l'auteur a bien joué en compagnie de Cydalise et de Julio, qu'il les a fait promener tout le long du roman, pendant trois cents pages, en se tenant les discours les plus galants, il termine par un dénouement imprévu.

Julio de Clémantine ayant hérité d'un oncle (c'est ici que se place le fameux mot *avunculairement)* oublie Cydalise, entre dans la garde nationale, combine une existence tout à fait pot-au-feu et cherche la meilleure combinaison pour accommoder les Cailles à la Clémantine. Après l'avoir longuement méditée, il en donne la recette.

Prenez des Cailles Vives, fourrées et Dodues, vous les étranglez au Lacet — et les pendez à l'office Pendant vingt-quatre heures ; — Vous les videz complètement. — D'un foie d'oie partagé en six parties — prenez un Morceau plus ou moins — vous le piquez d'aiguillettes fort déliées de Jambon cru et le chevillez de pistaches taillées exprès ; — Vous saupoudrez d'un mélange bien fin de Sel de persil Volatile et de Cannelle, mais en très petite quantité, et vous introduisez cet œuf Artificiel dans l'estomac du Sujet — en bouchant l'orifice par quelques raisins de Corinthe, etc.

1. La première édition des *Paroles d'un croyant*, par l'abbé de Lamennais, parut à la librairie Renduel en 1833.

L'accommodement de Cailles à la Clémantine se poursuit ainsi pendant deux pages. Ce dénouement fantasque de l'auteur parut même si considérable qu'un critique du temps appelait le romancier : « Cabanon de Bicêtre ». Surnom injuste, car *le Roman pour les cuisinières* est resté amusant en 1882, c'est-à-dire après quarante-huit ans. L'éternité pour les romans !

A comparer ce livre aux *Jeune-France* de Théophile Gautier, l'œuvre de Cabanon se fait remarquer par un laisser-aller qui ne fut pas le principal lot du poète-feuilletoniste. Cabanon se laisse entraîner au courant de son humour sans l'appesantir par les touches empâtées du styliste trop appliqué qui, n'ayant pas la plaisanterie légère, la remplaçait par quelque cocasserie travaillée.

Il faut n'avoir rien à demander au public, rien à attendre des lecteurs, pour se permettre de semblables *hoax;* aussi Cabanon ne laissa-t-il qu'un volume. C'est beaucoup. N'est-ce pas avec une sympathie toute particulière que le bibliophile se trouve en face du créateur d'un seul volume? Si peu qu'elle compte, l'œuvre a grande chance de tenir sa place sur les rayons d'une bibliothèque. C'est à côté de Lassailly, de Théophile de Ferrière qu'Émile Cabanon doit occuper un rang. Une collection romantique est incomplète qui ne fait pas marcher *Un Roman pour les cuisinières* avec *les Roueries de Trialph* et *les Contes de Samuel Bach.*

La vie de Cabanon est restée ignorée comme celle des grands génies. On dit qu'il fut rédacteur du *Corsaire;* il écrivit quelques articles pour *le Journal des Enfants.* Asselineau, dans sa *Bibliographie romantique*, le pose en mystificateur, sans citer aucun trait caractéristique. Sur la naissance de l'humoriste rien ; rien sur sa mort. Aucuns détails sur le groupe auquel il appartenait.

Ce que fut Émile Cabanon dans la vie parisienne, on s'en

est inquiété médiocrement jusqu'ici, son passage dans la littérature ayant été par trop intermittent. L'humoriste menaçait de se perdre dans l'ombre à laquelle tant de gens d'esprit sont condamnés; mais un chercheur n'a besoin que de dire : *je veux*, et sa volonté est exaucée.

La publication dans une Revue d'un premier essai[1] sur l'auteur d'*Un Roman pour les cuisinières* eut pour résultat de me faire entrer en relations avec l'artiste qui en avait dessiné le galant frontispice, Camille Rogier. Le peintre avait été l'un des compagnons de jeunesse de Cabanon; il ne demandait pas mieux que d'ouvrir pour moi son tiroir aux souvenirs; toute une après-midi se passa en récits et en questions sur la vie et la mort de l'homme.

Je me suis bien gardé de dramatiser, j'ai écrit pour ainsi dire sous la dictée de l'artiste, certain que la réalité est la forme essentielle en matière biographique.

Émile Cabanon, fils d'un commissionnaire en soieries du Midi, naquit peut-être à Paris : il y a là un point de doute; en tout cas il y fut élevé très jeune. Tout d'un coup on le voit apparaître sur le boulevard de Gand, jeune, non pas précisément joli garçon, mais des yeux pleins d'esprit. Comme Cabanon contait avec agrément, avec un regard pétillant de malice, qu'il débutait en coureur d'aventures de femmes, le jeune homme fut admis tout de suite dans le monde des fondateurs de journaux : Bohain, Émile de Girardin, et dans celui des habitués de Tortoni et du balcon de l'Opéra : Lautour-Mézeray, Nestor Roqueplan, Alphonse Royer, qui se piquaient plus d'être des gens d'esprit que des gens de lettres.

Dès lors la vie de Cabanon se composa de plaisantes mystifications et de pourchasse d'agréables créatures.

1. Livraison de décembre 1880 de la Revue *le Livre*.

Servi par une faculté particulière, le nouveau venu parodiait sans s'arrêter un volume de vers de Hugo qui venait de paraître, mais d'une façon piquante et sans la bouffonnerie commune des vaudevillistes de profession; aussi le recherchait-on dans un certain monde pour sa verve : Émile Cabanon devint l'ami d'Hippolyte Royer-Collard, du prince de Belgiojoso et de tout un groupe d'étrangers auxquels cette spontanéité d'esprit parisien plaît pardessus tout.

Avec les femmes Émile Cabanon faisait preuve d'une audace et d'un sang-froid qui empêchaient de lui résister. C'est à Cabanon qu'arriva l'aventure qui depuis a roulé un peu partout, du théâtre au livre; mais ne convient-il pas d'en rapporter l'honneur à son inventeur? L'humoriste suit une femme dans la rue, lui adressant des douceurs; la dame ne l'écoute pas et presse le pas. Cabanon presse le pas. La femme entre dans un hôtel de bonne apparence. Cabanon entre également. La dame monte l'escalier. Cabanon monte l'escalier. Elle s'arrête au premier étage, Cabanon à sa suite. La porte du salon s'ouvre : la dame rend visite à une amie. Cabanon s'assied, se mêle à la conversation. La dame sort; Cabanon lui offre son bras. Comment garder rancune à un pareil impertinent?

Une autre histoire est moins connue. Un soir d'Opéra, Émile Cabanon avait remarqué au balcon une femme d'une rare beauté et cherchait le moyen de l'aborder.

Le spectacle terminé, l'inconnue monte dans sa voiture. Les chevaux partent. Tout à coup se fait entendre un cri d'effroi; en traversant la chaussée un homme a été renversé par le timon de la voiture. C'est Cabanon, qui n'a pas trouvé d'autre moyen pour corser son p n que de se faire contusionner. L'étrangère, pleine de pitié, (.e asile dans sa voiture au blessé et le fait trans-

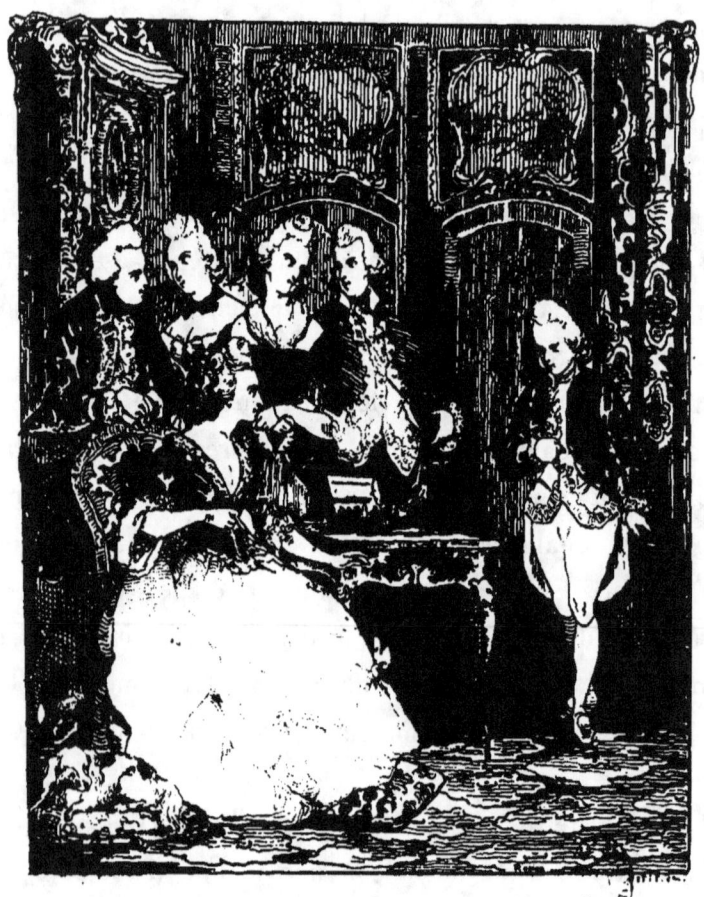

Fac-similé d'une lithographie à la plume.

(Vers 1834.)

porter à son hôtel. Cabanon prolonge sa convalescence, passe deux mois près de la dame qui s'intéresse à lui et ne peut faire autrement que de se montrer charitable pour un admirateur si déterminé.

On contait à Tortoni vingt histoires de même nature, avec Cabanon pour auteur et acteur. Moins flegmatique qu'Henry Monnier, l'homme d'esprit ne dédaignait pourtant pas la mystification. C'est à l'ambassade américaine qu'il demandait à une belle négresse si son deuil serait encore long à porter. Ces facéties ont été depuis mises sur le compte de plus d'un homme en vue.

Le malheur est que ces gens d'esprit, ces coureurs d'aventures galantes ne trouvent guère le temps de se recueillir : ils guettent les occasions, s'y laissent aller et n'y prêtent pas plus d'attention qu'un policier à un crime découvert. Émile Cabanon était sans cesse trop à l'affût des femmes pour laisser des récits imprimés de ses chasses. Ce qui est fâcheux ; car notre littérature manque de récits d'aventuriers galants de la race du chevalier de Grammont !

Toutefois le principal incident d'*Un Roman pour les cuisinières* est dû, me disait M. Camille Rogier, à une aventure arrivée à Émile Cabanon et qui causa quelque étonnement dans le monde des grands vainqueurs. L'humoriste, qui avait peu trouvé de cruelles, rencontra en soirée une femme qu'imprudemment il avait blessée quelque temps auparavant ; c'était une créature élégante, des plus recherchées dans le monde de la loge infernale. Peu cruelle de son métier, mais rancuneuse de nature, elle parut se réconcilier avec Cabanon et l'emmena à la suite du souper.

Cabanon s'était de prime abord introduit dans le lit de la dame et rêvait déjà au septième ciel de Mahomet. La houri était d'ailleurs un fort remarquable échantillon. Cependant la belle, en costume de soirée, s'était assise dans un fauteuil au coin de sa cheminée, sonnait sa femme de chambre et se faisait servir du thé.

— Vous avez pris ma place, dit-elle, souffrez que je prenne la vôtre.

Les heures s'écoulaient et la dame fermait l'oreille aux plus tendres supplications. Ce que voyant Cabanon se leva, en galant chevalier, prit la place de la cruelle près du feu, pendant qu'elle reprenait la sienne dans le lit. Une nuit des plus blanches, qui mordit tellement l'infortuné au cœur que cette fois il entreprit de la conter, mais avec un dénouement plus humain. C'est ce qui a valu à la littérature française *Un Roman pour les cuisinières* et une des plus galantes vignettes qui se puisse imaginer.

La vie de Cabanon était passablement décousue. Il devait une assez ronde somme à des fournisseurs, qui d'ailleurs ne le tracassaient pas. Il imitait ses compagnons, les gentilshommes de lettres du boulevard de Gand, qui nageaient comme des poissons dans le fleuve de la dette, se fiaient plus sur leurs relations que sur leur plume, dépensaient de l'esprit comptant en veux-tu en voilà, savaient la puissance de cet agent, professaient un absolu scepticisme politique, et attendaient que leur heure vînt à sonner, sachant au besoin faire avancer les aiguilles.

Leur temple était l'Opéra, c'est-à-dire le monde élégant, la galanterie facile, la camaraderie avec des gens riches, des étrangers millionnaires, tout un monde parisien très particulier, que le filet de la galanterie enveloppe dans ses mailles et qui ne demande qu'à y rester, à condition que l'amour y soit relevé d'un piment d'esprit. Génération d'épicuriens, dont le troisième Empire a entrevu les derniers représentants : les Véron, les Morny, les Roqueplan.

Émile Cabanon, aussi sceptique que ses amis, s'était toutefois laissé arracher quelques plumes; la galanterie est rarement bon marché. Le père, qui n'admettait pas qu'elle fût le principal ressort de la vie, vint arracher son fils aux pompes et aux œuvres des coulisses de l'Opéra. Le négociant fondait à Paris un important commerce de soieries. Il consentait à payer les dettes du mauvais sujet, à condition que celui-ci dirigeât l'établissement. Cabanon se laissa faire. N'ayant pas l'instinct de la diplomatie comme Lautour-Mézerai et Romieu, il était heureux de ne pas quitter son cher Paris; un établissement semblable à ceux d'Opigez et de Gagelin ne l'empêcherait pas de fréquenter, comme par le passé, ses amis de Tortoni.

A quelque temps de là Cabanon eut affaire à Lyon pour son commerce. Pressé d'en terminer, il partit en poste. Le chemin de fer n'existait pas alors. Une petite actrice se rencontra dans la voiture, qui également avait hâte d'aller tenir l'emploi des Dugazon au théâtre de Lyon. Émile Cabanon fit de ces deux jours et de ces deux nuits de tête-à-tête une succession de folies. De nature prodigue quand, en pareille matière, la nature ordonne de compter, Cabanon dépensa pour l'actrice les économies qu'il n'avait pas.

Il revint à Paris mourant et finit en épicurien. Faut-il l'en blâmer? Mourir jeune, avoir beaucoup aimé, s'être amusé dans la vie, laisser un volume plein d'esprit est un sort que les anciens viveurs, qui s'entêtent à vieillir, doivent envier. Cabanon fut peut-être pleuré par quelques femmes, regretté de certains amis pour la vivacité de son esprit. Il eut la bonne fortune de ne pas emplir les chroniques de ses prouesses. Cabanon effleura la littérature; il intéresse encore aujourd'hui quelques curieux; c'est pourquoi je me suis étendu quelque peu sur un écrivain

que seuls les bibliophiles connaissent et à l'œuvre duquel on ne
saurait trop recommander de réserver une belle reliure.

Aujourd'hui que plus d'un lettré se préoccupe du mouvement
romantique, ne serait-il pas équitable de découvrir l'endroit où
repose l'humoriste, d'élever une pierre sur ses restes et d'y tracer
ces simples mots :

ÉMILE   CABANON

Un Roman pour les cuisinières

1834.

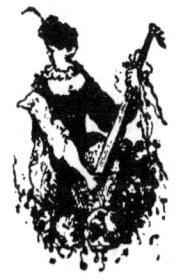

CHAPITRE XX

SIMÉON CHAUMIER

Dans cette galerie d'oubliés et de méconnus, Siméon Chaumier réclame sa place. En tant que romancier historique, il est au Bibliophile Jacob ce que celui-ci est à Victor Hugo ; mais alors qu'au faîte de l'échelle tout est lumière et nimbe glorieux, en bas les ombres accumulées et la poussière du temps n'avaient pas permis jusqu'ici de discerner un héros plein d'ardeur.

L'œuvre de Siméon Chaumier n'est pas considérable et on peut citer la nomenclature bibliographique donnée par Quérard sans risque de noyer la biographie de l'homme dans une note trop développée [1]. Trois romans, deux volumes de poésie, une brochure forment le bagage d'un écrivain ignoré de la génération actuelle, et qui peut cependant fournir certains points utiles pour l'histoire des lettres.

Siméon Chaumier naquit à Nantes en 1806 et mourut à Paris en 1860. C'est tout ; au début de l'étude actuelle je ne savais rien de la biographie de l'homme ; je ne voulais rien savoir, ayant devant les yeux son portrait en tête des *Dithyrambes,* image qui

---

[1]. L'auteur de *la France littéraire* et ses continuateurs citent de Siméon Chaumier les ouvrages suivants :

La Tavernière de la Cité. Paris, Baudouin, Pougin, Corbet. 1835. In-8°.

L'Hôtel du Petau-Diable. Paris, Dis. 1836. 2 vol. in-8°.

L'Évêque d'Autun. Paris, Baudouin, Legrand, Pougin. 1838. 2 vol. in-8°.

Les Dithyrambes. Paris, Gallois, Pougin, Legrand. 1840. In-8°.

Les Auréoles. Paris, Baudouin, 1841. In-8°.

Napoléon III. Odyssée. Paris, Moquet. 1854. In-8°.

est une révélation, une confession. Le portrait est dessiné par un ami, Aimé de Bayalos, et lorsqu'à mes heures de mélancolie j'ouvre ce volume, l'image de Siméon Chaumier écarte tous les brouillards de mon esprit.

Le poète m'apparaît en chair et en os avec sa chevelure romantique et son habit d'une coupe quelque peu jacobine. Les yeux de l'homme, Aimé de Bayalos a essayé de les ouvrir aussi grands que possible sur des mondes inconnus. C'était un penseur que Siméon Chaumier, certainement candide mais de bonne foi; de son propre portrait l'homme a dit dans le dithyrambe *Études et impressions*, dédié à son peintre ordinaire :

> Si quelque ami, lisant les livres que j'ai faits,
> Donnait à leur auteur à sa guise des traits,
> Toi, tu lui paraîtras tenant en main ta pierre,
> Lui découvrant du doigt ma tête tout entière,
> Non point telle jamais qu'elle paraît aux yeux
> Du monde, où je souris quand j'assiste à ses jeux,
> Mais pleine de l'idée à l'heure où je travaille,
> Quand l'inspiration m'apporte sa trouvaille,
> Ou que son coin de fer forme un pli sur mon front,
> Lorsque sa main saisit une idée à tâtons,
> Et que pour l'enchaîner au tuyau de ma plume
> Mon cerveau l'analyse et bientôt la résume.

Le portrait est donc garanti ressemblant par le modèle lui-même. C'est l'image exacte de Siméon Chaumier aux heures d'inspiration. Ce qui n'empêche pas le biographe de la juger et de faire connaître l'impression qu'il en ressent. Est-il injuste de trouver dans cette face, sous ces habits, un mélange romantique de saint-simonien, d'accusé d'avril, de disciple de Buchez et de grenouille ahurie? Tels étaient les courants qui produisaient en 1840 cette singulière fusion dont il est facile de se moquer;

mais la génération qui suivit ne fut-elle pas quelque peu atteinte
de la même maladie en matière de costume?

Pour moi, il ne me coûte pas de déclarer que, vers 1848, imbu

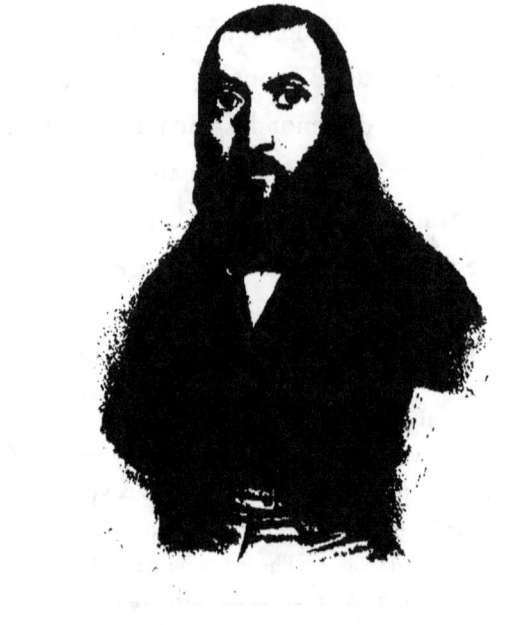

PORTRAIT DE SIMÉON CHAUMIER EN 1840,
Fac-similé d'une lithographie d'Aimé de Bayalos.

des doctrines rustiques du peintre de la *Femme qui taille la soupe,*
je revins un jour du Puy-en-Velay, habillé à la mode des paysans
des montagnes par un petit tailleur de l'endroit qui avait obéi
scrupuleusement à mes instructions : soit un habit en bouracan
vert avec col à la Marat, un gilet de couleur bachique et une

24

culotte en drap de bourre d'un jaune assez malséant. Une triomphante cravate de soie jaune, mise à la mode par le poète
Baudelaire, un feutre ras dans le goût de la coiffure de Camille
Desmoulins complétaient cette toilette que j'étais assez effronté
pour porter en plein quartier latin et arborer fièrement sous la
porte cochère de l'hôtel Pellaprat, siège d'un caravansérail de
lettrés dont le costume appartenait à divers styles.

J'éprouve aujourd'hui quelque étonnement à me voir dans mes
habits de Bacchus de cabaret à côté de Théophile Gautier revenant de Constantinople, coiffé d'un fez rouge imperturbable, à côté
surtout d'Arsène Houssaye habillé par les meilleurs faiseurs, et
que je ne saurais mieux comparer qu'à un élégant personnage
des vignettes de Johannot; heureusement Gérard de Nerval et
Alphonse Esquiros étaient si piteux dans leurs habits d'un noir
inquiet qu'ils faisaient comprendre le rehaut des couleurs voyantes;
aussi bien les maîtres nos prédécesseurs affirmaient que tout
artiste, ou se croyant tel, avait la liberté de traverser Paris, vêtu
à sa fantaisie, sans s'inquiéter des regards des bourgeois.

Ne raillons donc pas à la légère Siméon Chaumier. En 1840
son costume, symbole des anciennes doctrines jacobines, était sans
doute quelque peu arriéré. Il n'en disait pas moins la foi politique
du penseur, ses regrets de n'avoir pas pris part aux barricades
du Cloître-Saint-Merry; comme ses devanciers il regardait la
coupe d'un habit et les pans eux-mêmes comme une révélation[1].

Ces développements donnés à la toilette ne doivent pas prendre
la place réservée à l'étude des œuvres de Siméon Chaumier.

---

1. Le pan de l'habit était alors tenu pour une partie caractéristique du vêtement. Les
romantiques couvraient les bourgeois d'opprobres à cause de leurs habits à queue d'aronde, ou
en tuyau de sifflet. Un poète, de l'école démoniaque et byronienne, se faisait remarquer à cette
époque dans la vie par un habit d'une coupe tout à fait particulière, avec de singuliers pans
qui avaient fait qualifier cette partie du costume d'habit à pandémonium.

La préface de *l'Hôtel du Petau-Diable* met en lumière le pourquoi intellectuel de l'auteur; là il a tracé à grands traits un historique de la poésie depuis le commencement de la civilisation; mais ne convient-il pas de donner un spécimen de la manière du romancier?

Siméon Chaumier dit qu'ayant trouvé « sous la main un tuyau de plume pour servir de siphon à son besoin d'épanchement, il s'est pris à le tailler avec le tranchant modeste d'une réflexion trempée à l'océan des faits. »

Ce style à redoublement d'images fera sans doute regretter aux admirateurs du roman historique que l'auteur n'ait pu mettre la dernière main au *Prêtre-baron* qui, avec *la Tavernière de la Cité* et *l'Hôtel du Petau-Diable,* formait un ensemble de vues sur les mœurs des siècles antérieurs.

C'était le temps des nobles ambitions. Un livre n'était pas jeté alors à la tête des lecteurs pour les désennuyer. Grave était la pensée de l'écrivain; elle s'infiltrait à travers d'autres œuvres et aboutissait parfois à une trilogie. L'existence de Siméon Chaumier ne suffit pas à l'achèvement de sa trilogie.

Il fut plus heureux dans le domaine poétique : de son livre, Siméon Chaumier put dire qu'il était « une épopée intime fiévreusement faite par dithyrambes ».

En étudiant les diverses pièces qui le composent j'y constate un esprit patriotique, une nature chrétienne, des aspirations au grand art et, avec les préoccupations d'un penseur, celles d'un démocrate.

> Sur un brancard formé d'hostiles baïonnettes
> Les Bourbons sont venus s'asseoir, marionnettes,
>   Sur un trône déjà sapé;
> Et, faisant la courbette aux cours coalisées,
> Ils ont mis leurs couleurs en or fleurdelisées
>   Sous ce patronage râpé!...

La politique est un excitant funeste pour les natures peu richement douées. Le puissant cerveau de Siméon Chaumier était assez développé pour permettre à l'art pur de s'y introduire, témoin les conseils de haute portée qu'il donne à un statuaire de ses amis :

> Sonde l'esthétique,
> Code de pratique
> En la loi de Dieu.
>
> . . . .
>
> Juge les statues,
> Ou qu'elles soient nues
> Ou sous le manteau.
>
> . . . .

Le poète tenait pour la statuaire et non pour le petit art.

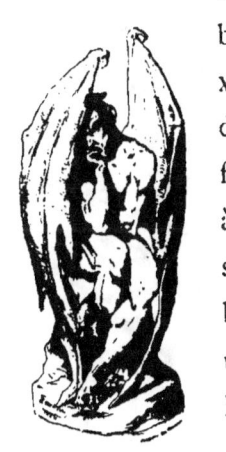

SATAN.
Feuchères sculpsit
(1834).

Siméon Chaumier grave a toutefois ses heures de badinage. S'inspirant des caprices des poètes du xvie siècle qui, rompus à toutes les difficultés de la prosodie, assouplissaient le vers et en faisaient une pâte malléable si propre à s'adapter à toutes les formes que certaines de leurs chansons bachiques prenaient la forme d'un vase à boire, l'auteur des *Dithyrambes* a donné, par une coupe habile de vers, la forme d'un sablier à la pièce intitulée *le Sablier de mes heures*.

> Oh ! je pense, penser du diable !
> Sablier, que tout marche à descendre au cercueil.

Il n'eût pas fallu défier le poète habile en l'art des fantaisies rythmées ; si la pensée lui en était venue, il eût donné à son inspiration poétique la forme d'une faux pour compléter le sablier.

Siméon Chaumier ne fut pas cependant un sectateur de l'art

pour l'art; aussi dit-il sévèrement leur fait à ceux qui se laissaient
entraîner à cette fallacieuse doctrine. Dans *les Dithyrambes* pas
de fâcheuses personnalités; parfois un coin du rideau entr'ouvert
sur les passions des jeunes hommes de son temps. Je ne crois
pas me tromper en disant que dans les quatre vers qui suivent
ressort une admonestation adressée à Alfred de Musset :

> Ceux-ci, gorgés d'orgueil par un brillant début,
> Jugeant que l'avenir sera du peu qui fut,
> Déposent le laurier que leur tête dérobe
> Dans les bras crapuleux d'une femelle en robe.

Siméon Chaumier était marié et réprouvait la courtisane, fût-elle
habillée d'une robe de brocart d'or. L'idéal du poète, plus chaste,
plus intime, s'échappe d'une pièce de vers adressée à sa femme
Arsène, dont on possède ainsi un portrait au physique et au
moral.

> Elle est blonde; son œil est un caillou de jais
> Qu'enchâsse dans son front sa paupière, ce dais
> Frangé de cils luisants comme une étoffe en soie,
> Que rehausse ou sourire, ou larme, ou peine, ou joie.
> Sa lèvre pure et rose et sans aspérité
> Est le vase où toujours puise la vérité;
> Car, comme en regardant son œil jamais ne louche,
> Le mensonge jamais n'a fait bleuir sa bouche.

A travers les lignes de ce portrait on sent poindre quelque
misanthropie; aussi, comme les Alcestes trop sincères sont laissés
à l'écart par leurs contemporains, Siméon Chaumier fut-il méconnu
de son vivant. Il ne vivait pas avec ses confrères, avec les journalistes; son œuvre passa inaperçue. J'ai longuement feuilleté
les journaux du temps et je n'ai trouvé le nom du poète cité

que par le clown malicieux qui en parle dans les *Odes funam-
bulesques.*

> Avant que la brise adultère,
> Qui fait le charme des hivers,
> N'émaille de recueils de vers
> Les parapets du quai Voltaire;
> Avant que Chaumier Siméon
> N'ait publié ses hexamètres...
>
> . . . .

Le poète n'a rempli qu'une partie de sa mission s'il vit à
l'écart. Il doit communiquer, mieux encore, communier avec le
public. Il faut que les femmes s'accrochent aux cordes de sa lyre,
qu'un public nombreux soit suspendu à ses lèvres. Le poète a
charge d'âmes et ce n'est pas dans l'ombre qu'iront le trouver les
esprits inquiets.

Si le poète craint de salir ses ailes au contact de la foule, que,
retranché derrière un petit groupe d'intelligences choisies, il
cherche des adeptes capables de discuter avec lui, d'épouser sa
pensée, de répandre sa parole. Ce fut le projet auquel s'arrêta
Siméon Chaumier.

Peu soucieux d'adapter de gothiques palmes vertes au collet
d'un habit à la française, le poète avait brigué l'honneur de
s'adjoindre aux membres d'une société dans les veines de laquelle
coulait un sang moins académique. L'*Institut historique* venait
d'être fondé avec des hommes nouveaux : les Monglave, les
Stéphane Niquet, les Fresse-Montval, les Marc Jodot, les Saint-
Prosper, les Constant Berrier, les Saint-Edme, les Odolant-Desnos.
Tous poètes, philologues, penseurs, esprits d'élite.

Dans ces réunions on lisait des mémoires savants, des fragments
de tragédie, des morceaux poétiques dignes de remporter la Violette
ou l'Églantine au concours des Jeux-Floraux. Paris possédait enfin

un Institut libre, une Académie sans préjugés où des récompenses flatteuses pour l'amour-propre étaient décernées aux plus méritants.

Dans la burlesque moralité qui termine un roman d'ami[1], l'auteur des *Jeune-France* signe irrévérencieusement :

THÉOPHILE GAUTIER
DE LA PROVINCE DE BÉARN, MEMBRE DE L'INSTITUT HISTORIQUE.

Cette fondation était donc assez en vue pour exciter la verve des railleurs.

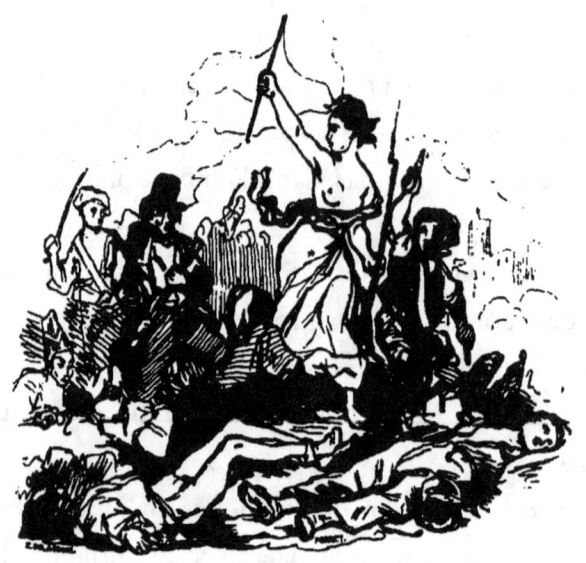

LA LIBERTÉ, D'EUGÈNE DELACROIX,
Vignette du *Salon de 1831*, de Gustave Planche.

Il me reste à traiter un point plus inconnu de la vie de Siméon Chaumier. En lui le Breton n'était pas Vendéen et peut-être, si sa biographie était élucidée, trouverait-on que le poète dut les jours à un de ces bleus qui combattirent les chouans. Il en a l'enthousiasme révolutionnaire en même temps que la foi ardente et plus moderne de rénovation sociale.

1. *La Couronne de bluets*, par Arsène Houssaye. Paris, Souverain. 1836. In-8°.

Avec Casimir Delavigne il fut le Tyrtée des journées de Juillet.
Lisez :

> Ils sont là les enfants du grand quatre-vingt-neuf
> Qui, couvés quarante ans sous l'aile de la gloire,
> Vinrent, bons combattants, aux trois jours de victoire,
> S'enfermer dans Paris comme le coq dans l'œuf.

Il est des poètes qui font vibrer les cordes d'airain de leur
lyre et qui se retirent sous la tente lorsqu'elles ont monté les
esprits au diapason de la révolte. Siméon Chaumier ne fut pas de
ces êtres prudents. Il resta insurgé. Lisez encore :

> Aux armes !...
> Allons !
> Chassons
> Gendarmes,
> Qui vont
> Et font
> Vacarmes.
> . . . . . .
>
> Tirez !
> Parez
> La fusillade !
> Levez
> Pavés
> En barricade !

De tels vers ont la portée de coups de fusil! Oui, celui qui,
à des époques insurrectionnelles, trouve l'inspiration nécessaire à
ce tour de force duosyllabique, a le cœur plein de tempêtes, le
fusil plein de poudre, la giberne pleine de cartouches, la révolution plein les veines.

C'est pourquoi, en 1848, alors que les pavés de Février n'é-
taient pas encore rentrés dans leurs trous, attendant les pavés

de Juin, Siméon Chaumier, laissant de côté la lyre, monta à la tribune et devint président de club. Président de club à côté du club Barbès, du club Blanqui, du club Raspail, du club Sobrier, du Club Central, du Club des Clubs !

L'histoire a ses ombres qui enveloppent les plus glorieux combattants. Siméon Chaumier, président de club, sans doute du quartier de la Bastille, n'a laissé, que je sache, aucunes traces aux murailles de son sang de généreux citoyen ; je ne trouve pas son nom mentionné parmi les défenseurs des barricades, non plus que parmi les envahisseurs de l'Assemblée. Le citoyen révolté ne passa pas devant les conseils de guerre ; il ne fut pas transporté. Son souvenir, je le cherche en vain parmi celui des victimes des guerres civiles.

J'ai dit qu'il mourut à Paris en 1860, dans la maison de son beau-père, rue Beautreillis. Tout donne à penser que Siméon Chaumier l'humanitaire déplorait profondément les sanglants malentendus entre la bourgeoisie et le peuple, et que, pendant les journées de Juin, retiré au coin de son foyer, il ne voulait pas admirer de trop près les horreurs de la canonnade.

L'homme, las des révolutions, crut à Napoléon III, sauveur de la société. En 1854 il lui adressa une *Odyssée;* ce fut le chant du cygne du poète. En fut-il récompensé selon ses mérites ? J'en doute. L'Empire avait son barde attitré qui, au seuil de l'Élysée, écartait les poètes ses rivaux.

Siméon Chaumier rentra dans la coquille de l'oubli. Il avait commis une faute ; il l'expia dans la solitude. Ses *Dithyrambes* n'en restent pas moins dans leur vigueur, et j'ai fait un jour un pèlerinage au Marais, cherchant le logis de l'auteur de l'*Hôtel du Petau-Diable*.

Au numéro 6 demeurait le poète. La maison, quoique bâtie

par un architecte, n'appartient pas au domaine de l'architecture. Si une époque pleine d'agitations n'avait fait disparaître l'Institut historique, nul doute que ses membres n'eussent apporté leur obole pour rendre hommage à un de leurs collègues les plus méritants.

Au-dessus de la porte qui donnait quotidiennement passage à Siméon Chaumier et à ses tumultueuses pensées, un buste du poète, d'après l'image tracée par Aimé de Bayalos, eût appelé l'attention du passant. Ne seraient-elles pas à méditer, les paroles mêmes du penseur gravées sous son effigie? « *Ayant sous la main un tuyau de plume pour servir de siphon à son besoin d'épanchement, l'auteur s'est pris à le tailler avec le tranchant modeste d'une réflexion trempée à l'océan des faits.* »

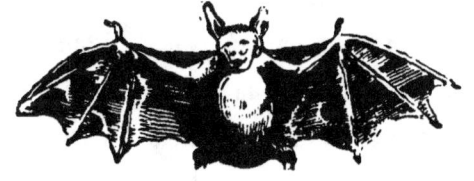

CHAPITRE XXI

Les premiers romans de Balzac, qui nous initient à la vie de province de 1820 à 1830, me paraissent aujourd'hui, par leurs descriptions des minuties de petites villes, presque aussi étranges que les mœurs du moyen âge recueillies par les anciens chroniqueurs. On se demande si de tels personnages, qui furent nos grands-pères, étaient condamnés à une semblable torpeur il y a cinquante ans.

Lors de l'application de la vapeur, un écart trop brusque se produisit; il fit paraître comme des casse-noisettes invraisemblables d'anciens bourgeois en culottes courtes et en queues frétillant sur le collet d'habits couleur cannelle, qui, jusque-là, nous avaient semblé naturels et agir rationnellement dans la vie.

La *diligence*, ce mastodonte à roues digne de figurer à côté des vieux bahuts soustraits à la morsure des vers par Du Sommerard, entassait alors dans ses flancs, aussi barbares que ceux du cheval de Troie, des êtres absolument forcés par des besoins d'affaires de se rendre à « la capitale ».

A cette époque, si un mortel assez fortuné pour entreprendre un voyage à Paris avait l'imprudence d'ébruiter son départ, il était chargé de porter à domicile, à peine débarqué de la diligence, un stock énorme de lettres de ses concitoyens; les gens ne se regardaient pas comme fraudant le trésor, et ce transport en contrebande de lettres, dont le coût excessif variait suivant les distances, enlevait des ressources précieuses au Ministère des finances.

La tragédie agonisait; mais M. Fumade, grâce à l'invention de son briquet phosphorique, passait pour un citoyen apportant un rayon précieux au règne de Charles X, qui n'était pas précisément le siècle des lumières.

Si le voyageur, entre autres curiosités, rapportait de Paris un numéro de l'*Entr'acte*, le journal, circulant de mains en mains dans la petite ville, était regardé comme bourré d'articles de genre du plus éclatant mérite.

Qui eût parlé alors de décentralisation eût certainement passé pour un personnage hétéroclite : le mot n'existait pas. Les habitants de ces petites contrées vivaient comme du temps de Charles le Chauve.

La littérature moderne ne faisait son entrée que dans d'anciens cabinets de lecture, tenus par des dames âgées, ayant sur les genoux de vieux carlins.

Le journal de la localité, un peu plus grand que la main, contenait des avis divers pour les besoins journaliers et des charades pour les besoins de l'imagination. On se demande, en présence de cet état de choses qui donna naissance à Henry Monnier, comment purent se produire quelques rares adeptes du romantisme en province et combien ils durent être en butte, de la part de leurs compatriotes, à un effarement qui n'avait rien de particulièrement sympathique.

La vie de sous-préfecture, même celle de chef-lieu, n'entraîne qu'une minorité bien clairsemée vers les idées nouvelles. Tout courant fiévreux y est brisé par un calme déconcertant. Les sentiments enthousiastes ne peuvent se greffer sur une placidité quotidienne; autant vaudrait chercher à émouvoir une éponge.

Qu'on pense au singulier effet provoqué par de jeunes hommes fanatiques des drames de Victor Hugo et d'Alexandre Dumas, alors qu'il restait à peine trace sur les planches de leurs œuvres interprétées par de pauvres comédiens ambulants.

Ceux qui n'ont point vu représenter *Lucrèce Borgia* ou *la Tour de Nesles*, vers 1835, dans un chef-lieu de préfecture, se rendront compte difficilement de la misère des drames à spectacle. Quelle richesse d'imagination ne fallait-il pas pour retrouver un Gennaro, une Marguerite de Bourgogne, un capitaine Buridan, une princesse Negroni, tels que les avaient conçus les poètes !

Les graines étrangères qui, portées par le vent, tombent à la même heure, en vertu d'on ne sait quelles lois mystérieuses, sur le sol du nord et sur le sol méridional, rendent les naturalistes perplexes. Il en est de même des courants romantiques ; le critique se demande pourquoi telle province, telle ville les subirent. L'art est semé de ces points de doute et, quelque approfondies que soient des recherches ultérieures, on peut dire aujourd'hui qu'un groupement géographique satisfaisant laissera à désirer en ce qui touche le romantisme.

Amiens comptait parmi les néophytes les plus ardents Édouard Cassagnaux. Formait-il tête de colonne ? Réunissait-il autour de lui un groupe de partisans ? J'estime qu'il marchait seul, ayant conscience de son œuvre. J'ai dit dans l'Avertissement que le romancier amiennois avait, dès 1833, pressenti l'importance de la Préface en même temps qu'il témoignait une vive sympathie pour Tony Johannot et Célestin Nanteuil. Cassagnaux, quoique vivant en province, suivait le mouvement de près. Ce fut un précurseur. Pourquoi les archéologues des *Bulletins de Picardie* ont-ils négligé de donner la biographie d'un des rares hommes du pays voués

aux travaux d'imagination[1]? Cinquante ans déjà ont passé leur
glacis sur l'œuvre du romancier. Il ne s'occupait, il est vrai, ni
de questions préhistoriques ni de poteries lacustres; les haches en
silex le laissaient froid et il ne suivait pas les sentiers tracés par
M. Boucher de Perthes. Cassagnaux faisait mieux; dans les

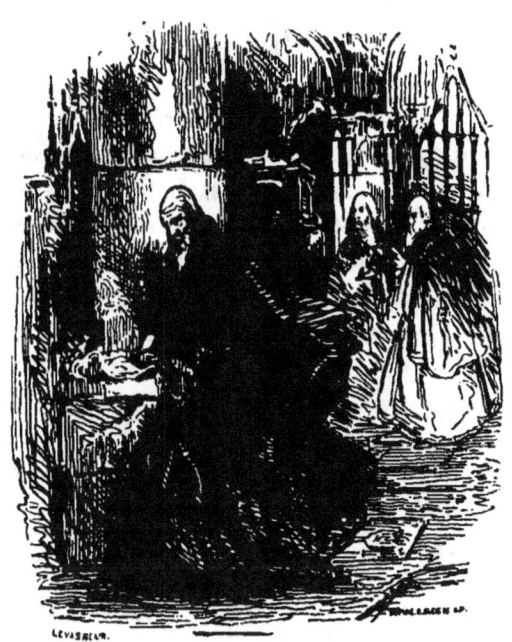

VIGNETTE DE LEVASSEUR,
pour *le Pénitent*, d'Édouard Cassagnaux (1833).

rares loisirs que lui permettait la politique, il pétrissait la matière
vivante et recherchait comment agissaient nos aïeux.

Son bagage n'est pas considérable :

Le Meurtre de la Vieille Rue du Temple (1831);

Le Pénitent (1833);

Baltassar (1835).

---

1. Édouard Cassagnaux fut, pendant quelques années, rédacteur en chef de *la Sentinelle picarde*, journal de l'opposition qui se publiait à Amiens.

C'est tout. Le romancier s'arrêta sans mener à bonne fin la série d'œuvres historiques qu'il annonçait devoir paraître incessamment : *le Compère de Jean-sans-Peur*, *le Pont de Montereau*, etc.

A défaut de renseignements sur la vie et l'œuvre de Cassagnaux, dont l'étude a été injustement négligée par les Amiennois, le fragment suivant du prologue du roman *le Pénitent* fera comprendre de quelle encre se servait l'écrivain :

La soirée est bien accablante ; il fera de l'orage cette nuit.

La pierre du porche est encore chaude. Où donc aller pour avoir de la fraîcheur ?

Sous le porche de la principale église de Catane, il y avait un homme : était-il jeune ou vieux, était-ce un moine ou un laïque, un noble Sicilien ou un des bravi de la ville ? En vérité, impossible de le dire ni même de le deviner, tant cet homme est soigneusement enveloppé dans son manteau, et tant son grand chapeau espagnol est enfoncé sur ses yeux. Il attend là, immobile, comme un des saints du portail. Cospetto ! voyez s'il bougera.

Mais un autre manteau s'avance ; c'est un cavalier, car ses éperons résonnent sur la pierre et ses vêtements sont couverts de poudre. Il s'approche de celui qui se cache si bien, et lui dit :

— Êtes-vous celui que je cherche ?

— Peut-être, lui a-t-on répondu.

On voit que Cassagnaux a étudié aux bonnes sources ; dans ce mélange d'Anne Radcliffe et d'Alexandre Dumas, je pressens Molé-Gentilhomme.

Les épigraphes de Cassagnaux sont également bien choisies :

Amour, vengeance, fatalité !
Ah ! les passions !!!

D'Amiens il faut sauter à la Normandie, sans transitions.

Rouen, qui n'est pas une ville de nature aventureuse, sembla d'abord se laisser entraîner dans le mouvement romantique. Divers hommes du pays favorisaient l'éclosion des idées nouvelles. Alors

vivait un des pères de l'archéologie, Langlois du Pont-de-l'Arche,
qui, sorti de l'enseignement classique de David, s'était cantonné
dans l'étude des monuments du moyen âge; il détachait des
anciennes cathédrales les vitraux, les sculptures symboliques, les
pavages, pour les étudier de près. Écrivain, peintre, graveur, archéologue, Langlois fut médiocrement encouragé par ses concitoyens;
pourtant ses caprices d'érudit marchaient d'accord avec les tendances
parisiennes. Son poème de *la Cloche,* avec sa prose poétique, sa
typographie et ses vignettes, sonnait bien l'heure romantique.

Ulric Guttinguer, Normand de naissance, comptait à Paris
dans le groupe des poètes de la pléiade et servait de trait d'union
entre la capitale et la province. Ce n'est pas que son œuvre témoigne de profondes audaces; mais l'homme avait été consacré par
le fameux vers de Sainte-Beuve :

> Front pâli par les baisers de femme...

Un bon point dans le courant passionné d'alors.

Le théâtre de Rouen comptait parmi ses artistes le mari de
Mᵐᵉ Desbordes-Valmore, ainsi que le jeune Mélingue, dans la fleur
de son talent; il ébauchait, à ses moments de loisir, des médaillons et se préparait à devenir le second d'Antonin Moine par des
statuettes dans le goût dit Renaissance.

Rouen est une ville qui se pique de goût musical. Un compositeur, Agénor Lamanière, faisait entendre dans les salons de la
ville diverses mélodies romantiques, entre autres celle du *Troubadour
errant et affamé.* Ce troubadour n'appartenait peut-être pas absolument aux troupes en avant; mais toute armée est suivie d'une
arrière-garde et parfois les vétérans ne combattent pas moins
glorieusement à l'heure voulue.

Le groupe paraissant suffisant pour défendre l'art nouveau, la

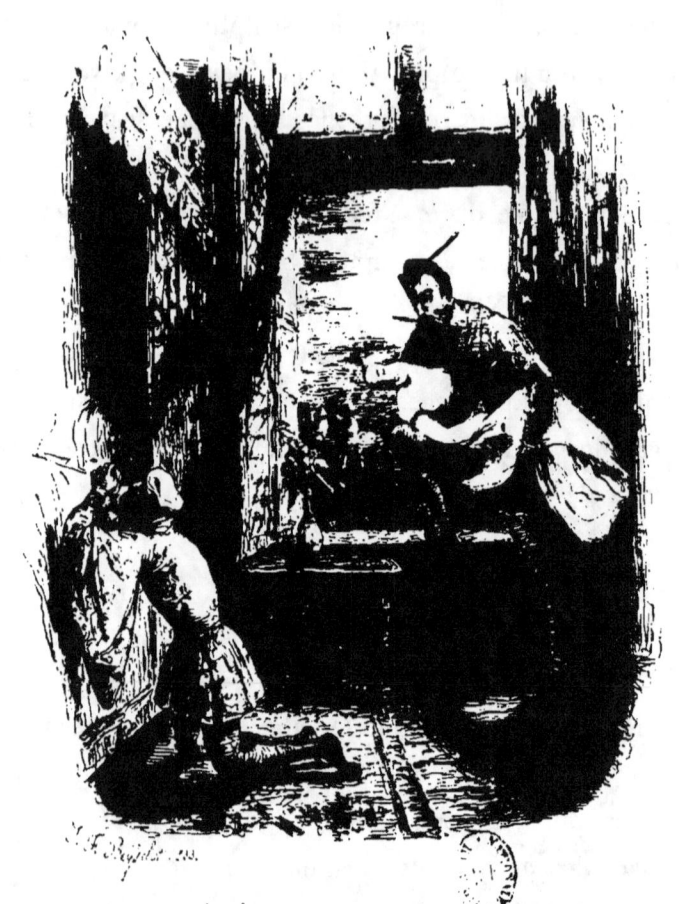

FAC-SIMILÉ D'UNE EAU-FORTE DE BOISSELAT,

pour *Nostradamus*, d'Hippolyte Bonnelier.

(1833.)

Revue de Rouen fut fondée. Divers littérateurs parisiens y prêtèrent leur concours : M. Vitet et, dans un ordre plus militant, Auguste Barbier, Édouard Corbière, Chabot de Bouin, Alphonse Brot et Léon Gozlan. Les dessinateurs et graveurs ne manquaient pas à l'appel : Langlois du Pont-de-l'Arche, sa fille Espérance, Bellangé, le graveur Brevière ; mais le véritable romantique fut Gustave Morin, aquafortiste habile, qui ne quitta jamais le pays et à qui il ne manqua qu'un appel de l'éditeur Renduel pour prendre place dans les rangs des meilleurs vignettistes.

On doit à ce dessinateur un portrait à l'eau-forte de Mélingue pour un album destiné à conserver le souvenir d'un « bal d'artistes » donné à Rouen, vignette qui a tous les aspects fatals et singuliers du futur créateur de tant de rôles dramatiques de la Porte-Saint-Martin ; mais le meilleur titre du graveur est le frontispice qu'il dessina pour *Italie,* drame du poète Coquatrix[1]. Noire cathédrale dans le lointain, personnages en chaperons, cadavre sur le plancher, châtelaine s'évanouissant, ont fourni au graveur des noirs et des blancs comparables à ceux des plus habiles faiseurs.

Il ne tint pas à M. Gustave Morin que Coquatrix ne fût immortalisé.

Coquatrix, doué d'un si beau nom, arbora audacieusement sa cocarde ; c'est lui qui jetait à la face de la critique ces fières paroles :

Arrière donc, théoristes bâtards, législateurs écrevisses, qui voulez mettre des muselières à la pensée et à l'art, quand le monde est en fièvre de liberté !

Malheureusement, le champ rouennais était trop étroit pour permettre au courageux lutteur de rompre de si furieuses lances.

1. *Italie,* drame. Paris, Tessier, 1833. In-8°.

Les coups de Coquatrix portèrent dans le vide; sa parole hardie fut étouffée comme dans une cellule.

A étudier la *Revue de Rouen*, même en 1833, on la trouve, intellectuellement parlant, d'allures un peu girondines; elles étaient d'accord avec les sentiments modérés de la Normandie, dont l'effervescence politique n'a jamais été bien prononcée.

De *Lucrèce Borgia* un critique de cette Revue disait :

> Tout en admirant le grandiose de pensée et les effets scéniques de cet ouvrage, le public rouennais a remarqué les imperfections de style; ainsi les puristes ont noté ces phrases : *Ils ne m'ont pas dit mon nom, ils me l'ont craché au visage*, etc.

Le puriste rouennais, qui « remarque » ce qu'avec candeur il appelle « les imperfections du style » de Victor Hugo, fera comprendre tout à l'heure l'enthousiasme débordant de Coquatrix.

La Revue normande, malgré la réserve de quelques-uns de ses rédacteurs, n'en annonçait pas moins à toute volée qu'Alexandre Dumas avait promis un drame inédit pour le théâtre de Rouen. Événement glorieux pour le pays; car la province, malgré ses dénigrements contre la capitale, se sent rehaussée et comme illuminée par les rayons d'une célébrité parisienne qui consent à se montrer en public, plaide au tribunal, joue la comédie ou donne des concerts.

A cette époque la réputation d'Alexandre Dumas était pure et sans tache. Dramatique fougueux et non romancier besogneux, il n'avait pas encore trempé sa plume dans les encriers de nombreux collaborateurs; aussi faut-il entendre l'hosanna chanté par Coquatrix en son honneur :

> Dumas dut être bien beau le jour où son front, déjà ceint des lauriers de *Henri III*, rêva et créa Paula[1]. Mais il dut être sublime et céleste quand il fit *Antony* . . . . . .
> . . . .

---

1. Personnage du drame de *Christine à Fontainebleau*.

Antony fut le coup de grâce donné à la vieille routine; — ce fut comme le dernier coup de hache que le démolisseur donne au monument qui branle. — après il croule. *Antony*, pièce sublime, — il n'y a pas de mots au-dessus de sublime, — type du genre, chef-d'œuvre de la scène moderne, où Dumas fut plus grand que Shakespeare et Corneille, car il fut Molière.

Les sectaires de la nouvelle école pouvaient immoler aux

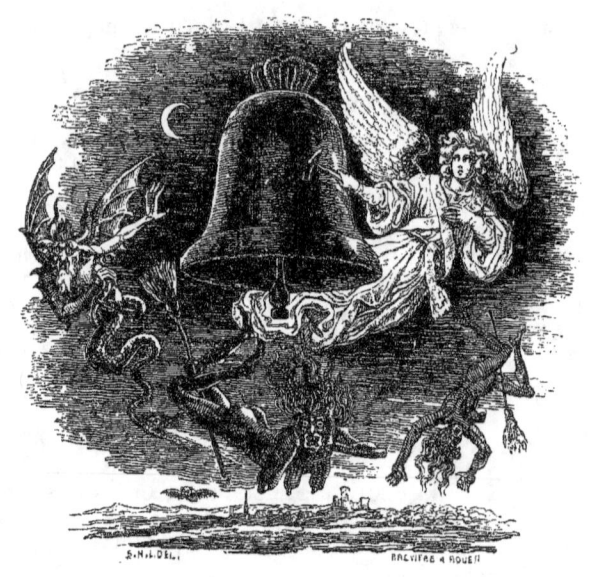

VIGNETTE DE E. HYACINTHE LANGLOIS,
pour le poème de *la Cloche* (1832).

pieds de Dumas des dramaturges espagnols alors dans l'ombre, Alarcon, Tirso de Molina, voire même Calderon; mais placer *Antony* à côté du *Misanthrope,* Dumas en face de Molière, qualifier l'auteur de *Henri III* de « sublime » et de « céleste », grandir sa statue pour rapetisser celle de Corneille, se livrer à ces excès dans la bonne ville de Rouen, il y avait là de quoi faire fondre tous les sucres d'orge du pays.

Après de telles imprécations, Coquatrix devint muet[1]; on ne suit plus ses traces dans ce mouvement de décentralisation artistique, alors que M. Mellingue *(sic)*, usant « si noblement des loisirs que lui laisse le théâtre », expose au Salon de Rouen le médaillon de Mme Desbordes-Valmore; alors qu'Auguste de Châtillon, un des peintres favoris de l'entourage de Victor Hugo, profite du mouvement pour faire acheter par la ville de Rouen son tableau *le Petit Savoyard*[2].

Ce mouvement insurrectionnel ne fut que transitoire en Normandie : il ne laissa guère plus de traces que Coquatrix et, à partir de cette époque, la *Revue de Rouen* assagie continua sa carrière honnêtement, c'est-à-dire archéologiquement.

Un autre Normand qui, depuis, a pris un coin dans la presse parisienne, servira de transition entre le romantisme de cette région et le romantisme bourguignon. Ce fut de la petite ville de Caen que s'échappa M. Barbey d'Aurevilly, poussé peut-être par son admirateur M. Trébutien à aller défendre dans la capitale l'autel et le trône[3].

A cette date ne s'était pas encore révélé au public parisien le capitaine Fracasse cher au *Constitutionnel*. M. Barbey d'Aurevilly se présentait plus particulièrement sous la forme de spécimen vivant de son traité du *Dandysme*, avec des manteaux ornés de soutaches

---

1. Coquatrix, plus réservé sur ses vieux jours, a publié à Rouen, en 1865, *Normandie*, un volume tiré à 50 exemplaires, avec son portrait. Tout à fait provincial, sous-préfet ou président de comice agricole le personnage représenté par ce portrait! Coquatrix a des besicles, une cravate blanche et un crâne de notaire atteint de calvitie.

2. Une des rares œuvres du peintre qui se tourna plus tard avec un sentiment très délicat vers la poésie; sa peinture, à en juger par la toile exposée au Musée de Rouen, manquait de flamme romantique.

3. Pour le gros du public, peu initié à ces détails de province, il faut dire que M. Trébutien, à la fois éditeur, imprimeur, protecteur et porte-bonheur de celui qui devait devenir le Capitan des saines doctrines, tirait ses poésies à trente exemplaires et publiait en même temps de petits volumes de prose du même auteur, destinés seulement à un groupe de raffinés : le *Dandysme*, la *Bague d'Annibal*.

de sa composition, des redingotes à cambrures de corsetières, de
non moins étonnantes manchettes et des gants bleu de ciel;
élégances que l'écrivain a conservées dans sa vieillesse, dont il
fait montre ingénument sur le boulevard.

Paris a supprimé les longs cheveux des rapins; les barbes
absaloniennes sont tombées sous le rasoir; les bocaux à liquides
bleus et jaunes des pharmaciens ne miroitent plus que dans les
montres de boutiquiers arriérés; les sensuelles figures de cire
elles-mêmes, qui faisaient l'admiration des amateurs de formes
opulentes aux vitres des coiffeurs, sont au grenier; avant 1840,
Balzac avait renoncé à sa canne légendaire, Alphonse Karr à son
froc monacal. M. Barbey d'Aurevilly, immuable, tint à se dater et
conserva les soutaches, les manchettes et ses harnachements excessifs.
Matamore de nature ou voulant le faire croire, défiant l'opinion
par le fracas de ses écrits comme par la bizarrerie travaillée d'un
costume invraisemblable, M. Barbey d'Aurevilly peut donner la
main à Xavier Forneret : ils sont frères et arborent les mêmes
panaches.

Toutefois, Forneret resta romantique de province dans la ville
de Beaune. Son portrait, que j'essaye de pénétrer, est celui d'un
homme blond, timide, discret, avec une pointe de mélancolie. Le
penseur dut sans doute cet ensemble de physionomie à la solitude,
au repliement sur soi-même, qui ne laissent pas que d'engendrer
des soucis; mais la timidité physique de l'écrivain ne l'empêcha
pas de se livrer à des audaces de typographie qui lui appartiennent
bien en propre. Forneret imprima certains de ses livres sur une
seule page, avec un luxe de « blancs » que peut seul se permettre
un auteur fortuné; cet agencement lui permit de ne pas entasser
trop de pensées à la fois, et le lecteur put réfléchir sur leur pro-
fondeur, comme il convient.

C'est dans le volume intitulé : *Pièces de pièces. Temps perdu*[1], qu'on peut lire, en caractères d'affiche, sur le *recto* de la page, la fameuse nouvelle, *Un Œil entre deux yeux*, dans laquelle un jeune homme se suicide en avalant l'œil de verre de sa maîtresse ! ! !

Un autre ouvrage, *Ombres de poésie*, se fait remarquer par une pièce de vers, *l'Infanticide*, imprimée en rouge. Des pages entières du roman *Caressa* contiennent un seul mot, mais flanqué de points d'exclamation redoublés :

LUI!

LUI!!

LUI!!!

Lui, lui, lui n'aurait pas été fâché que le crayon d'un dessinateur à la mode agrémentât ses récits désolés; la fortune du provincial lui permettait ce luxe. Tony Johannot répondit à ses désirs en décorant d'un frontispice le drame *les Deux Destinées*[2]; mais il semble que de certains écrivains refroidissaient la verve du vignettiste. Peut-être Johannot avait-il besoin de vivre de cœur avec ses compagnons, d'être échauffé par l'enthousiasme parisien; aussi la vignette en tête du drame de Forneret n'a-t-elle pas le ragoût habituel du maître.

Je parle de Xavier Forneret bien sommairement et avec le sentiment d'un manque de regard d'ensemble nécessaire pour juger son œuvre diverse et touffue de penseur, de poète, de romancier, d'auteur dramatique.

Je n'ai pas eu le bonheur de connaître l'homme. Ses manchettes, paraît-il, avaient une envergure égale à celles de M. Barbey d'Aure-

1. Paris, Duverger, 1840. In-8°.
2. Paris, Barba, 1834. In-8°.

villy, et son costume mériterait également une plus ample description. On me dit que Xavier Forneret était l'étonnement de la petite ville de Beaune, et ainsi j'explique la timidité extérieure, la mélancolie de regards du penseur qui sentait bouillir en lui bien des révoltes contre la province.

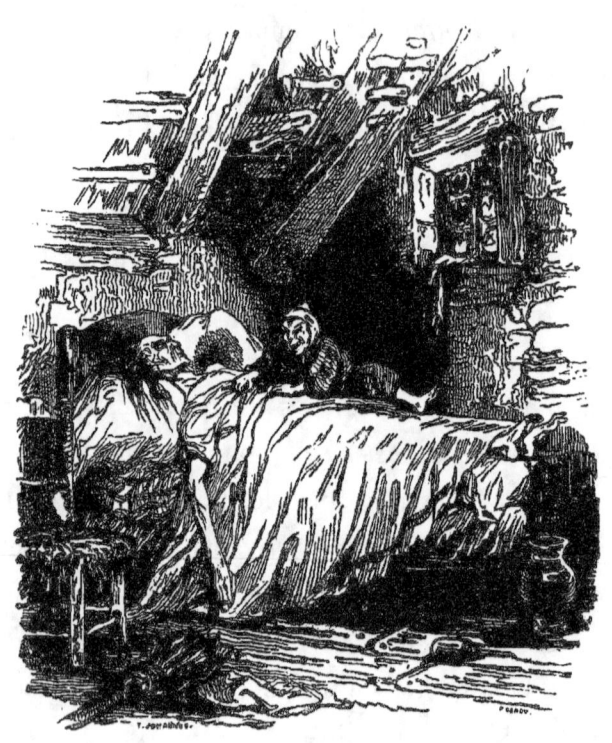

VIGNETTE DE TONY JOHANNOT,
pour *Caractères et Paysages*, de Philarète Chasles (1832).

Mon ami Charles Monselet est revenu à diverses reprises sur Xavier Forneret, et il en a tracé un piquant croquis :

Quelques personnes, à Dijon, se souviennent encore de la première représentation de *l'Homme noir*, drame en cinq actes et en prose. C'était en 1834 ou 1835. L'auteur était un Bourguignon, un jeune homme riche, mais dont les habitudes en dehors de la

27

vie bourgeoise et provinciale avaient le privilége d'exciter la défiance de ses compatriotes. D'abord, il ne s'habillait pas comme eux, — premier grief! — il aimait le velours, les manteaux, il portait un chapeau d'une forme particulière et une canne blanche et noire. On racontait de lui des choses étranges : qu'il habitait une tour gothique où il jouait du violon toute la nuit.

Pour cette représentation de *l'Homme noir,* M. Xavier Forneret avait fait de la dépense :

La veille de la représentation, des hallebardiers, des hérauts en costume du moyen âge se promenèrent dans les rues, agitant des bannières où s'étalait le titre de la pièce. On pouvait donc compter, sinon sur un succès, du moins sur une recette. La salle de spectacle fut comble, en effet, mais *l'Homme noir* ne réussit point : nous croyons même qu'on n'alla pas jusqu'au dénouement; il y eut brouhaha, cabale.

M. Xavier Forneret fit imprimer son drame dans une couverture symbolique : des lettres blanches sur fond noir. Il fit mieux, il adopta le nom de *l'Homme noir,* et il signa ainsi plusieurs volumes. En même temps, il se réfugiait plus que jamais dans une existence exceptionnelle. Cette personnalité tranchée, quoique sans angles blessants, a agacé pendant près de vingt ans les habitants de Dijon et ceux de Beaune. Les gazettes locales ne purent résister à l'envie de s'égayer sur son compte; il devint *l'original* de la contrée, on essaya d'interpréter son isolement, il y eut maintes fois procès et scandales. M. Xavier Forneret tint bon continuellement[1].

Xavier Forneret eut des audaces qui ont fait défaut à M. Barbey d'Aurevilly (j'ai peine à disjoindre ces Rita-Christina de la littérature). Il fit jouer des drames sur les théâtres parisiens, et naturellement le tourmenté de ses conceptions, joint sans doute à quelque inexpérience de la scène, nuisit au succès qui devait couronner tant d'efforts. Les penseurs n'ont rien à démêler avec les planches.

Les Bourguignons m'en voudraient à juste titre d'oublier Louis Bertrand, alors que je parle de Xavier Forneret; ils m'accuseraient de dessiner des grotesques plutôt que de délicates figures.

1. *Catalogue d'une jolie collection de livres rares et curieux provenant de la bibliothèque d'un homme bien connu.* Paris, 1871.

Forneret, c'est une grimace; Aloysius Bertrand, un profil doux et mélancolique.

Dans l'ancien temps peu de villes qui ne forgeassent un sobriquet railleur à l'adresse de la cité voisine. Dijon avait qualifié ses voisins du titre méprisant : *les ânes de Beaune*. Était-il bien généreux de la part de l'ancienne capitale de la Bourgogne, fière de son Piron, d'écraser Beaune qui avait donné le jour à Forneret? De telles rivalités de clocher n'ont plus de raison d'être aujourd'hui, et l'esprit moderne moins gausseur ne permet pas d'opposer l'auteur de *Gérard de la Nuit* à l'Homme noir blanc de visage.

Aloysius Bertrand était pauvre et doué d'un talent exquis; Xavier Forneret naquit riche d'argent et de bizarreries. S'il n'est pas vivant, il est mort pour les lettres; de sa mémoire il ne reste qu'un fantoche de province. Le pauvre Bertrand mourut à l'hôpital, enlevé par la phtisie qui a dévoré tant de poètes; mais son œuvre est restée pure, d'un travail qui fait penser aux admirables coupes de jade de la Chine.

Ce merveilleux livre de *Gaspard de la Nuit,* dont chaque mot est ciselé avec amour, Dijon peut en être fier, quoique le pays n'eût pas encouragé fortement le poète qui espérait grouper à ses côtés les jeunes hommes qui s'occupaient de littérature[1]. Aussi il quitta la province.

Pendant l'hiver de 1829, a dit M. Victor Pavie, un jeune homme apparut, sous les auspices du peintre Boulanger, à ce foyer de l'Arsenal dont la famille Nodier faisait si hospitalièrement les honneurs. Ses allures gauches, sa mise incorrecte et naïve, son défaut d'équilibre et d'aplomb, trahissaient l'échappé de province. On devinait le poète au feu mal contenu de ses regards errants et timides. Son nom était Louis ou plutôt Aloysius Bertrand, selon les habitudes de renaissance gothique d'alors...

1. Voir *le Provincial de Dijon* et *le Patriote de la Côte-d'Or* de 1828.

Quant à l'expression de sa physionomie où je ne sais quel dilettantisme exalté se combinait avec une taciturnité un peu sauvage, il n'était que trop facile d'y reconnaître une de ces victimes de l'idéal et du caprice, qui, chassées du terroir par les incompatibilités de race, s'en vont chercher fortune ou misère à Paris.

On lisait ce soir-là. Quand arriva son tour, Aloysius Bertrand tira de sa poche et lut, moins qu'il ne récita, une manière de ballade dans le goût pittoresque de l'école, ciselée comme une coupe, coloriée comme un vitrail, dont les rimes tintaient comme les notes d'un carillon de Bruges. Ceux qui survivent n'ont pas oublié, après trente ans, l'effet que produisit sous les chevrotements de sa voix grêle le retour périodique de ces deux vers :

> L'on entendait le soir sonner les cloches
> Du gothique couvent de Saint-Pierre de Loches.

Sa leçon débitée, il se dissimula tout honteux dans l'embrasure d'une fenêtre où Sainte-Beuve le recueillit et le *détermina*.

Depuis lors on ne revit plus Louis Bertrand dans le salon de Nodier. Il n'avait conservé de relations qu'avec David d'Angers et Sainte-Beuve ; le poète, avec son sens si pénétrant de critique, avait deviné l'homme. A Sainte-Beuve Aloysius Bertrand portait ses manuscrits de premier jet, qui devaient s'appeler plus tard *Fantaisies à la manière de Rembrandt et de Callot*.

De même que les Bibles du moyen âge, les manuscrits de Louis Bertrand, a dit son biographe, « étaient rehaussés de rubriques rouges et bleues, illustrés de lettrines avec des figures cabalistiques sur les marges ».

Pauvre Aloysius si sincèrement romantique, pauvre Gaspard de la Nuit plongé trop vite dans la nuit de l'oubli ! Celui-là n'eut pas besoin d'appeler un dessinateur de vignettes à son service. Lisez cette jolie description de sa ville où chaque mot semble une touche de miniaturiste :

> Gothique donjon
> En flèche gothique,
> Dans un ciel d'optique,
> Au bas est Dijon.

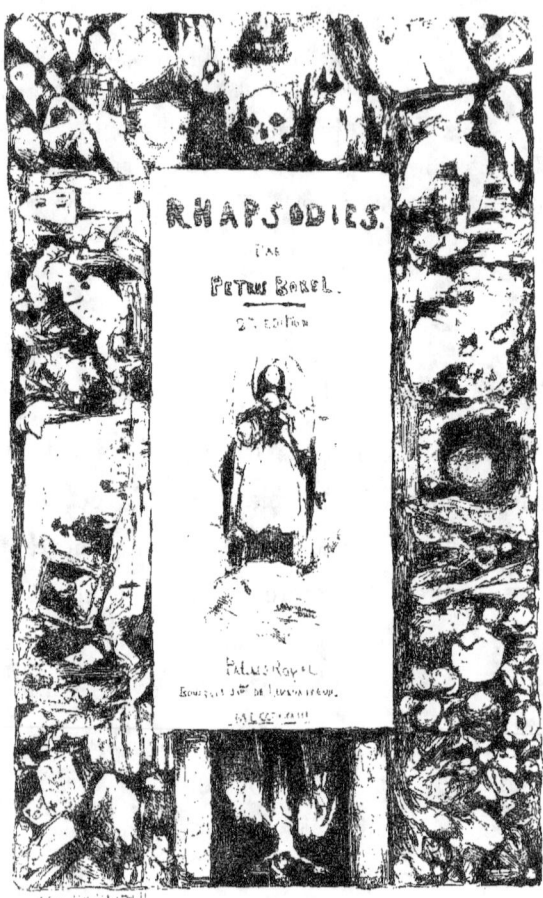

FAC-SIMILE D'UNE EAU-FORTE DE CÉLESTIN NANTEUIL

Ses joyeuses treilles
N'ont point leurs pareilles;
Ses cloches jadis
Se comptaient par dix.

Là plus d'une pinte
Est sculptée ou peinte;
Là plus d'un portail
S'ouvre en éventail.

Dijon, *moult te tarde !*
Et mon nez camard
Chante ta moutarde
Et ton jacquemard.

Si des études remarquables n'avaient été publiées sur Aloysius Bertrand[1], il y aurait plaisir à revenir sur la figure la plus touchante de l'époque romantique; j'ai voulu seulement montrer le rôle intellectuel qu'il joua à Dijon; mais le poète n'était pas assez Bourguignon salé pour le pays.

En faisant un certain écart dans la direction du Bourbonnais, de Dijon à Moulins, on se trouve en face, non plus d'une personnalité isolée comme celle de Xavier Forneret, mais d'un foyer intellectuel dont la lueur se projeta un certain temps dans cette province. Après la Normandie, ce fut dans l'Allier que fut poussée activement l'étude des anciens monuments. Dans ce pays montagneux, combien de tours ruinées, de vieux castels dominent les vallées et que de légendes sont attachées aux murailles déchiquetées!

Un artiste se rencontra, Achille Allier, qui groupa, autour d'un imprimeur ayant la religion de sa province, des jeunes gens

1. Voir l'édition de 1842 de *Gaspard de la Nuit*, précédée d'une notice de Sainte-Beuve, et publiée par M. Victor Pavie, imprimeur à Angers; voir également la réimpression du même livre avec de nombreuses adjonctions recueillies par Ch. Asselineau et imprimé en 1869, à Bruxelles, par M. Poulet-Malassis.

épris des merveilles archéologiques de la contrée. Là fit école le
plus romantique des graveurs parisiens, Célestin Nanteuil; ses
anges, ses gnomes, ses sylphides, pénétrèrent dans le Bourbonnais
et prêtèrent le charme de leurs enroulements aux frontons des
vignettes architecturales.

Le Bourbonnais pittoresque suivit de près les Voyages roman-

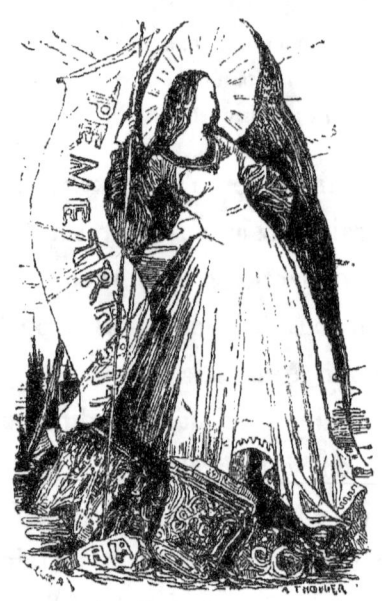

FRONTISPICE D'ACHILLE ALLIER,
pour l'Art en province (1836).

tiques dans l'ancienne France, entrepris par Taylor et Nodier, de
même que l'Art en province, sous la direction d'Achille Allier,
côtoyait l'Artiste, fondé par Ricourt. Ce fut la même veine, le
même courant d'idées, la même exégèse archéologique dans la
manière d'interpréter un monument et de restituer tout le menu
peuple vivant jadis à l'ombre de ces castels.

Lui-même, Victor Hugo avait jeté les yeux sur ce sol riche en

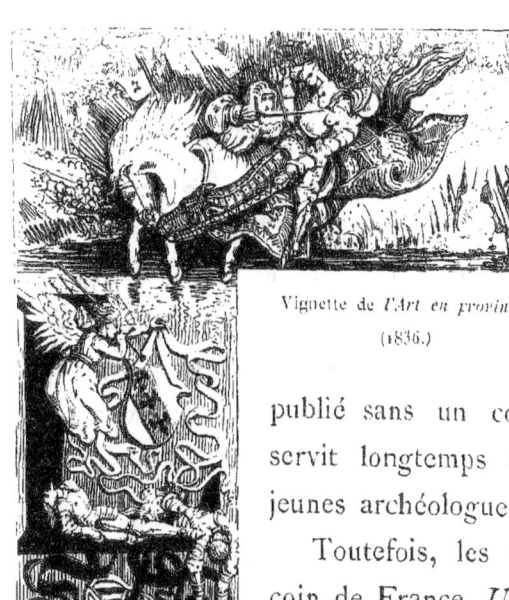

Vignette de *l'Art en province.*
(1836.)

légendes. La fameuse *Quiquengrogne*, qui dut si longtemps former pendant à *Notre-Dame de Paris*, appartenait au Bourbonnais; et rien que l'annonce du livre, qui eût été publié sans un contrat léonin de l'éditeur, servit longtemps de drapeau à ce groupe de jeunes archéologues [1].

Toutefois, les poètes faisaient défaut à ce coin de France. *Un An de poésies*, par Alfred Rousseau d'Aubusson [2], recueil de pièces conçues sous l'influence de Lamartine, ne mérite d'être enregistré ici que grâce à un ingénieux frontispice d'Achille Allier, traité dans la manière de Célestin Nanteuil [3].

D'autres graines de romantisme devaient être portées loin de

---

1. Le catalogue de 1832, du libraire Charles Gosselin, annonce au nombre des ouvrages sous presse : « *Le Fils de la bossue*, roman nouveau de Victor Hugo. Un gros volume in-8°, orné de vignettes de Tony Johannot. *La Quiquengrogne*, roman nouveau de Victor Hugo, auteur de *Notre-Dame de Paris*. Deux gros volumes in-8°, avec vignettes. »

A la suite de cette annonce est joint un fragment de lettre de l'auteur à l'éditeur : « *La Qui-* « *quengrogne* est le nom populaire d'une des tours de Bourbon-l'Archambault; ce roman « est destiné à compléter mes vues sur l'art du moyen âge, dont *Notre-Dame de Paris* a « donné la première partie. *Notre-Dame de Paris*, c'est la cathédrale; *la Quiquengrogne*, ce « sera le donjon. L'architecture militaire après l'architecture religieuse. Dans *Notre-Dame* j'ai « peint plus particulièrement le moyen âge sacerdotal; dans *la Quiquengrogne*, je peindrai plus « spécialement le moyen âge féodal : le tout selon mes idées, bien entendu, qui, bonnes ou « mauvaises, sont à moi. *Le Fils de la bossue* paraîtra après *la Quiquengrogne* et n'aura qu'un « volume. »

2. Desrosiers, Moulins, 1832. Grand in-8°.

3. Ce ne fut pas une influence de hasard que celle de Célestin Nanteuil. *Le Bourbonnais* le chargea, comme l'artiste le plus digne, d'entourer d'une fantasque ornementation le chant populaire de *la Belle Fille de la Garde*. C'est la plus grande eau-forte connue.

là et donner en Provence, plus particulièrement à Marseille, une certaine floraison représentée par Polydore Bounin et Joseph Autran. Non pas que les *Poésies et Poèmes*[1] de Polydore Bounin aient fortement marqué; mais la vignette qui représente une femme assassinée dans un cloître ombreux dénote de bonnes intentions. Il en fut de même pour les débuts littéraires de M. Joseph Autran[2], patronnés par Méry, alors très en avant; cependant les vers de M. Autran fussent restés enfouis sous l'indifférence méridionale, si un riche héritage n'avait apporté plus tard un concours utile à la fortune littéraire du jeune Marseillais.

Les quelques poètes cités plus haut, Alfred Rousseau d'Aubusson, Polydore Bounin, Joseph Autran, ne se rattachaient à l'école romantique qu'à l'aide des frontispices à la mode. Leurs vers sont estimables; mais une tendance particulière est surtout affirmée dans les *Ballades et Poésies musicales* de M. Joseph Autran : pour relever ses chants, il appela un artiste de l'école de Flaxman. Ainsi que le poème d'*Éloa* d'Alfred de Vigny avait inspiré Ziegler, un crayon mystique remplaça les matérialités parisiennes ornant les poèmes romantiques, et un dessinateur retraça en de chastes contours les aspirations du jeune Phocéen qui put entrer à l'Académie française sans avoir à renier les turbulences poétiques de sa jeunesse.

Dans le Languedoc, la fièvre méridionale s'accusa davantage. De sombres courants partis de Paris devaient s'abattre sur la cité de Clémence Isaure; malgré le ciel pur de Toulouse, le noir fut prodigué sans éclaircies sur la voûte éthérée par les peintres et les

---

1. Marseille, 1832. Grand in-8°.

2. Joseph Autran. *Ballades et Poésies musicales. — L'An 40, suivies de Marseille,* par Méry. Marseille, 1840. Grand in-8°.

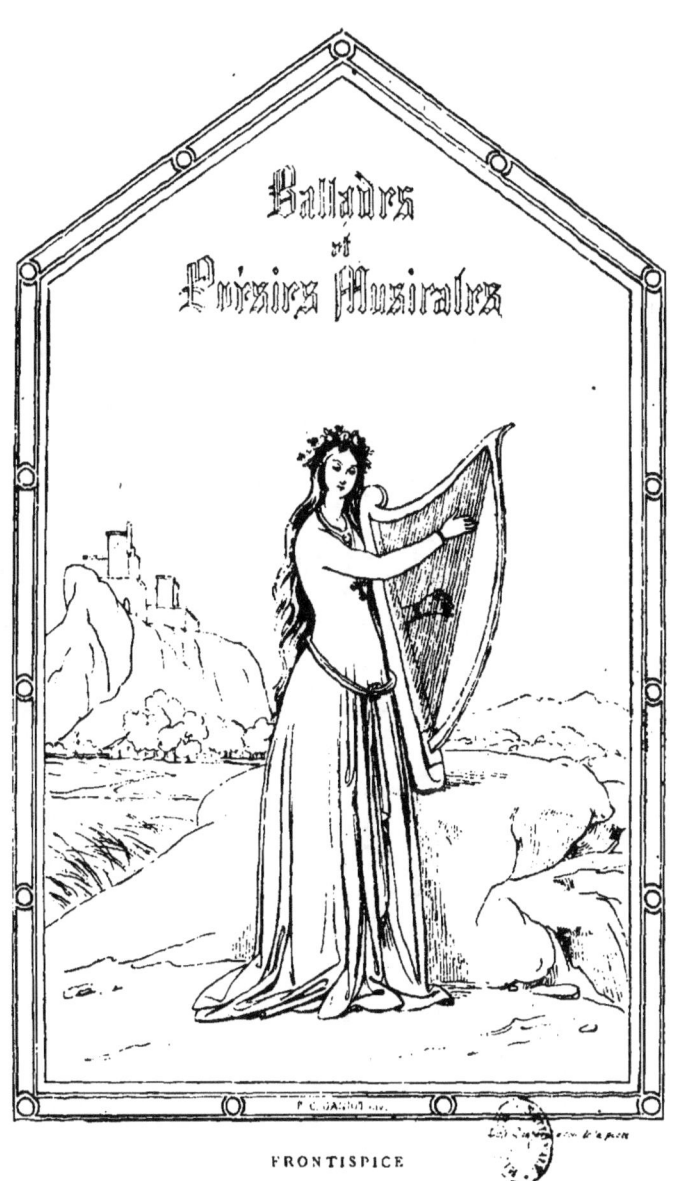

FRONTISPICE

pour l'An 40, de Joseph Autran (1840).

poètes. Dans cette province où la poésie ne cessa pas d'être culti-
vée depuis le moyen âge, les esprits touchés par l'aile de la Muse
ne font jamais défaut aux séances magistrales du Capitole, et ce
n'est pas là que « les lauriers sont coupés ». On naît poète
à Toulouse comme on y respire, poète en langue d'*oc* ou en
langue d'*oïl*, au choix.

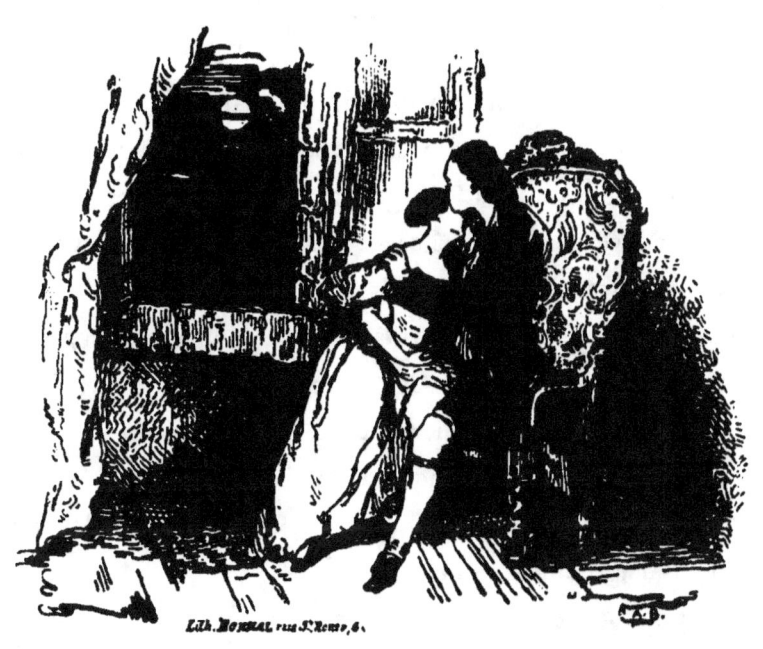

VIGNETTE D'ALEXANDRE BIDA,
pour la *Revue du Midi* (1835).

Ce fut là que M. Granier (il n'était pas de Cassagnac alors)
débuta comme poète; malheureusement, il ne se contenta pas
longtemps de lauriers inoffensifs. En même temps que lui,
M. Latour (il n'était pas non plus de Saint-Ybars) datait de sa
petite ville ses *Noces d'un squelette.* Le plumet triomphant d'une
noblesse gasconne ne fut attaché que plus tard à leurs chapeaux.

Les deux poètes établirent leur camp dans la *Revue du Midi.*

Ils devaient y rencontrer des dessinateurs qui comprenaient d'autant mieux les aspirations des nouveaux venus, que certains d'entre eux sacrifiaient également à la muse. A cette époque, M. Bida illustrait la plupart des récits de ses compagnons en même temps que les siens, non pas le Bida consciencieux de la Bible de la maison Hachette, mais un Bida farouche, ultra-romantique et ne reculant devant aucunes noirceurs de crayon. (Voir la vignette de la page 45.)

Il semble qu'un souffle de mélodrame parisien, mêlé aux irritations du « vent marin » toulousain, secoue les nerfs du dessinateur et lui fasse entrevoir des vertiges et des visions, des ciels noirs, des lunes cadavériquement pâles et des voûtes sombres vaguement éclairées par des cierges blafards.

Mais, de même qu'en Normandie, ce mouvement excessif ne dura que quelques années. Ces rares volumes de la *Revue du Midi,* qui fut illustrée seulement de 1833 à 1835, n'ayant pas pénétré dans le centre, manquent malheureusement à la plupart des bibliothèques romantiques, car à les feuilleter, les curieux passeraient d'agréables moments.

Tel fut le mouvement romantique en province. Je ne le donne pas comme absolument complet; par les petites découvertes que j'ai faites dans quelques centres, il est permis de croire que, dans certaines villes préoccupées des idées nouvelles, d'autres artistes se trouvaient d'accord avec les poètes naissants. Les hommes ne manquèrent pas; mais les plus entreprenants, qui couraient se jeter dans la vie parisienne, creusaient trop de vides dans les rangs; ils ne laissaient, pour les remplacer, que des esprits modérés, fixés ou plutôt figés au sol et par là moins aventureux.

CHAPITRE XXII

LES RÉPUBLICAINS. — LES HUMANITAIRES
LES SAINT-SIMONIENS

En vertu de quelles semences l'idée romantique se répandit dans certains centres, quels furent les hommes en vue qui préoccupèrent la jeunesse, j'ai essayé de le montrer dans les chapitres précédents.

Le roman, la poésie, le théâtre décrétaient des lois et initiaient de nombreux groupes à l'Art nouveau par des Préfaces et des Manifestes; mais un mouvement politique et social éclata, plus ardent encore, et il faut l'étudier sous peine d'être incomplet. La littérature de 1830 ne se montra audacieuse qu'à la faveur de ce mouvement : elle pouvait paraître indifférente à la politique, aux réformes sociales, aux insurrections, elle en reçut un contre-coup direct, plus accusé à Paris qu'en province. Si on excepte Lyon dont les émeutes prirent un caractère violent et presque parisien, la province ne me paraît pas avoir été remuée par ce même enfantement douloureux; c'est pourquoi j'ai placé avant la politique et les réformes sociales le chapitre précédent.

Une autre série de vignettes applicables au romantisme social, politique, jacobin, réformateur et insurrectionnel, dont les diverses manifestations se produisirent à la suite de la révolution de Juillet, doit trouver sa place ici.

On sait, par certains récits du temps, ceux par exemple de

Gérard de Nerval, qu'un reste d'agitation troublait assez quelques poètes pour les envoyer coucher en prison. Jeunes, tapageurs, tant soit peu rapins, ils se déclaraient de farouches « bouzingots ». Ce n'était qu'une effervescence de jeunesse.

Les véritables militants étaient autres et affirmaient leur croyance à la République par des actes d'une plus énergique portée. Je groupe divers noms pour me faire bien comprendre : Godefroy Cavaignac, Rey-Dussueil, Hauréau, David d'Angers, Schœlcher, Jeanron, Félix Pyat, quoique se rattachant aux lettres et aux arts, n'avaient rien de commun avec les excentriques tels que Pétrus Borel qui aiguisaient — en imagination — des poignards vengeurs.

Combattant en pleine rue, ces jeunes hommes passaient des bancs de la Cour des Pairs aux cachots du Mont-Saint-Michel. Si la fièvre parut s'apaiser vers 1840, elle se donna carrière huit ans plus tard, et ne retrouvons-nous pas dans quelques hommes au pouvoir des adversaires du gouvernement constitutionnel, à la persévérance desquels on doit la fondation de la République actuelle ?

A ce groupe qui contenait ses ardents et ses réfléchis, il convient de rattacher les humanitaires, ceux qu'on appela plus tard socialistes : Enfantin et ses disciples, Thoré, George Sand, Alphonse Esquiros, le Mapah. Dans leurs cerveaux s'agitent des aspirations confuses, mystiques, industrielles, empreintes de religiosité.

Étudier en détail ces divers courants demanderait des volumes. Le plan que je me suis tracé de me retrancher derrière les vignettes des livres, simplifie la tâche et me permet de butiner la fleur d'œuvres curieuses sans entrer dans de plus longs développements.

Un ouvrage de cette époque est resté croyant, sévère, inflexible, s'échappant d'une âme révolutionnaire, *la Montagne,* d'Hauréau[1]. Dans les années qui suivirent la proclamation de la Charte, années fiévreuses d'émeutes et de barricades, ce n'étaient pas les Girondins qui enthousiasmaient une jeunesse ardente; la fin prématurée des principaux personnages de la Montagne fit naître chez un jeune homme de vingt ans la pensée d'élever un Panthéon à ceux qui succombent, victimes de leur idée.

Le portrait suivant d'un journaliste que les événements entraî-

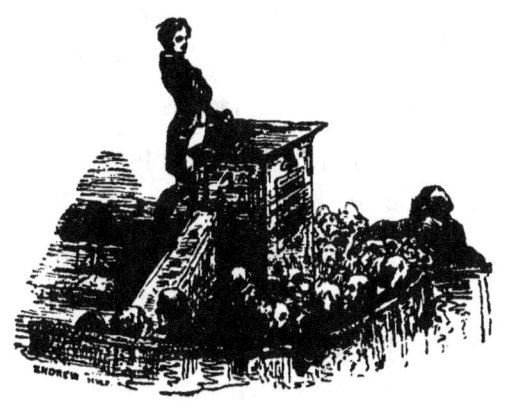

VIGNETTE DE JEANRON,
pour *la Montagne*, d'Hauréau (1834).

nèrent vers la Montagne, et qui fut écrasé par sa chute, donne une idée de l'histoire telle que la comprenait Hauréau :

> J'ai lu les écrits de Camille Desmoulins et je n'ai vu partout qu'un rhéteur verbeux, spirituel, rieur, aussi plaisant dans le vaudeville et le calembour que jamais homme du *Caveau moderne;* toujours incessamment rieur, et du même rire pour les choses saintes auxquelles tout homme ne touche qu'en tremblant... Nulle part, je n'ai trouvé l'homme politique comme je l'entends.

Le sévère portraitiste dépouille l'homme de la légende, laisse

---

1. *La Montagne. Notices historiques et philosophiques sur les principaux membres de la Montagne.* Paris, Bréauté, 1834. In-8°.

de côté l'amour de Lucile pour Camille, sans se préoccuper de plaire aux âmes sensibles, et conclut ainsi :

Intéressant jeune homme, comme disent les histoires, mais égoïste impudent et vaniteux dont il fallut débarrasser la place, va, je te dirai encore honte quand ta tête sautera dans le panier d'osier.

Il faut avoir vingt ans pour se montrer si spartiate.

Vers 1848, Michelet, faisant un cours au Collège de France sur Camille Desmoulins, commençait ainsi : « Ce polisson.... »; mais Michelet savait faire passer ses hardiesses calculées par des tendresses féminines, et il n'eût pas forcé la note en disant honte à la tête du pauvre Camille Desmoulins.

C'est en ce sens que je prétends marquer le manque de mesure de l'école romantique et de ses adeptes. Tout est poussé à l'excès en ce temps; on ne marche qu'à l'aide d'oppositions exagérées.

Le brave Nodier, qui par moments se croyait jacobin et donnait une édition des *Institutions* de Saint-Just, ne se doutait guère de l'effet considérable que produirait son enthousiasme chez les jeunes gens. Dans cet ordre d'idées on doit citer l'évocation aux mânes de Saint-Just par l'auteur de *la Montagne*.

Maintenant il aurait soixante-cinq ans : sa tête blonde serait blanche. Quel bonheur si, dans nos jours de bataille, nous pouvions contempler dans nos rangs ce beau patriarche et nous serrer à ses côtés comme autour d'une arche sainte, deux fois bénie par le dieu des armées; et quand il lèverait au ciel ses bras défaillants pour invoquer la victoire, combien d'entre nous se disputeraient l'honneur de les soutenir !

Je ne vois pas et je crois pouvoir dire qu'on n'entrevoit pas plus Saint-Just présider plus tard la fête de la Vieillesse qu'on ne s'imagine André Chénier professer à l'Athénée sous l'Empire ou, perclus de rhumatismes, dans un habit à palmes vertes de l'Ins-

titut. Un Saint-Just prudent, se garant des cornes du taureau
révolutionnaire et ne payant pas de son sang son entrée dans la
lice, serait un Saint-Just vulgaire dont le nom ne serait pas par-
venu jusqu'à nous.

Il faut toutefois se reporter à l'époque, il faut tenir compte de
l'éducation des jeunes patriotes de 1830 écoutant les récits de ceux

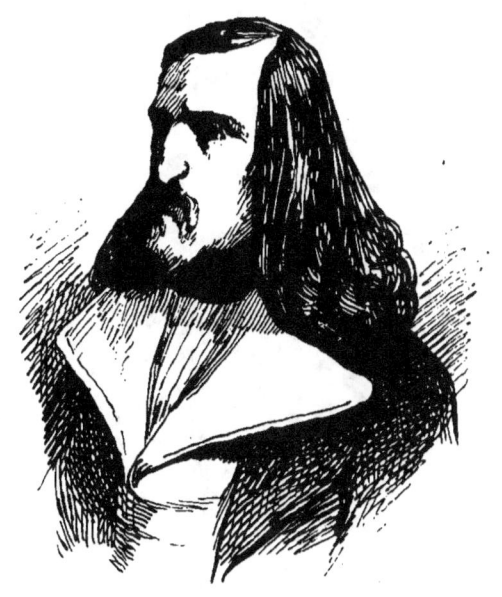

PRÉVENU D'AVRIL,
d'après une lithographie du temps.

des conventionnels, des conspirateurs qui avaient échappé à la
transportation, à l'échafaud et qui faisaient pénétrer leurs croyances
dans ces âmes vibrantes. Dans cet ordre l'enthousiaste évocation
pour le descendant de Michel-Ange, pour l'ancien complice de
Babeuf, pour le vieil égalitaire qui terminait sous Louis-Philippe
sa carrière, me paraît plus sentie que celle relative à Saint-Just.

Et toi, vertueux Buonarotti, vénérable patriarche de l'égalité, qui vis dans nos
temps comme un grand et pieux souvenir de ce magnifique passé, il ne nous reste plus

29

maintenant qu'à causer avec toi de tous tes vieux amis qui sont morts par la douleur ou par l'âge et qu'à réunir sur toi, pour en faire une couronne à ta tête blanchie, ce que nous aurions d'amour pour chacun d'eux, s'ils vivaient.

La Montagne est dédiée au peintre Jeanron en souvenir de sa

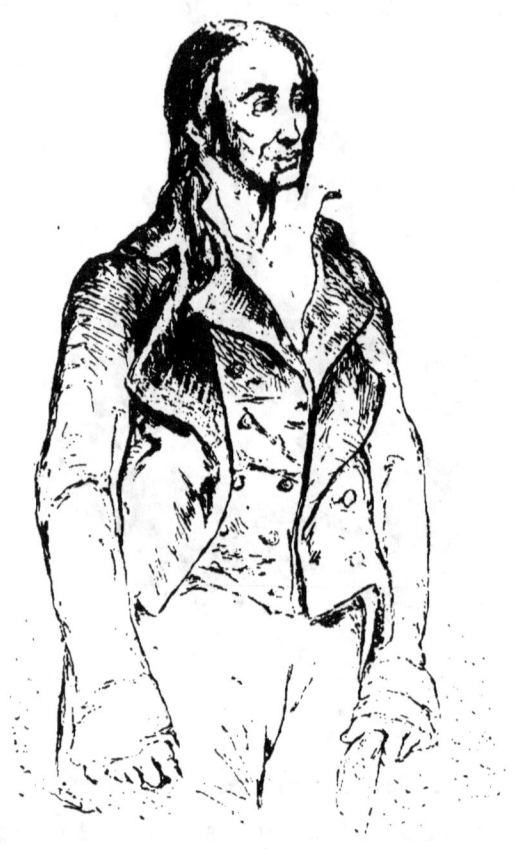

COLLOT-D'HERBOIS.

Eau-forte de Jeanron pour *la Montagne*, d'Hauréau (1834).

collaboration à l'œuvre; elle fut considérable en effet. Un portrait à l'eau-forte précédait chaque biographie. Et quel portrait!

Elle est chargée l'iconographie des hommes de la Révolution. La physionomie de Henri IV exceptée, jamais on ne vit tant de dépense de cuivre, de bois, d'acier pour la représentation des personnages de 1789 à 1793. Les partis ont fait des hommes en vue de la Montagne des monstres, des séraphins, des êtres noirs, cruels, angéliques, des crétins et des goîtreux, des premiers rôles de l'Ambigu-Comique, des héros plus grands que nature, des personnages du bas de l'échelle avec des gibbosités et des loupes prodigieuses. Ces flatteries, ces invectives à la Convention, qui diffèrent profondément, suivant qu'elles s'adressent à l'aristocratie, à la bourgeoisie ou au peuple, ont donné naissance à un amas de figures fantastiques au milieu desquelles se perd l'historien qui veut connaître la réelle figure des hommes de 1793. Jeanron trouva le moyen de se faire remarquer dans ce Panthéon singulier; les portraits des Montagnards, tels que les entrevoit le graveur, ont des physionomies d'objurgateurs.

Je regarde à la tribune le fantôme de Collot-d'Herbois évoqué par le visionnaire Jeanron et je me demande si véritablement l'ancien comédien, jeté par les événements dans la fournaise révolutionnaire, ressemblait au personnage ci-contre.

Elles sont plus aimables, dans leur manière, les symbolisations patriotiques de Tony Johannot qui, plus d'une fois, évoqua la Liberté apportant son rayonnement sur les médaillons des grandes figures de la Révolution.

Dans le même ordre républicain, mais à un plan plus éloigné, on doit citer un romancier peu connu aujourd'hui, Rey-Dussueil, pour son livre *le Cloître Saint-Merri*[1].

Marius Rey-Dussueil, auteur de *la Fin du monde,* esprit philosophique confus à qui l'on doit l'*Histoire du temps et des choses à venir* et qui annonçait un singulier roman, *Isidore ou l'état*

---

1. Paris, Ambroise Dupont, 1832. In-8°.

social, titres qui font comprendre les aspirations de l'écrivain, s'écrie au dernier chapitre de son roman :

> Pour vous, nobles victimes, qui avez doté le cloître Saint-Merri d'un de ces noms qui sonnent à l'oreille à l'égal des Thermopyles, votre chute a été plus éclatante que le plus beau triomphe... Un jour viendra où ce champ de bataille sera visité comme un saint monument, où vos noms se transmettront de bouche en bouche à la mémoire la plus reculée; c'est aux jeunes hommes qu'appartient l'avenir et votre dévouement en a hâté la venue.

La vignette qui orne cet ouvrage ne fut pas confiée à un artiste entrant dans la pensée de l'auteur : le graveur Carl Girardet, Suisse d'origine, pouvait-il rendre les chapitres du *Cloître Saint-Merri*, intitulés : *le Prolétaire, les Barricades, l'Assaut, la Police*.

Jeanron l'eût fait en toute connaissance de cause, lui qui avait dessiné d'après nature, et non plus d'après des rêves, des types de combattants de Juillet et d'insurgés.

Les humanitaires n'eurent pas de dessinateurs. La poursuite des réformes sociales prête médiocrement au crayon; toutefois les saint-simoniens ne répudiaient pas les arts.

> Aimez-vous ! aimez-vous !
> Et vous serez forts comme nous.

Ainsi débute un Cantique, sans doute composé par Vinçard et mis en musique par Félicien David, pour la récréation des apôtres de Ménilmontant.

Des hauteurs de Belleville, ils planaient sur la grande ville industrielle; mais, quoiqu'en apparence détachés de l'ancien monde, les saint-simoniens ne s'inquiétaient pas moins de l'effet produit par la présence et le costume de leurs sectaires.

Je note dans un journal du 17 octobre 1832 une lettre de

disciples d'Enfantin se plaignant que l'entrée du théâtre de
Mme Saqui leur ait été refusée la veille, alors qu'ils se présentaient pour assister à la représentation d'une pièce intitulée *les
Saint-Simoniens;* le même journal constate que, le 29 octobre, les
apôtres de Ménilmontant ont été admis à voir jouer les acteurs
qui les jouent.

C'est en souvenir de ces exhibitions que Tony Johannot a

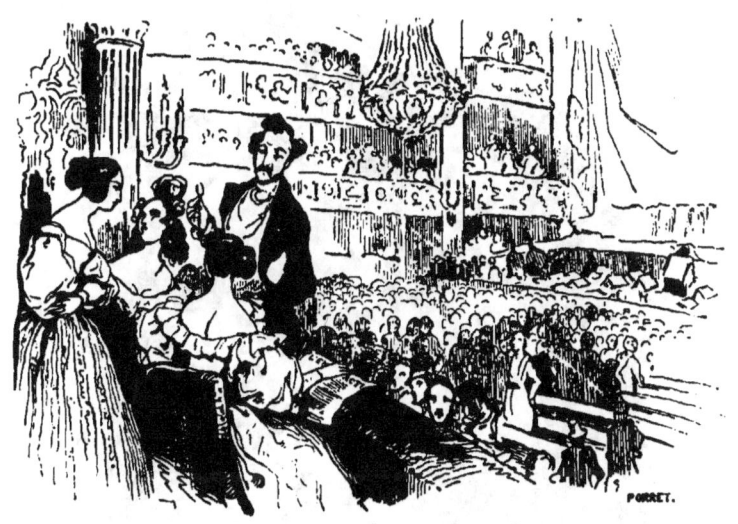

VIGNETTE DE TONY JOHANNOT.
Titre du journal *l'Entr'acte* (1832).

dessiné un saint-simonien, dans la vignette du journal *l'Entr'acte*
(1er octobre 1832). Debout, à l'orchestre d'une salle luxueuse,
peut-être celle de l'Opéra, l'apôtre fait montre de sa personne.

Une autre vignette, une seule (je laisse de côté les caricatures),
a sa place bien marquée dans le cadre actuel, celle qui sert de
frontispice au roman de Mme Joséphine Lebassu, *la Saint-Simonienne* [1].

1. Paris, Tenré, 1833. In-8°.

Les réformateurs de la rue Taitbout avaient inscrit sur leur drapeau : protection de la femme. Mme Joséphine Lebassu prit pour thème une femme défendant les disciples d'Enfantin; fait d'autant plus méritoire que, dans le roman, l'héroïne est l'épouse légitime d'un jeune saint-simonien qui l'abandonne pour chercher la femme libre.

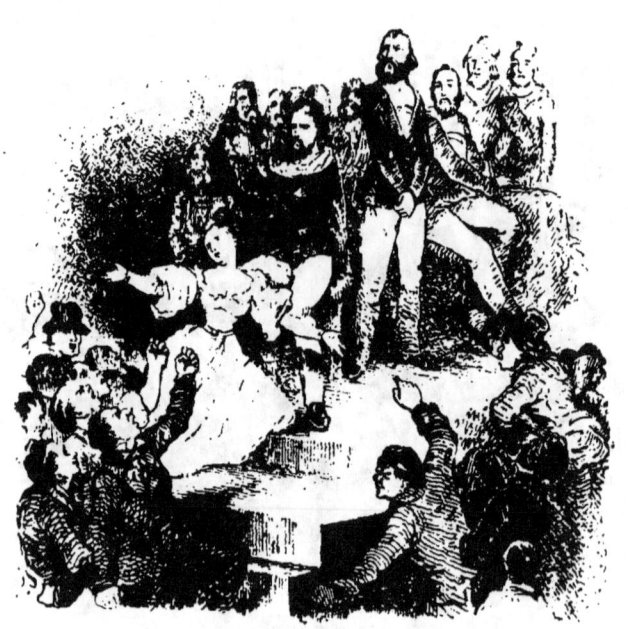

VIGNETTE DE L'ÉCOLE DE TONY JOHANNOT,
pour *la Saint-Simonienne*, de Mme Lebassu (1833).

Le vignettiste, qui s'inspira de Tony Johannot pour rendre la scène la plus dramatique de l'œuvre de Mme Joséphine Lebassu, a retracé une séance de science sociale troublée par des perturbateurs; les gens de l'Angoumois, dans leur fièvre méridionale, jettent des pierres aux porteurs de la parole du Père.

— Messieurs, s'écria Claire, cet homme dont vous menacez la vie est mon époux ; mais il me serait étranger que j'élèverais ma voix en sa faveur, comme je le fais à présent.

Les principes qu'il proclame vous déplaisent ; repoussez-les ! vous en avez le droit, mais non pas celui d'attenter à ses jours. Vous, nation hospitalière, vous massacreriez sans pitié l'homme qui se présente à vous sans défense ! Non, non, vous êtes incapables d'une telle lâcheté. Cet homme, je le mets sous la sauvegarde de votre humanité, il est sacré maintenant.

En achevant ces mots, elle tendait ses bras à Reinal comme vers l'objet d'un culte religieux ; la dignité de son attitude, sa beauté ravissante, le désespoir et l'amour qui se peignent dans ses yeux subjuguent cette foule effrénée.

Ce roman de Mme Joséphine Lebassu, la vignette l'a sauvé : l'exactitude du costume des acteurs, la scène qui se répéta dans diverses provinces, la clarté et la composition de ce petit drame concourent à rendre précieux l'unique livre, à ma connaissance, qui ait trait directement à la science sociale dans l'histoire du romantisme.

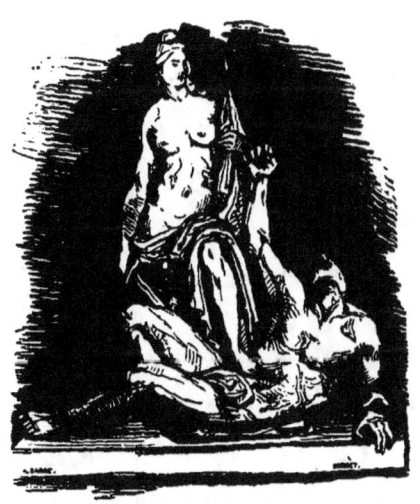

LA RÉPUBLIQUE.

Portrait sculpt. d'après Barre. (*Salon de 1831*, de Gustave Planche.)

CHAPITRE XXIII

UN APÔTRE ROMANTIQUE

Un certain courant de religiosité se mêla aux divers affluents qui devaient grossir le romantisme, ou, pour parler plus exactement, la période romantique. Au début, entre 1825 et 1832, le trône et l'autel, la royauté, la religion semblaient avoir besoin de restaurations, comme les cathédrales du moyen âge. Il y eut vif empressement, et à ce moment la démolition ne faisait point question. Voltaire était traité avec aussi peu de respect que le diable ; pour avoir sapé tant de croyances il était regardé comme un esprit du mal, sans cesse grimaçant.

Toutefois, en songeant au morceau de dogme que chaque sectaire emportait avec soi pour s'en tailler un manteau : les buchéziens ne faisant qu'un du Christianisme et de la Révolution ; les saint-simoniens qui créaient un Père et chantaient l'avenir industriel ; l'abbé de Lamennais se prononçant contre Rome et pour la démocratie ; Pierre Leroux, vague et confus dans son humanitarisme, il me semble que cet examen, ce choix, cette transformation, n'étayaient pas solidement l'ancienne foi du charbonnier.

Les poètes chantaient encore les ruines : Lamartine, de Vigny, les frères Deschamps. Ce n'est déjà plus toutefois le *Génie du Christianisme* dont Chateaubriand a décrit les pompes ; des regrets pour le passé, des regards en arrière, une description complaisante des bruits de la nature, un alanguissement dans la forme et le fond indiquent des aspirations plus poétiques que catholiques.

On écoute la cloche du soir sonner l'angélus dans le lointain, à l'église du hameau ; la croix moussue du bord de la route arrête le poète voyageur ; ce sont là toutefois des sensations, des *harmonies* un peu de surface. Quelqu'un a dit que les pompes religieuses de Chateaubriand appartenaient plus à un décorateur qu'à un croyant ; une sorte de matérialisme ressort en effet de la description des monuments. Victor Hugo, archéologue et architecte dans *Notre-Dame de Paris,* introduit dans l'ombre des murailles tout un monde de personnages qui agissent matériellement et se posent, en même temps que l'auteur, des questions d'avenir dont la cour de Rome ne devait admettre l'opportunité qu'avec bien des réserves.

Les architectes, de leur côté, reconstituent à leur manière la plupart des grandes basiliques de France, qu'il eût été plus imposant peut-être de laisser avec leurs mutilations.

Tout cet ensemble est bien particulier à l'époque romantique. Les groupes peuvent avoir été étrangers les uns aux autres ; les hommes ont respiré le même air, ils marchent dans des sentiers parallèles ; mais si ardents que soient ces jeunes hommes, si indépendants qu'ils se croient, ils sont poussés à leur insu par un siècle nouveau, héritier des doctrines de la Révolution et gouverné par la logique d'un nouvel enseignement.

Un tel début pourra peut-être paraître ambitieux pour la reconstitution d'une petite secte qui se forma tout à coup dans un coin de Paris. Je tenais à montrer ses attaches romantiques, quoique le mot ne fût pas prononcé dans cet endroit et qu'il y eût été regardé sans doute comme malsonnant ; mais en rapprochant les uns des autres certains cénacles, en comparant leurs doctrines, une clarté se fera, je l'espère, qui permet d'en rattacher les fils épars.

Un atelier de sculpteur, comme il en existe un certain nombre dans l'île Saint-Louis, donnait asile, vers 1838, à un personnage bizarre du nom de Gannau. Là était échoué un homme qui avait mené une existence de luxe sur le boulevard; le jeu lui ayant fait descendre les divers échelons qui séparent la fortune de la gêne, il s'était improvisé chef de secte, presque dieu, renonçant tout à coup aux pompes du Paris élégant. Afin de dépouiller le vieil homme, il se faisait appeler *celui qui fut Gannau;* de même son disciple prit pour nom : *celui qui fut Caillaux.* Un petit cénacle de peintres, de sculpteurs, d'écrivains s'était formé autour de l'homme : parmi ces derniers on a cité plus particulièrement Thoré, à cette époque préoccupé de science sociale; Félix Pyat, qui déjà remuait le public du boulevard par ses drames révolutionnaires; Hetzel, nature moins en avant, plus pratique et apportant au service de la librairie des capacités industrielles que l'âge devait affirmer.

Je ne prétends pas toutefois faire de ces trois hommes des disciples convaincus de Gannau. La littérature développe des soifs de curiosité qui sont bien vite rassasiées. Alexandre Dumas également avait connu le personnage et il en parle dans ses *Mémoires;* mais les mystagogues, les fondateurs de religion ne répondaient guère à sa nature, et le Mapah ou Gannau, tel qu'on l'entrevoit sous la plume du dramaturge, est une sorte de Chodruc-Duclos fréquentant volontiers le fameux 113 du Palais-Royal.

Sans doute Gannau était un déclassé; le disciple Caillaux ne fait nulle difficulté de l'avouer : « son existence a été singulière et il était capable de toutes les excentricités ».

Chez certains êtres bizarres la femme a joué un rôle à côté. Quelquefois, au fond de l'île Saint-Louis, Gannau respirait des bouffées du Paris élégant et ne résistait pas à jouir de la vue de

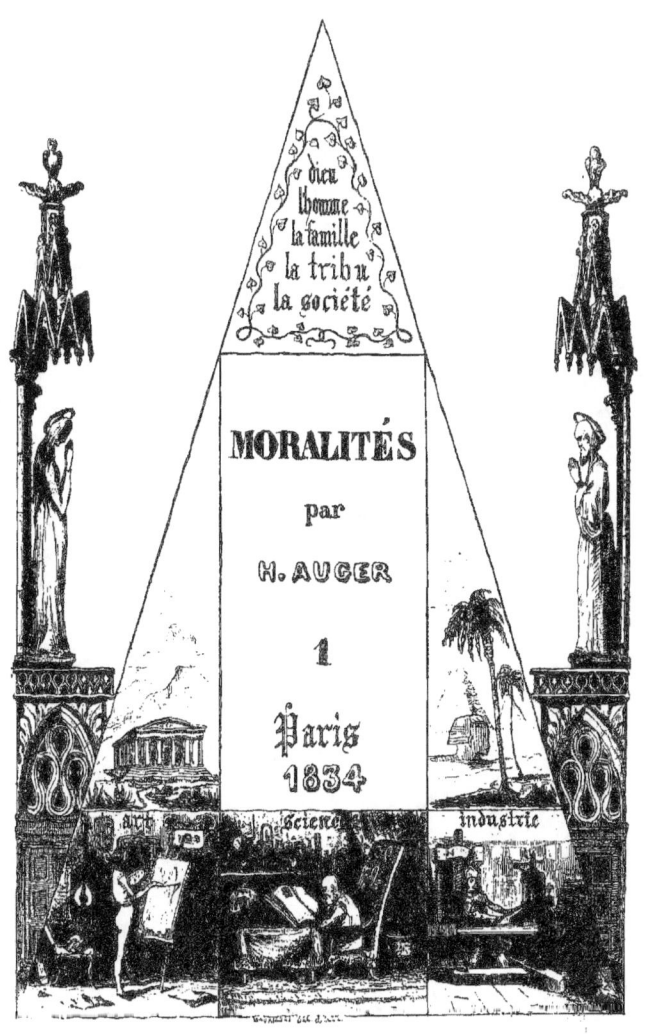

dieu
l'homme
la famille
la tribu
la société

MORALITÉS

par

H. AUGER

1

Paris
1834

art   science   industrie

EAU-FORTE DE MAURISSET,

pour *Moralités*, d'Hippolyte Auger.

(1834.)

son ancien luxe. Un soir Caillaux rencontre le Mapah à l'Opéra ;
« il me pria, dit-il, de lui acheter un bouquet de violettes
(il commençait sa vie de misère). Je lui achetai ce bouquet, et je
le vis se diriger vers une loge, où il le donna à une charmante
femme. »

La flamme des anciens souvenirs s'était réveillée pendant la
maladie (Gannau mourut à quelque temps de là) et le dogme
n'avait pu lutter contre cette dernière pensée : la femme, des
fleurs.

Qu'était-ce que la secte fondée par Gannau ? Caillaux en a
tenté la synthèse :

C'est d'abord, dans la nuit du temps, dans les lointains immenses des horizons les
plus reculés, le Lingam de l'Inde qui apparaît. — Apparition obscène ! dira-t-on.
— Obscène pour vous qui ne la considérez qu'avec des yeux de chair, mais non pas
pour ceux qui la jugent avec les yeux de l'esprit et qui ne voient en elle que le symbole
du principe générateur présent partout, agissant partout, du principe divin de qui tout
procède. Et dans cette aube des jours religieux, si je m'arrête aux profondeurs....,
j'entrevois le sabéisme s'agenouillant devant le trépied qui flamboie et le chaldéisme se
prosternant devant les constellations qui l'éclairent et qui lui révèlent la majesté d'un
Dieu dont il n'a qu'une idée imparfaite...

Culte du Lingam ;

Sabéisme ;

Chaldéisme ;

Sous quelque forme que se présente l'adoration primitive, elle reflète l'incandescence
de ces périodes infinies durant lesquelles la planète roulait à travers l'espace des vagues
en fusion...

Le disciple, qui avoue que la pensée de son chef spirituel
« était une forêt de l'Inde et que l'expression s'en ressentait »,
me semble avoir traversé la même forêt et il faut la hache d'un
lettré de profession pour se frayer un chemin dans cette doctrine
touffue.

Suivant un des rares biographes[1] qui se soient aventurés jusqu'ici dans la forêt :

La religion que voulait fonder le Mapah avait pour principe l'androgynisme. Il fusionnait le principe mâle et le principe femelle ; il reconnaissait son union dans la nature. Comme tel, il s'indignait de cette absorption de la femme par l'homme qui lui ordonne de sacrifier son nom à celui qu'elle épouse.

La religion de Gannau s'appelait l'*Évadamisme*, et le nom était bien caractéristique puisqu'il réunit les deux noms : *Ève, Adam*. Lui-même s'était décerné le titre de *Mapah*, nom symbolique qui contient les deux premières syllabes des mots latins *pater* et *mater*.

Caillaux lui-même n'approuve pas ces locutions bizarres : *Evadah*, — *évadamisme*, — *Mapah !* « Tout cela, dit-il, pour arriver en somme *à l'antichute* et *au déisme renfermant en lui un double principe créateur*. »

Le disciple ajoute, il est vrai, « que Gannau était prodigieusement éloquent et que sa parole immense faisait passer toutes les étrangetés de ses néologismes ».

Je pourrais donner de plus nombreux échantillons de la doctrine ; mais il faudrait pouvoir mettre la main sur les feuilles volantes, les brochures que le Mapah lançait dans Paris et qu'il appelait ses « *plâtras* ». Ils sont de toute rareté et aucun bibliographe ne les a signalés. Quelques portraits de l'homme suffiront : l'un tracé par un adepte fidèle, les autres dessinés.

Du Mapah physique Caillaux a dit :

Je le suivis et je pus le considérer à loisir : c'était un homme du peuple au dos arqué et aux membres puissants ; sur sa poitrine flottait une barbe inculte, et sa tête nue et presque chauve attestait un long travail et de rudes passions. Il marchait, portant sur son épaule un sac de plâtre dont le poids courbait ses reins. Ainsi voûté, il passait à travers la foule...

Et pourtant le maître de cette demeure n'avait pas les allures d'un ouvrier vulgaire.

[1]. Ch. Yriarte. *Les Célébrités de la rue*. Paris, Dentu, 1867. In-18.

C'était bien encore l'homme au sac de plâtre, à la barbe inculte, à la blouse déchirée, qui m'avait abordé d'une façon si inattendue ; c'était bien la même puissance de regard, la même largeur d'épaules, la même force de reins ; seulement, sur ce front sillonné, sur ces traits granitiques, dans tout cet ensemble indescriptible, planait une majesté sauvage, devant laquelle je m'inclinai.

Ces sortes de portraits, un peu trop poussés au dithyrambe,

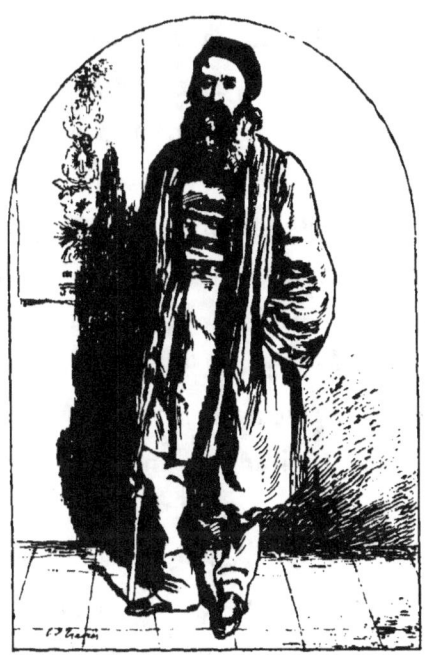

LE MAPAH.

D'après Traviès (vers 1834).

ne valent pas un croquis de dessinateur sincère et c'est un système qui a du bon que de comparer l'image peinte à la description : l'une complète l'autre.

A cette époque vivait assez difficilement un jeune dessinateur, nommé Traviès ; Philipon l'avait enrôlé parmi les caricaturistes qui faisaient une guerre de tous les jours au gouvernement constitutionnel.

J'ai dit ailleurs sa destinée mélancolique[1]. L'homme, né en
Suisse, qui n'est pas un pays d'humoristes, vivait de la satire et
de l'agression ; il était de nature mélancolique et avait soif de
croyances[2].

Traviès peignait — pour lui — de grandes compositions où
dans un coin nuageux quelque symbole était caché.

Lui aussi semble avoir fait partie de la secte du Mapah. La
précision avec laquelle Traviès a dessiné le groupe des adeptes
de l'île Saint-Louis, le sérieux avec lequel il envisagea le portrait
de Gannau, témoignent que la doctrine avait trouvé un écho dans
son esprit.

La première de ces lithographies intitulée, vraisemblablement
par un éditeur irrespectueux, *les Génies méconnus*, représente un
atelier où de jeunes hommes sont rassemblés pour converser; tous
fument, suivant les divers procédés connus, la pipe, le cigare ou
la cigarette. Étendu paresseusement sur le divan, Gannau rêve à
ses élucubrations, en aspirant la fumée d'une chibouque. Des
tableaux, des esquisses sont accrochés aux murs; mais, dans un
coin, fixée au plâtre par des épingles, est une image qui laisse
entrevoir confusément une croix, des anges, des nimbes rayon-
nants symboliques. En étudiant de près l'image, on voit dans un
globe, sous la croix, le symbole du rapprochement des sexes, de
cette dualité charnelle dont le Mapah faisait une unité à la fois
matérielle et dogmatique.

Voilà ce que Gannau avait trouvé, ce dont il fut fier, ce qui

---

1. *Histoire de la Caricature moderne*. Paris, Dentu. In-18. Deuxième édition, 1872.

2. J'ai connu ce grand échassier avec de longs cheveux de saule pleureur, un nez très
proéminent, des yeux ardents et des joues fiévreuses; je l'ai vu, à vingt ans de là, donner asile
dans son domicile, à un étage presque aussi élevé que lui, à la doctrine fouriériste colportée par
l'apôtre Jean Journet; encore plus tard, toujours ardent, toujours inquiet, il cherchait à s'initier
à l'enseignement réaliste prêché, vers 1850, par Courbet à la brasserie de la rue Hautefeuille.

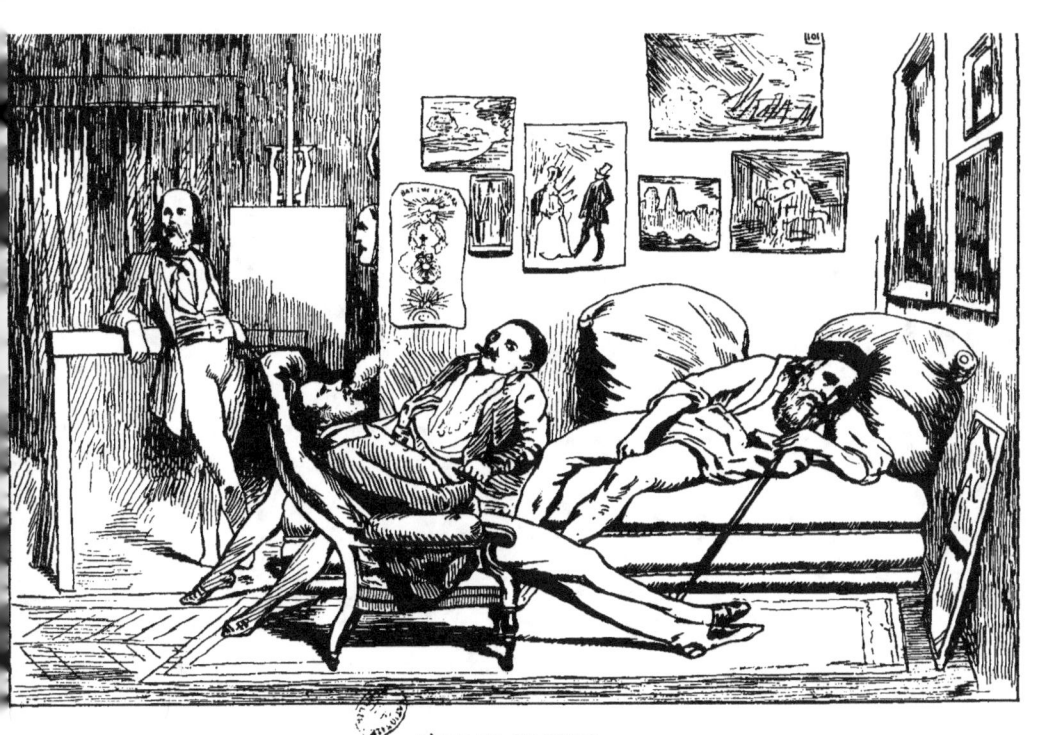

L'ATELIER DU MAPAH.

D'après une lithographie de Traviès (vers 1834).

constitue le principal attribut de sa doctrine; l'apôtre ne cessa d'en donner la représentation en tête de ses « plâtras », il en eût fait volontiers son blason. La même image symbolique est représentée plus visible encore dans le fond du portrait (page 239); sans ce signe l'homme à la pelisse, barbu comme un Oriental dont il a les yeux et le turban, semblerait une sorte de marchand de pastilles du sérail. Et pourtant Traviès, en le dessinant, n'a pas voulu faire acte d'ironie; le portrait est grave, traité avec soin, comme il convient de représenter un inventeur de religion, « un sectaire du xixᵉ siècle » suivant la légende.

J'en reviens à la scène de l'atelier; elle servira de point d'attache avec un groupe romantique très avancé, dont le chef reconnu était Pétrus Borel, et le lieu de réunion l'atelier de Jehan Du Seigneur. Le poète Philotée O'Neddy (Dondey-Dupré) en a donné une juste image lorsqu'il parle de jeunes hommes, la pipe aux lèvres, « *en barbe jeune* », qui

> Sont pachalesquement jetés sur un amas
> De coussins dont maint siècle a troué le damas.

Ne semble-t-il pas que ces vers se rapportent à la lithographie de Traviès?

Tous ces poètes sont exceptionnellement doués et, comme le dit Philotée O'Neddy, on peut

> . . . . de ces pâles figures
> Explorer à loisir les *généreux augures.*

De nombreuses citations de l'auteur de *Feu et Flamme*, alors très en vue, donneraient certainement du piquant à ce chapitre; il faut savoir se borner, des études sur le poète et une édition de ses Œuvres ayant été publiées récemment par ses amis[1]. On ne peut négliger toutefois, alors qu'il s'agit de peindre un groupe particulier de jeunes romantiques,

> Le développement capace de ces fronts,
> Les rudes cavités de ces yeux de démons.

Les membres du cénacle de l'atelier Du Seigneur ne sacrifiaient pas exclusivement à la poésie; c'est par là qu'ils se rattachent au groupe actuel. Pétrus Borel, le grand chef, se donne pour un révolutionnaire ardent, et, à son imitation,

> Les jeunes hommes, tous artistes dans le cœur,

arborent une coiffure qui les distingue. Ils ont

> Le temporal orné du bonnet de Phrygie

suivant l'expression de Philotée O'Neddy[2].

C'est un point de suture à constater dans les premières années qui suivirent la révolution de Juillet. Combattants du cloître Saint-Merri, accusés de Juin, poètes, romanciers, dieux et apôtres

---

1. Philotée O'Neddy. *Poésies posthumes*, avec notice de M. E. Havet. Paris, Charpentier, 2 vol. in-18. 1878.

2. Balzac se moquait volontiers de ces conspirateurs, ainsi que des inventeurs de religion :

« Ennemi-né de tout pouvoir qui ne lui parle pas à l'oreille, le conspirateur moderne s'agite contre n'importe quel ordre de choses, car c'est son rôle à lui, comme à d'autres de se cramponner après.

« ... Le travail des siècles, les philosophies, les religions, les morales, sont autant de matières traitées par lui comme du pain rassis, à refaire, faute de les connaître.

« ... Il proposera d'envoyer l'indépendance à tel peuple, comme une lettre par la petite poste. »

Mais voici qui s'applique particulièrement au *bouzingot* romantique :

« Il a trouvé moyen de confectionner de l'insurrection à la mécanique; il en fera à propos d'un œillet, d'un chien, d'une cravate, le tout à heure fixe et par principes. Emblème séditieux en chair et en os, les insignes de la rébellion se disputent la mince étendue de son corps : un gilet à la Robespierre, un chapeau à la Marat, un signe de ralliement à la boutonnière, et un assommoir pour canne, voilà les ornements de son physique. » (*Un Conspirateur moderne*, article du journal *la Caricature*, 21 juillet 1831.)

furent animés pour la plupart d'une flamme républicaine qui mit les armes aux mains des uns, fit éclater des imprécations dans la bouche des autres, se prêta aux évocations des prophètes et se répandit sur Paris comme un métal en fusion débordant du moule.

Écoutons la parole de Caillaux, disciple du Mapah :

Il y a cinquante ans une femme apparut belle entre toutes : elle se nommait Liberté ; elle s'incarna dans un peuple, ce peuple s'appelait France. — Et sur le front de cette femme s'étendit, comme dans l'antique Éden, un arbre aux rameaux verts, et cet arbre se nomme : Arbre de Liberté. Et désormais France et Liberté ne font plus qu'un seul et même terme, qu'une seule et même idée !

. . . .

Et me présentant une harpe suspendue au-dessus de sa couche, l'esprit de Dieu ajoutait :

« Chante, prophète ! »

Et voilà ce qu'il m'inspira :

« Pourquoi te lèves-tu avec le soleil, ô France, ô Liberté ? Et pourquoi tes vêtements exhalent-ils une senteur embaumée ? Pourquoi montes-tu dès le matin sur la montagne ? »

Grâce à ces prosopopées bibliques l'école planait dans les airs de la pensée et le maître était tout porté à prendre le ton d'un saint Jean à Pathmos.

D'autres citations du Mapah et de Caillaux semblent des para-phrases de Lamennais, de Quinet, de Pierre Leroux, de Camille Duteil, des lambeaux des théogonies de l'Inde, de l'Égypte antique, plus entrevues qu'étudiées. Tous ces éléments de bric et de broc empruntés aux dogmes du passé, ces morceaux d'étoffes humani-taires, faufilés plutôt que cousus les uns aux autres, ne pouvaient suffire à habiller la doctrine.

Il serait hors de propos d'accabler le Mapah et sa religion en chambre avec les souvenirs des principes fécondants qui ont fait la grandeur de Moïse, de Confucius, du Christ, de Mahomet ; et cependant, de 1830 à 1848, il est peu de réformateurs qui n'aient invoqué la doctrine du Christ, en en faisant un acte d'accusation contre la société moderne. Aujourd'hui que le Christ est tout à fait supprimé comme « manquant d'actualité », les inventeurs de religion, même l'abbé Châtel, reconnaîtraient qu'aux époques de civilisation primitive certains hommes étaient attendus, qui répondaient aux besoins des esprits.

Le Mapah, se croyant attendu, groupa autour de lui quelques jeunes gens. Ils pouvaient avoir de vagues aspirations sociales et politiques; le maître et les disciples furent insuffisants pour changer la face de l'humanité.

De la doctrine du Mapah il est à peine resté trace dans les souvenirs de quelques curieux, et je ne l'indique que pour montrer une sorte de liaison, une arrière-parenté avec les temps romantiques.

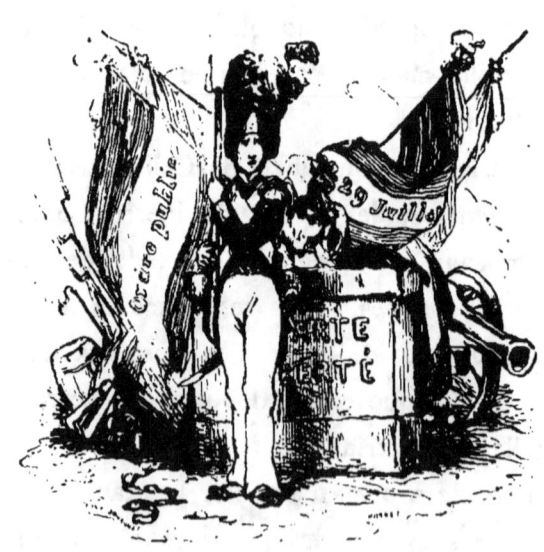

Vignette de Tony Johannot (1830).

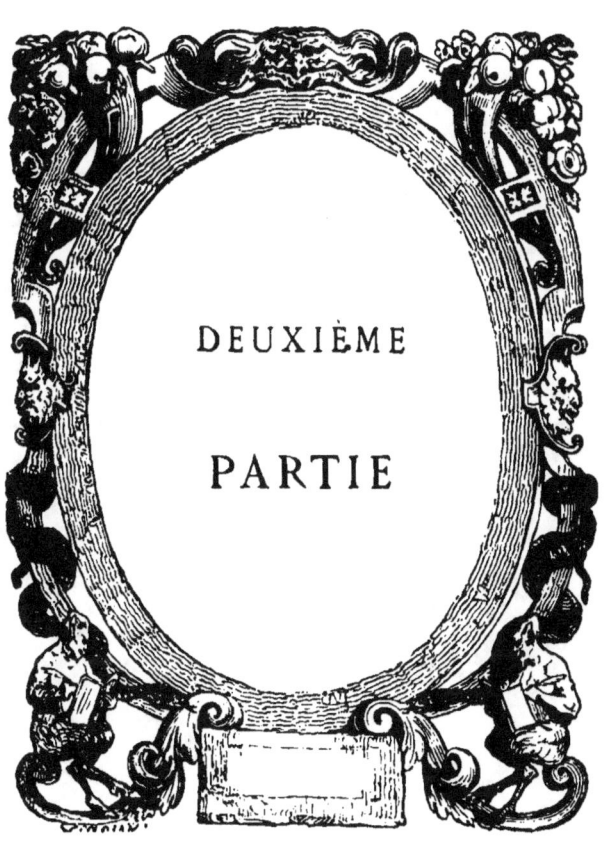

DEUXIÈME

PARTIE

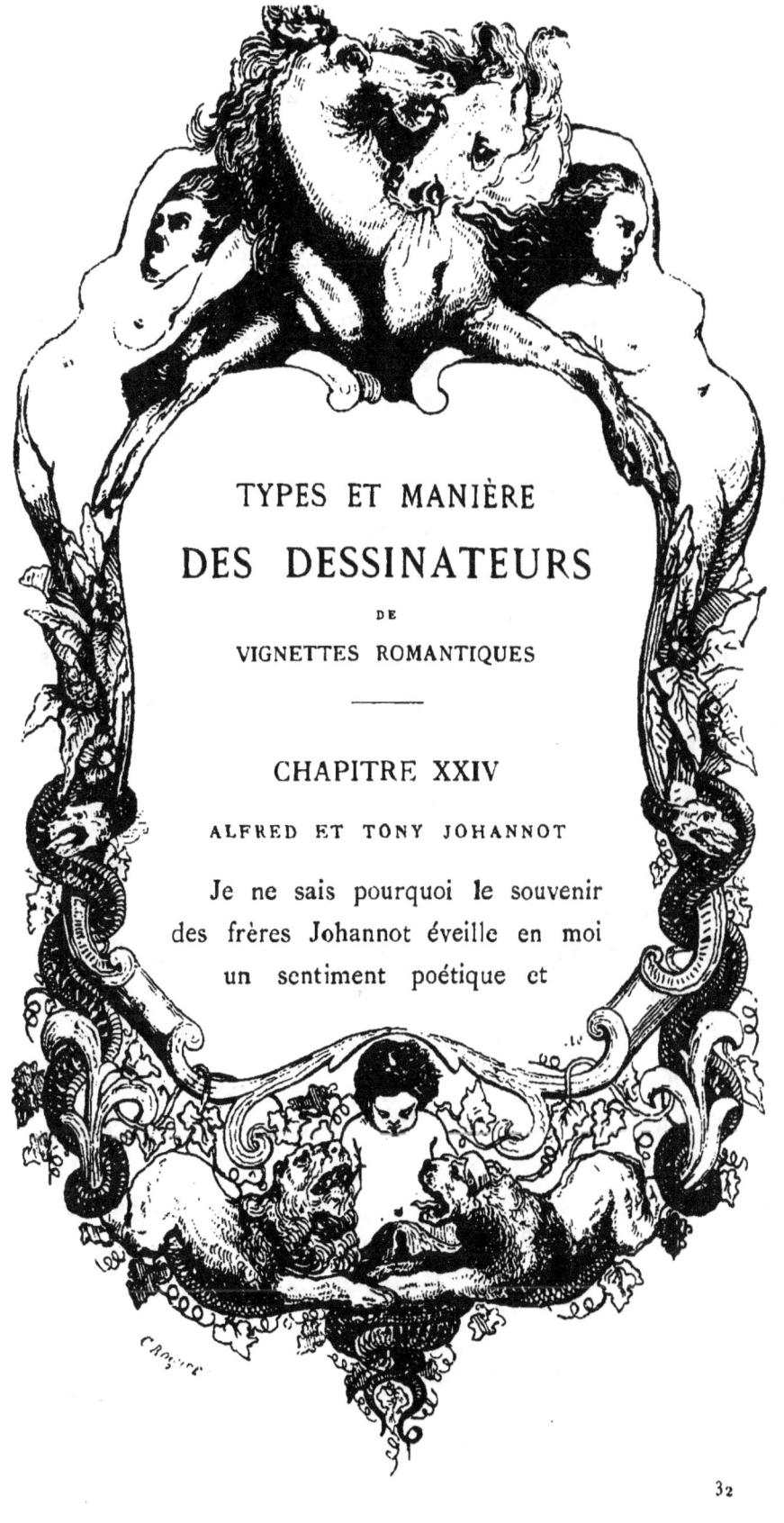

TYPES ET MANIÈRE

DES DESSINATEURS

DE

VIGNETTES ROMANTIQUES

CHAPITRE XXIV

ALFRED ET TONY JOHANNOT

Je ne sais pourquoi le souvenir
des frères Johannot éveille en moi
un sentiment poétique et

mélancolique; je cherche à l'analyser et me demande si divers éléments n'y contribuent pas : la fraternité amicale des deux artistes, leur collaboration assidue aux principaux ouvrages de la période romantique, le rayonnement qu'ils en reçurent, jusqu'à la douceur harmonieuse de leur nom, tout concourut à consacrer leur mémoire et à évoquer au-dessus de leur tombe une figure poétique de femme qui symbolise les poètes morts jeunes.

Nés en Allemagne d'un père d'origine française, il semble également que les frères Johannot aient rapporté de la Germanie un accent poétique qu'on ne peut refuser à la terre des *lieds* et des chants populaires.

Le portrait que nous avons d'eux, et qui a été inspiré à Gigoux dans un de ses meilleurs moments, nous les montre inséparables, dans la diversité de leur nature, ayant associé à jamais leur destinée. Si les Johannot eurent à lutter contre une vie difficile au début de leur carrière, ils furent poussés toutefois vers l'art presque sans y penser. François Johannot, leur père, négociant en papiers de luxe, était venu en France vers 1806, apportant le procédé de la lithographie. Ces premiers essais, sans doute imparfaits, ne furent pas goûtés par l'industrie; mais l'homme, qui avait mené un certain train en Allemagne (il recevait, dit-on, Mme de Staël ainsi que la fameuse Mme de Krudener), fut assez appuyé pour obtenir, sous le premier Empire, le poste d'inspecteur de la librairie à Hambourg, fonction qu'il exerça plus tard à Lyon jusqu'en 1817.

Les fils s'élevaient sous l'aile de parents affectueux, entendant parler de littérature, d'inventions nouvelles applicables aux arts; naturellement ils durent fréquenter la haute société administrative que recevait leur père.

En 1813 l'aîné des trois frères, Charles Johannot, était déjà graveur : on a de lui des estampes pour l'*Aminta* du Tasse, d'après les compositions d'un fécond illustrateur de livres, De-senne.

Il est probable que le père menait un certain train dans les postes qu'il occupait. Sans place à la chute de l'Empire, il se retirait en 1817 à Saint-Maur avec toute sa famille, réduite à vivre du travail de Charles, l'aîné des enfants.

Le père meurt, l'aîné meurt. Alfred Johannot, alors âgé de vingt-quatre ans, reste seul avec son frère Tony. Ce fut alors une de ces affections idéales qui font penser aux amitiés des anciens romans allemands. Des deux frères l'un était méditatif, songeur, maladif; l'autre souriant, avec de beaux cheveux bouclés. C'était Tony. Sa bonne mine, son air ouvert, prévenaient en sa faveur, attiraient chacun et disposaient les éditeurs à lui faire des com-mandes. Pour vivre ils acceptèrent tout ce qu'on réclamait de leurs burins; mais à voir leurs premières gravures froides et com-merciales, on ne pressent pas les délicats vignettistes qui devaient se créer un nom à côté des meilleurs maîtres de l'époque. Les deux frères exécutèrent un certain nombre de planches jusqu'au jour où une bonne étoile les poussa vers le salon de l'Arsenal. Là régnait celui qui faisait des rois et qui ne fut jamais roi. C'est à Charles Nodier que fut réservée la bonne fortune d'introduire Tony Johannot chez les éditeurs. Celui qui avait déjà écrit sur tant de sujets venait de concevoir son livre le plus singulier, l'*Histoire du roi de Bohême et de ses sept châteaux*. Il fallait un talent plein d'imprévu pour relever par des images piquantes un ouvrage mi-partie satirique, mi-partie fantastique. Tony Johannot se rencontra à point pour le romancier.

Une réputation de poëte, de conteur, de peintre, commence presque toujours dans un petit groupe; c'est par ce tribunal de

pairs qu'il est bon d'être jugé. Le salon de Nodier ne ressemblait
en rien à ces coteries académiques qui poussent en avant de solen-
nelles médiocrités. Les Johannot bénéficièrent de la liberté intel-
lectuelle qui soufflait en cet endroit; ils y rencontrèrent les
sommités en vue, les femmes à la mode qui donnaient le ton, se
lièrent avec les romantiques le plus en renom et prirent pied
sur un terrain où les audaces littéraires, remplaçant les coups de
lance des anciens tournois, étaient applaudies par de vaillants
compagnons et encouragées par des sourires féminins. La jolie
eau-forte que Tony Johannot publia à quelques années de là
(voir la vignette page 98) n'indique-t-elle pas un souvenir reconnaissant pour les hôtes de cette maison sans prétentions, ouverte
si cordialement à tous les jeunes gens qui sentaient quelque
chose vibrer en eux?

Figurer parmi les familiers de l'Arsenal était déjà un brevet;
le bruit de cette distinction se répandait dans Paris qui admettait
sans conteste cette élection au premier degré. Tony Johannot
devint à la mode; il avait l'expansion, l'amour du plaisir, l'amour
de l'amour, jetait gaiement l'argent par les fenêtres : il se trouvait toujours, par hasard, quelques femmes pour en attraper la
monnaie au vol.

Ce ne fut pas le lot du mélancolique Alfred Johannot. Dans
cette association des deux frères, l'un me paraît avoir joué le rôle
de Tiberge, l'autre de Desgrieux. J'entrevois ceci dans l'attestation
suivante d'un contemporain qui, parlant de la mort d'Alfred
Johannot, disait :

Il emportait avec lui, non toutes les bonnes qualités, non tous les talents, mais les
grandes vertus de la famille, la sérénité religieuse, la modération dans la conduite, la
résistance courageuse aux entraînements de la passion, l'accomplissement ferme et
silencieux du devoir. Tony n'avait pas lui-même de plus solide vertu que son attache-

ment passionné pour son frère; il lui déférait en tout, il lui obéissait comme à un Mentor, il s'était fait un impérieux besoin de cette tutelle salutaire. Livré désormais à lui-même, et conservant dans le cœur un chagrin qui ne s'est jamais effacé, sans guide et sans boussole il se mit à vivre, pour ainsi dire, au jour le jour, victime de spécula-

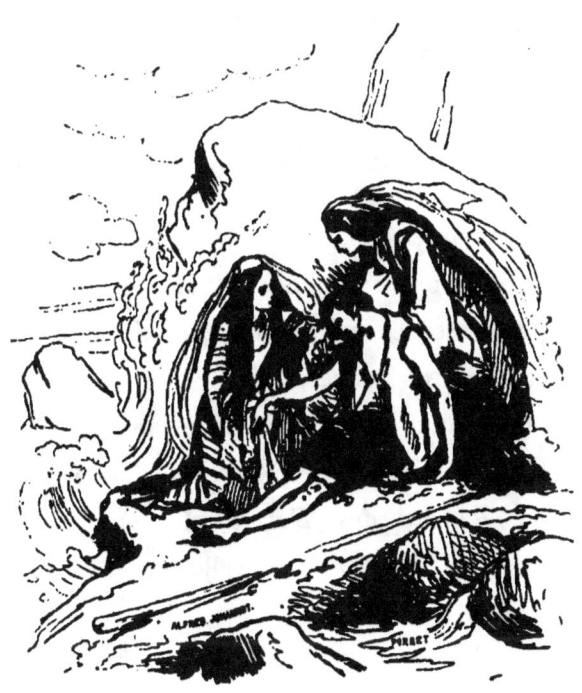

VIGNETTE D'ALFRED JOHANNOT,
pour *le Salon de 1831*, de Gustave Planche.

tions malheureuses et ne sachant rien garder des sommes considérables que versait dans ses mains la concurrence des éditeurs [1].

Ce fut un deuil général dans les lettres et les arts que la mort d'Alfred Johannot, non point le deuil banal conduit par les chroniqueurs de journaux. Ceux qui avaient connu l'homme le

1. Charles Lenormant. *Biographie universelle.*

pleuraient en silence. En voilà pour témoignage les lignes émues extraites du journal intime d'Alfred de Vigny :

> Le 7 décembre [1837], à cinq heures du soir, est mort Alfred Johannot.
>
> J'ai appris hier sa mort de Gigoux, qui avait passé la nuit chez lui avec Tony Johannot pour peindre la tête morte d'Alfred Johannot.
>
> Il y avait dix ans que nous disions : « Il ne vivra pas trois mois. » Il toussait toujours et crachait le sang. Avant sa maladie il n'était que graveur ; depuis son attaque à la poitrine il était devenu peintre de premier ordre. On eût dit que les souffrances avaient développé en lui l'intelligence et l'avaient élevé plus haut et porté plus près du beau idéal [1].

Il faut ne pas avoir une âme vulgaire pour mériter ce souvenir d'un poète d'essence aristocratique, qui n'admettait dans son intimité que des natures délicates.

Je citerais bien encore, s'il était nécessaire, un article sur les Johannot par Jules Janin. Mais quel ronron de pacotille que celui du critique du *Journal des Débats* et comme peu de traits humains sont à tirer de cette manivelle aussi fatigante que celle d'un canut lyonnais !

La biographie des Johannot ne fut pas accidentée. Alexandre Dumas, dans ses *Mémoires,* dit les avoir rencontrés au nombre des citoyens qui, sur la route de Rambouillet, marchaient à la poursuite de Charles X. Deux lignes de mention dans un livre consacré presque tout entier aux choses de théâtre : c'est déjà beaucoup pour deux artistes qui ne paraissent pas avoir fréquenté ce monde. On sait donc peu de choses sur les deux frères ; il faut les étudier dans leur œuvre ; elle est parlante et en la feuilletant il est facile de se faire une idée du petit art et de la société de l'époque.

---

1. Alfred de Vigny. *Journal d'un poète,* recueilli et publié sur les notes intimes d'Alfred de Vigny, par Louis Ratisbonne. Paris, Michel Lévy, 1867. In-18.

L'œuvre des Johannot est quelque peu trouble, surtout aux
débuts, alors que les deux frères répondaient aux commandes des
marchands d'estampes. Continuateurs du commerce de vignettes
de Desenne, entrepreneurs de portraits de personnages historiques[1], toute cette besogne, ce gagne-pain quotidien, ne donnent
pas une idée du talent des deux artistes. Il fallut 1830 pour

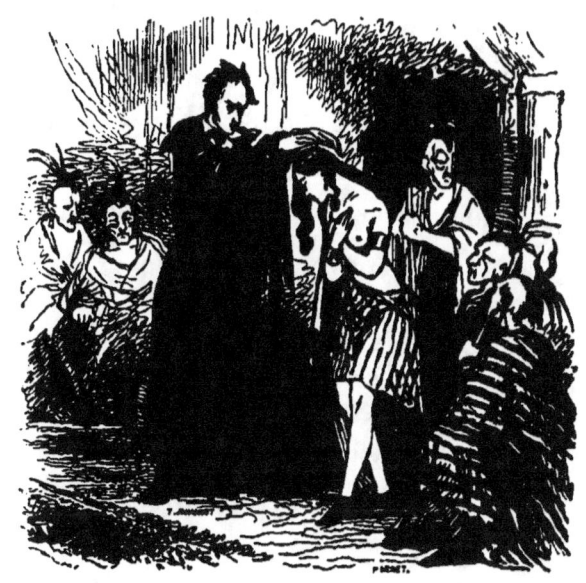

VIGNETTE DE TONY JOHANNOT,
pour l'*Histoire de la vie et des ouvrages de Chateaubriand*, par Scipion Marin (1832).

le faire jaillir, et c'est à cette date que romans, poésies, appar-
tinrent surtout à Tony Johannot dont le crayon était plus fécond,
plus vif et plus varié que celui d'Alfred.

Souffreteux, mélancolique, l'aîné semble s'être réservé les
vignettes méditatives plutôt que celles des romans; Alfred Johannot devait se complaire à la lecture des poèmes de Lamartine,

1. Voir la collection publiée en 1830 par Blaisot, d'après Devéria, et gravée par « les frères
Johannot ».

aux relations de voyage de Chateaubriand : son crayon d'un senti-
mentalisme religieux correspond à cet ordre d'idées. La brutalité
des romans de l'époque blessait sans doute son âme impression-
nable ; s'il en illustra quelques-uns, *la Confession* de Jules Janin
et *la Première Communion* de Delécluze, les *Harmonies poétiques
et religieuses*, le *Voyage en Orient* de Lamartine, auxquels il prêta
son concours, indiquent bien un choix de sujets, un partage de
besogne entre les deux frères. Tony, grâce à sa légèreté, pouvait
affronter sans danger les orgies et les mauvais lieux peints avec
complaisance par les enthousiastes du moyen âge. Alfred Johannot
se plut à représenter des mélancoliques, des songeurs, de jeunes
hommes drapés dans de longs manteaux, réfléchissant dans le
désert ou interrogeant l'horizon, appuyés sur le fût d'une colonne
brisée. Ce fut sa note bien particulière.

Les deux artistes s'étaient joints étroitement aux poètes et aux
romanciers. Alors s'établit une réputation qu'un seul fait fera
juger. Tony Johannot fut au nombre des quelques hommes choisis
qui patronnaient la *Revue des Deux Mondes;* alors que cette
publication entrait dans une nouvelle voie, il fit partie du comité
directeur et pour donner à la jeune Revue le ton à la mode
il en dessina la couverture (voir la vignette page 112).

Nous n'entrevoyons pas précisément la doctrinaire Revue sous
ce jour; l'être patient qui si longtemps creusa les sillons de sa
propriété avec une lourde charrue, Buloz, on a peine à se l'imaginer en compagnie du spirituel et élégant dessinateur. Tout ce
monde eut son jour de jeunesse, pas bien long il est vrai. Aussi
la vignette élégante ne tint pas longtemps sa place sur la légendaire couverture saumon du grave recueil ; mais on se sou-
vint du concours de l'ingénieux artiste. Dans cet endroit où
les Michelet, les Quinet, les Jouffroy, devaient semer des graines

nouvelles d'histoire et de philosophie, Tony Johannot me paraît avoir été regardé comme de la famille des poètes et des humoristes, Alfred de Musset, Henri Heine, à qui tout était permis.

A la même époque, Tony Johannot fut appelé à faire précéder d'images colorées les contes, les récits, les romans de Balzac, de Victor Hugo, d'Alfred de Vigny, d'Henri Martin, d'Eugène Sue, du Bibliophile Jacob, d'Alphonse Karr, de George Sand, de Roger

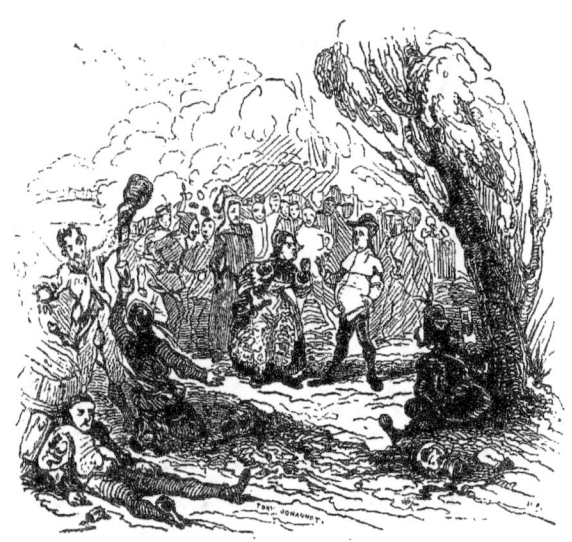

VIGNETTE DE TONY JOHANNOT,
pour *les Mauvais Garçons*, d'Alphonse Royer et Aug. Barbier (1830).

de Beauvoir, de Méry et de tant d'autres. J'ai dit le cas que les romanciers et les poètes faisaient de ces frontispices, la gratitude qu'ils témoignaient à l'auteur de si piquants motifs éclairant l'entrée de leurs livres : tirées sur papier de Chine volant ou se mariant avec la typographie des titres, ces vignettes conçues dramatiquement prédisposaient le public en faveur de l'œuvre nouvelle.

Il semble que certains auteurs, ayant conscience de la misère de leurs imaginations et du peu de crédit qu'elles trouveraient dans l'avenir, se soient accrochés à Tony Johannot pour les soustraire à l'indifférence[1]; en effet l'artiste sauva leurs livres de même que les Eisen et les Gravelot ont conservé, grâce à leurs crayons ingénieux, tant de fades poèmes du xviiiᵉ siècle.

C'était donc un magicien que Tony Johannot qui donnait vie à de la prose ennuyeuse, à des vers mal venus, mais un aimable magicien. Un trait de plume, le charme opérait. Je me suis parfois amusé à comparer avec la vignette les textes singuliers qui devaient inspirer Johannot, et j'ai admiré la souplesse d'un crayon se pliant aux interprétations les plus contraires à la nature de l'homme.

Un livre me tombe sous la main, les *Saynètes*[2] de Paul Foucher. Si on rapproche l'image de Tony Johannot du texte suivant, on verra quelle heureuse fée présida au talent du dessinateur et lui permit de rendre les cris et les imprécations romantiques :

THÉODORE. — Il est mort!... Rapt, adultère, inceste, parricide, pour cette femme j'ai tout commis et inutilement... Que devenir?... Commettre tous les crimes!... Et pourtant je ne suis point un scélérat... mais je vais le devenir!... (*Il jette son fusil.*) La fatalité qui m'a fait subir la peine de mes actions ne m'empêchera pas d'en recueillir le prix. Léontine est une belle femme, et je veux la posséder... Où est-elle?... Léontine !

MADAME D'OFELLY. — N'approche pas !... qui que tu sois... n'approche pas !... Vois-tu ? le tonnerre est tombé sur cet homme... Vois-tu ? C'est électrique...

THÉODORE. — Quels mots insensés !

MADAME D'OFELLY. — Oui, vois-tu ce sang rouge dans ses cheveux blancs ?... Tiens, regarde...! (*Elle amène Théodore jusqu'au corps de M. d'Ofelly, puis s'enfuit avec des éclats de rire effrayants.*)[3]

---

1. « Vous tous, pauvres malheureux que votre astre en naissant a créés romanciers, donnez à Johannot la pensée de votre livre et il vous la montrera tout entière dans une vignette pleine de finesse et d'expression. » (*L'Artiste*, t. III, 1832.)

2. Paris, Ch. Béchet, 1830. In-8°.

3. *Fatalité*, Saynète.

Par cette sanglante saynète, qu'on juge du ton de la plupart des romans de 1830 à 1840. Rapt, adultère, inceste, parricide, fatalité sont constamment en danse.

Le batailleur philosophe P. J. Proudhon me parlait un jour de

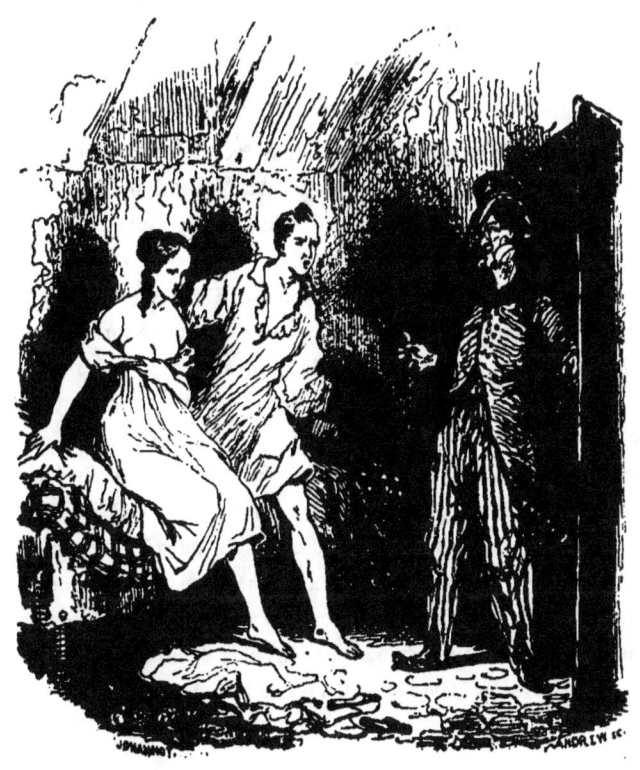

VIGNETTE DE TONY JOHANNOT,
pour *Vertu et Tempérament*, du Bibliophile Jacob (1833).

son désir d'étudier la littérature romantique et je poussai un cri, effrayé aussi bien de voir tant de livres écrasés sous les sabots ferrés du philosophe franc-comtois que du déluge d'œuvres à lire. Je ne songeais pas alors au rôle des vignettes. On eût fait au polémiste un choix d'images, avec citations à l'appui, qu'il eût été jusqu'à un certain point au courant des singularités de cette

littérature ; mais le rhéteur, médiocrement initié aux choses d'art,
eût-il admis la portée de semblables petites vignettes ?

Je préfère m'en rapporter à un autre critique, qu'il faut consulter
lorsqu'on traite des arts de l'époque romantique. Dans son *Salon
de 1831* [1] Gustave Planche consacre quelques pages à Alfred et
Tony Johannot ; il rend compte de leurs frontispices comme de
tableaux et son opinion a du poids :

> Le public et les artistes conservent tout récent encore le souvenir du *Roi de Bohême* ;
> personne n'a pu oublier les délicieuses et fantasques inventions dont M. Tony Johan-
> not a su embellir ce ressouvenir ingénieux de Sterne, de Rabelais et de Béroalde de
> Verville. Il faut aller en Angleterre chercher Cruikshank pour trouver quelque chose à
> opposer aux compositions variées et indevinables de Tony Johannot. Sans lui, en effet,
> Charles Nodier n'eût pas été complètement compris. C'est une forme nouvelle et vivante
> ajoutée à sa pensée, c'est une note inattendue, un son imprévu, un accord inouï sur
> l'instrument qu'il manie si habilement. Tony Johannot lui a rendu le même service que
> Cruikshank aux admirables pamphlets publiés sous Georges IV, et dont l'aristocratie
> anglaise s'égayait tous les soirs. Il a fait pour Nodier ce que Delacroix a fait pour le
> *Faust* de Gœthe, ce qu'il fera peut-être pour le *Gœtz de Berlichingen*. C'est un bonheur
> bien grand et bien réel pour un artiste, quel qu'il soit, de voir sa pensée qu'il a conçue
> et rêvée complète et armée de toutes pièces, mais qu'il a, malgré lui, livrée aux
> curieux, boiteuse et mutilée, renouvelée, rajeunie, complétée par une métamorphose
> habile, par un nouvel effort de l'art, mais de l'art aidé d'autres moyens. Et ainsi Smirke
> a traduit *Gil Blas* et *Don Quixote*, et, sans nul doute, Le Sage et Cervantes s'en
> trouvent bien.

Gustave Planche n'oublie pas le collaborateur, l'interprète
constant, le graveur intelligent sans lequel ces vignettes manque-
raient d'accent :

> Dans le *Roi de Bohême*, Tony Johannot ne s'était montré à nous qu'à l'aide
> d'un artiste habile et fidèle, mais qui n'était pas lui, qui respectait jusqu'aux moindres
> détails de sa fantaisie, mais qui cependant lui était indispensable, dont il ne pouvait
> se passer. Sans Porret, nous n'aurions pas les croquis du *Roi de Bohême*.

[1]. Paris, impr. Pinard, 1831. In-8°.

Ici, avec une sûreté de regard très juste, Gustave Planche, tout en rendant justice à ses amis, ne semble pas partager les illusions de ceux qui croyaient trouver dans les deux frères l'étoffe de peintres. Le morceau fait honneur au critique et a besoin d'être cité dans son entier :

Les eaux-fortes dessinées et gravées par MM. A. et T. Johannot, pour les romans de Fenimore Cooper, égalent ce qu'on connaît de mieux en ce genre.

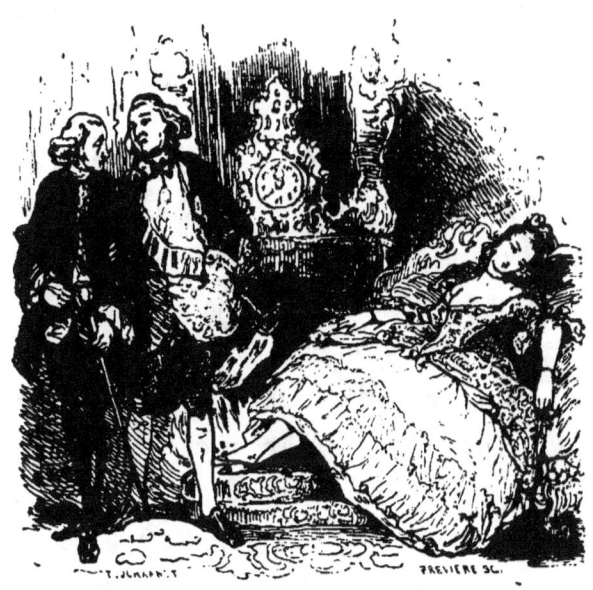

VIGNETTE DE TONY JOHANNOT,
pour *Stello ou les Diables bleus.* d'Alfred de Vigny (1832).

Mais tous deux ont bientôt compris tout ce qu'il y a de lent et de monotone dans la gravure, si habile et si souple qu'elle soit. Ce n'a été pour eux qu'un laborieux acheminement vers un art plus complet et plus haut, vers la peinture. Ils n'ont étudié à aucune école, ne se sont formés aux leçons d'aucun maître ; ils ne doivent qu'à eux-mêmes et à eux seuls le talent original et personnel qu'ils viennent de révéler dans une langue nouvelle. Cette langue, qu'ils ont apprise comme par improvisation, ils ne la parlent pas encore avec une aisance complète. Parfois, on sent que l'instrument ne se plie pas docilement à tous les caprices de leur imagination ; mais cette hésitation, bien naturelle et bien excusable, ne saurait durer longtemps. Encore quelques mois, et ils auront complètement aplani tous les obstacles qui ralentissent leur marche. Qu'ils se défient pourtant de leur prodigieuse facilité. A mesure que les moyens mis en usage deviennent plus variés, plus complexes, à mesure qu'il est permis de lutter de plus près avec la nature, la critique devient plus exigeante et plus sévère. Ce qui était permis dans une eau-forte, ce qui satisfaisait dans une gravure sur bois, ce qui, grâce à l'habileté de Porret, pouvait raisonnablement passer pour un croquis à la plume, ne suffit plus dans la peinture à l'huile. Les tableaux exécutés pour Walter Scott par MM. A et T. Johannot, et dont plusieurs déjà, et la meilleure partie, sont connus par la gravure en taille-douce, se ressentent un peu des premières études des auteurs. C'est la même facilité abondante et sûre d'elle-même, habituée à l'improvisation, singulièrement heureuse dans ses fantaisies; c'est un choix éclatant et varié de tons et de couleurs, mais ce n'est pas de la peinture solidement faite. Sous le bien qu'on y trouve, on devine le mieux, et l'on a tout lieu d'espérer que le mieux ne se fera pas longtemps attendre.

Le hasard m'a fait trouver un des cartouches qui servit à l'ornementation des *Cent-et-Une Nouvelles*[1]. Tony Johannot, Jules David, Tellier, Camille Roqueplan dessinèrent de petites vignettes insérées dans des cartouches composés par Chenavard, Arnout, etc. C'est là que se montre Tony Johannot dans sa gentillesse et qu'il triomphe facilement de ses rivaux. Peintre de figures plutôt que décorateur, Johannot bat à plates coutures l'ornemaniste si célèbre sous Louis-Philippe, Chenavard, l'homme aux surtouts du duc d'Orléans, le compositeur de vases de Sèvres, l'ouvrier compliqué et prétentieux.

Mais c'est dans la représentation des femmes de l'époque qu'excella Tony Johannot.

Ils étaient à cette époque quatre ou cinq dessinateurs spéciaux de mérite : les frères Alfred et Tony, Jean Gigoux, Célestin Nanteuil, Camille Rogier; on peut même y ajouter Henry Monnier, vers 1827, avant qu'il ne fût enveloppé par la « rotonde » de Nessus de Monsieur Prudhomme. Tony Johannot l'emporta sur

---

1. *Les Cent-et-Une Nouvelles des Cent-et-Un*, ornées de cent-et-une vignettes, dessinées et gravées par cent-et-un artistes. Paris, Ladvocat, 1833. 2 vol. in-8°. Cet ouvrage était annoncé par l'éditeur comme devant former six à huit volumes; il n'en parut que deux, sans doute par suite du peu de succès de la publication.

tous par le charme de son crayon et les jolies attitudes de ses
héroïnes. Il sut interpréter à sa façon un certain moyen âge de
convention et il resta sans rival dans la peinture des femmes,
ses contemporaines.

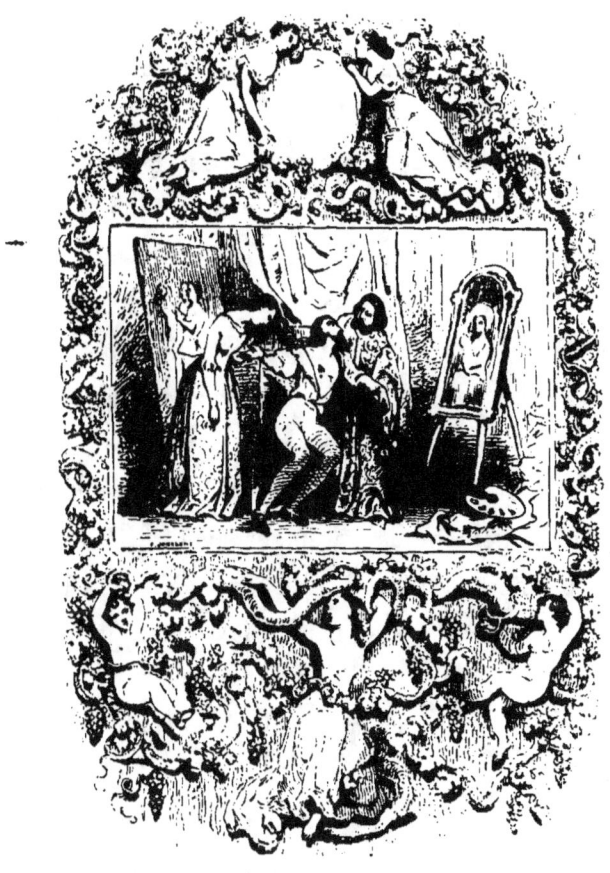

VIGNETTE DE TONY JOHANNOT,
pour *les Cent-et-Une Nouvelles* (1833).

Que ses petites poupées fussent échevelées aux pieds de soudards farouches ou qu'elles soient mêlées à un drame conjugal,
vous trouverez toujours de gentilles personnes fort agréables à
regarder. Ne souriez pas, je vous en prie, de leurs peignes à

la girafe, non plus que de leurs manches pagodes. Ces petites
dames sont habillées comme il faut pour les drames auxquels
les condamnaient de farouches romanciers. Déjà archaïques, elles
entrent dans le Panthéonnet ouvert aux femmes un siècle auparavant par Moreau le Jeune.

On vit, sous le règne de Henri III, ou d'Hernani (car ce furent
de véritables souverains que ces rois de théâtre créés par
Alexandre Dumas et Victor Hugo), des aquafortistes, tels que
Célestin Nanteuil, combiner dans leurs frontispices architecturaux
le moyen âge et la Renaissance, et jucher dans des niches des
figures angéliques, telles que Mlle Ida les interprétait dans
Don Juan de Marana; mais nul mieux que Tony Johannot ne
représenta la femme de 1830 avec ses séductions, son dévoue-
ment, sa croyance à toutes les idées romanesques qui l'envelop-
paient.

Quelles jolies attaches de nuque avec les cheveux relevés!
Comme l'oreille se détache délicatement sur des boucles vaporeuses
et combien ces fines oreilles durent entendre de désespérances,
de prières, de paroles passionnées, fatales, suppliantes, impé-
rieuses!

Un certain nombre de canapés et de couchettes forment le
mobilier dont Tony Johannot fit cadeau aux beaux jeunes gens et
aux jolies filles surpris en conversations criminelles par d'affreux
jaloux; mais ces scènes sont rendues avec discrétion et quelle
que soit la bonne volonté qu'y met une héroïne, on ne peut lui
appliquer les vers d'Auguste Barbier :

> Comment sur un sopha, sans remords et sans peur,
> Elle ouvre à tout venant et sa jambe et son cœur.

Les emportements de la passion, les gourmandises de la

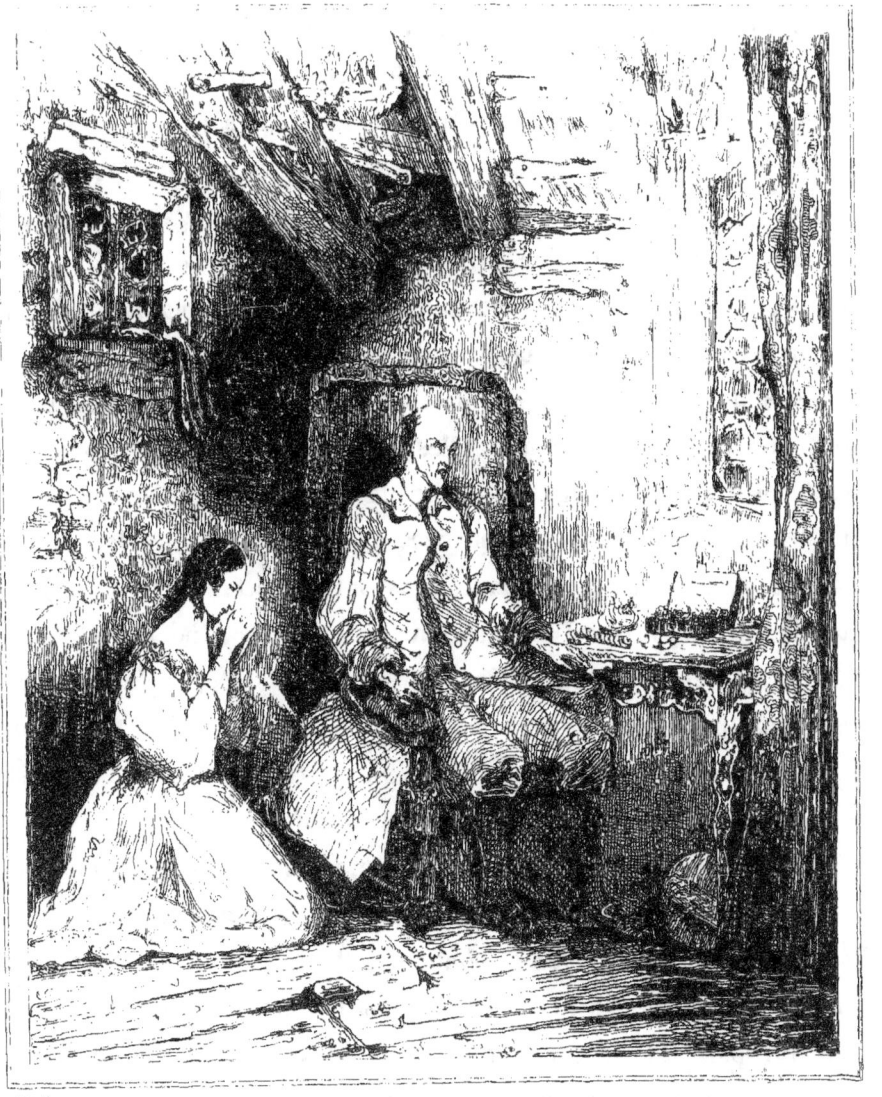

FAC-SIMILÉ D'UNE LITHOGRAPHIE DE J.GOODIN

chair, Tony Johannot les traita avec une délicatesse telle que le roman, grâce aux frontispices de cet ingénieux petit maître, pouvait tomber sous les yeux des demoiselles sans les blesser[1].

La femme, le dessinateur l'entrevit toujours poétiquement.

En regardant les femmes des vignettes de Tony Johannot on pense à cette description d'un poète oriental : « Il vit alors paraître une jeune fille à la taille élégante, semblable dans sa démarche gracieuse à la perdrix des montagnes. »

Ce sont de petits corps souples dans d'heureuses petites proportions. Tout est mignon en elles; sûres de vaincre, ces aimables créatures ne s'inquiètent pas trop du langage que l'auteur leur fait tenir dans le roman. Courbées en apparence sous les malédictions du mari ou de l'amant, elles ont un certain air de repentir qui donne à croire qu'elles recommenceront le lendemain. Ainsi s'expliquent-elles à leur façon sur le frontispice, débitant leur ingénieux petit boniment à la porte du livre, et c'est pourquoi Tony Johannot est resté un des plus agréables noms de l'art romantique, enveloppé d'une jolie petite auréole.

Il avait trouvé des alternances de noir et de blanc que rendaient merveilleusement en fac-similé les graveurs sur bois; à l'aide de ce procédé, Tony Johannot put se plier aux genres les plus variés, depuis le gracieux jusqu'au fantastique, communiquant rien que par ses fleurons et ses culs-de-lampe une popularité à de médiocres écrivains qui ne la méritaient guère.

Plus tard Tony Johannot entreprit de plus grosses besognes,

---

1. « Un peu inquiet de l'extrême franchise du titre, le premier éditeur, au moyen d'une vignette due au crayon de Tony Johannot, le dessinateur en ce temps à la mode, avait trouvé le moyen d'affirmer l'incontestable moralité de sa publication. Une croix, une tête de mort et une couronne de roses blanches ne pouvaient évidemment servir d'enseigne à un livre éhonté. » (Regnier-Destourbet, Préface de la deuxième édition de *Louisa ou les douleurs d'une fille de joie.*)

l'illustration des œuvres de Cervantes, de Molière, de Goldsmith, de Gœthe; le catalogue des livres qu'il illustra serait beaucoup trop nombreux; je préfère les friands morceaux qu'il mit en tête des livres modernes, la page qu'il ajouta à tant de pages; c'est dans ces petites pièces poétiques, dans cette succession de sonnets dessinés qu'il faut le chercher.

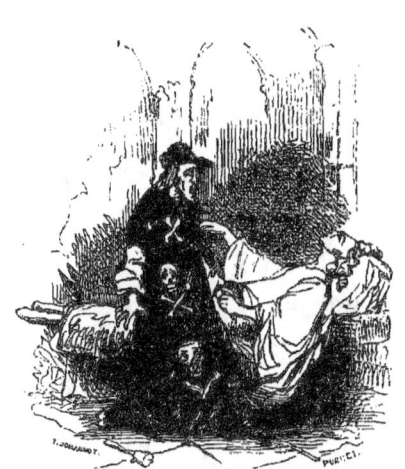

Tout-à-coup il recula.... Le cadavre se levait.

VIGNETTE DE TONY JOHANNOT,
pour l'Écolier de Cluny, de Roger de Beauvoir (1832).

CHAPITRE XXV

I

On voit fréquemment dans les tableaux des maîtres primitifs des personnages agenouillés, joignant les mains, la figure pleine de quiétude et jamais ridée par la pensée. Ces personnages ont foi dans le roi, le prêtre, le haut baron qui pensent pour eux, d'où le repos de l'esprit, la tranquillité de l'âme, la placidité dans la vie. Il semble qu'il en fut à peu près de même au début du romantisme. L'art étant envisagé comme sacerdotal, un nimbe rayonnait autour de la face des principaux chefs ; de braves garçons marchaient confiants à l'ombre de la bannière romantique, comme leurs aïeux étaient partis pour les croisades. Aux bandes de 1830 on ne demandait pas de penser, à condition qu'elles fissent preuve d'enthousiasme. Pour tenir en éveil le courage des combattants on leur apprenait à distribuer force coups de poing sur la tête de quelques Turcs : Racine, Voltaire, les faiseurs de tragédies du premier Empire, les membres de l'Académie, les arriérés retranchés dans la forteresse du *Constitutionnel*.

Célestin Nanteuil mérita par sa vaillance et sa foi de commander ceux qui donnaient les plus fameux horions sur le crâne des infidèles, car il était chef de bande malgré sa douceur. Le cénacle lui avait ordonné d'aller de l'avant, il allait de l'avant, de souffler l'enthousiasme parmi la jeunesse, il soufflait l'enthousiasme. Célestin Nanteuil était sorti pourtant de l'atelier austère de M. Ingres ; mais en ce temps-là, lui-même, le peintre des

classiques contours se laissait entraîner par échappées aux tenta-
tions de la couleur. Ne sont-ce pas d'ailleurs les élèves les plus
comprimés par l'enseignement des écoles qui deviennent parfois,
au sortir des bancs, d'effrontés perturbateurs?

Théophile Gautier, qui, vers la fin de sa vie, a parlé de quelques-uns de ses compagnons avec un grain d'ironie, dit de Célestin
Nanteuil : « On eût pu l'appeler le jeune homme moyen âge. »

Comme il était d'un blond de lin, sa barbe future ne produisait le long de ses joues
qu'un coton blanc soyeux, pareil à un duvet de pêche visible seulement à contre-jour,
et il gardait le sexe indécis des êtres surnaturels composés de l'éphèbe et de la jeune
fille. Il avait l'émotion et la pudeur faciles et rougissait aisément.

Ce bout de croquis qui a toutes les apparences de la réalité,
il convient de le compléter par l'habit : « Une longue redingote
bleue boutonnée à la poitrine, ayant une coupe de soutane, faisait
ressortir la grâce un peu gauche, mais non sans élégance, du jeune
artiste timide. »

On a là au début une sorte de Jehan de Saintré, embarrassé
au milieu des femmes, rompant toutefois des lances avec hardiesse quand le beau page fut armé chevalier. Un ami de Célestin
Nanteuil, son élève et son compagnon, m'a fourni pour ce portrait
une touche qui manque à celui de Théophile Gautier et qui
rapproche encore plus le graveur du soupirant de la Dame des
Belles-Cousines.

Une femme remuait alors toute la littérature, une actrice qui
luttait de frénésie, de passion, avec Frédérick et Bocage. L'ardente Dorval, qui a laissé un sillon si particulier dans la vie et
l'œuvre des poètes de son temps, Célestin Nanteuil en était
amoureux, amoureux timide. Que de nuits il passa sous les
fenêtres de l'actrice! me dit M. E. H....., son confident d'atelier.

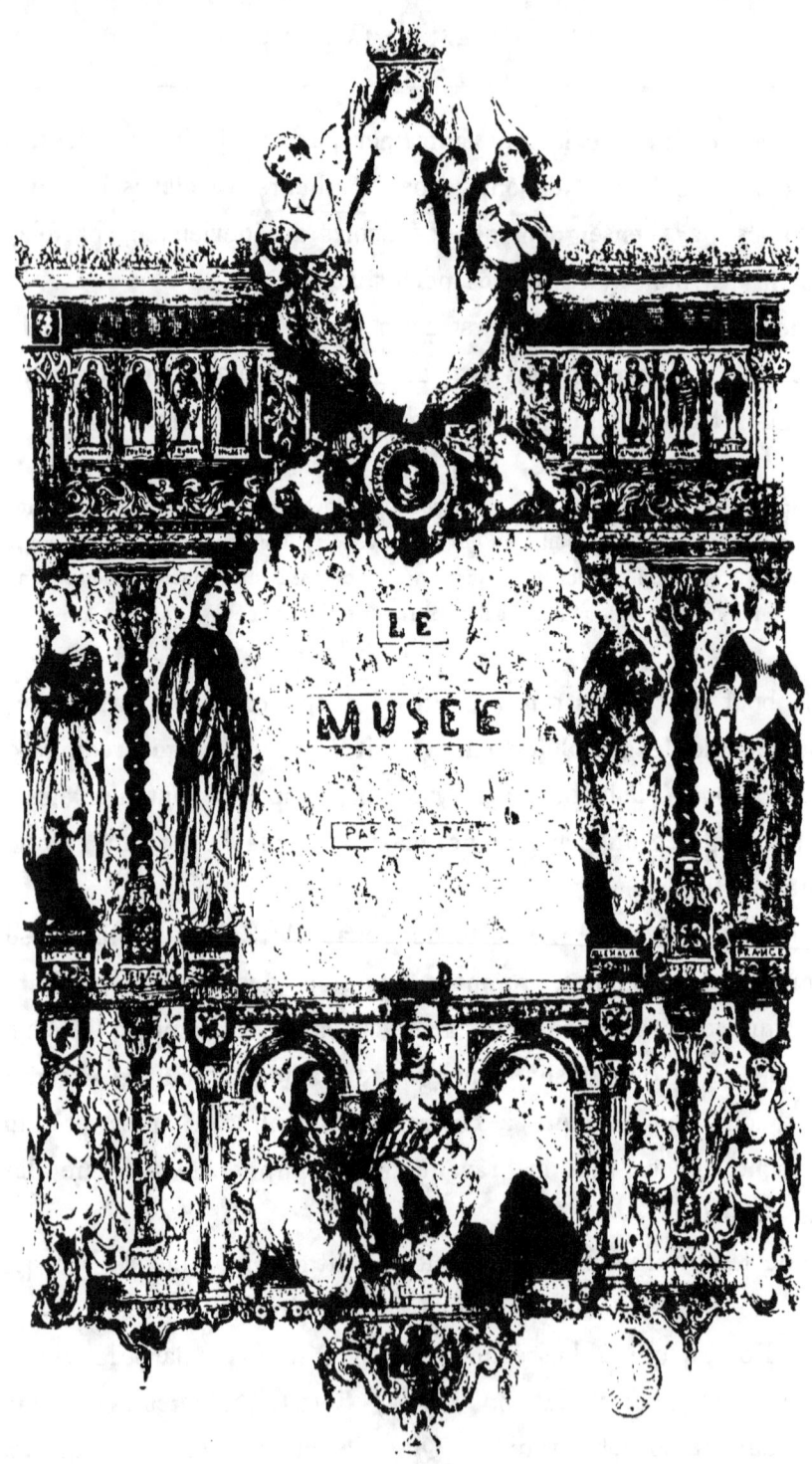

EAU-FORTE DE CÉLESTIN NANTEUIL.

Frontispice du *Musée*, *Salon de 1834*, par Alexandre Decamps.

L'artiste aurait pu se déclarer; il eût été écouté par la femme qui n'était pas cruelle. Célestin Nanteuil se contenta du rôle de soupirant discret.

Combien reste pur le parfum d'un flacon qui n'est pas débouché! Pouvoir regarder comme à soi une actrice, la dévorer du regard, l'applaudir, l'attendre à la porte du théâtre, suivre à toutes jambes la voiture qui l'emmène, se dire : Je lui parlerai demain, reculer de jour en jour ce *demain* qui parfois se prolonge jusqu'à la mort, savoir se contenter d'un regard par hasard, détourner la tête si l'idole vous regarde, ne connaître de la femme que ses qualités, sans coquetteries, sans exigences, sans le prosaïsme de l'intérieur, est un idéal que seuls sont appelés à savourer certains êtres délicats.

Dans les capricieux entourages d'eaux-fortes de Célestin Nanteuil on trouve, au milieu d'enroulements bizarres de gnomes et de saintes, des profils de la Dorval. Cela ne ressemblait guère aux fameuses déclarations d'A. Dumas à cette époque :

> ... Pour vous, je donnerais ma vie!
> Et mon âme — si j'y croyais!

C'était un bonheur plus pur quand la pointe du graveur retraçait sur le cuivre l'image de celle qui emplissait son cœur.

La vie de Célestin Nanteuil fut peu accidentée. Jusqu'en 1840 il combattit pour la noble cause romantique; mais à quelques années de là, entre 1844 et 1845, devait se produire une fâcheuse réaction. Le drame à spectacle avait fatigué le public; un retour à la saine tragédie s'annonçait, avec des grandeurs cornéliennes, disait-on. *Les Burgraves* de Victor Hugo étaient aussi malmenés que *Tancrède* de Voltaire; sans respect les polissons des petits journaux tiraient leurs barbes blanches.

Théophile Gautier rapporte que Célestin Nanteuil, sollicité de recruter des bandes pour venir à la défense des infortunés *Burgraves*, répondit mélancoliquement : « Il n'y a plus de jeunes gens! » Autant dire : l'herbe tendre ne pousse plus au printemps, les jolies filles ne sont plus émues des poursuites des garçons, les amandiers ne donnent plus de fleurs roses!

Nous les connaissons ces regrets des gens à tête chauve qui, gravement, disent que *de leur temps* ils admiraient Talma, la Chaumière, les montagnes russes de Tivoli, la belle Hollandaise du Palais-Royal et qui ne peuvent se consoler de ne plus jouir de ces merveilles.

Les jeunes gens existaient en 1844 comme en 1882 ; ils étaient tout disposés à faire le coup de poing en faveur du maître. A l'apparition de la nébuleuse et chaste *Lucrèce* du sage monsieur Ponsard les municipaux balayèrent, à coups de crosse de fusil, un parterre hostile à la pluie de vers honnêtes marchant sentencieusement deux à deux. J'étais avec les perturbateurs en compagnie de Mürger, et un certain temps nous conservâmes des *bleus* que nous avaient octroyés avec férocité non seulement les gardes municipaux, mais des notaires, amis de la saine poésie, dont nous avions troublé les plaisirs en nous réfugiant dans leur baignoire.

Qu'un mot eût circulé à l'hôtel César, tout un clan de futurs peintres, poètes et romanciers fût descendu résolument pour acclamer *les Burgraves* à la Comédie-Française et « tomber » la *Lucrèce* à l'Odéon. Célestin Nanteuil ne connaissait pas cette jeunesse : découragé, il assistait à la débandade des meilleures troupes. Gustave Laviron, qui jadis avait défendu chaudement les lycanthropies de Pétrus Borel, peignait actuellement les décors pour l'œuvre de M. Ponsard ; la Dorval, Bocage jouaient les prin-

cipaux rôles d'une tragédie romaine. Renégats du romantisme que
cette *Adèle* travestie en Lucrèce, cet *Antony* en Sextus !

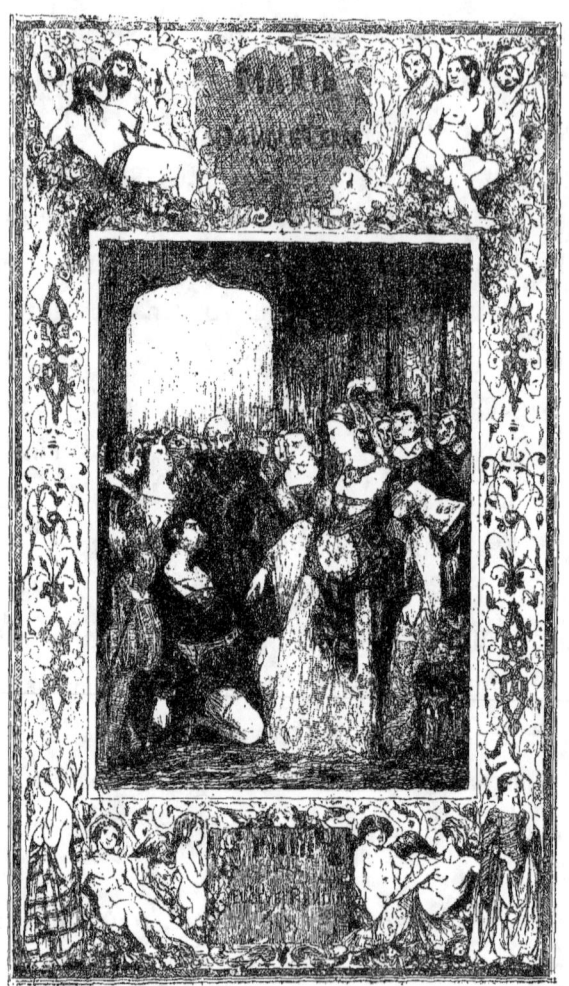

EAU-FORTE DE CÉLESTIN NANTEUIL.
Frontispice de *Marie Tudor*, de Victor Hugo (1833).

Une bande d'avocats, d'avoués, de futurs administrateurs,
d'académiciens-nés osait protester contre l'école romantique et
lever l'étendard de l'École du bon sens. Ce *sterling good sense,*

qui nous mettait en fureur, appelait sur la personne de l'auteur
la protection de Louis-Philippe, celle du général Cavaignac plus
tard, plus tard encore celle du président Louis-Napoléon, car les
hommes au pouvoir, se croyant obligés de défendre un certain
idéal, se délectent à l'audition de tout ronronnement académique.
L'immense succès de *Lucrèce* devait se traduire à quelques années
de là par un oubli profond; mais qu'importe aux bourgeois d'ado-
rer ce qu'ils ont brûlé, de laisser tomber en cendres ce qu'ils
ont adoré et de revenir, décidément conquis, sacrifier aux autels
d'un *Hernani* accommodé par les comédiens à la mode de 1880!

En regardant de près l'œuvre de Célestin Nanteuil, déjà je
constate vers 1839 plus d'acquis que de spontané; l'alerte, le
clair, le blond de la première manière si libre et si colorée
n'apparaissent plus, que par échappées. L'homme commençait à
prendre du ventre, sinon au physique, du moins au moral. Con-
trairement aux vieux maîtres dont la crinière de lion s'épaissit
et qui poussent de graves et mâles rugissements, Célestin Nanteuil s'était modéré.

Célestin Nanteuil posséda une grande qualité en art, le peu
de préoccupation matérielle de son talent. L'argent n'existait
pas pour la plupart des romantiques : l'art d'abord, un salaire
quelconque plus tard, salaire qui dans sa modération passait pour
excessif et imprévu. Un dessin, une gravure, un sonnet, un conte
étaient des produits qui, à aucun titre, ne pouvaient figurer dans
la Banque d'échange du citoyen Proudhon et, en 1848, les artistes
admettaient la comparaison que faisait d'eux le même économiste,
déclarant qu'un batelier du Rhône étant beaucoup plus *utile*
qu'un rimeur, le salaire de l'ouvrier devenait plus légitime à tous
égards que celui d'un poète.

En gravant des eaux-fortes pour les livres des romanciers, des

dramaturges, ses amis, Célestin Nanteuil obéissait au sentiment qui lui mettait une pointe en main et qui la poussait sur le
cuivre pour la plus grande gloire des romantiques. C'était un art
tout d'instinct et de verve, naïf et maniéré à la fois, donnant des
fleurs bizarres, mais dont les racines n'étaient pas profondément
enfouies en terre.

Quand l'âge venant il fallut songer à une vie plus régulière,
Célestin Nanteuil devint le fournisseur attitré des éditeurs de
romances, mais de romances sages qui n'avaient rien à démêler
avec celles de Monpou. Les violentes oppositions de noir et de
blanc, les gitanas aux yeux qui n'étaient jamais d'ensemble, les
diableries avec messire Satanas pour chef d'orchestre, les anges
séraphiques, les verrues des Clopin Trouillefoux, les marquises
d'Almaégui et les fous de Tolède furent impitoyablement écartés
comme personnages invraisemblables qui ne pouvaient que troubler
la vue des jeunes demoiselles apprenant à chanter.

Une belle pierre lithographique proprement travaillée, des
hachures normales, un grainé soigné, des personnages à physionomie
« gracieuse », devinrent le lot de ce frénétique qui jadis avait
commandé à l'eau-forte de mordre ses planches à outrance,
dussent-elles en crever.

Les secousses politiques se succédant, la besogne industrielle
en souffrit. Les jeunes demoiselles chantèrent un peu moins de
romances, le commerce de Célestin Nanteuil baissa ; il fut trop
heureux de trouver à Dijon une place de Conservateur du Musée,
la même qu'avait occupée un autre romantique également dévoyé,
Louis Boulanger.

Malheur aux sages dans les arts ! Le pauvre Célestin Nanteuil
dut plus d'une fois, dans cette tranquille ville de province où
l'herbe pousse à la fois entre les pavés et dans le cœur, regretter

son Paris, le Paris de Claude Frollo, car le souvenir de Victor Hugo ne quitta jamais la pensée de l'artiste.

En 1870 Dijon fut pris par les Allemands; les vaincus subirent les duretés des vainqueurs. C'est à Victor Hugo que songeait Célestin Nanteuil, comme le témoigne cette lettre pleine de patriotisme douloureux, adressée à un ami :

Depuis tantôt sept mois je n'ai reçu aucune nouvelle de Paris, ni de nos amis, et je suis dans l'ignorance la plus complète sur les éventualités qui ont pu surgir, pour eux, des lugubres événements que nous traversons et qui manquent tout à fait de gaieté. Nous étions et sommes encore ici au secret; car l'occupation continue pour nous, et très malheureusement il est à craindre qu'elle ne soit pas près de finir, le département de la Côte-d'Or étant probablement compris dans la zone qui restera envahie jusqu'au paiement définitif. C'est à y renoncer. Je me sens un peu à bout de courage et j'ai des envies folles de mettre la clef sur la porte et de me sauver dans un coin, bien loin, aussi loin que possible de tout cela! D'autant que j'ignore quelle est notre position *officielle*, et s'il y a encore une École des Beaux-Arts à Dijon. — Ce que je sais, c'est que nous ne sommes pas payés depuis près de neuf mois; que je suis forcé de faire vivre à mes frais les petits employés et de pourvoir aux dépenses de l'École que j'ai cru devoir rouvrir, *malgré tout*, à l'époque habituelle, afin d'exister en tout cas. Il va sans dire que, sauf les tout jeunes enfants, rien n'est resté. Les uns sont mobiles, les autres prisonniers en Allemagne, ou tués, ou blessés. Le travail n'est donc pas fatigant. Pour moi, je n'ai pas touché au crayon depuis six mois, et c'est ce qui ne m'était jamais arrivé. Il est vrai que les obus, le canon, la mitraille, les charretées de blessés, les ambulances, l'incertitude de l'heure et de la journée qui va suivre, l'incendie, le pillage, les réquisitions, la bataille, les morts à enterrer, les vivants à craindre, *votre lit* et *votre chambre* en question à chaque instant, les bruits alarmants, les faits sinistres, l'inquiétude générale, l'anxiété particulière, le froid, la neige, la famine, les exigences folles et brutales de l'ennemi, la gaieté intempestive des amis, le présent plein de faits lugubres, l'avenir gros de tempêtes, ne vous laissent que le désir ardent d'être en un lieu où il soit possible de ne rien voir et de ne rien entendre... Jusqu'ici le Musée n'a eu aucun sinistre à déplorer... Toutefois, malgré la plus active surveillance, quelques médailles, heureusement sans valeur, ont été soustraites, sans doute comme souvenirs. Par bonheur, c'était en zinc et ça représentait le duc de Berry. Si vous mettez la main sur Hugo, n'oubliez pas de mettre la mienne dans la sienne.

En attendant, mes amitiés à tous et à vous de tout cœur.

CÉLESTIN NANTEUIL.

Deux ans après, le 4 décembre 1873, l'artiste mourait, âgé de soixante ans, à Marlotte, entouré de quelques amis.

II

Les ouvrages de 1830 à 1840, contenant des frontispices à l'eau-forte de Célestin Nanteuil, sont actuellement recherchés et l'apport du graveur n'a pas peu contribué à ajouter à leur prix : c'est qu'en effet une pointe capricieuse et raffinée a traduit fidèlement les tendances des écrivains jaloux de cette collaboration.

C'était une élégance en ce temps-là, pour les éditions romantiques, d'avoir une vignette, un frontispice, une eau-forte de Nanteuil. Les compositions de Célestin se divisent en plusieurs petits cadres entourant le sujet principal et renfermant des sujets épisodiques. Ce sont des eaux-fortes d'artiste, gravées de verve et sans les précautions minutieuses qu'y mettent les gens du métier.

Une des vignettes les plus rares est le frontispice d'*Albertus ou l'Ame et le Péché*, rappelant les griffonnages mystérieux et les effets bizarrement fantastiques de Rembrandt. *Venezia la bella*, d'Alphonse Royer, est illustrée d'une vue de la place Saint-Marc, prise du large, avec la gondole de rigueur et le cadavre de jeune fille assassinée, comme il convient[1].

Victor Hugo, Alexandre Dumas durent à Célestin Nanteuil une vive interprétation des choses diverses qui s'agitaient dans leurs œuvres; le graveur sut traduire les palpitations, les tourmentes, les violences, la passion qui faisaient le fond des drames et des romans des deux grands rivaux d'alors.

Des combattants du second rang, Roger de Beauvoir, Pétrus Borel, Théophile Gautier, Paul de Musset, Joseph d'Ortigues étaient presque admis aux honneurs du premier, grâce aux eaux-

---

1. Th. Gautier, *Histoire du romantisme*. Paris, Charpentier, 1874. In-18.

fortes de l'artiste; mais combien d'autres resteraient ignorés, Tampucci, Gustave Albitte, Poujoulat, Chaudesaigues, si Célestin Nanteuil n'avait, grâce à une vignette, insufflé la vie à leurs poèmes, à leurs romans et récits de voyages!

L'art qu'appliquait le graveur à ces produits intellectuels de diverse nature était quelque peu factice, empruntant ses accessoires au domaine du théâtre et du roman : j'entends par « factice » tout un personnel de personnages fictifs, d'archanges et de figures démoniaques des deux sexes. Pour encadrer ce petit monde, Célestin Nanteuil trouva un style de fantaisie mi-gothique mi-Renaissance qui tient du rêve : il créa des allongements maniérés, vaporeux, pour des attitudes de femmes qui lui appartiennent en propre, qui ont leur charme et qu'on ne peut pas oublier. Ce n'est certes pas le monde réel, c'est une danse de willis romantiques qui troublent l'esprit de ceux qu'elles regardent avec leurs yeux allongés se promenant dans diverses directions.

A prendre pour texte le morceau de poésie, *l'Ange*, du volume *la Cape et l'Épée*, de Roger de Beauvoir, voici trois vers que Célestin Nanteuil choisit pour en faire le sujet de son frontispice :

> Inès, la bouche en cœur, à son nain souriait,
> Un nain difforme, épais et grand comme sa manche;
> La cigale de joie à cette heure en criait.

Ces vers ne manquent pas d'une certaine allure; mais voyons l'interprétation du graveur. Dans un parc, au fond duquel se profilent des pins élégants, Inès tend sa coupe à un nain qui, avec peine, soulève une cruche historiée. Comme entourage et pour donner plus d'importance à la scène, un chevalier, un ménestrel se font face et coupent l'horizon par une banderole sur laquelle sont écrits en caractères de fantaisie le titre du

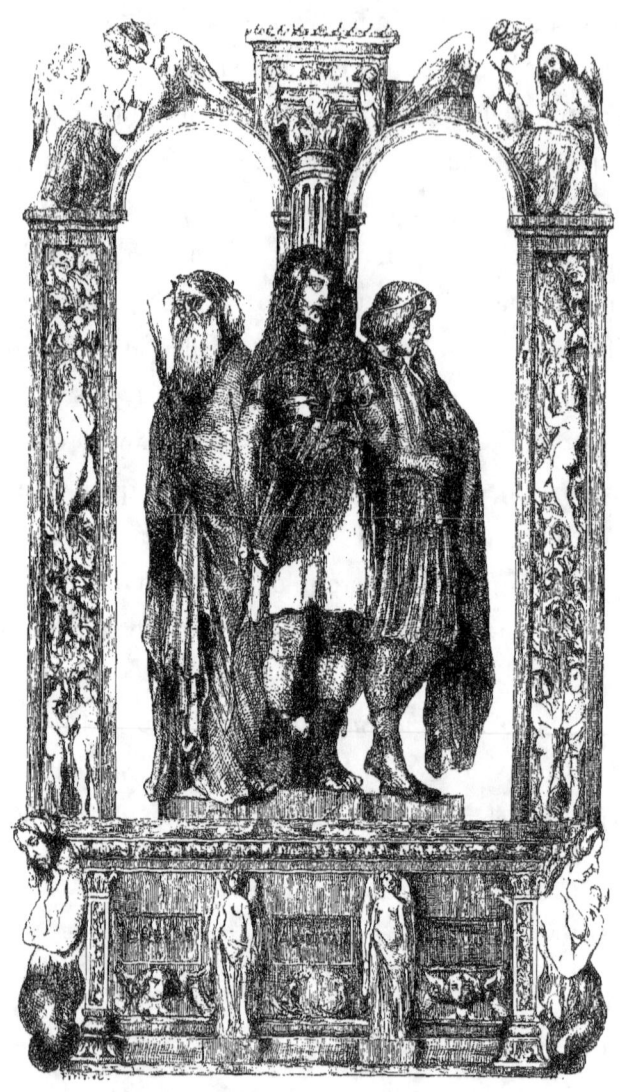

EAU-FORTE DE CÉLESTIN NANTEUIL.
Frontispice pour un ouvrage inconnu (1834).

poème, le nom de l'auteur : dans le bas un groupe de saintes
et d'anges forme console et support à la composition.

C'est beaucoup qu'un dessinateur qui ne reste pas au-dessous du texte. Célestin Nanteuil apporta toujours, dans ses interprétations de romans et de poèmes, une forte part d'ingéniosités, de décors et de paillons.

On a essayé, dans ces dernières années, de faire sortir de la classe des oubliés le poète Philotée O'Neddy pour le ranger parmi les romantiques truculents les plus fameux. Par ses imprécations rimées O'Neddy peut faire passer un quart d'heure à ceux qui ont des loisirs; il est difficile de le faire tenir debout sur ses pieds de marionnette exaspérée. Sans le frontispice de Célestin Nanteuil (un groupe de femmes et d'anges, reliés par des arabesques, encadrant un cartouche estompé où se lit le titre du poème), je me demande dans quel abîme profond serait plongé *Feu et Flamme,* un foyer qui ne montre actuellement que des tisons mouillés.

Tel fut le rôle de l'artiste vis-à-vis des *poetæ minores* de son temps; il piqua d'une claire illumination l'intérieur de pauvres logis. C'est ce qui fait que, grâce au concours, au secours de l'art, on s'occupe actuellement de ces choses. Dans le grand mouvement de bluterie où sont secouées sur le van tant de pailles infécondes, pour ne laisser que les bons grains, quelques-uns de ces livres restent à la faveur de la collaboration des artistes de l'époque.

Théophile Gautier comprenait l'importance de l'art des vignettistes; lui aussi eût voulu appliquer aux livres de ses contemporains d'élégants frontispices. Il l'essaya pour *la Couronne de bluets* de son ami Arsène Houssaye [1], à l'époque des expansions d'une jeunesse sans brides. Si la préface est folle, l'eau-forte ne l'est guère. Des enroulements de sirènes qui voudraient être

1. Paris, Souverain, 1836. In-8°.

charmeuses, détail très affaibli des frontispices de Nanteuil, ne peuvent être regardés que comme un essai d'amateur.

Sous l'apparence de la libre manière de Célestin Nanteuil se cache une certaine science. Le graveur avait composé de compliqués entourages de pages pour les *Voyages romantiques dans l'ancienne France,* de Nodier et du baron Taylor ; en contact avec Fragonard, Viollet-le-Duc, Dauzats, Célestin Nanteuil apprit l'art des détails architecturaux, qui lui permit d'appliquer aux frontispices des livres de son temps un acquis d'ornemaniste que nul dessinateur de vignettes ne put lui disputer. Aussi l'artiste faisait-il école.

A Moulins, j'ai montré Achille Allier plantant sur les murs de la vieille ville du Bourbonnais le drapeau de la *Jolie Fille de la Garde,* brodé pour ainsi dire à l'aide de la pointe du graveur. Un autre artiste, Gustave Morin, s'efforçait à Rouen de marcher dans les sentiers déblayés par le graveur ; mais l'école ne fut pas ouverte longtemps et les quelques élèves qui suivaient l'enseignement du professeur ne tardèrent pas à en quitter les bancs.

J'ai dit que l'artiste était toujours prêt à offrir son concours à ceux qui le sollicitaient. Il ne faudrait pas en conclure que ses vignettes fussent conçues à la légère. Célestin Nanteuil ne se satisfaisait pas du premier coup. Ainsi deux eaux-fortes différentes, dont l'une n'a pas paru, existent pour le drame de *Catherine Howard.* J'ai vu chez M. Edmond Hédouin, qui travailla sous l'aile de Nanteuil, une eau-forte représentant la terrible scène des cercueils, avec le grand mot de *Lucrèce Borgia :* « Messeigneurs, vous êtes tous empoisonnés. » L'épreuve est chargée de nombreuses corrections au crayon, qui ne paraissent pas avoir été exécutées. Je possède moi-même une *Esméralda* et une bizarrerie monacale qui sont restées à l'état d'essais, sans doute à cause des trop violentes morsures de l'acide qui a attaqué le travail des fonds.

Théophile Gautier, préoccupé du travail matériel de Célestin Nanteuil, a dit :

Tout moyen lui était bon, le pinceau, la plume, le crayon, le grattoir. Nous l'avons vu, pour arriver à rendre le grain d'une vieille muraille, poser un morceau de tulle sur son papier et tamponner du bistre sur les murailles.

A un art nouveau il fallait des outils nouveaux : en peinture l'emploi de la truelle pour maçonner sur la toile des amas de raclures de palette, à la suite de quoi la pierre ponce, le rabot amenaient des tons inattendus. Jeanron exposait des dessins au suif, et c'est vraisemblablement un romantique arriéré que le peintre qui, en 1880, faisait inscrire gravement sur le livret officiel du Salon : *Dessin à la mouchure de chandelle.*

Toutefois les procédés qu'employait Célestin Nanteuil pour les fonds de ses gravures les alourdirent, les amollirent à la fois et leur firent perdre la netteté des premiers jours. Vers 1839, le graveur abusa de la roulette expéditive, du vernis mou, et je ne vois guère à citer dans cette nouvelle manière que *la Butte Montmartre,* publiée par *l'Artiste* en 1838. Une merveille de grâce et de délicatesse.

Avant de se plonger pour toujours dans les eaux du commerce, il semble que Célestin Nanteuil ait voulu se faire regretter de son époque.

L'artiste, dans cette planche, avait rompu avec les lisières du romantisme. Un jeune homme, une jeune fille, assis sur le gazon, contemplent Paris du haut de Montmartre, en écoutant leurs cœurs parler. Dans le fond tourne un moulin à vent dont les ailes ont déjà fait envoler plus d'une protestation d'amour sem-

blable. Est-ce une page de la vie de Célestin Nanteuil? On
serait tenté de le croire. Le jeune homme est blond, la jeune
fille charmante. La butte tout entière appartient aux deux amoureux, et en regardant cette aimable grisette avec sa capote, on
songe à la Mimi Pinson d'Alfred de Musset.

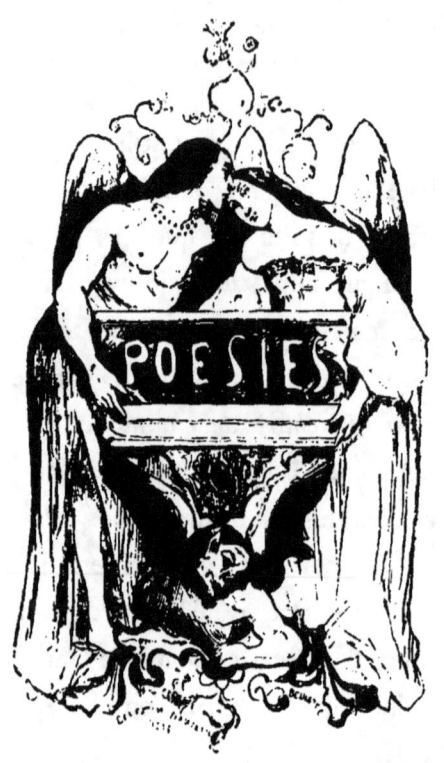

VIGNETTE DE CÉLESTIN NANTEUIL,
pour *le Bord de la coupe*, de J. Chaudesaigues (1835).

Ce fut une note unique dans l'œuvre de Célestin Nanteuil;
elle a son prix; mais on ne pourrait juger l'homme par cette
perle.

Nul mieux que le graveur ne caractérisa l'époque romantique.
De ce petit monde archaïque il est le roi. En quelques frontispices colorés l'artiste a dit les tourmentes, les bizarreries des

poètes du temps. Les personnages de la troupe de Nanteuil étaient les mêmes que ceux que Tony Johannot mettait en branle; mais celui-là a plus de légèreté, de laisser-aller; chez Célestin Nanteuil la manière se mêle très singulièrement à la naïveté. L'homme apporta une foi particulière dans son interprétation des scènes romantiques, et si l'on considère sur les porches ses figures grimaçantes auxquelles se mêlent de bons anges, on admettra, je le crois, que trois siècles auparavant Célestin Nanteuil eût été un de ces moines miniaturistes heureux d'encadrer dans l'or et la pourpre les pages des manuscrits.

C'est ce qui fait la curiosité de son œuvre et la consacre; note très singulière, subtile, pénétrante, appliquée à bien des œuvres oubliées et dont l'image qui les ornait restera dans l'avenir.

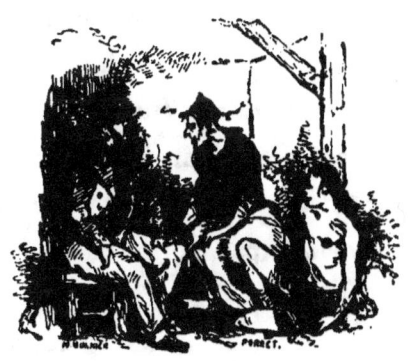

VIGNETTE D'HENRY MONNIER,
pour *Plik et Plok*, d'Eugène Sue (1831).

CHAPITRE XXVI

LES DEVÉRIA. — LOUIS BOULANGER. — HENRY MONNIER
JEAN GIGOUX. — CAMILLE ROGIER

J'ai essayé de donner un aperçu aussi fidèle que possible de la vie et de l'œuvre des brillants commandants du bataillon des dessinateurs romantiques. Il serait injuste de ne pas consacrer une page à deux peintres qui se tenaient à part et n'en occupaient pas moins un poste élevé. Achille Devéria, Louis Boulanger, jouèrent un rôle considérable dans les premières années du romantisme ; mais je m'occupe plutôt des vignettes que du grand art, et ces deux artistes ne donneraient qu'une idée imparfaite de l'ornementation des livres à cette époque. Leurs peintures, leurs lithographies, voilà ce qui mérite d'être consulté.

Mme Victor Hugo, qui a relaté les impressions de son monde après la première représentation d'*Hernani,* donne un bulletin de la bataille et met à l'ordre du jour les vaillants : « En arrivant chez lui, M. Victor Hugo trouva son salon plein. M. Achille Devéria dit qu'il ne voulait pas dormir dans une nuit pareille et alla faire un dessin de la dernière scène [1]. »

Ce dessin lithographié, tout noir de la poudre du combat, parut en effet dans *la Silhouette.*

De l'atelier des frères Devéria, rue Notre-Dame-des-Champs, partait le mot d'ordre [2] ; on y formait des bandes, on y enrôlait des soldats pour la nouvelle école ; aussi la plupart des écrivains

1. *Victor Hugo par un témoin de sa vie.* Paris, Lacroix, 1863. 2 vol. in-8°.
2. Voir dans la *Revue de Paris* de 1864 mon article : *Delacroix conspirateur.*

et des artistes qui avaient donné des gages passaient-ils par le crayon passionné de Devéria.

Qui veut avoir en outre une idée des femmes de l'époque ne peut se dispenser de feuilleter l'œuvre des deux frères; ils ont montré la femme dans toutes ses élégances, ses modes, ses travestissements et ils eussent laissé un renom plus durable si

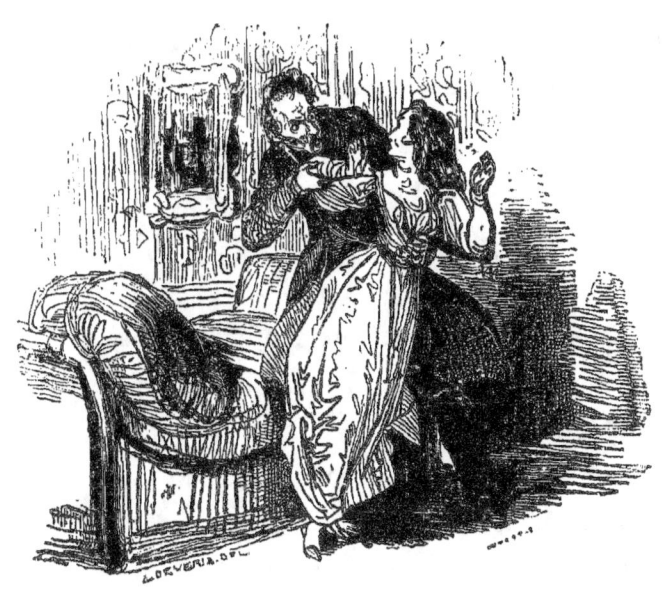

VIGNETTE D'ACHILLE DEVÉRIA,
pour *Pauvre Fille !* de Victor Lelloch (1834).

une incessante production n'avait trop arrondi leurs crayons par la suite.

Louis Boulanger, lui, fut le second du grand poète, une sorte d'*alter ego — alter Hugo*, disait le sculpteur Préault. Le peintre était l'ami des premiers jours, le familier de la place Royale, le correspondant du maître, son confident; c'est à lui que sont adressées les *Lettres sur le Rhin*, ces magistrales descriptions qu'on regrette de ne pas voir illustrées par le maître lui-même.

Singulière destinée que celle de Louis Boulanger broyé entre deux meules, Eugène Delacroix et Victor Hugo; il en admire la puissance, il essaye de les mettre en mouvement pour son propre compte, la force lui manque.

Tous venaient pourtant à l'ami du grand poète, tous lui frayaient le chemin. Un tableau de Louis Boulanger, c'était par avance un événement dans les ateliers. Lorsque le peintre eut l'honneur d'être refusé au Salon de 1831 pour son *Bailly marchant à la mort,* Pétrus Borel le réconforte à sa manière.

> Laisse-moi, Boulanger, dans ta douleur profonde
> Descendre tout entier par ses noirs soupiraux;
> Laisse immiscer ma rage à ta plainte qui gronde;
> Laisse pilorier tes iniques bourreaux [1].

Pour reconnaître la haute intervention des poètes, les peintres voulaient montrer qu'ils en étaient dignes et qu'eux aussi savaient parler la langue des dieux.

Une femme de ce groupe artistique, Mme Marie Ménessier-Nodier, avait entrepris de publier une Anthologie dans le genre des *Annales romantiques.* Ce petit livre, *la Perce-Neige,* n'aurait rien de particulièrement curieux si, outre son eau-forte à la manière de Célestin Nanteuil, il ne renfermait deux morceaux poétiques d'Eugène Devéria et de Louis Boulanger qui, je crois, n'ont donné qu'une fois cette note [2]; mais on savait dans certains salons qu'Eugène Devéria et Louis Boulanger étaient d'autant plus aptes à comprendre la poésie des maîtres qu'eux-mêmes eussent pu faire œuvre de lyriques si l'art du peintre ne l'avait emporté.

1. *Rhapsodies.* 1832.

2. Un certain nombre d'inconnus se mêlaient aux deux artistes: A. G. Saint-Valry, le comte de Peyronnet, Caroline de Bissy, Auguste Demesmay, Antonin de Sigoyer, etc., j'entends inconnus comme poètes. Leur réputation n'est pas parvenue jusqu'à nous, je dirai jusqu'à moi pour ne pas engager mes contemporains.

Aussi bien à cette époque les peintres savaient exprimer leurs idées sur l'art, leurs projets de réforme, à l'aide de la plume : Eugène Delacroix, Paul Huet, Ziegler, Laviron et bien d'autres.

Le morceau de Devéria, inséré dans *la Perce-Neige*[1], a pour titre : *Mémoire des morts*.

> Voilà six ans entiers que ma sœur Octavie
>   Repose parmi nos aïeux ;
> Voilà six ans entiers que sa lèvre pâlie
> N'a fait entendre un son doux comme une harmonie,
>   Six ans que dorment ses beaux yeux.

Cette poésie me paraît inspirée par les poésies de Mme Desbordes-Valmore. La pièce de Louis Boulanger a plus d'accent ; elle n'a pas de titre et est dédiée « à mon ami Sainte-B. », qui ne s'était pas encore retiré sous la tente et dont on pouvait prononcer le nom sans se compromettre.

> Non, je ne reçus point d'en haut ce don céleste
> Qui fait, lorsque tout meurt et s'efface, que reste
> Debout l'œuvre immortelle et que, dans l'avenir,
> La gloire de l'auteur resplendit aussi belle
> Qu'aux grands jours où la ville, en fête solennelle,
> Promenait ses tableaux que l'on allait bénir !
> Pourtant ces Florentins, ces élus du Génie,
> Que ta Muse à mes yeux présente pleins de vie,
> Souvent de leur lumière ils viennent m'inonder ;
> Et quelquefois, hélas ! aux élans de mon âme,
> J'ai cru, pauvre insensé, qu'un rayon de la flamme
> Pénétrant dans son ombre allait la féconder.

Une mélancolie sincère s'échappe de ce morceau. Quoique

1. *La Perce-Neige*, choix de morceaux de poésie moderne, recueillis et publiés par Mme Marie Ménessier-Nodier. Paris, Heideloff, 1836. Petit in-12.

choyé par les poètes qui, pleins de sympathie, le poussaient en avant, Louis Boulanger n'en sentait pas moins le doute l'envelopper de ses longues, grises et tristes ailes. Son œuvre, terriblement romantique au début et dont le charbonnage va plus loin, s'il est possible, que le charbonnage fiévreux et puissant de

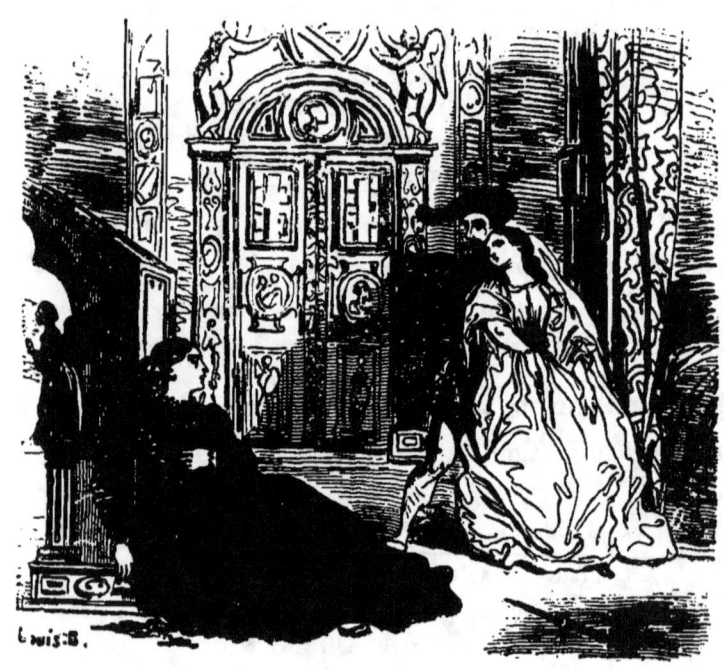

VIGNETTE DE LOUIS BOULANGER,
pour *Angelo, tyran de Padoue*, de Victor Hugo (1835).

Delacroix, devait se terminer froide, sage, décolorée et sans accent.

Sans trop enjamber sur le domaine de l'art, il faut noter quelques compositions caractéristiques de Louis Boulanger qui restent comme une sorte de prise de possession du terrain nouveau de 1828 et peuvent être citées, même à côté des œuvres les plus passionnées de l'époque.

Tout d'abord se déroule la *Ronde du Sabbat,* inspirée par deux vers de Victor Hugo :

> Et leurs pas, ébranlant les arches colossales,
> Troublent les morts cachés sous le pavé des salles.

Une fresque que cette lithographie d'une dimension inusitée. On comprend qu'en 1828, alors qu'une pareille chose se produisit, les hommes à la tête du mouvement fondèrent les plus grands espoirs sur la fougue et la passion qui mettaient en branle la meute infernale.

Du haut des voûtes d'une vieille cathédrale s'abat dans la nef une trombe de démons, de femmes échevelées, nues et pantelantes, de bêtes de l'Apocalypse qui essayent d'entraîner Satan dans leur ronde luxurieuse à la clarté des cierges de chanoines-fantômes assis dans leurs miséricordes du chœur.

C'est un mélange de Tentation de saint Antoine et de Ronde de nuit d'un Rembrandt romantique ; il semble qu'une telle représentation, qui sent le soufre et le bouc, n'ait pu être retracée qu'avec un charbon emprunté au foyer d'une sorcière.

A cette époque vivait à Bordeaux un personnage bizarre, à demi privé de la vue, châtié, comme le sont souvent les hommes de génie, par les afflictions qui atteignent les êtres trop sensitifs. Le peintre Goya, dans sa vieillesse, ne retraçait pas moins sur la pierre lithographique les scènes de tauromachie en plein air dont les oppositions d'ombres et de lumières étaient restées vibrantes dans ses yeux. Delacroix, Boulanger, s'enthousiasmèrent pour ces violentes taches de noir et de blanc, et une influence à la Goya se répandit dans les ateliers parisiens, qui embrasait les esprits et leur communiquait un élan tout nouveau ; mais il arrive trop souvent que l'extérieur d'un maître, plus que sa véritable essence, frappe les disciples. Le décor espagnol fut dès lors employé pour les œuvres les plus françaises.

> Elle est morte — à quinze ans — belle, heureuse, adorée ;
> Morte au sortir d'un bal qui nous mit tous en deuil ;
> Morte, hélas ! et des bras d'une mère égarée,
> La mort aux froides mains la prit toute parée,
> Pour l'endormir dans le cercueil.

Ce morceau de Victor Hugo, la pensée en est claire et transparente. Louis Boulanger en fit une vision à la manière de Goya, une scène fantastique qui semble une suite aux *Caprices* de l'humoriste espagnol, mais qui ne répond en quoi que ce soit au texte du poète.

Cette fougue romantique calmée par les années, Louis Boulanger s'aperçut que le rayon de flamme des grands maîtres ne pouvait l'échauffer. Honnête ouvrier, tout de reflet, égaré dans une époque tourmentée, il laissa quelques portraits curieux plus encore par les personnages représentés, Balzac, Mme Victor Hugo, Pétrus Borel, Théophile Gautier, que par son tempérament de peintre.

Ses vignettes, quoique peu nombreuses, sont à la portée de tous et permettent de le juger. Les *Odes et Ballades* (édition de 1828), *la Comédie de la mort* (édition de 1838), *l'Enfer de l'esprit*, d'Auguste Vacquerie (1840), n'ont pas emprunté un vif rayonnement à la collaboration du peintre ; en tant que vignettiste, l'homme fut dépassé par ses contemporains, les Johannot, les Célestin Nanteuil.

Trois lieutenants marchent également hors des rangs du groupe des dessinateurs de vignettes en renom : Henry Monnier, Jean Gigoux, Camille Rogier.

Par son âge, la date de ses œuvres et le concours de bonne camaraderie qu'il prêta aux écrivains ses contemporains, Henry Monnier serait un des ancêtres du romantisme si ce titre pouvait être appliqué, même dans un sens détourné, à un esprit particulièrement humoristique. Ce Protée, dessinateur de profession, aujourd'hui comédien, demain écrivain, était si peu classé, si peu classable qu'au début la *Revue des Deux Mondes* le crut capable d'exposer ses idées sur l'art. En 1830, Henry

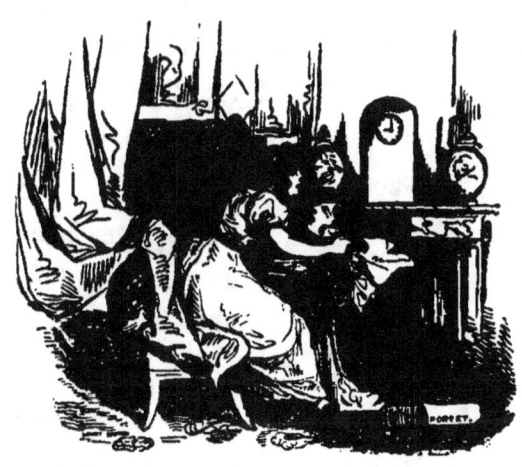

VIGNETTE D'HENRY MONNIER,
pour *le Rouge et le Noir*, de Stendhal (1831).

Monnier, je le disais plus haut, rendit compte du Salon dans ce grave recueil. Mais quel Salon ! Celui qui voudrait faire tort à la mémoire de l'humoriste n'aurait qu'à réimprimer les quelques pages qu'effrayé de sa mission, il consacra aux artistes de son temps. Les coassements de bourgeois du Marais dissertant sur la peinture au café du Jardin-Turc, entre deux parties de dominos, donnent à peine une idée des principes esthétiques d'Henry Monnier[1].

---

1. Cet article ne figure pas dans la réimpression des premières années de la *Revue des*

L'artiste était très répandu ; on lui confia une tâche singulière en le chargeant de dessiner des vignettes pour des livres
qui ne répondaient en rien à sa nature ; toutefois son crayon
habile lui permettait de se plier à toute commande, si insolite
qu'elle fût.

Je me suis étendu suffisamment sur ce sujet dans le chapitre :
Henry Monnier pendant la période romantique[1], pour n'y plus
revenir. Stendhal, Eugène Sue, furent particulièrement illustrés
par Henry Monnier. On lui doit encore certains frontispices qui,
malgré leur précision, sont bien dans l'esprit des publications du
temps ; mais, dans cet ordre, il fut dépassé par son camarade
Eugène Lami qui, tout au début, faisait pressentir les élégances
chères à l'aristocratie bourgeoise.

Qui parle de Jean Gigoux, vers 1834, évoque le reflet d'un
dessinateur à la Velazquez, relevant de traits hardis la belle
édition de *Gil Blas*, la première qui traça un sillon profond dans
l'ordre de « l'illustration », et certainement restera. Jamais la
vignette sur bois n'avait montré tant de vaillance. La couleur
ainsi étalée sur le buis par Gigoux fut véritablement de la
couleur ; le peintre communiquait de la virilité aux burins des
graveurs.

Moins poète que Tony Johannot, Gigoux dessina un certain
nombre d'en-têtes pour les romans du jour ; malheureusement il
n'eut que le dessous du panier des romantiques. A l'exception
du frontispice pour les *Contes* du lycanthrope Pétrus Borel, quelle
fâcheuse besogne que d'avoir à prêter son crayon à un Hippolyte

---

Deux Mondes; également le nom d'Henry Monnier a été biffé dans la table générale des
articles de la Revue. La direction passa un râteau prudent dans certaines allées infestées de
romantisme. Voir au chapitre XII une critique de l'*Antony* de Dumas, article signé Y et sans
doute dû à Fontaney.

1. *Henry Monnier, sa vie, son œuvre.* E. Dentu. 1879. In-8°.

Bonnelier, à M. Viennet, aux divagations esthétiques de Castil-Blaze sur la danse et les ballets! Le tempérament de Gigoux ne pouvait se manifester suffisamment dans l'interprétation d'œuvres d'écri-

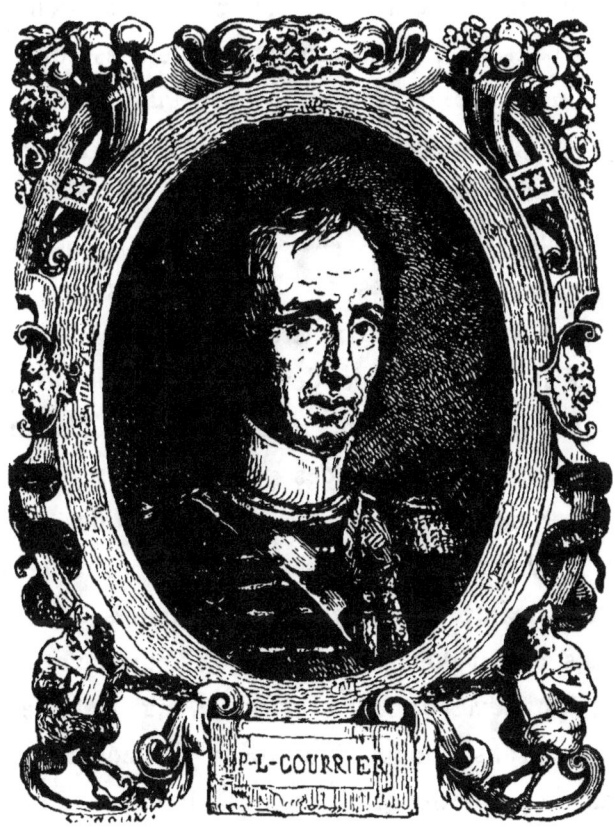

PORTRAIT DE PAUL-LOUIS COURIER.
Dessin par Gigoux.

vains de troisième catégorie. L'artiste fut plus heureux avec les portraits de quelques célébrités de son temps; on formerait une suite intéressante d'images de romanciers, de poètes, de peintres, de statuaires romantiques, en joignant aux lithographies des Devéria celles de Gigoux. Parfois cependant le crayon capricieux du peintre change en personnages quasi hoffmannesques les gens qu'il a à représenter, témoin ce croquis d'après Paul-Louis Courier. Le classique pamphlétaire tourangeau eût sans doute été surpris de donner naissance à de telles hachures.

A côté de Gigoux, Camille Rogier paraît essentiellement fade. Vignettiste galant, se prêtant aux commandes des éditeurs, Rogier illustre, ô singularité de ce temps! *la Gaule poétique* de M. de Marchangy et *le Roman pour les cuisinières* d'Émile Cabanon. L'illustre avocat général, qui faisait condamner Béranger comme chansonnier subversif et se laissait entraîner, à ses moments de loisir, à un de ces poèmes de longue haleine qui ne font pas époque, trouva peut-être les vignettes de Rogier à son goût; elles manquent de la croyance que devait commander un si pompeux sujet, et c'est dans l'amusant roman d'Émile Cabanon qu'il faut chercher le dessinateur; l'un des premiers, il se tourna vers le XVIIIe siècle et sut tirer parti de la poudre, des mouches, des perruques poudrées des marquises et des abbés de cour.

Un jour le peintre se lança dans les affaires commerciales en Orient; mais on lui doit en partie le meilleur ouvrage de Gérard de Nerval, les *Scènes de la vie orientale,* qui n'auraient peut-être pas été écrites sans l'appui que trouva l'humoriste à Constantinople, grâce au peintre qui y était établi.

A la suite des trois artistes dont je viens de tracer un léger crayon viennent divers aquafortistes, leurs émules : Boisselat, qui illustra un certain nombre de romans; Édouard May, l'auteur du curieux frontispice de *Chatterton;* Joseph Thierry, laissant de côté ses décors de théâtre pour orner *les Enfants et les Anges* de son frère Édouard; Émile Loubon; le comédien Alfred Albert, qui se chargea du frontispice de *Caliban;* Louis Chepdeville, auteur par hasard de l'eau-forte du roman *Sous les rideaux* d'Henry

Trianon ; un des frères Leleux, qui composait, pour *le Monde
dramatique,* des scènes de drames des théâtres étrangers.

Une mention spéciale me paraît devoir être accordée à Benjamin Roubaud, qui ne se laissa entraîner dans les rangs des

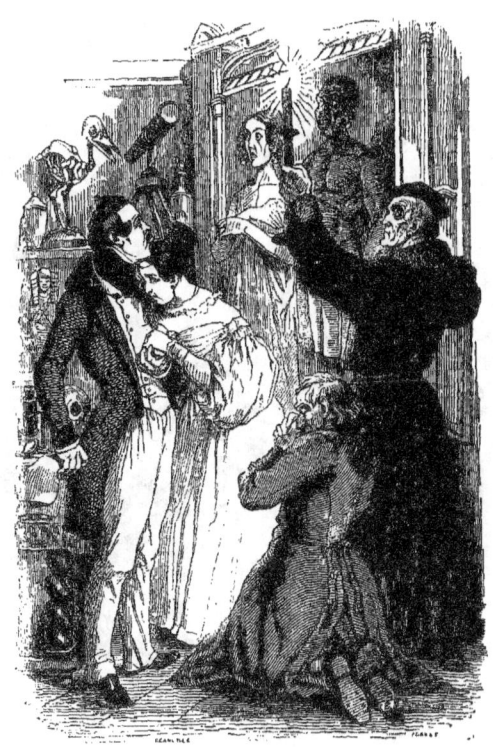

VIGNETTE DE J. J. GRANDVILLE,
pour *Toussaint le Mulâtre,* d'Anthony Thouret (1834).

dessinateurs romantiques qu'exceptionnellement. L'œuvre du cari-
caturiste est nombreuse ; il grava une seule eau-forte pour *les
Truands* de Lottin de Laval. Sans craindre de choquer les yeux
des délicats, je donne le frontispice de Benjamin Roubaud représentant le « Chenel des Ribaudes » et les personnages qui le hantaient ;

mais la description due à Lottin de Laval doit compléter l'eau-forte.

Babbie Chéradame, la Ribaude, était vieille; ses cheveux grisonnants et les rides qui sillonnaient son front et ses tempes olivâtres annonçaient quarante ans. A cet âge

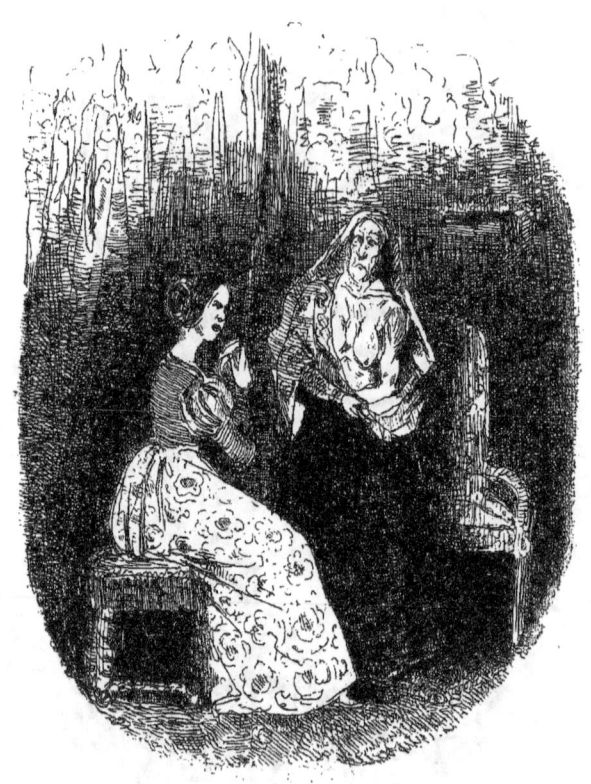

FAC-SIMILÉ D'UNE EAU-FORTE DE BENJAMIN ROUBAUD,
pour *les Truands,* de Lottin de Laval (1832).

une femme est vieille! — Ajoutons à cela cette vie aventureuse à présumer dans cette classe dégradée de la société, tour à tour passant du luxe aux haillons, de l'abondance aux privations les plus cruelles; puis ces hideux plaisirs, ces joies brutales qui tuent!...

Les yeux roux de Babbie brillèrent rapides dans leur orbite étroite et cave; — et ses rides se plissèrent davantage. On eût dit une vessie de bœuf trouée laissant échapper le gaz qui la remplissait.....

Pour Rabasse Calorgne, les années avaient été moins prodigues; c'était une femme d'environ vingt-cinq ans, à la taille élancée, aux cheveux noirs et flottants formant un bandeau sur son front, lisse et blanc comme l'albâtre; sa tête avait quelque chose d'ascétique, de divin; on eût dit une des belles vierges de Raphaël. — Étrange contraste de la nature, qui se plaît à prodiguer à une prostituée des charmes qui ne sont dus qu'à la divinité!

Rabasse était donc belle; mais aussi connaissait-elle le pouvoir de ses charmes! Comme elle savait bien les rehausser encore par l'éclat de la parure! Que cette chaîne

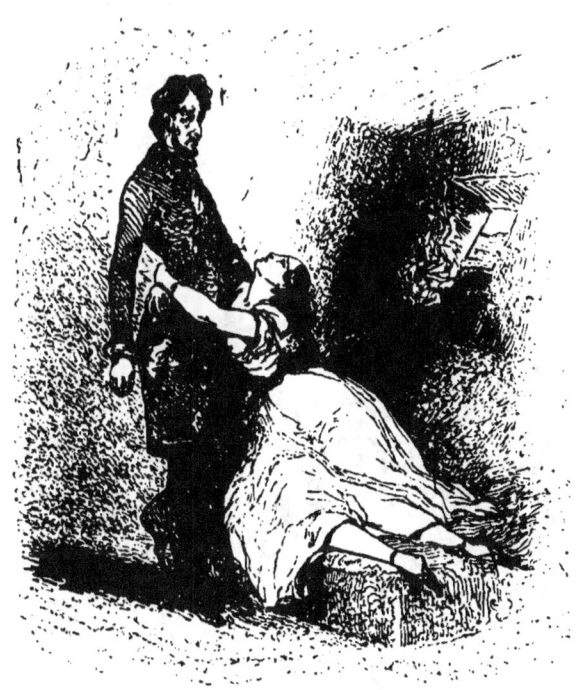

VIGNETTE DE TONY JOHANNOT,
pour *la Salamandre*, d'Eugène Sue (1832).

d'or aux larges anneaux faisait ressortir la blancheur de son cou! — C'était comme un tableau de Delaroche au milieu d'un cadre gothique. — Puis ses formes admirables que laissaient entrevoir ses vêtements de velours, puis sa main, digne de servir de modèle au Guide, puis ses yeux... Tout en elle était ravissant!

Et cette femme était à vous pour quelques liards blancs. — Et cette angélique créature était corps et âme à Hugues-le-Velu. — Horreur!

Et dire que le roman *les Truands*, d'où est tirée cette admirable citation, est dédié à M. Guizot!!!

A la suite des peintres et graveurs à l'eau-forte vient une bande de dessinateurs égarés dans les illustrations pour cabinets de lecture : Levasseur, qui donne la fleur de son talent à Édouard Cassagnaux, sans le satisfaire pleinement ; Becœur, mort tout jeune après avoir illustré *le Crapaud* de Félix Davin, lequel lui a consacré une notice. Serait-il juste d'oublier dans cette nomenclature Lécurieux, Sainson, Auguste Bouquet, le mieux doué de ce groupe, le peintre ordinaire du comédien Deburau ?

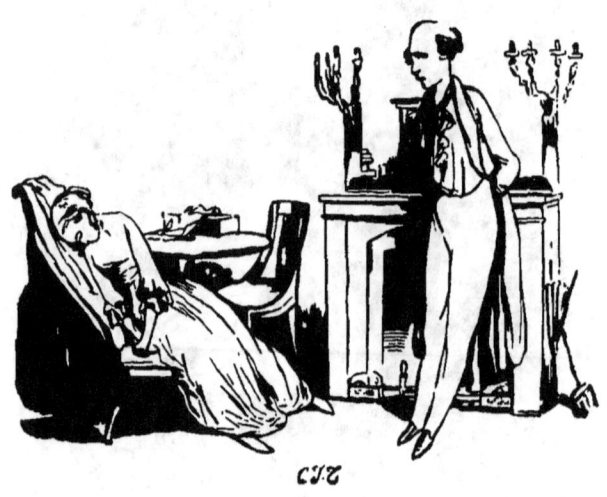

VIGNETTE DE C. J. TRAVIÈS,
pour *la Séparation*, de Vendremish-Durivage (1833).

Il est difficile de faire figurer Traviès dans les rangs des dessinateurs romantiques. Ce n'est que grâce à une petite vignette sur l'adultère qu'il est possible de l'y rattacher ; mais combien la conséquence d'une situation criminelle est rendue sèche et raisonnable par le dessinateur !

Il semble avoir été tourné au tour comme une toupie de la

Forêt-Noire le croquis ci-contre. Le personnage outragé et chauve, s'appuyant contre une cheminée à la prussienne, agrémentée de son soufflet et de son petit balai, fait comprendre l'infidélité de la petite dame; mais Traviès est impuissant à envelopper d'un crayon délicat les récriminations que d'aimables femmes ont méritées de leurs juges, qui finissent par croire qu'ils n'ont pas été trompés, mais qu'ils se sont trompés.

Il fallait un Tony Johannot pour rendre ces enroulements féminins passionnés sur le divan d'une cabine de navire et l'irrésolution de l'homme qui se sent faiblir en face de cheveux dénoués, d'un corsage qui craque, de fins souliers de prunelle qui font valoir un bas blanc bien tiré.

Est-ce le hasard, le besoin d'argent qui mirent au service des publications d'Anthony Thouret Grandville lui-même et son compagnon de *la Caricature,* Eugène Forest? Ces crayons agressifs étaient plus à leur aise chez Philipon que chez les éditeurs de romans.

Je laisse de côté, pour ne pas fatiguer le lecteur, un certain nombre de dessinateurs de vignettes à qui le génie et même un peu de talent ont manqué. Une nomenclature plus développée trouve sa place dans la bibliographie qui suit; toutefois je ne veux pas terminer sans marquer d'un trait certaines publications bizarres qui compléteront cet ensemble.

Celui-là pourrait être traité d'esprit chagrin qui se plaindrait du manque de variété dans l'exécution des vignettes romantiques. De même que la toile à peindre devait se prêter à tous les procédés, à toutes les imaginations des chercheurs de moyens nouveaux, il fallut que le papier subît les innovations imposées au cuivre, à la pierre lithographique. Dans le petit art comme dans le grand, peintres et dessinateurs tinrent à se montrer hors des

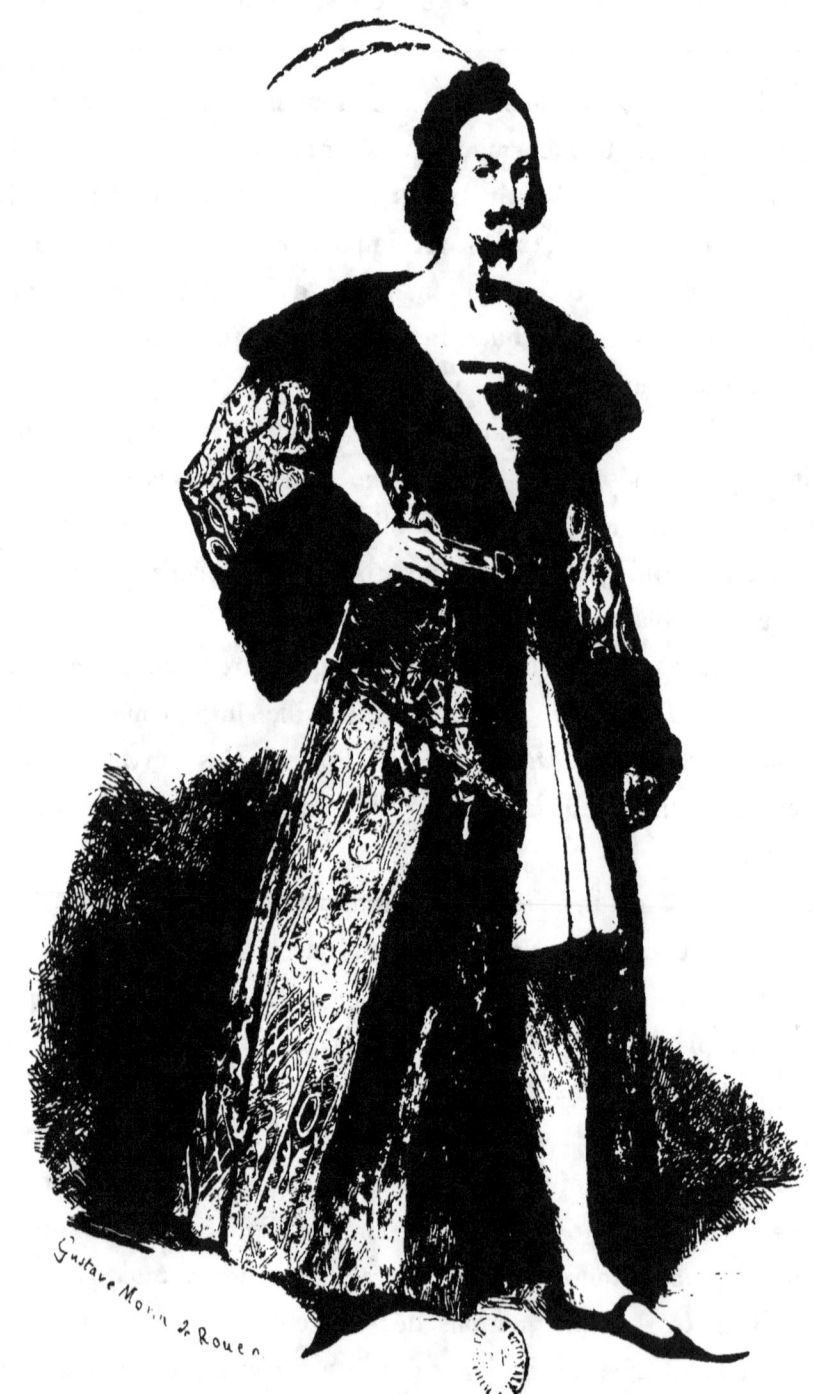

PORTRAIT DE MÉLINGUE
FAC SIMILÉ D'UNE EAU FORTE DE GUSTAVE MORIN

gonds. Assez des vieux procédés! Il les fallait tourmentés, excessifs.
Toute composition dut se présenter dramatique et communiquer
la fièvre au public, de même que tout personnage fut tenu de
faire preuve de facultés insolites. L'art du siècle précédent,
regardé comme banal, était conspué et le mépris pour la peinture
du premier Empire était poussé si loin que l'esquisse du *Serment du Jeu de Paume* de David, de même que l'*Endymion* de
Girodet, étaient présentés comme de pleutres produits, sans grandeur ni poésie.

C'est à la classe qui voulait formuler du nouveau quand même
que je rattacherai un peintre et un dessinateur qui n'offriraient
rien de commun si, dans leur désir d'attirer les yeux blasés par
l'ancien art du dessin, ils n'avaient jugé utile de se servir de la
même lanterne magique. En artiste qui se respecte, M. Monvoisin
apporta plus de modération que Jacques Arago dont il sera question quelques lignes plus bas; aussi bien il n'avait pas affaire à
un auteur fanatique. La scène *Ali-Pacha et Vasiliki* sert de frontispice à un poème de M. Prosper Poitevin, romantique avant de
devenir grammairien.

On fausserait l'opinion en donnant M. Monvoisin comme
d'essence révolutionnaire; il ne reçut qu'un reflet modéré de
l'époque et ses sujets dramatiques, qui tiennent tant de place dans
les musées, doivent être classés à la suite de ceux de MM. Schnetz
et Paul Delaroche. En ce sens, le dessin que je soumets au lecteur, quoique pondéré à la façon classique, n'en est pas moins
intéressant par la façon dont il est traité et on verra, je l'espère,
avec un certain plaisir, un peintre d'histoire se plier à un procédé
quelque peu bizarre.

Il n'en fut pas de même de Jacques Arago. Il apporta moins
de réserve pour rendre le fatal Bravo du drame *la Vénitienne*,

et peut-être sera-t-il permis de dire sans trop d'exagération « qu'il employa le noir avec le crayon du paroxysme ».

En relisant *la Vénitienne,* je constate la netteté de l'exposition du sujet et avec quel art le héros se profile dès le début.

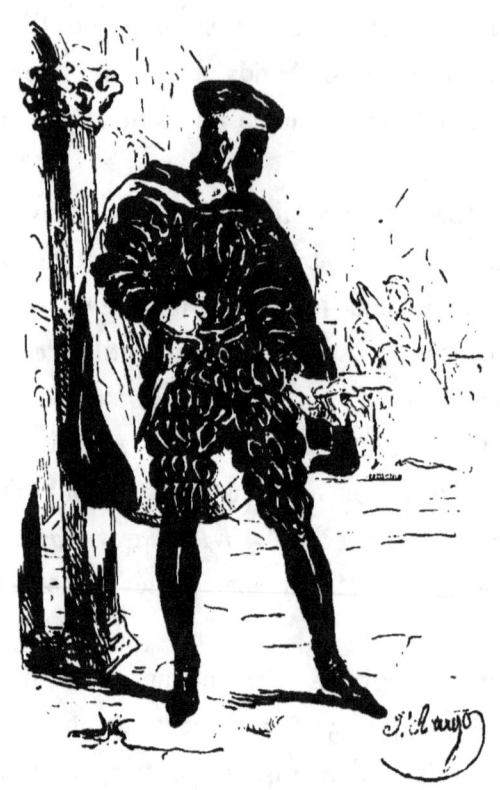

FAC-SIMILÉ D'UNE LITHOGRAPHIE DE JACQUES ARAGO,
pour *la Vénitienne,* d'Anicet-Bourgeois (1834).

— Où rencontre-t-on le Bravo? demande à un inconnu un personnage appelé Salfieri.

L'inconnu (le Bravo lui-même) répond :

Sur la Piazzetta... tout le jour... au pied de la colonne du Lion... triste, noir et immobile, espèce d'échafaud vivant... éternellement dressé sur la place publique de Venise.

Phrase qui entre dans le cerveau du spectateur et s'y fixe comme une chauve-souris à un plafond.

Jacques Arago me paraît avoir convenablement rendu ce personnage *triste, noir et immobile, espèce d'échafaud vivant;* les ressources de son crayon lui ont permis de peindre l'homme auquel le destin a mis *le poignard à la main et le masque au visage* et qui, quand il se croit seul, dénoue les cordons de son masque pour l'accrocher à un clou :

Masque infernal!... *(Otant son poignard qu'il pose sur une table.)* Poignard maudit!... qui faites partie de moi maintenant... comme si la main de Dieu m'avait imprimé l'un au front et cloué l'autre à la ceinture...

Ne nous pressons pas d'appeler trop facilement ombres chinoises ce genre de vignettes. Dans leur parti pris de noirceur ne rendent-elles les effets dramatiques chers au public de l'ancien boulevard du Temple?

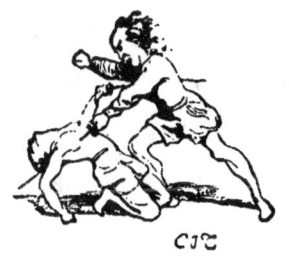

CJ&

CHAPITRE XXVII

DE L'ART TYPOGRAPHIQUE APPLIQUÉ AUX OUVRAGES
DE LA LITTÉRATURE ROMANTIQUE

Un livre bien imprimé tient sa bonne place dans le groupe si divers des arts décoratifs. Les gens de goût admirent l'ordonnance typographique d'un livre et le classent parmi les choses auxquelles l'intelligence de l'homme a commandé une harmonie; aussi les bibliophiles qui recherchent aujourd'hui les ouvrages romantiques sont non pas seulement des amateurs de curiosités, mais des amis d'une typographie bien ordonnée. Quoique les éditions des Renduel, des Mame, des Gosselin et des Fournier fussent imprimées en vue des cabinets de lecture, leur prix assez élevé permettait d'apporter du soin dans le tirage, d'employer un papier durable et d'orner ces livres de frontispices à l'eau-forte ou gravés sur bois.

Dans la plupart des livres de cette époque la vignette joua un certain rôle. Réimportée d'Angleterre, la gravure sur bois faisait bon ménage, par la netteté et le gras de son relief, avec le titre des livres; aussi la fameuse « taille-douce » des romans de la Restauration fut-elle abandonnée aux éditeurs des ouvrages de piété.

Les peintres et les dessinateurs, rattachés au mouvement romantique, tenaient à honneur d'obtenir une mention sur le verso des couvertures de livres nouveaux en même temps que dans les catalogues de librairie où certains ouvrages, longtemps annoncés, semblaient avoir obtenu une concession à perpétuité : fournir un frontispice à l'eau-forte en tête d'un poème, d'un roman, d'une œuvre dramatique payait déjà le graveur de ses efforts.

Deux ouvrages de cette époque, qui devaient bénéficier de ces courants nouveaux, sont restés des conceptions fantasques et humoristiques auxquelles l'imprimerie devait faire fête : *l'Histoire du roi de Bohême* de Charles Nodier et le *Deburau* de Jules Janin.

Il n'est pas une bibliothèque romantique qui ne place aux premiers rayons ces deux ouvrages; mais par rang de date *l'Histoire du roi de Bohême* prend le pas. L'édition publiée par les

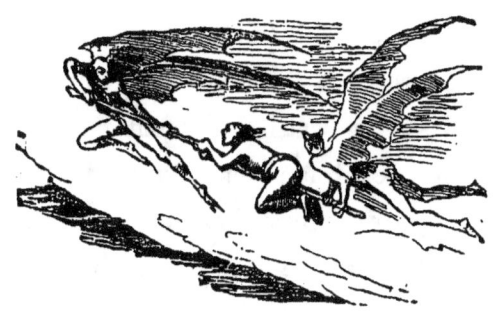

VIGNETTE DE TONY JOHANNOT.
(Vers 1832.)

frères Delangle est de 1830. Tony Johannot y donna la monnaie de sa fantaisie dans une série de petites vignettes, habilement gravées par Porret.

Au point de vue du décor d'un livre il ne se peut guère de conception mieux entendue. L'ouvrage contient 398 pages : un homme de peu de goût eût émaillé de gravures un texte qui y prêtait; mais tout écrivain qui a souci de sa pensée doit user avec sobriété de l'illustration, sous peine de faire de son œuvre un prétexte à images, c'est-à-dire un livre qu'on regarde mais qu'on ne lit pas.

Nodier voulait être lu. Toutes sortes de diables bleus, de chimères cornues, de mandragores fantastiques voltigeaient dans l'air que le conteur tenta de fixer dans les feuillets de son livre. Il se trompa ; et cependant ne disons pas trop haut que le conteur eut tort : par son impression, par l'accent de ses vignettes, *le Roi de Bohême* est resté une note très particulière de la librairie romantique.

A cette fantaisie je préfère toutefois un petit ouvrage de Jules Janin. Livre qui restera que le *Deburau,* comme la meilleure production du critique, la plus courte et la mieux venue de son œuvre.

Lors de la réception du feuilletoniste à l'Académie, il ne fut pas question de ce livre. Comment le Péponet qui répondait au discours de Jules Janin eût-il osé mentionner un ouvrage dont le titre lui semblait une profanation : *Deburau, histoire du théâtre à quatre sous, pour faire suite à l'Histoire du Théâtre-Français?* Dans la pensée de M. Camille Doucet c'était une impiété que de rapprocher les Funambules de la Comédie-Française, un sacrilège que de s'étendre à plaisir pendant trois cents pages sur le compte d'un mime enfariné!

Pour atténuer l'impudence de l'écrivain, l'éditeur et l'imprimeur s'étaient associés et de cette collaboration résulta un véritable bijou typographique ; mais l'Académie ne se laissa pas toucher par les frontispices, les vignettes, les caractères, la justification et les sommaires « en manchettes », quoique ce détail fût emprunté aux ouvrages du XVIe siècle.

Les gens d'esprit, que l'Académie craint de faire asseoir sur ses fauteuils dépenaillés, se sont prononcés dans un autre sens. Ils estiment que ce petit livre, protégé par la jeunesse du conteur, suffit à lui seul pour sauver de l'oubli le nom de Jules Janin.

Pas une faute typographique dans ces deux volumes. Tout est

d'un goût parfait, jusqu'à la couverture toile à matelas de l'ouvrage, qui annonce que l'auteur va traiter de Paillasse. Auguste Bouquet, le peintre ordinaire de Deburau, représenta le mime dans deux de ses meilleurs rôles; Tony Johannot introduisit de délicates lettres ornées et quelques vignettes dans le texte.

Jules Janin avait dû passer au moins une journée à écrire cet immortel ouvrage. Tout était venu à point. Ce sont de ces œuvres qui doivent rendre heureux auteur, éditeur et imprimeur; chacun se flatte d'y avoir prêté son concours.

Au milieu de la mêlée romantique se détachent *le Roi de Bohême* et le *Deburau*, qui n'appartiennent à aucune classe. Ils sont d'essence libre, fantasque, et c'est pourquoi cette indépendance, cette fantaisie ont groupé dessinateurs, graveurs, imprimeurs pour présenter au public dans de gais habits ces livres curieux.

Pendant la période de 1830 à 1835, les romanciers et les poètes s'ingénièrent à faire entrer dans l'art typographique des caractères de fantaisie correspondant à la nature de leurs ouvrages. En regard du frontispice gravé un titre, parfois une couverture agrémentée d'encadrements bizarres, devaient allécher le public. Les compositeurs de musique, plus particulièrement, passèrent des nuits blanches à rêver des caractères voyants, étranges, avec des dispositions linéaires se mariant à leurs mélodies. Monpou surtout était maître dans ces sortes d'inventions; aux six lettres de son nom il fit jouer des variations incessantes dont le titre de *Lénore* (page 69) suffira comme spécimen.

Les fantaisistes non plus ne dédaignaient pas ces moyens de frapper les yeux du public. « Nous avons écrit *De Profundis* en lettres fashionables sur le premier feuillet de notre roman », dit Alfred Mousse dans sa préface; mais ce que l'auteur qualifiait de caractères *fashionables* n'existait que dans son imagination. Le roman fut imprimé à Laon par un certain Varlet-Berleux, qui ne pouvait offrir à l'auteur qu'une fonte tout à fait provinciale, en retard d'au moins dix ans sur la typographie parisienne.

Dans ce même ordre d'ornementations le Bibliophile Jacob l'emporta facilement, et ce serait un fâcheux oubli que de négliger le titre de *la Danse macabre* qui, avant que le lecteur ouvre

LA
DANSE MACABRE

la première page, le fait frissonner et le prépare à d'étranges événements.

Je ne crois pas faire preuve de trop d'idéalisme en comparant les caractères ci-dessus à une pelletée d'ossements de morts, semblables à ceux que les terrassiers mettent au jour et étalent sur le sol en creusant des fondations près d'une ancienne église.

Les écrivains de l'époque se firent encore remarquer par un autre procédé et le poussèrent aussi loin que possible; mais il a besoin d'être montré dans toute son ingéniosité avec les développements qu'il comporte, et il m'a paru nécessiter un nouveau chapitre.

CHAPITRE XXVIII

ÉPIGRAPHES ROMANTIQUES

Si je ne me trompe, c'est aux étrangers, et plus particulièrement aux écrivains anglais, qu'on doit l'usage des épigraphes. Walter Scott fait précéder les divers chapitres de ses romans d'une citation indiquant la nature des sentiments qu'il va mettre en jeu : l'épigraphe ainsi comprise n'est pas sans analogie avec le texte tiré de l'Écriture qu'un orateur chrétien commente en chaire et dont il fait circuler l'esprit dans les diverses parties de son sermon.

Les romantiques français se prirent de passion pour cette importation étrangère. Ce petit dessin de lignes placées « en manchettes » dans le texte leur parut devoir donner tout d'abord au public une idée avantageuse de la variété de leurs lectures, ainsi que du sauvetage du néant de gothiques auteurs tout à fait oubliés.

Au début, l'épigraphe, presque exclusivement au service des romanciers moyenagistes, fut jugée utile par les psychologues, qui traitaient spécialement de la femme; les politiques et les révolutionnaires, les penseurs, les moralistes, les humanitaires, ne dédaignèrent pas ce système. La mode s'en étant mêlée, de savante, l'épigraphe devint tour à tour passionnée, sarcastique, vengeresse, familière, narquoise et parfois incompréhensible. Les humoristes en empruntèrent aux Allemands; leurs amis, leurs maîtresses, leurs adversaires, leurs parents, leurs animaux favoris eux-mêmes, dictèrent ou miaulèrent des épigraphes destinées à étonner le lecteur; il ne demandait pas mieux que d'admirer ces êtres capricieux qui habillaient les mots en masques ou les transformaient en heiduques courant au-devant de leurs récits.

Cette mode vaut la peine d'être étudiée.

La *Notre-Dame de Paris* est, sans contredit, le roman-type de 1830; aujourd'hui encore, quoique lézardé dans certaines parties, le livre se profile, comme les vieilles tours du monument, au milieu des masures qui l'environnent, et on n'a l'intention de rabaisser ni le vicomte d'Arlincourt, ni Francisque Michel, ni Lottin de Laval, en montrant *les Écorcheurs, Job ou les Pastoureaux, les Truands,* comme d'humbles taupinières en regard du roman de Victor Hugo.

Nourri de nombreuses lectures, le poète ne jugea pas à propos d'en faire étalage. *Notre-Dame de Paris* se présenta sans épigraphes, à moins qu'on ne considère comme telle l'inscription que Victor Hugo dit avoir découverte, gravée à la pointe sur le mur, dans le coin obscur d'une des tours du vieil édifice :

ΑΝΑΓΚΗ

« C'est sur ce mot qu'on a fait ce livre », dit le poète.

Victor Hugo a le secret de créer des choses qui restent dans l'esprit. Avec les fictions il joue magistralement et les cloue dans le cerveau de ses lecteurs. *Ananké,* « au sens lugubre et fatal », est resté l'épigraphe romantique par excellence, et si le maître n'employa pas le système à la mode en tête des chapitres de son œuvre, c'est qu'il eut conscience que *Notre-Dame de Paris* en était une grange bourrée jusqu'au toit et que les auteurs, ses contemporains, n'auraient qu'à s'y fournir.

Les épigraphes romantiques furent tantôt un carnet d'échan-

tillons du degré de science d'un auteur, tantôt un reflet de son
tempérament, ou le mot de passe pour pénétrer dans son récit.
Les sectateurs du moyen âge les faisaient imprimer en caractères
gothiques, ce qui communiquait une couleur archaïque à l'œuvre.
Plus l'auteur cité était inconnu, plus grande était sa valeur.

> Près du tison murmure un petit pot de terre
> Où nagent des pois secs, un oignon solitaire,
> Des fèves, un poireau, maigre espoir du dîner.
> . . . .
>
> (JEAN D'AUTVILLE.)

est une description de dessous les toits, représentant le repas d'un
de ces faméliques étudiants du xvie siècle, que les romanciers se
plaisaient à peindre.

Les bourreaux étaient alors très recherchés :

> — Henry Moufflet, bourreau de notre bonne
> ville, voilà de la besogne et du gain qui
> se préparent pour vous.
>
> (ALPH. ROYER, *Madame Henrion* [1].)

Malheureusement, Alphonse Royer manquait du style à riposte ;
il eût permis à un habile écrivain de tirer meilleur parti d'un
personnage aussi important que le bourreau.

> François Ier chercha douze cents hommes
> de fer et ne trouva que deux cents hommes
> de velours.
>
> (ALEXANDRE DUMAS, *Gaule et France*.)

Voilà une danse de mots, un vis-à-vis antithétique qui sont
purs et dramatiquement présentés. Un être maussade traitera

1. Nouvelle du volume *le Sachet,* 1835.

peut-être cette épigraphe de phrase de théâtre. Elle répondait au
goût du public du temps, Dumas n'en demandait pas plus.

L'auteur de l'épigraphe ci-dessous ne s'est pas fait connaître,
ce qui est fâcheux pour sa mémoire. Le dessin en est vif et suffisamment fantoche :

> Après ce discours la sorcière rentrait dans
> sa boîte en agitant des potences, et la r.fer-
> mait avec un bruit sinistre.
>
> *(Le Talisman d'Orosmane.)*

J'ai dit dans un précédent chapitre que les écrivains moyenagistes intéressaient médiocrement la femme de 1830 ; les anciens
chroniqueurs, les chartes, l'écriture gothique, ne répondaient en
rien à leur esprit. C'est pourquoi le Bibliophile Jacob mélangea
le moderne à l'archaïque et fit suivre *le Roi des Ribauds* (moyen
âge) de *Vertu et Tempérament*, plus actuel ; entre temps, s'il
trouvait quelque épigraphe s'adressant plus directement au public
féminin, il ne manquait pas de la piquer comme un papillon en
tète d'un de ses chapitres, témoin :

> Ô mari trop cruel pour si douce beauté !
>
> (PHILIPPE DESPORTES.)

Apostrophe de siècles antérieurs qui sert de trait d'union à
l'attention toute particulière apportée par les romantiques à étudier la passion moderne.

Dieu sait en quels recoins la femme fut observée ! On voulut
la voir sous toutes ses faces, sans voiles, avec ses tendresses, ses
larmes, ses grains de beauté secrets.

Un portrait de femme, traité par les écrivains d'alors, offre une
telle richesse de détails que parfois la description profondément

travaillée enlève tout relief à l'original. Le xvıııᵉ siècle y allait plus vivement. Ceux qui ne connaissent pas le portrait de Mᵐᵉ de Prie le *verront* dans les quelques lignes suivantes :

Elle était d'une taille déliée et au-dessus ·de la commune; une figure, un air de

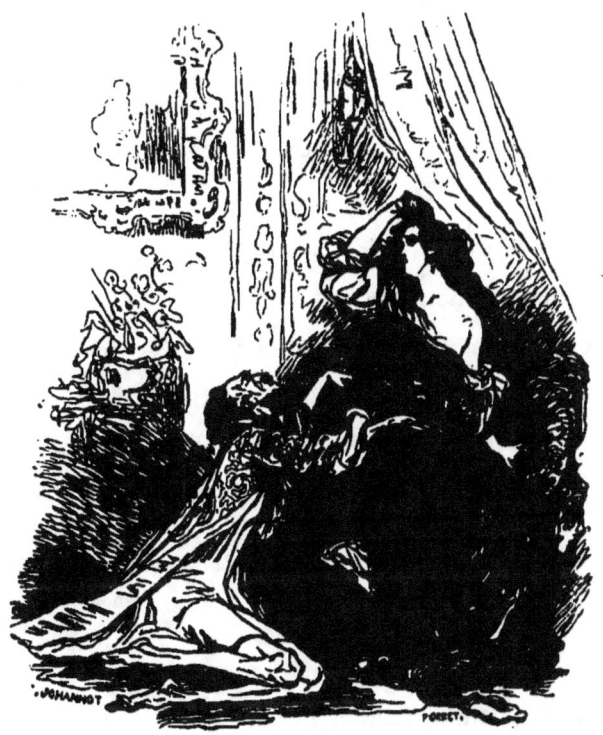

VIGNETTE DE TONY JOHANNOT,
pour les *Romans et Contes philosophiques,* de Balzac (1831).

nymphe, le visage délicat, de jolies joues, le nez bien fait, des yeux un peu chinois, mais vifs et gais, en tout une physionomie fine et distinguée.

Voilà un crayon très vivant, quoique l'auteur ne compte guère parmi les écrivains de son temps[1]; mais ces touches alertes du passé étaient méprisées par l'école romantique, ennemie du simple.

1. *Mémoires* du président Hénault.

40

On voulait faire mieux que bien, avec des moyens nouveaux très compliqués; c'était la manie du moment, la même après laquelle courent les très jeunes gens. Pourtant quelques naïfs croyaient, en 1830, que seuls les sentiments, les passions, font vibrer les mots, et qu'il n'est pas besoin de les secouer comme dans un kaléidoscope pour en tirer des effets.

> Un jeudi soir, au bal, elle se déganta. Elle
> avait une robe rose. Tous ses regards
> étaient pour moi. Voilà ma vie.
>
> (Février 1829 [1].)

Ces quelques traits rapides, écrits sur un carnet de notes par un jeune homme amoureux en rentrant d'une soirée, pourraient presque prendre place dans l'Anthologie grecque.

Ces épigraphes étaient parfois suggestives et les initiés s'en préoccupaient. Le premier chapitre de *Louisa*, de Regnier-Destourbet, avait pour épigraphe un vers de Wordsworth, le célèbre lakiste anglais :

> *Spires whose silent finger points to heaven...*
> Clochers dont le doigt silencieux montre le ciel...

Théophile Gautier, frappé par ce vers, le prit pour texte de stances de son premier recueil de poésies :

> Je n'ai jamais rien lu de Wordsworth, le poète
> Dont parle lord Byron d'un ton si plein de fiel,
> Qu'un seul vers ; le voici, car je l'ai dans la tête :
> « Clochers silencieux montrant du doigt le ciel ! »
>
> Il servait d'épigraphe, et c'était bien étrange,
> Au chapitre premier d'un roman, *Louisa*,
> Les douleurs d'une fille, œuvre toute de fange,
> Qu'un pseudonyme auteur dans *l'Ane mort* puisa.

---

1. Épigraphe d'un chapitre de *Louisa, ou les douleurs d'une fille de joie*, par l'abbé Tiberge [Regnier-Destourbet].

Voilà bien les poètes. Ce pauvre Regnier-Destourbet, qui inspire des stances à Théophile, se voit accusé d'avoir écrit une œuvre de *fange*, et cela parce que le mot rime suffisamment avec *étrange*. Si l'auteur avait passé pour *heureux*, le poète n'eût pas manqué de dire que son roman était *merveilleux*.

Les romantiques politiques employaient des épigraphes sombres, amères, violentes.

> Il y a du sang dans ton histoire.
>
> (Rey-Dussueil.)

Ainsi s'exprime le romancier des barricades du cloître Saint-Merri.

Stendhal, qui ne se contentait point d'être athée, avait pris en outre le bonnet du jacobinisme, ce qui lui permettait de piquer pour épigraphe d'un des volumes du roman *le Rouge et le Noir :*

> La vérité, l'âpre vérité.
>
> (Danton.) [1]

> Quand Dieu eut pétri l'âme des laquais,
> il lui resta un peu de boue avec laquelle
> il pétrit l'âme des princes.
>
> (Mᵐᵉ de Souza.) [2]

Qui se serait attendu à cette épigraphe violente de la part de

1. Au verso du faux-titre de chaque volume de *le Rouge et le Noir*, édition de 1830, se trouvent deux épigraphes qui n'ont pas été reproduites dans les éditions postérieures, bien que celles des titres des chapitres aient été maintenues. Un ami, M. A. Boisseau, collectionneur intelligent de livres romantiques, me fait remarquer ce détail. Le mot de Danton donne le ton du premier volume; dans le second deux vers de Sainte-Beuve changent tout à coup la note :

> Elle n'est pas jolie,
> Elle n'a point de rouge.

2. Jules Janin se trompe. C'est à Mᵐᵉ de Sabran, maîtresse du Régent, qu'est attribué le mot. Mᵐᵉ de Souza, écrivain délicat, était à mille lieues d'une pareille boutade à la Chamfort.

Jules Janin? Il est vrai que le livre avait pour titre *Barnave,* et qu'à cette époque le critique éprouvait le besoin de se faire remarquer par son hostilité envers la maison d'Orléans.

Voici une épigraphe plus violente encore ; son ton plaira vraisemblablement aux naturalistes :

> La Liberté est une garce qui aime
> être couchée sur un matelas de
> cadavres.
>
> (MIRABEAU.)

Au milieu des romantiques se glissaient quelques penseurs, quelques moralistes clairsemés ; à cet ordre je rattacherai les épigraphes suivantes :

> L'auteur avait des problèmes plus sérieux
> à résoudre que celui de passer une robe
> à la Vérité.
>
> *(Extrait d'une préface quelconque.)*
> (ALPHONSE BROT.)

Ancien affilié de la bande de Pétrus Borel, l'honnête Alphonse Brot devait plus tard se caser dans les bureaux d'un ministère et verser dans le roman à aventures sans y trouver la gloire dont ses Préfaces annoncent une constante poursuite.

> L'heure est sur l'horloge des destinées,
> rien ne pourra l'empêcher de sonner.
>
> (P. BUESSARD.)

est l'épigraphe due à un romancier qui eut diverses manières. Passant à l'éducation à quelque temps de là, le penseur créa *l'enseignement Buessard* et devint chef d'institution.

> Pour moi, je me mis à rêver au lieu d'avoir
> du plaisir.
>
> (OBERMANN.)

On a là l'expression d'un petit groupe de fidèles qui se rattachaient aux alanguissements maladifs de M. de Sénancour, groupe dont il n'est pas resté trace.

Ceux qui ont étudié quelque peu le mouvement romantique dans ses origines ont sans doute remarqué que la littérature du xviiᵉ siècle était négligée en 1830. Il est rarement question de Molière, de La Fontaine, de La Bruyère. Les qualités de ces esprits trop posés, trop raisonnables, trop clairs, n'étaient pas de celles que recherchait la nouvelle école[1].

Non plus le xviiiᵉ siècle n'était pas en faveur par les mêmes motifs; aussi voit-on peu d'épigraphes empruntées à Voltaire, à Jean-Jacques, à Diderot, à d'Alembert. Les encyclopédistes utilitaires étaient regardés d'un œil de mépris par les sectateurs de l'art pour l'art. Toutefois je trouve dans *le Maçon*, de Michel Raymond (Michel Masson et Raymond Brücker), un choix d'épigraphes qui montre que ces romanciers cherchaient à se raviver aux sources des penseurs du xviiiᵉ siècle. Au quakérisme américain ils empruntent cette pensée :

> Combien de lois on rendrait inutiles si l'on
> en faisait de bonnes sur l'éducation !
>
> (GUILLAUME PENN.)

Ils interrogent les philosophes, les magistrats :

> Ceux qui ne s'inquiètent pas de la justice
> forcent la justice à s'occuper d'eux.
>
> (D'ÉPRÉMESNIL.)

---

[1]. Je ferai toutefois une exception pour Théophile Gautier, qui s'ouvrait volontiers dans l'intimité et ne faisait pas fi des classiques. — Quel est l'écrivain français le meilleur à étudier ? lui demandai-je un jour. — La Bruyère, me répondit-il.

En matière de religion, Masson et Brücker me semblent scep-
tiques :

> Ce n'était pas assez de l'enfer, les hommes
> y ont ajouté le purgatoire.
>
> (BOLINGBROKE.)

On entrevoit chez Michel Raymond une infiltration de courant
populaire et socialiste tout à fait nouvelle en 1828, date de la
publication du *Maçon*. Des pensées tirées des anciens et des modernes, de Socrate, de Publius Syrus, d'Holbach, de Pope, etc.,
indiquent des gens qui lisent et qui cherchent d'autres moyens
que ceux de la « littérature à images[1] ».

En 1830, on s'occupait médiocrement de la nature ; si on faisait
intervenir l'horizon, c'était à l'état de décor noir et tourmenté.
Les passions factices du théâtre, les accessoires moyen âge, eussent
juré avec des descriptions qu'on laissait à Bernardin de Saint-
Pierre et à Chateaubriand. Il faut cependant citer, à titre d'exception, l'épigraphe suivante d'un esprit tourmenté qui longtemps
chercha sa voie :

> J'aime mieux les discours des grands seigles entre eux
> Que ceux des députés bavards et ténébreux.
>
> (ALPHONSE ESQUIROS.)

Esquiros était sincère et disait vrai en vers ; la prose de la vie
le jeta dans la politique où, à des moments dangereux pour la
nation, l'homme se trouva aux prises avec de violentes agitations
méridionales qui ne ressemblaient guère aux ondulations des seigles
caressés par le vent.

---

1. C'était pourtant encore une sorte de romantique que Raymond Brücker, cerveau plein
de fumées à la fois fouriéristes et néo-catholiques, orateur à la façon des prédicateurs de la
Ligue, et qui devait finir dans les sacristies, affecté d'un cléricalisme bizarre.

Au nombre des épigraphes singulières de ces temps singuliers,
on n'a que l'embarras du choix chez les goguenards de l'époque;
ils allèrent aussi loin que possible dans les champs de la surprise,
et ils en rapportèrent parfois d'heureuses trouvailles.

Alphonse Karr, quoique appartenant à la génération de 1830

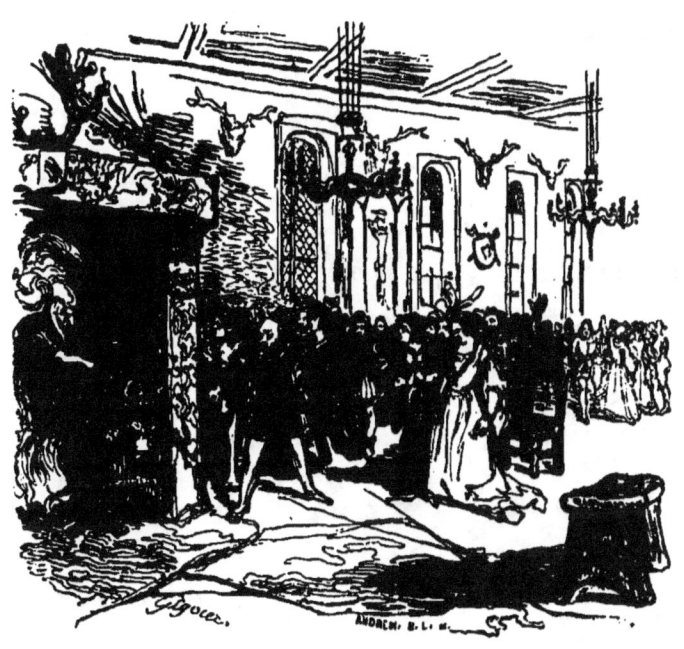

VIGNETTE DE GIGOUX,
pour *la Strega*, d'Ernest Fouinet (1832).

par son âge et certains courants difficiles à esquiver, resta
moderne. Né de parents bavarois, il dut à la Germanie un accent
humoristique qui ne ressemblait en rien à l'accent français; connaissant la langue allemande, il émerveilla ses lecteurs par toutes
sortes de mots et d'épigraphes tudesques. La nature, la musique,
l'allemand, Alphonse Karr en fit une sorte de *pudding* dont le
public se montrait friand. Le spirituel romancier devait en outre

faire aboyer des épigraphes à son chien et le prendre pour collaborateur de ses romans.

Avec le chien Freyschütz, Karr inventa l'amitié : on eut à
foison des épigraphes du harpiste Léon Gatayes, qui obtint une
quasi-célébrité, grâce au poste en vedette qu'il occupait en tête
des chapitres de roman de l'auteur des *Guêpes*.

Il faisait bon à ce moment d'être lié avec un écrivain en vue.
Une épigraphe, un mot, l'ami passait à la postérité.

> Cherche.
>
> (Théodose Burette.)

est une épigraphe de l'*Ane mort* qui a plus fait pour la gloire
du professeur que ses nombreux résumés historiques.

> Ah !
> Eh ! eh !
> Hi ! hi ! hi !
> Oh !
> Hu ! hu ! hu ! hu ! hu !
>
> *(Profession de foi par l'auteur.)*

Si *les Roueries de Trialph, notre contemporain avant son
suicide,* par Lassailly, sont cotées un gros prix dans la librairie
de curiosité, n'est-ce pas grâce à l'épigraphe ci-dessus ?

Je citerai, quoique n'appartenant pas directement à cette classe,
l'épigraphe suivante :

> Sire, grâce !... grâce !...
>
> (Opéra du *Condamné.*)

Sans intérêt apparent, l'épigraphe ci-dessus a pourtant son

utilité : tirée de *Clotilde de Lusignan, ou le beau Juif* (Paris,
1822), elle sert d'en-tête au chapitre d'un des nombreux romans
de pacotille enfantés par Balzac dans sa jeunesse[1]; on a là, à n'en
pas douter, un vers de l'opéra *le Condamné*, que Balzac esquissait
peut-être dans une étude d'avoué, et que le romancier détruisit
plus tard avec tant d'œuvres commencées : tragédies, poèmes
badins, etc.

Une Revue du temps, *le Petit Poucet,* nous fait connaître les
secrètes ambitions d'un libraire romantique :

> Vous serez ma proie... morte ou vive !
>
> (HIPPOLYTE SOUVERAIN.)

Du moment où un auteur donnait de la publicité à sa maîtresse,
à ses amis, à ses animaux favoris, l'éditeur devait d'autant plus
figurer dans cette foire aux épigraphes qu'Hippolyte Souverain se
piquait de poésie.

Dans la bande des « lions », gens d'esprit du temps, il faut
citer en première ligne Roger de Beauvoir. On lui doit une épigraphe d'un tour imprévu. En tête d'un chapitre de *Il Pulcinella,
ou l'Homme des Madones,* se lit :

> Feu Duponchel.
>
> *(Histoire contemporaine.)*

Ces deux mots, que le gros du public ne comprit sans doute
pas, portaient en pleine poitrine d'un des directeurs de l'Opéra.
S'entendre appeler par ses amis *feu* Duponchel est déjà désa-
gréable; mais lire imprimée cette désignation d'outre-tombe dut

---

1. Si M. Octave Uzanne avait connu cette épigraphe, il l'eût jointe aux curieux renseignements qu'il publiait dernièrement dans un journal sur les œuvres projetées par Balzac.

faire repentir un personnage, qui tenait vraisemblablement à ses jours, d'avoir excité la rancune d'un homme aussi répandu que Roger de Beauvoir.

Le directeur de l'Opéra, qui paraît avoir été assez mal vu des habitués de la Loge infernale, trouva un jour la rue dans

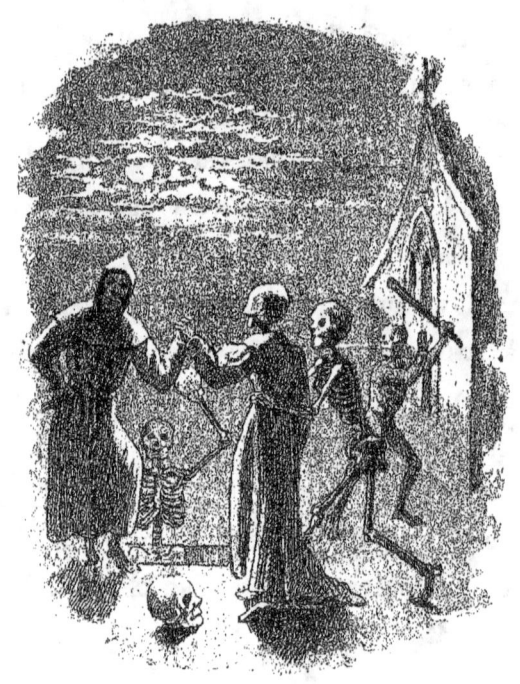

VIGNETTE A LA MANIÈRE NOIRE,
pour le *De Profundis*, d'Alfred Mousse (Arsène Houssaye), 1834.

laquelle il demeurait obstruée par cinquante voitures de deuil ; à sa porte attendait un corbillard empanaché dont les porteurs réclamaient le « chargement », soit la bière contenant le corps de Duponchel.

Dans une des voitures en tête, Émile Cabanon, Roger de Beauvoir étaient censés représenter les proches parents du défunt.

Le « tout Paris » d'alors s'amusa de cette invention dont Roger
de Beauvoir a consacré le souvenir dans l'épigraphe ci-dessus.

Un autre système d'épigraphie fut employé par Alfred Mousse,
auteur du roman *De Profundis* (Paris, 1834). Sous un titre funèbre,
l'écrivain Mousse cachait une certaine fantaisie; en ce sens, le
chapitre intitulé *Camille* ouvrait aux romanciers une voie qui ne
fut pas suivie. Pour peindre son héroïne, voici le procédé qu'emploie l'auteur :

> Son existence avait coulé calme
> et limpide.
>
> (ALPHONSE KARR.)

> Elle est fraîche, elle est rose, elle a de
> grands yeux, elle est belle.
>
> (VICTOR HUGO.)

> *Sus ojos eran de azul obscuro.*

> Plus limpide que ce flot pur.
>
> (ALPHONSE DE LAMARTINE.)

> En la voyant si innocente et si pure, quel
> est, je ne dirai pas l'homme, mais le démon
> même qui tenterait de la souiller ?
>
> (ALEXANDRE DUMAS.)

> *His eyes very blue.*

> Cette rose au matin sourit comme sa bouche.
>
> (ANDRÉ CHÉNIER.)

> Sa prunelle
> Étincelle.
>
> (HENRI IV.)

> *Gli occhi di color del cielo.*

Un long chapelet d'épigraphes se déroule ainsi pendant quatre
pages sans laisser traces de la figure de Camille.

Cette malice à propos du système épigraphique devait en hâter la fin.

Ce fut alors que le fossoyeur du *De Profundis,* se dépouillant du pseudonyme d'Alfred Mousse, entra blond, élégant dans le monde des lettres.

Après avoir joué un certain temps du violon sur la chante-relle du cœur des jolies femmes de son temps, en véritable talon rouge il prêcha la galanterie du xviiie siècle. Caressé par la fortune qui en faisait un directeur du Théâtre-Français, choyé des comédiennes et des belles dames, ces folles joies ne l'empêchaient pas de disserter platoniquement, à ses moments de loisir, sur l'immortalité de l'âme.

Tapissier ingénieux, il inventa pour l'Académie française un fauteuil à rallonges dans lequel la vieille dame ne devait permettre à aucun esprit indépendant de s'asseoir; confesseur des péche-resses de toute qualité, à commencer par celles de Mabille, Arsène Houssaye devait toujours rester blond comme Apollon et bâtir à Beaujon, à Vorges, à Breuil, à Bruyères, presque autant de châ-teaux que le *Roi de Bohême.*

ET LE PATRE, SUR SON TOMBEAU,

LIRA POUR ÉPITAPHE :

IL MIT A MORT L'ÉPIGRAPHE.

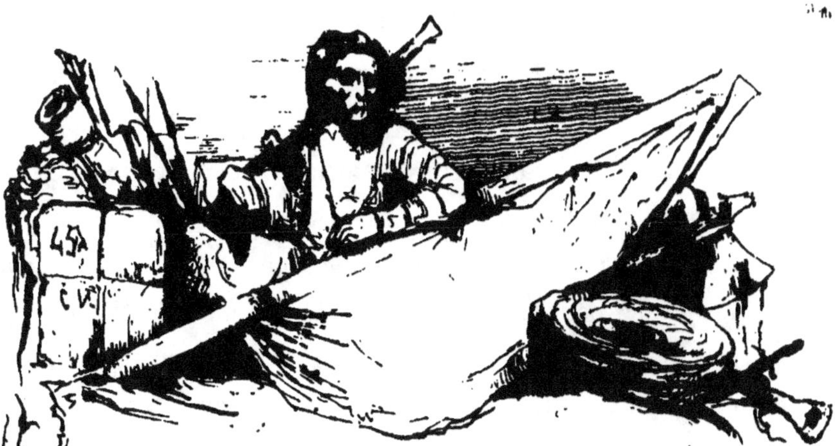

ÉPILOGUE

ORIGINE ET RACINES DU ROMANTISME

Le hasard me fit un jour rencontrer sur les quais une image symbolique du XVIII⁰ siècle dont, chose particulière, la signification était claire. Une Furie en robe à panier, comme on la comprenait du temps de Mlle Raucourt, tire un rideau devant les bustes de Racine, de Corneille et de Voltaire, pour épargner à ces grands hommes la vue de coupes de poison, de carcans, de roues et de gibets.

A première vue ce frontispice me parut la protestation d'un être rétrograde qui visait sans doute à la fois l'accumulation de meurtres des drames de Shakespeare dont Le Tourneur venait de donner une traduction, et les conséquences de la révolution tentée au théâtre par Diderot et réalisée par Sedaine, Beaumarchais et Mercier.

Je ne m'étais pas entièrement trompé. Au moment de mettre sous presse la dernière partie de cet ouvrage, un érudit très versé dans la connaissance de la littérature du xviiⁱᵉ siècle, mon ami, M. Charles Mehl, me donne un historique complet de l'ouvrage auquel a trait cette image.

Fenouillot de Falbaire avait fait jouer en 1769, avec un certain succès, le drame bourgeois de *l'Honnête Criminel*. Un coq qui trouve une perle dans une basse-cour n'excite pas plus d'envie parmi les volailles qui l'entourent, qu'un écrivain qui a mis la main sur une idée.

Coqueley de Chaussepierre, bel esprit de l'époque, pour châtier l'audace dramatico-bourgeoise de Fenouillot de Falbaire, en publiait une parodie, *le Roué vertueux, poème en prose propre à faire, en cas de besoin, un drame à jouer deux fois par semaine*[1]. Le critique disait à ce propos :

> Le maçon, le vidangeur, le menuisier, le galérien ne sont-ils pas des hommes, et quelle femme de qualité ne rougirait pas de refuser ses larmes aux malheurs qui accableraient la famille de ces individus et qui viendraient déchirer son cœur fraternel ?

Tel est le ton du pamphlet qui serait resté plongé dans un juste oubli si de jolies estampes, dessinées et gravées en camaïeu par Le Prince, d'après un procédé nouveau, n'avaient appelé quelque attention sur cette polémique entre un auteur dramatique et un critique.

Soixante ans plus tard la même vignette eût pu servir d'arme de guerre aux adversaires de l'école romantique. En 1830 comme en 1769, MM. Jay, de Jouy, etc., tiraient également un rideau prudent sur le buste de Voltaire du foyer de la Comédie-Française pour l'empêcher d'être conspué par les fanatiques admirateurs des drames d'Alexandre Dumas et de Victor Hugo.

Pourquoi le patriarche de Ferney était-il exposé à de telles

1. Lauzanne [Paris]. 1770. In-8°.

injures? On criait anathème à ses tragédies; mais les tendances philosophiques de Voltaire étaient également en jeu[1].

Au début, les romantiques n'allèrent guère plus loin que Chateaubriand. La cathédrale, trame sur laquelle furent brodés tant de romans, sortait tout entière du *Génie du Christianisme*. Longtemps

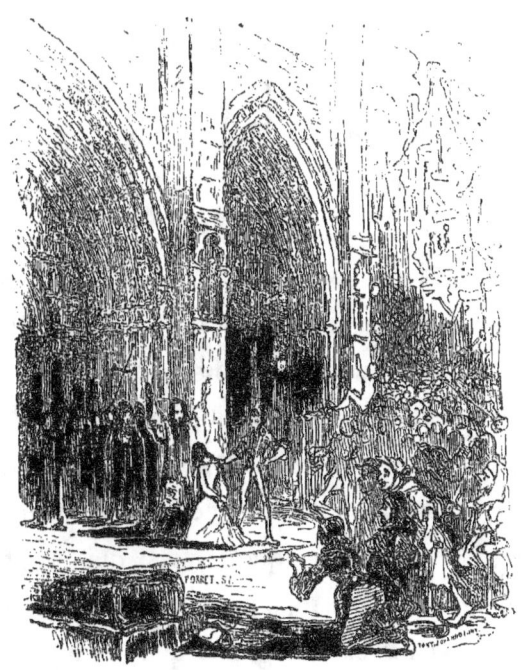

VIGNETTE DE TONY JOHANNOT,
pour *Notre-Dame de Paris*, de Victor Hugo (1832).

une religiosité vague, d'accord avec d'archaïques époques, écarta les jeunes gens de celui qui, dans son *Dictionnaire philosophique*, avait déraciné les superstitions et la barbarie des siècles précédents.

Avec la Cathédrale, un autre mot d'ordre contre le philosophe

1. Le Voltaire, entrevu en 1830 comme un singe dont les grimaces s'attaquent aux choses les plus sacrées, est curieux à étudier dans les jeunes écrits de Victor Hugo; j'ai hâte de dire que, dans sa vieillesse, le poète revint sur le philosophe et retraça en traits plus respectueux la figure de Voltaire, défenseur de l'humanité.

fut Shakespeare. Voltaire fit connaître, le premier, le grand poète anglais à la France; mais il l'amenait d'Angleterre de même qu'un conquérant fait suivre son char d'un guerrier barbare vaincu.

La jeunesse, qui est ardente et ennemie des transactions, croyait alors au mot d'Alexandre Dumas. « Après Dieu, disait-il, c'est Shakespeare qui a le plus créé au monde. »

Et on malmenait le bon Ducis qui s'était cru obligé de rogner les ongles du lion avant de le présenter au public.

Il faut cependant tenir quelque compte des races et des tempéraments. La première fougue passée, le Français est si particulièrement ennemi de la brutalité et de l'exagération des moyens que les plus radicaux deviennent timides à l'exécution et mettent les pouces d'eux-mêmes sans qu'on les en prie.

Alexandre Dumas, qui faisait de Shakespeare un Moïse et une Bible de son théâtre, ne donnait-il pas raison aux classiques lorsque, ayant à représenter *Hamlet* sur une scène qui lui appartenait en entier, il modifia profondément le dénouement du chef-d'œuvre anglais[1]? De même que Ducis, qui avait accommodé Shakespeare au goût de son époque, l'auteur passionné d'*Antony* et de *Richard d'Arlington* craignait que le meurtre d'Hamlet, ajouté à tant d'autres meurtres, n'indisposât le public. Au dénouement Hamlet triomphait de ses adversaires et montait sur le trône de ses pères, d'après les lois du mélodrame qui veulent que le crime soit puni et la vertu récompensée. En pareille circonstance, M. de Pixérécourt n'eût pas agi autrement.

Les novateurs, malgré leurs théories ambitieuses, sont tenus à un certain nombre de concessions. C'est pourquoi Voltaire, s'il qualifia injustement la barbarie de Shakespeare pour ménager le

---

1. L'*Hamlet*, de MM. Alexandre Dumas et Paul Meurice, fut joué au Théâtre-Historique en 1848.

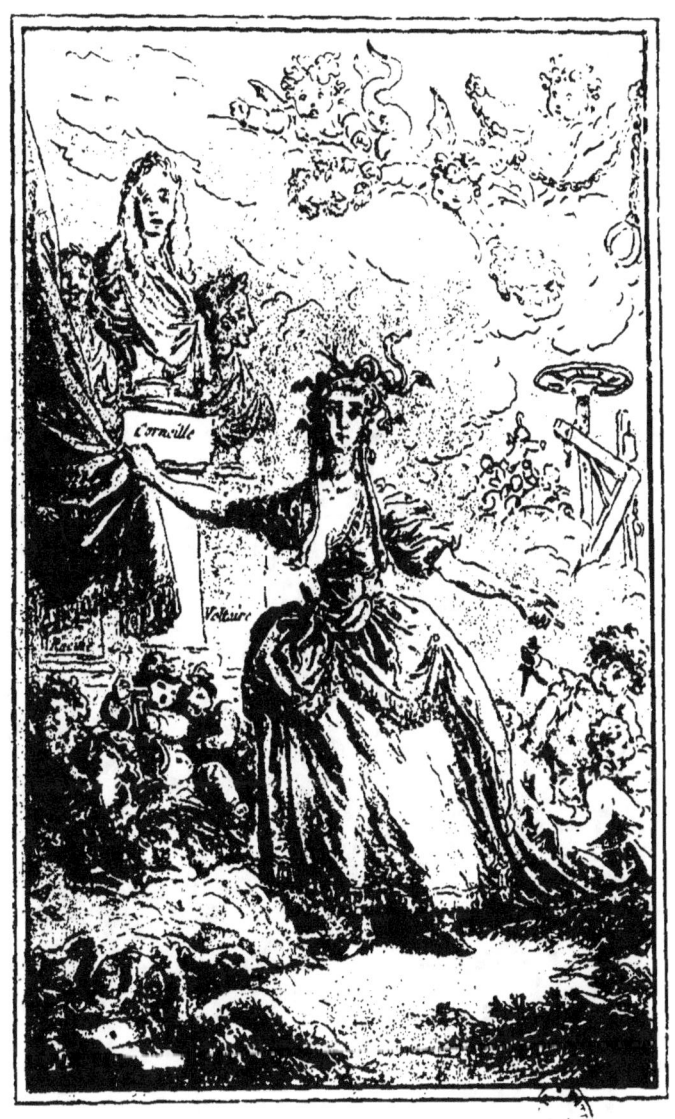

LA NOUVELLE POÉSIE

Fac-similé d'une vignette de Le Prince.

1770.

public de 1770, ne doit pas moins marquer comme ayant apporté le premier sur le sol français une plante sauvage mais vigoureuse.

A un autre titre, l'école romantique eût dû honorer Voltaire. Plus d'un historien moderne le regarde comme un des précurseurs de 1789 ; il contribua également à l'éclosion de la révolution littéraire de 1830, et sa place est tout indiquée aux côtés de Mᵐᵉ de Staël et de Chateaubriand, en tant qu'initiateurs du mouvement nouveau.

Voltaire, le tragique, s'inquiétait vivement de couleur locale.

La jeunesse a une tendance à laisser dans l'ombre les hommes qui lui ont prêté l'appui de leur doctrine ; parfois même elle les traite avec une pitié méprisante, voulant faire croire qu'un système nouveau est sorti tout entier de sa cervelle. Cela s'est vu à toutes les époques et dans toutes les écoles.

Nous qui ne voulons pas faire preuve d'ingratitude envers Voltaire, nous disons : — La tragédie de *Zaïre* est une œuvre sans doute démodée ; elle n'en fut pas moins conçue suivant certaines préoccupations qu'on devait, soixante ans plus tard, appeler *romantiques*.

A défaut du mot, Voltaire s'inquiétait de la chose. Il en parle gaiement à ses amis, suivant son habitude, sans en faire le thème de manifestes ambitieux.

> Oui, je vais, mon cher Cideville,
> Vous envoyer incessamment
> La pièce où j'unis hardiment
> Et l'Alcoran et l'Évangile,
> Et justaucorps et doleman,
> Et la babouche et le bas-blanc,
> Et le plumet et le turban.

Justaucorps, dolmans, babouches, plumets, galères capitanes, ne furent-ils pas depuis employés avec excès par les poètes?

Au début de sa vie littéraire, Victor Hugo, ayant à étudier Voltaire, en ressentit peut-être quelque influence[1].

Qui sait si *Zaïre* n'a pas préparé la venue des *Orientales?*

1. *Lettres choisies de Voltaire, précédées d'une notice sur la vie et les ouvrages de cet écrivain célèbre,* par M. Victor Hugo. Paris, Boulland, 1820. In-12.

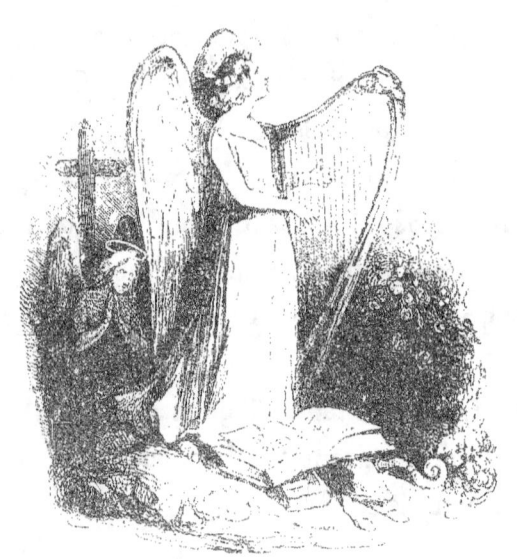

VIGNETTE DE BOUSSELDAM,
gravée par Porret.

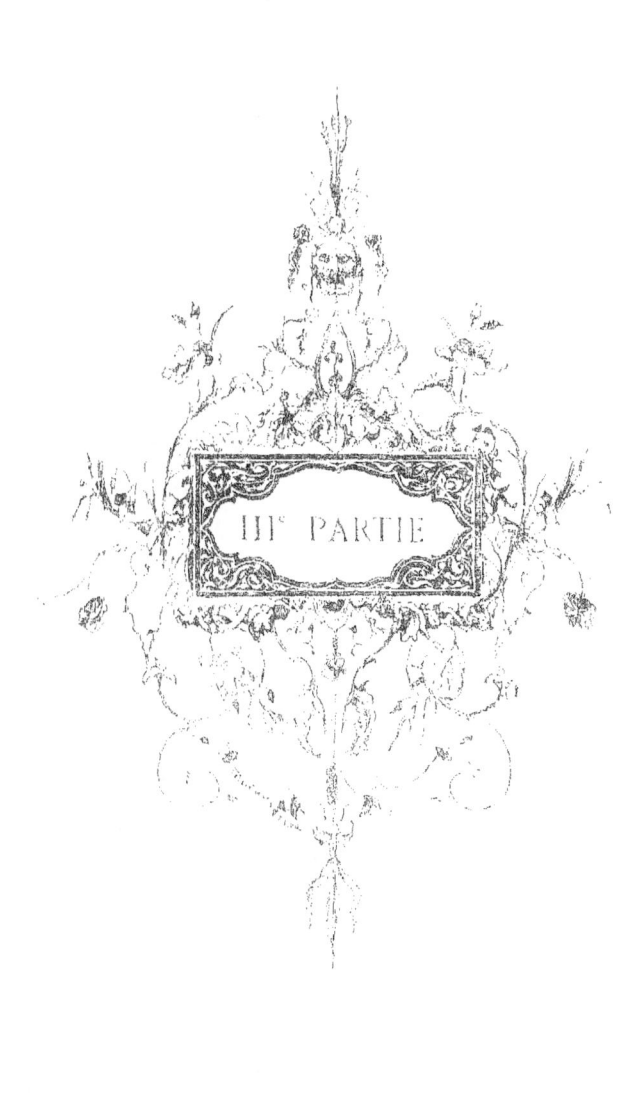

IIIe PARTIE

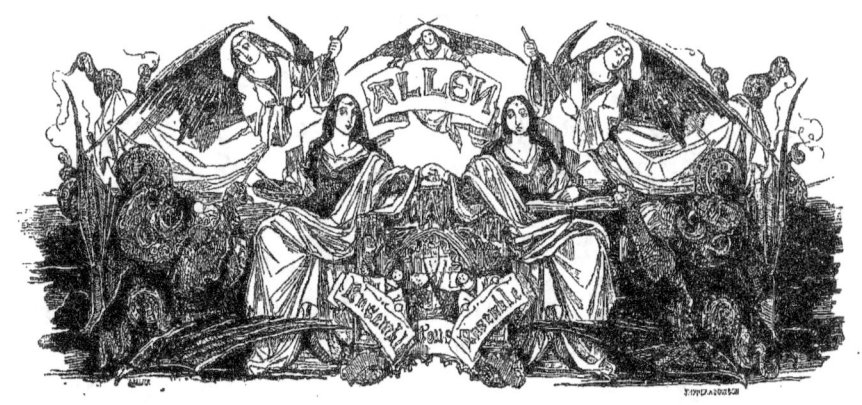

BIBLIOGRAPHIE

DES OUVRAGES A VIGNETTES

PUBLIÉS PENDANT LA PÉRIODE ROMANTIQUE

Une bibliographie de cet ordre a besoin de certaines explications ; on les donnera aussi sommaires que possible, poussé par les questions suivantes :

— Qu'est-ce que le romantisme ?

L'ouvrage actuel, avec ses développements, servira de réponse pour ceux qui voudront bien y voir autre chose qu'un recueil d'images.

— Quelle durée de temps comprend la période romantique ?

Les vignettes en forment pour ainsi dire le cadre. S'il était possible de nettement circonscrire cette période, on dirait qu'elle commence par le maître et finit par le disciple. Victor Hugo est gros d'Auguste Vacquerie ; dans l'œuf du poème *les Rayons et les Ombres*, germe *l'Enfer de l'Esprit*. Ce fut donc pendant une période décennale, de 1830 à 1840, que les artistes donnèrent un libre cours à leurs crayons.

— A quels indices se reconnaît la vignette romantique ?

A sa flamme, à son indépendance, à la matière qu'elle choisit pour s'exprimer en toute liberté. Le cuivre, le bois sont ses principaux agents. Gravée à l'eau-forte, la verain, 1832. In-8° (ou in-12)? Vignette d'Eugène Forest, gravée par Cherrier.

> Un prêtre arrache aux flammes une femme « pour laquelle il nourrit un sentiment qui fait le malheur de son existence ».
>
> D'Ambel est le pseudonyme d'un écrivain, M. Flour de Saint-Geniès, digne de figurer dans l'*Almanach des petits grands hommes*, de Rivarol.

AMBS-DALES. — *Les Dés sanglants.* Bibliothèque de romans nouveaux à 4 sous le volume. Paris, au bureau de la publication, rue Chabrol-Poissonnière, imprimerie Mevrel, 1834. In-32. Eau-forte.

> Toute une série fut publiée de cette collection. On trouvera chaque roman à son ordre alphabétique.
>
> Les petites eaux-fortes non signées appartiennent à la classe de celles qu'on ne saurait rattacher à aucun artiste connu.

ANTHONY (J.). — *La Fée des Cévennes.* Bibliothèque de romans nouveaux à 4 sous le volume. Paris, au bureau de la publication, rue de Chabrol-Poissonnière, imprimerie Mevrel, 1834. In-32. Eau-forte.

> Voir la note précédente.

ARAGO (Jacques) et KERMEL. — *Insomnies.* Paris, Guillaumin, Landois, 1833. In-8°. Vignette lithographiée de Jacques Arago, sur la couverture et sur le titre.

> Louis Rouvière, armé d'un fusil, attend caché derrière un roc qu'un lion qui s'avance soit à sa portée.

ARLINCOURT (vicomte d'). — *Les Écorcheurs, ou l'Usurpation et la Peste. 1418.* Paris, Renduel, 1833. Deux volumes in-8°. Deux vignettes par Tony Johannot, gravées par Leloir et Thompson.

« La vogue des *Écorcheurs* de M. le vicomte d'Arlincourt est telle que déjà le monde y puise des couleurs et des parures. Les magasins de nouveautés de la capitale mettent aujourd'hui en circulation des rubans et des chapeaux *Fleur-des-Anges* comme autrefois des écharpes *Élodie* et des manteaux *Solitaire*. La couleur *Fleur-des-Anges* est gris de lin azuré. » (Article de la Revue *Bagatelle*.)

ARLINCOURT (vicomte d'). — *Les Rebelles sous Charles V*. Paris, Levavasseur, 1832. Six volumes in-12. Trois vignettes de Tony Johannot, gravées par Porret et Cherrier. Une autre édition parut la même année en trois volumes in-8°. Paris, Librairie Encyclopédique, avec les trois vignettes répétées de Tony Johannot.

Comme dans *les Écorcheurs*, la première vignette représente une orgie : *C'est l'Assemblée qui délibère*. Une vieille montre à une jeune fille, à demi étendue sur sa couchette, un chevalier bardé de fer et de mécontentement ; une femme supplie à genoux son seigneur et maître : thèmes des vignettes des deuxième et troisième volumes.

ARLINCOURT (vicomte d'). — *Le Brasseur-Roi, chronique flamande du xive siècle*. Paris, Ambroise Dupont, 1833. Deux volumes in-8°. Deux vignettes de Jules David, gravées par Lacoste[1].

Je ne disserterai pas longuement sur les vignettes de Jules David : propres, bourgeoises et sans flamme, elles n'appartiennent que par leur date à la période romantique.

AUDIBERT][2], sous le pseudonyme de JEAN LOUIS. — *Les Papillotes,*

---

1. J'ajoute à l'œuvre du vicomte, publiée alors seulement que l'aube du romantisme commençait à poindre : *le Solitaire*, 7e édition, Paris, Béchet, 1821, 2 vol. in-12, avec deux vignettes de Colin, gravées sur acier par Tardieu ; *le Renégat*, 6e édition, Paris, Béchet, 1823, 2 vol. in-12, avec deux gravures sur acier ; *l'Étrangère*, Paris, Béchet, 1825, 2 vol. in-8°, avec portrait de l'auteur d'après Isabey.

2. Audibert, rédacteur de *la Caricature* après Balzac, et de plus fondateur de *la Silhouette*, mourut jeune, vers 1835.

scènes de tête, de cœur et d'épigastre. 2ᵉ édit. Paris, Souverain, 1833. In-8°. Vignette d'Eugène Forest, gravée par Cherrier.

L'auteur, sous prétexte de donner son portrait aux lecteurs, s'est posé de telle sorte qu'un journal qu'il lit cache entièrement sa figure.

Cette vignette ne figure pas dans la première édition de 1831.

AUGER (H.). — *Moralités.* Paris, chez l'auteur, 80, rue de Lille, 1834. Deux volumes in-8°. Frontispice à l'eau-forte, signé : *Maurisset del. et sculps.*

La couverture imprimée, ajoutée plus tard, porte : « Rignoux et Cⁱᵉ, libraires, et chez tous les marchands de nouveautés ».

Recueil de Nouvelles avec préface humanitaire mais lourde.

Voir reproduction de la vignette, page 235.

BALZAC (H. de)[1]. — *La Peau de chagrin.* Paris, Gosselin et Canel, 1831. Deux volumes in-8°. Deux vignettes de Tony Johannot, gravées par Porret.

La vignette du tome premier représente Rafael chez le marchand de curiosités; celle du tome deuxième est reproduite page 313.

BALZAC (H. de). — *Nouveaux Contes philosophiques.* Paris, Ch. Gosselin, 1832. Un volume in-8°. Vignette de Tony Johannot, gravée par Porret.

Cette édition forme la suite des *Romans et Contes philosophiques.* La vignette a trait à la nouvelle *Maître Cornélius.*

Ces diverses fausses éditions de 1831 et de 1832, qui font le désespoir des bibliographes, dénotent une vente pénible que l'éditeur cherchait à déguiser par de nouvelles couvertures.

1. On peut joindre aux ouvrages de Balzac, ornés de vignettes, publiés avant le mouvement romantique : 1° *le Vicaire des Ardennes*, par Horace de Saint-Aubin, Paris, Pollet, 1822, 4 vol. in-12; une lithographie en tête représente l'héroïne de l'ouvrage; 2° *Annette et le Criminel, ou suite du Vicaire des Ardennes*, par Horace de Saint-Aubin, Paris, Buisson, 1824, 4 vol. in-12, avec lithographie, signée Choquet.

BALZAC (H. de). — *Romans et Contes philosophiques*, 3ᵉ édit. Paris, Gosselin, 1832. Trois volumes in-8°. Trois vignettes sur chine de Tony Johannot, gravées par Porret.

> Réimpression des deux vignettes de *la Peau de chagrin*, signalées ci-dessus; la troisième a trait à la nouvelle *l'Enfant maudit*.
>
> Elle est reproduite page 80.

[DE BALZAC]. — *Le Médecin de campagne*. Paris, Mame-Delaunay, 1833. Deux volumes in-8°. Sur le titre, vignette sur bois non signée, sans doute d'Henry Monnier.

> Dans la troisième édition, parue chez Werdet, 1836, deux volumes in-8°, la vignette du frontispice de l'édition de 1833 est reportée à la deuxième page.

BALZAC (H. de). — *La Femme supérieure, la Maison Nucingen, la Torpille*. — Paris, Werdet, 1838. Deux volumes in-8°.

> Dans le corps du premier volume de ces romans, vignette sur bois de Daumier. Il s'agit d'une caricature dessinée par l'employé Bixiou.

BAUCHERY (Roland). — *Le Bourreau du Roi*. Paris, Roux, 1834. In-8°. Frontispice lithographié à la plume, signé *J*.

> Un personnage, en costume que le dessinateur s'imaginait être du temps de Louis XI, emporte dans ses bras une femme évanouie.
>
> Ce premier roman de M. Bauchery est signé simplement Roland.

BAUCHERY (Roland). — *La Napolitaine, ou la Couronne de la Vierge*, précédée de deux histoires à propos d'un livre, par Michel Masson. Paris, Roux, 1834. In-8°. Lithographie à la plume de Jules David, sur chine volant.

> Un prêtre vient au secours d'une Italienne évanouie.

BAUCHERY (Roland). — *La Fille d'une fille.* 2ᵉ édit. Paris, Roux, 1836. In-8°. Eau-forte-frontispice, signée Goglet.

> Les quelques artistes employés par le libraire Roux ne furent pas de première catégorie, et l'aquafortiste Goglet est insuffisant pour modifier cette opinion.

BEAUVOIR (Roger de). — *L'Écolier de Cluny, ou le Sophisme.* Paris, Fournier, 1832. In-8°. Deux vignettes de Tony Johannot, gravées par Porret, une en frontispice, l'autre sur le titre.

> Voir reproduction du frontispice, page 61, et vignette du titre, page 266.

BEAUVOIR (Roger de). — *L'Écolier de Cluny, ou le Sophisme.* Paris, Fournier, 1832. Deux volumes in-12. A cette édition fut adjointe une nouvelle vignette de Menut, gravée par Porret.

> A. Menut, de même que Jules David, fut un dessinateur soigneux, incapable de rien comprendre à la tourmente romantique.

BEAUVOIR (Roger de). — *L'Excellenẓa, ou les Soirs au Lido.* Paris, Fournier, 1833. In-8°. Vignette de Tony Johannot, gravée par Porret.

> Sacrilège commis dans une chapelle. Un personnage, caché sous un froc monacal, enlève une bague de la main de saint Charles Borromée. Tony Johannot s'est distingué dans cette vignette magistrale.

BEAUVOIR (Roger de). — *Il Pulcinella, ou l'Homme des Madones.* Paris, Abel Ledoux, 1834. In-8°.

> Frontispice gravé sur pierre, signé *Def.*, représentant des personnages de la Comédie-Italienne. Couverture à ornements typographiques quadrillés.
> La couverture porte : « le Polichinelle », le titre : « il Pulcinella ».

BEAUVOIR (Roger de). — *Le Café Procope*. Paris, Dumont, 1835. In-8°. Vignette sur bois, gravée par Masson.

> Des personnages en habit Louis XV discutent au café. Vignette sans portée.

BEAUVOIR (Roger de). — *Le Chevalier de Saint-Georges*. Bibliothèque choisie. Paris, Delloye, 1840. Quatre volumes in-12. Quatre vignettes sur acier.

> Le premier volume contient un portrait du chevalier de Saint-Georges; les trois autres volumes, trois vignettes non signées se rapportant aux diverses scènes du roman.
>
> L'ouvrage est précédé d'une notice de Félicien Mallefille, sur la vie et l'œuvre de Roger de Beauvoir.

BERGOUNIOUX (Édouard). — *Charette*. Paris, Renduel, 1832. In-8°.

> Sur le titre, grande croix blanche sur fond noir, gravée par Andrew.

BERNARD (Mme Laure). — *Les Deux Frères, conte créole*. Paris, Planche, 1833. Deux volumes in-12. Deux vignettes sur chine de Tony Johannot, gravées par Cherrier.

> D'autres ouvrages avec vignettes furent publiés par Mme Laure Bernard, chez divers éditeurs ; ce sont des ouvrages d'éducation pour les jeunes filles et ne se rattachant en rien à la période romantique. *Gardons notre esclavage tel qu'il est*, morceau de morale publié par *le Journal des femmes*, montre que Mme Laure Bernard n'était pas entraînée par le courant de *Lélia ;* aussi Tony Johannot a-t-il dessiné pour le conte : *les Deux Frères*, deux vignettes d'un sentiment doux et tranquille.

BERTHOUD (Samuel-Henry). — *Le Cheveu du Diable*. Paris, Mame-Delaunay, 1833. Deux volumes in-8°. Deux vignettes de Tony Johannot, gravées par Porret.

> Frontispice du premier volume : le Diable retient, au bord d'un précipice, un

homme par un cheveu. Second volume, une femme échevelée se pend par les mains aux barreaux d'une prison. Tony Johannot eut à représenter plusieurs fois des aliénées dans leurs cabanons, thème favori des romanciers ses contemporains.

BERTHOUD (Samuel-Henry). — *Mater dolorosa*. Paris, Astoin, Renduel, 1834. Deux volumes in-8°. Deux eaux-fortes par J. F. Boisselat.

    Premier volume : *la Chambre à coucher de la malade*, eau-forte à encadrement dans la partie supérieure duquel des anges sonnent de la trompette pour honorer la vierge Marie ; deuxième volume : *Une Loge de théâtre*.

BIGNAN. — *L'Échafaud*. Paris, Ch. Béchet, 1832. In-8°.

    Fleuron sur le titre : *billot, hache, serpent* dont la tête a été séparée du tronc par la hache.

BONNELIER (Hippolyte). — *Nostradamus*. Paris, Abel Ledoux, 1833. Deux volumes in-8°. Deux eaux-fortes de Boisselat.

    L'eau-forte du premier volume représente Nostradamus fatigué, demandant à boire ; la seconde vignette est reproduite page 201.

BONNELIER (Hippolyte). — *Calomnie*. Paris, Abel Ledoux, 1833. In-8°. Vignette de Gigoux, gravée sur pierre par C. Girardet.

    Un homme regarde une jeune femme couchée, à demi découverte. La lune apparaît fatalement par la fenêtre ouverte et éclaire un bouquet de roses ainsi qu'un pistolet sur le plancher. Cette composition de Gigoux eût été d'un effet dramatique, rendue par un Porret ; le Suisse Karl Girardet en fit une œuvre veule.

BOREAU (Victor). — *Jehanne Thielemont, ou le Massacre de Vassy. 1562*. Paris, Beauvais, Hivert, 1836. In-8°. Frontispice.

    Le frontispice dessiné par Pernot, lithographié par Champin, représente la grange où eut lieu le massacre de Vassy.

BOREL (Pétrus). — *Champavert, Contes immoraux*. Paris, Renduel, 1833. In-8°. Vignette de Gigoux, gravée par Godard.

Vignette reproduite page 153.

BOREL (Pétrus). — *Madame Putiphar*. Paris, Ollivier, 1839. Deux volumes in-8°. Vignettes de Louis Boulanger, gravées par Lacoste.

La vignette du premier volume représente Patrick insultant Mme de Pompadour, à Trianon; dans le deuxième volume, Patrick, détenu dans une maison de fous, apparaît hagard, les cheveux en broussailles, un crucifix sur la poitrine. Vignettes d'un médiocre effet.

BRISSET. — *Le Mauvais Œil, tradition dalmate, suivie d'une Nouvelle française*. Paris, Urbain Canel, 1833. In-8°.

Un œil d'une assez forte dimension orne la couverture.

BROT (Alphonse). — *Priez pour elle*, roman nouveau, avec une eau-forte d'Édouard May. Paris, Silvestre, 1833. In-8°.

Il m'a été impossible de voir cette vignette; elle manque au volume de la Bibliothèque nationale.

BROT (Alphonse). — *Ainsi soit-il, histoire du cœur*. Paris, Souverain, 1833. In-8°. Frontispice sur chine lithographié à la plume, non signé.

« Si par hasard on se souvient assez de ce livre pour s'apercevoir, quand le Musée sera ouvert, qu'une des scènes principales ressemble à un tableau, l'auteur confesse d'avance ici, et avec plaisir, que l'idée de l'inondation a été prise dans une belle esquisse de son ami, Ph. Auguste de Chatillon. » (A. Brot. Préface d'*Ainsi soit-il*.)

On peut donc avancer, sans trop se hasarder, que la vignette non signée est due au peintre Chatillon.

Brot (Alphonse). — *La Tour de Londres*. Paris, Labot et Lelong, 1835. Deux volumes in-8°. Deux eaux-fortes par Édouard May.

Dans un cartouche symbolique représentant la *Justice*, les *Connaissances humaines*, la *Vanité*, un démon portant un sac de 10,000 fr. fait face à une figure qui tend une rose à *Ariel* s'envolant vers le ciel; le deuxième volume est orné d'une scène de mourant dans la Tour de Londres. Timides eaux-fortes qui n'ont pas la valeur du frontispice du même auteur pour le *Chatterton* d'A. de Vigny.

Brot (Alphonse). — Voir Saint-Hilaire.

Brucker (Raymond). — Voir Michel Raymond.

[Burat de Gurgy]. — *La Prima Donna et le Garçon boucher*. Paris, Souverain, 1831. In-8°. Sur le titre, vignette de J. Lécurieux, gravée par Porret.

La Saint-Pol engage son collier au Mont-de-Piété.

[Burat de Gurgy]. — *Le Lit de camp, scènes de la vie militaire*, par l'auteur de *la Prima Donna et le Garçon boucher*. Paris, Souverain, 1832. In-8°. Deux vignettes par Tony Johannot. — 2° édition, même année. Trois volumes in-8°. Trois vignettes de Tony Johannot. Gravées par Thompson, Porret, Andrew, Leloir, Best.

Première vignette : *le Duel;* deuxième : *l'Hôpital;* troisième : *le Brigand italien*.

Burat de Gurgy. — *Paillasse, épisode de carnaval*. Paris, Bréauté, 1834. In-8°.

Le roman n'a pas de frontispice; mais la couverture quadrillée, tirée en rouge brique, offre presque autant d'intérêt qu'une vignette.

CABANON (Émile). — *Un Roman pour les cuisinières*. Paris, Renduel, 1834. In-8°. Frontispice lithographié à la plume par Camille Rogier.

Voir reproduction, page 172.

CALVIMONT (Albert de). — *L'Amarante. Causeries du soir*. Paris, Urbain Canel, 1832. In-12. Lithographie à la plume d'Henry Monnier.

Dans le parc d'un château, sous une tonnelle, Henry Monnier a représenté, avec la précision un peu aiguë de sa manière, des personnages distingués se livrant aux charmes de la conversation.

CALVIMONT (Albert de). — *Au mois de mai*. Paris, Denain, 1835. In-8°. Vignette sur chine de Gavarni, gravée par Porret.

Deux jeunes amoureux tombent dans les bras l'un de l'autre.

CASSAGNAUX (Édouard). — *Le Meurtre de la Vieille rue du Temple*. Amiens, Boudon-Caron. Paris, Audin, 1832. In-8°. Sur le titre, vignette de Tony Johannot, gravée par Porret.

Combat du duc d'Orléans la nuit dans les rues de Paris contre une bande d'hommes armés.

— Jésus!... je suis mort!!

Un coup de masse l'abattit encore dans la boue sanglante.

— Mon Dieu! ah!!...

Ce furent ses dernières paroles.

CASSAGNAUX (Édouard). — *Le Pénitent*. Amiens, Boudon-Caron. Paris, Audin, 1833. Deux volumes in-8°. Deux vignettes sur bois par Levasseur et Tellier, gravées par Thompson et Sophie R., élève de H. P. [Henry Porret.]

Vignette du premier volume : « Le plus souvent le Pénitent noir errait dans

44

les longs corriJors du cloître, surtout alors que la pâle clarté de la lune se mêlait au sombre de la nuit. On voyait son ombre se glisser lentement le long des piliers, puis on entendait des gémissements sourds... Le front orgueilleux du farouche pénitent heurtait les dalles du parvis, et sa main semblait déchirer sa poitrine frémissante. Il se plaçait ensuite contre un pilier et là, comme si la mort l'eût déjà revêtu du linceul, il restait des heures entières. » La vignette du deuxième volume, dessinée par Tellier, est froide et ne mérite pas une pareille citation.

Voir reproduction de la première vignette, page 198.

CHABOT DE BOUIN. — *Élie Tobias*. Paris, Allardin, 1834. Deux volumes in-8°. Deux vignettes sur chine volant, de Jules David, gravées par Lacoste jeune et Lacoste aîné.

Avec plus de flamme dans le crayon, Jules David eût pu occuper une meilleure place dans le petit groupe des dessinateurs de vignettes.

CHARLET (Omer). — *Coups de pinceaux*. Paris, Ch. Béchet, 1833. In-8°. Eau-forte de A. J. Lallement, d'après le portrait de Ducornet né sans bras, dessiné par lui-même.

Le même auteur annonçait en 1833 un livre d'un titre piquant : *Chahut !* Malheureusement ce ne fut qu'une promesse. *Chahut* n'ayant été déposé ni breveté pourrait être employé avec succès par les « naturalistes ».

CHASLES (Philarète). — *Caractères et Paysages*. Paris, Delaunay, 1832. In-8°. Vignette de Tony Johannot[1], gravée par Porret.

Voir la vignette page 209.

CHOQUART (Adolphe) et GUENOT (Georges). — *Le Corridor du puits de l'ermite. Contes de Sainte-Pélagie*. Paris, Ambroise

---

1. Le journaliste des *Débats* a peu sacrifié aux vignettes. On doit signaler à son avoir *la Fiancée, nuits indiennes* (recueil de poésies). Paris, Urbain Canel, 1825. In-18. Vignette de Devéria, gravée sur acier.

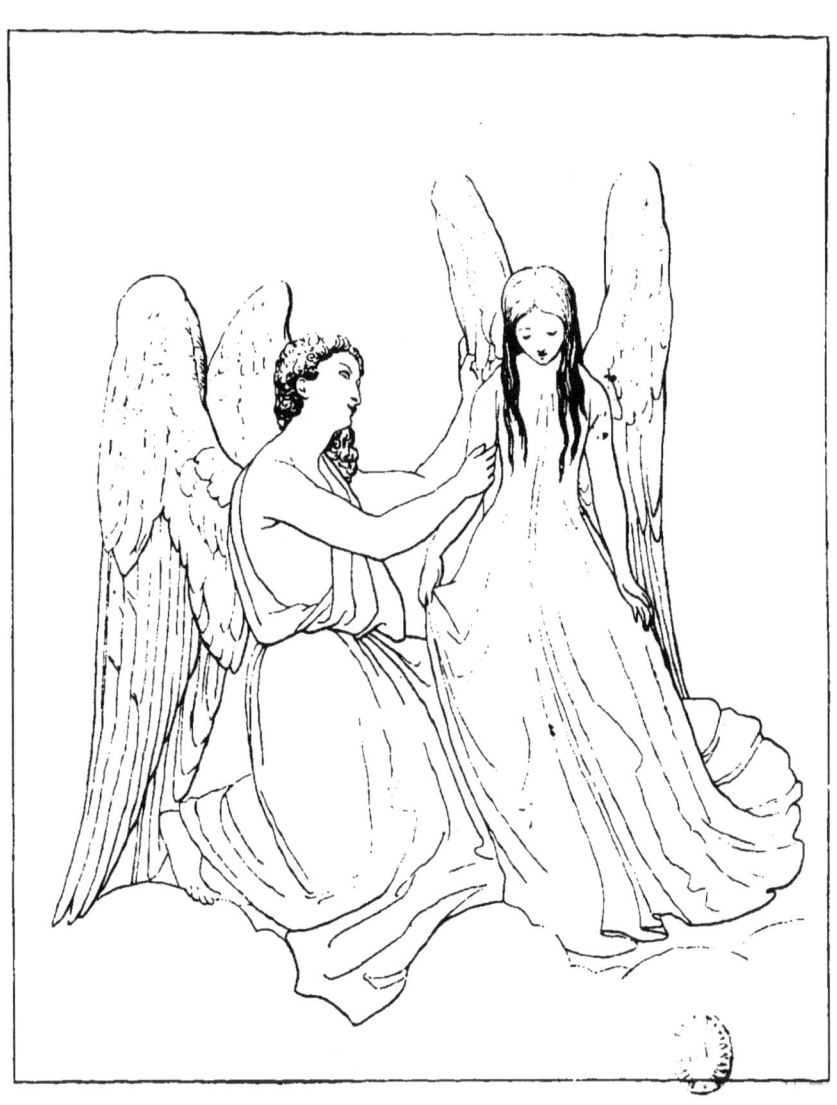

COMPOSITION DE ZIEGLER,

pour l'*Éloa*. d'Alfred de Vigny.

(Vers 1833.)

Dupont, 1833. In-8°. Vignette à l'eau-forte, signée : *C. G. inv. et f.*

Les recherches les plus approfondies n'ont pas permis de retrouver le nom de l'auteur de l'eau-forte, finement travaillée ; elle représente un soldat de la vieille garde jouant son âme aux cartes avec un diable cornu. La scène se passe dans l'intérieur d'un vieux castel.

COCHUT (Amédée). — *Une Réaction,* avec préface par Rey-Dussueil. Paris, Denain, 1832. Deux volumes in-8°. Frontispice d'Henry Monnier, gravé par Saint-Ferjeux.

Un vagabond, poursuivi par des gendarmes, se blottit dans un fourré. Le livre, la préface appartiennent à l'école démocratique de 1830.

COLARD. — Voir GROSSI. (*Marco Visconti,* roman historique.)

CORBIÈRE (Édouard). — *Les Pilotes de l'Iroise, roman maritime.* Paris, Bréauté, 1832. In-8°. Vignette sur chine volant, de Garneray, gravée sur bois par Brevière.

Un vaisseau vogue tranquillement sur la mer calme.

CORBIÈRE (Édouard). — *Contes de bord.* Paris, Lecointe et Pougin, 1833. In-8°. Vignette-frontispice sur chine volant, de J. Jollivet, gravée par Andrew, Best, Leloir.

Sur le pont d'un vaisseau apparaît un matelot portant un tonneau rempli de matières embrasées.

CORBIÈRE (Édouard). — *Scènes de mer. Deux lions pour une femme.* Paris, Souverain, 1835. Deux volumes in-8°. Vignette. — Autre édition en quatre volumes in-12.

Corby (Alexandre). — *Histoire d'un Singe philosophe, écrite par lui-même*. Paris, Perron, 1835. In-12. Lithographie de Raffet.

Daniel (H.). — *Claudine*. Bibliothèque de romans nouveaux à 4 sous le volume. Paris, au bureau de la publication, rue de Chabrol-Poissonnière. 1834. In-32. Eau-forte.

Voir la note, au nom Ambs-Dales.

Daniel (H.). — *Marguerite*. Bibliothèque de romans nouveaux à 4 sous le volume. Paris, impr. Mevrel, 1834. In-32. Eau-forte.

Voir Ambs-Dales.

Dash (comtesse). — *Le Jeu de la reine*. Paris, Dumont, 1839. Deux volumes in-8°. Eau-forte de Célestin Nanteuil, d'après Géniole.

Reproduction de la vignette, page 120.

Davin (Félix). — *Le Crapaud, roman espagnol*. Paris, Mame-Delaunay [1833]. Deux volumes in-8°. Vignette de Becœur, gravée par Cherrier.

Première vignette ; des officiers français regardent une danse d'Espagnols. Dans la deuxième vignette, un prisonnier dans son cachot aperçoit tout à coup sous la paille les pieds d'un homme mort. A l'opposé de la voûte, pendent les tibias d'un squelette ; pour accompagnement à ce drame un énorme crapaud s'enfle démesurément et darde sur l'infortuné prisonnier de gros yeux à fleur de tête. Cette vignette, une des plus étranges peut-être du romantisme, est due à un homme qui ne put donner toute sa mesure. De cet artiste peu connu, à qui on doit deux peintures d'après *Notre-Dame de Paris* de Victor Hugo, Félix Davin écrivait dans une courte notice :

« Il avait vingt-quatre ans ; depuis l'enfance la peinture était son idée fixe, il lui avait rapporté toute sa jeune vie, toutes ses chastes et ardentes pensées. D'un caractère doux et mélancolique, il imprégnait ses créations de la sensibilité la plus exquise, du vague le plus sérieux, de l'*infini* le plus céleste...

. . . .

« Becœur est mort d'une fièvre cérébrale le 4 de ce mois.

« Il reste de lui trois tableaux qui ont été exposés au Musée et que les vrais connaisseurs ont remarqués, puis quelques lithographies, des ébauches, des pensées incomplètes, des mystères demi-dévoilés... et puis un souvenir doux et triste dans le cœur de tous ceux qui l'ont aimé. » (*L'Artiste*, 1832.)

DELÉCLUZE (E. J.). — *La Première Communion, nouvelle.* Paris, Gosselin, 1836. In-12. Vignette sur chine d'Alfred Johannot, gravée par Porret.

Une mère regarde sa fille qui prie devant son lit.

DEYEUX. — *Les Deux Faussaires.* Paris, Houdaille, 1836. Deux volumes in-8°. Deux vignettes.

Je donne cette indication d'après un catalogue de librairie, mais je n'ai pu me procurer l'ouvrage.

DINOCOURT. — *La Cour des miracles.* Paris, Charles Vimont, 1832. Deux volumes in-8°. Deux vignettes lithographiées à la plume, sur feuille volante, signées C^{les} L.

Premier volume : le *Supplice de la roue.* Deuxième volume : l'*Assemblée des Truands.*

DROUINEAU (Gustave). — *Le Manuscrit vert.* Paris, Gosselin, 1831. Deux volumes in-8°. Deux vignettes sur chine de Tony Johannot, gravées par Porret.

Voir vignette du premier volume, page 5, et vignette du deuxième volume, page 91.

DROUINEAU (Gustave). — *Résignée.* Paris, Gosselin, 1832. Deux volumes in-8°. Deux vignettes sur chine de Tony Johannot, gravées par Porret.

La vignette du premier volume représente deux hommes à cheval, dont l'un étend le bras vers une croix plantée sur le bord de la route; l'autre vignette est reproduite page 83.

DROUINEAU (Gustave). — *Les Ombrages, Contes spiritualistes.* Paris, Gosselin, 1833. In-8°. Frontispice sur chine de Tony Johannot, gravé par Porret.

Un jeune homme et une jeune femme, en costume de la Révolution, sont venus. à un rendez-vous : l'amant brûle à la bougie la dernière lettre d'amour.

DUMAS (Alexandre). — *Chroniques de France. Isabel de Bavière (règne de Charles VI).* Paris, Dumont, 1835. Deux volumes in-8°.

En tête de l'avertissement du premier volume, vignette sur bois non signée : elle représente le porche d'une cathédrale, éclairé par une lanterne, et deux personnages étendus sur le sol. La vignette du deuxième volume : *Entrée d'un château fort*, est signée : *P. Huet.*

DUMAS (Anatole). — *La Belle Veuve. Roman intime. Lectures des jeunes femmes.* Paris, Pesron. Lyon, Ayné, 1835. In-8°.

Composition lithographiée entourant le titre de la couverture.

ÉPINAY DE SAINT-LUC (marquise d'). — *Valida, ou la Réputation d'une femme.* Levavasseur, 1835. Deux volumes in-8°. Vignettes sur chine volant.

Le frontispice du premier volume, dessiné par Foussereau, est gravé par Porret; celui du deuxième volume est dessiné par A. de Chatillon.

Premier volume : une jeune fille en déshabillé de nuit, assise sur sa couchette, baisse la tête sous les reproches d'un officier de hussards; Chatillon a représenté une femme cherchant à surprendre un secret.

Mme d'Épinay était la fille de la comtesse de Bradi.

Une certaine obscurité bibliographique, que n'a pas dissipée Quérard, règne sur *la marquise d'Épinay de Saint-Luc* et *Marie de l'Épinay*. Faut-il attribuer à cet écrivain le roman qui suit ?

ÉPINAY (Marie de l'). — *Deux Souvenirs*. Paris, Ollivier, 1836. In-18. Frontispice à l'eau-forte, non signé.

Une vieille servante essaye de rappeler à elle une jeune femme évanouie.

EYMERY DE SAINTES (Alexis). — *Le Vendéen, épisode de 1793*. Paris, Moutardier, 1832. Deux volumes in-8°. Vignettes de Tony Johannot sur papier de couleur, gravées par Andrew et Leloir.

L'une de ces vignettes représente une scène d'échafaud avec deux cadavres décapités ; l'autre, un malheureux foudroyé par le feu du ciel.

M. Alexis Eymery est, dit-on, le même que le libraire qui publia un grand nombre d'ouvrages sur l'éducation.

FLOCON (Ferdinand). — *Distraction*. Paris, Lecointe et Pougin, 1833. Deux volumes in-8°. Deux vignettes-frontispices non signées. Ces vignettes font partie du texte de la couverture.

Premier volume : duel entre un abbé et un garde française. Deuxième volume : un Espagnol arrête le bras d'une femme qui veut poignarder un officier agenouillé.

FOA (Eugénie). — *La Juive, histoire du temps de la Régence*. Paris, Arthus Bertrand, 1835. Deux volumes in-8°. Frontispice lithographié, signé *Jullien*.

Scène d'hiver. Une vieille mendiante regarde une femme étendue sur le pavé.

FOUCHER (Paul). — *Saynètes*. Paris, Ch. Béchet, Lecointe et Pougin, 1831. In-8°. Vignette de Tony Johannot, gravée par Porret.

Voir description, page 258.

45

FOUINET (Ernest). — *La Strega*. Paris, Silvestre, 1832. Deux volumes in-8°. Deux vignettes de Gigoux, gravées l'une par Andrew, B. et L., l'autre par Cherrier.

La vignette du premier volume est reproduite page 319. Tome second : mort de Paula, à qui un prêtre apporte le viatique.

FOURNIER et ARNOULD (A.). — *Struensée, ou la Reine et le Favori*. Paris, Ambroise Dupont, 1833. Deux volumes in-8°. Deux vignettes-frontispices de J. David, gravées par Lacoste jeune.

Premier volume : *Scène de salon* ; deuxième volume : *les Signatures*.

FRESSE-MONTVAL (Alphonse). — *L'Orphelin et l'Usurpateur. Dédié à M. le vicomte de Chateaubriand*. Paris, Hivert, 1834. Deux volumes in-8°. Vignettes de J. M. Fontaine.

La première vignette a pour titre *Judicael*, la seconde *Talvas*; elles sont inspirées par un pieux sentiment légitimiste, mais l'artiste est insuffisant.

GAUTIER (Théophile). — *Les Jeune-France. Romans goguenards*. Paris, Renduel, 1833. In-8°. Eau-forte de Célestin Nanteuil.

Une des pièces les plus recherchées de l'œuvre du graveur; il a résumé dans ce frontispice toute sa fantaisie.

GAUTIER (Théophile). — *Fortunio*. Bibliothèque choisie. Nouvelle édition revue par l'auteur. Paris, Delloye, 1842. In-12. Vignette-frontispice, gravée sur acier.

Suivant un catalogue de librairie, le frontispice « à l'eau-forte est de Th. Gautier; il renferme son portrait ». Le poète fournit peut-être l'idée de la composition; l'habile arrangement des personnages, le caractère du paysage donnent plutôt à croire que Henry Baron et Daubigny, qui prêtaient leur concours aux publications de la librairie Delloye, s'associèrent pour dessiner et graver le frontispice.

GIRARDIN (Mme Émile de). — *Le Lorgnon*. Paris, Levavasseur et Gosselin, 1832. In-8°. Vignette de Gavarni sur le titre.

> Un dandy de l'époque s'entretient avec une femme du monde assise sur un sofa. Au fond, le personnage portant un lorgnon à l'œil, qui examine cette scène, rappelle les traits de M. Émile de Girardin jeune.

GONZALÈS (Emmanuel). — *Souffre-douleur*. Paris, Bourmancé, 1839. In-8°. Eau-forte de F. Salmon.

> Une femme, en costume oriental, semble accablée de tristesse ; un personnage en robe à ramages, poignard et aumônière à la ceinture, la regarde avec pitié.

GROSSI. — *Marco Visconti, roman historique du quatorzième siècle*. Trad. de l'italien par H. Colard. Paris, Dumont, 1835. Deux volumes in-8°. Lithographies à la plume d'Ét. Dubuisson.

> L'exemplaire de la Bibliothèque nationale ne contient pas les vignettes.

GUENOT (Georges). — Voir CHOQUART.

GUIGNARD (l'abbé). — *Le Neveu du chanoine, ou Confessions d'Antoine Guignard, écrites par lui-même*. Paris, Werdet, Mme Ch. Béchet, Levavasseur, 1831. Quatre volumes in-12. Vignette d'Henry Monnier, gravée par Porret.

> Un jeune homme cherche à calmer le désespoir d'une blonde jeune femme.

GUIRAUD (Alexandre). — *Césaire, Révélations*. Paris, Levavasseur, Urbain Canel, 1830. Deux volumes in-8°. Sur le titre, vignette d'Henry Monnier, gravée par Porret.

> La même vignette, qui se trouve sur les deux volumes, représente un prêtre lisant et un vieillard méditant dans une ville catalane.

HOFFMANN (E. T. A.). — *Œuvres complètes*, traduites de l'allemand par Loève Veymars. Paris, E. Renduel, 1830-1833. Vingt volumes in-12.

> La première série, imprimée par A. Barbier, parut en 1830, en 16 volumes. Le complément : *Contes et Fantaisies; Vie de Hoffmann*, formant 4 volumes, ne parut qu'en 1833, imprimé par Ducessois.
>
> Vignettes de Tony Johannot sur les titres.

HOFFMANN (E. T. A.). — *Aux Enfants. — Contes de E. T. A. Hoffmann.* — Paris, Renduel, 1832. In-12. Le frontispice avec ce titre : « *Contes aux enfants, publiés par Eugène Renduel,* 1833 », est orné d'une lithographie à la plume non signée représentant une scène du conte *le Casse-noisette,* qui avec *l'Enfant étranger,* forme le volume.

> Il est présumable que ce titre lithographié et daté de 1833 dut être ajouté à une queue d'édition de 1832 pour lui donner un regain de nouveauté.

HOFFMANN (E. T. A.). — *Contes de E. T. A. Hoffmann,* traduction nouvelle de M. Théodore Toussenel, professeur d'histoire, avec une préface par M. L'h... [Lhéritier de l'Ain], ornés de huit vignettes. Paris, Pougin, 1838. Deux volumes in-8°.

> Ces huit « belles vignettes », dessinées sur pierre par Champion, sont d'une très faible exécution.
>
> Une première édition en douze volumes in-12, sans vignettes, mais avec couvertures illustrées, avait paru en 1830.
>
> Voir reproductions des couvertures de cette édition, pages 75 et 77.

HOFFMANN (E. T. A.). — *Contes fantastiques,* trad. par Henry Egmont. Paris, Perrotin, 1840. Quatre volumes in-8°. Vignettes de Camille Rogier, gravées sur acier par Ch. Boullay, Garnier, Goulu, etc.

> Un élégant cartouche composé de sirènes, de chevaliers revêtus de leurs

armures, de personnages grotesques, sert d'entourage à ces vignettes ; l'encadrement seul est tiré en camaïeu bleuâtre.

HOUSSAYE (Arsène), sous le pseudonyme d'Alfred Mousse. — *De profundis*. Paris, Lecointe et Pougin, 1834. In-8°. Frontispice gravé à la manière noire, non signé.

L'auteur du frontispice, M. Labouret, était professeur à l'école municipale de dessin de Laon. Voir vignette page 322.

HOUSSAYE (Arsène). — *La Couronne de bluets*. Souverain, 1836. In-8°. Frontispice à l'eau-forte par Théophile Gautier.

Une réduction fac-similé de cette eau-forte a été publiée dans la réimpression du même livre chez E. Dentu, 1880. In-18.

HOUSSAYE (Arsène). — *Les Aventures galantes de Margot*. Paris, Desessart, 1837. In-8°.

Dans le texte, petites vignettes sur bois, mais non pas spécialement gravées pour le roman.

HUART (Louis). — *Quand on a vingt ans. Histoire de la rue Saint-Jacques*. Paris, Abel Ledoux, 1834. In-8°. Frontispice à l'eau-forte de Boisselat.

Une mansarde. L'étudiant et la grisette.

HUGO (Victor)[1]. — *Notre-Dame de Paris*. Paris, Gosselin, 1831. Deux volumes in-8°. Deux vignettes de Tony Johannot, gravées par Porret. La même année paraît à la même librairie

---

[1]. Aux romans avec vignettes de Victor Hugo, avant 1830, il convient de joindre : *Bug-Jargal*. Paris, Urbain Canel, 1826, in-18. Vignette de Devéria, gravée sur acier, par Pierre Adam : Léopold d'Auvernay entraîné dans l'abîme par Hadibrah.

l'édition en quatre volumes in-12, avec quatre vignettes de Tony Johannot, gravées par Porret.

Voir reproductions de deux vignettes de cette édition, pages 89 et 327.

Ch. Asselineau dit que « la première édition in-8º de *Notre-Dame*, tirée à 1,100 exemplaires, formait quatre éditions fictives ; l'édition in-12, tirée à 2,000 exemplaires, fournit sept fausses éditions ». Fait encourageant pour les romans dont la vente est difficile.

Hugo (Victor). — Voir Célestin Nanteuil.

Ilinski (comte Janus S.) — *Elmira*. Paris, Michaud, 1833. In-8º. Lithographie de Devéria.

Le comte Janus Ilinski, gentilhomme de la Chambre de S. M. l'Empereur de Russie, était en outre « membre de plusieurs sociétés savantes et littéraires ». Ses héros semblent empruntés au répertoire du vicomte d'Arlincourt.

Imberdis (André). — *L'Habit d'Arlequin. Chronique d'hier.* Paris, Chamerot, Locard et Davi, 1832. In-8º. Sur la couverture, petite vignette par Tony Johannot.

André Imberdis, pseudonyme de M. André d'Ambert, avocat, dont le nom figura parmi les défenseurs des Prévenus d'avril, à la Cour des Pairs.

Ivanowitz (comte). — *L'Esclave russe*. Bibliothèque de romans nouveaux à 4 sous le volume. Paris, impr. Mevrel, 1834. In-32. Eau-forte.

Voir la note, au nom Ambs-Dales.

Jacob (P. L. Bibliophile). — Voir Lacroix (Paul).

Jal (A.). — *Scènes de la vie maritime*. Paris, Gosselin, 1832.

Trois volumes in-8º. Vignettes de Tony Johannot, gravées par Porret et Brevière.

Un mourant, un combat sur le pont d'un vaisseau sous la République, la supplication d'une mère à un nègre armé d'un poignard, forment le sujet des trois vignettes.

JANIN (Jules). — *L'Ane mort et la Femme guillotinée*. Paris, Baudouin, 1829. Deux volumes in-12. Vignettes de Devéria, gravées par Porret.

JANIN (Jules). — *L'Ane mort et la Femme guillotinée*. Deuxième édition. Paris, Delangle frères, 1830. In-12.

Frontispice sur chine à l'eau-forte par Alfred Johannot *(Je viens chercher mon enfant*, etc.). Titre sur chine, caractères gravés sur acier, avec petite vignette de A. Johannot, non signée. Plus second titre en typographie avec la vignette sur bois : *l'Ane mort*.

JANIN (Jules). — *La Confession*. Paris, A. Mesnier, 1830. Deux volumes in-12. Eau-forte d'Alfred Johannot. Même année, deuxième édition, avec une vignette sur bois de Tony Johannot, gravée par Porret.

JANIN (Jules). — *L'Ane mort et la Femme guillotinée*. Bibliothèque choisie. Paris, Delloye, 1844. In-12. Vignette de Baron, lithographiée à la plume par Eugène Leroux.

Déjà en 1841, dans les illustrations de la *Bibliothèque choisie* de Delloye, l'influence romantique s'efface; les nouveaux artistes se garent de la noirceur de leurs devanciers et veulent paraître gracieux.

Une autre édition, avec de nombreux dessins de Tony Johannot, parut chez l'éditeur Bourdin, format grand in-8º, en 1841, mais cette publication appartient au domaine des Livres illustrés, sans liens avec la période romantique.

JANIN (Jules). — *Le Gâteau des Rois, symphonie fantastique.* Paris, Amyot, 1847. In-12. Sur la couverture, vignette de A. Génot.

> Vignette tout à fait enfantine.

KARR (Alphonse). — *Sous les Tilleuls.* Paris, Gosselin, 1832. Deux volumes in-8°. Vignettes de Tony Johannot, gravées par Porret.

> La vignette du premier volume est reproduite page 164; la seconde représente Stephen agenouillé dans le cimetière, près du cercueil de Madeleine qu'il a déterrée.

KARR (Alphonse). — *Une Heure trop tard.* Paris, Gosselin, 1833. Deux volumes in-8°. Frontispices sur chine volant, de Tony Johannot, gravés l'un par Brévière, l'autre par Cherrier.

> Premier volume : la Chasse au marais. Deuxième volume : Hélène dans sa mansarde, une des plus délicates vignettes de Tony Johannot.

KARR (Alphonse). — *Le Chemin le plus court.* Paris, Gosselin, Werdet, 1836. Deux volumes in-8°. Lithographie et fac-similé.

> Premier volume : la Baie d'Étretat, lithographiée à la plume par G. Patras ; deuxième volume, en frontispice, lettre autographiée de Jules Janin.

KARR (Alphonse). — *Sous les Tilleuls.* Bibliothèque choisie. Paris, Delloye, 1840. Deux volumes in-12. Deux vignettes.

KERMEL (Amédée). — *Une Âme en peine.* Paris, Levavasseur, 1834. Un volume in-8°. Frontispice de Tony Johannot, gravé par Lacoste aîné.

> Voir reproduction de la vignette, page 166.

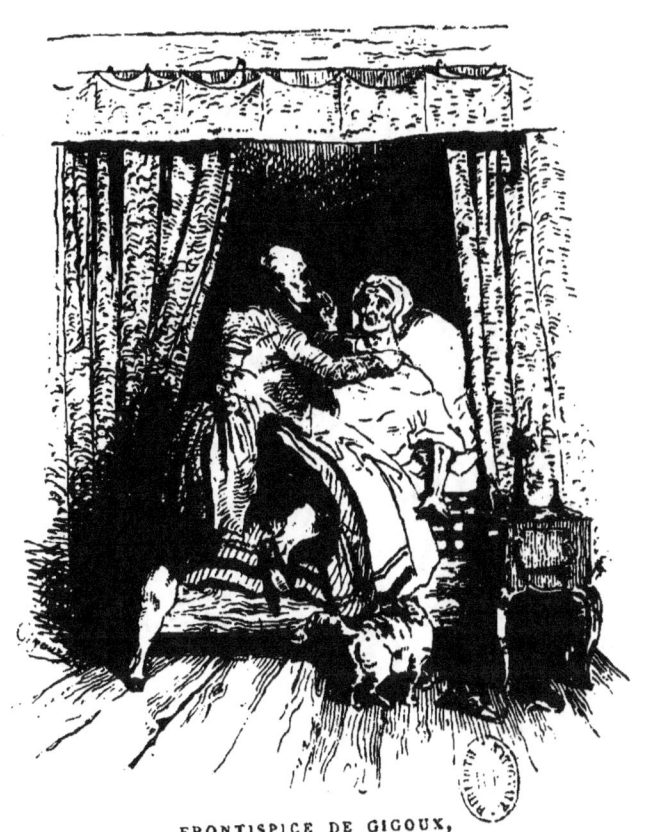

FRONTISPICE DE GIGOUX,

pour *Une Grossesse*, de Jules Lacroix.

(1833.

KERMEL (Amédée). — Voir JACQUES ARAGO.

KRASNOWSKI (comte Adolphe de). — *Angélique, ou l'Anneau nuptial. Nouvelle polonaise. Épisode de la dernière Révolution.* Paris, Charpentier, 1833. In-12. Lithographie-frontispice de Jacques Arago.

> La visite au blessé.

LACROIX (Jules). — *Une Grossesse.* Paris, Renduel, 1833. In-8°. Frontispice lithographié à la plume, par Gigoux.

> Un homme essaye d'étrangler une vieille femme dans son lit.
> Voir reproduction, page 361.

LACROIX (Paul). — *Soirées de Walter Scott à Paris,* recueillies et publiées par M. P. L. Jacob, bibliophile, membre de toutes les académies. Paris, Renduel, 1829. Deux volumes in-8°. Frontispice gravé sur bois, non signé.

> C'est le prétendu portrait du prétendu Jacob, vieux, maigre, les bas tombant sur les talons, bibliophile ardent ne quittant pas son cabinet, plongé dans l'interprétation des chartes, la lecture de volumineux in-quarto, l'étude d'anciennes tapisseries. Cette image ne ressemblait en rien à celle de Paul Lacroix, écrivain soigné de sa personne et fréquentant assidûment le monde.

LACROIX (Paul), sous le pseudonyme du Bibliophile P. L. Jacob. — *Le Divorce.* Paris, Renduel, 1831. In-8°. Vignette de Tony Johannot, gravée par Porret.

> Voir reproduction, page 138.

LACROIX (Paul), sous le pseudonyme du Bibliophile Jacob. — *Le*

Roi des Ribauds, histoire du temps de Louis XII. Paris, Renduel, 1831. Deux volumes in-8°. Vignette de Tony Johannot, gravée par Andrew.

Dans son Catalogue de 1832, le libraire Renduel annonce : *le Roi des Ribauds*, avec le portrait du Roi des Ribauds, colorié.

Voir la vignette, page 377.

LACROIX (Paul), sous le pseudonyme du Bibliophile P. L. Jacob. — *Contes du Bibliophile Jacob à ses petits-enfants.* Paris, Louis Janet, 1831. Deux volumes in-12. Sur les titres, deux vignettes sur bois de Tony Johannot, gravées par Porret. Lithographies non signées hors texte.

LACROIX (Paul), sous le pseudonyme du Bibliophile P. L. Jacob. — *La Danse macabre.* Deuxième édition. Paris, Renduel, 1832. In-8°. Sur le titre, vignette par Tony Johannot, gravée par Andrew.

Voir reproduction, page 134.

LACROIX (Paul), sous le pseudonyme du Bibliophile P. L. Jacob. — *Vertu et Tempérament, histoire du temps de la Restauration.* Paris, Renduel, 1833. Deux volumes in-8°. Vignettes de Tony Johannot, gravées l'une par Porret, l'autre par Andrew.

Voir reproduction de la vignette du premier volume, page 87, et celle du deuxième volume, page 259.

LACROIX (Paul). — *Les Deux Fous, histoire du temps de François Ier, 1524, précédée d'un essai sur les fous des rois de*

France. Paris, Martinon, 1845. Grand in-8°. Figures sur acier d'après Napoléon Thomas.

> Le graveur ordinaire de Pétrus Borel ne brille pas dans cette illustration.

LATOUCHE (H. de). — *Fragoletta*. Bibliothèque choisie. Paris, Delloye, 1840. Deux volumes in-12. Deux vignettes-frontispices de Théophile Fragonard, gravées sur acier par J. Desjardins.

> Premier volume : *le Moine et le Moribond*. Second volume : *Jeune homme sur un rocher au bord de la mer*.

LEBASSU (Joséphine). — *La Saint-Simonienne*. Paris, Tenré, 1833. In-8°. Vignette-frontispice gravée sur pierre. École de Tony Johannot.

> Voir reproduction, page 230.
> Mme Joséphine Lebassu, qui en réalité s'appelait Lebassu d'Elf, abandonna plus tard ses idées saint-simoniennes de 1833.
> De 1847 à 1862 elle publiait de petits livres pieux dans la *Bibliothèque chrétienne et morale* de Barbou de Limoges, et dans les librairies consacrées de Vaton, d'Adrien Le Clère, etc.

LECOMTE (Jules). — *L'Abordage, roman maritime*. Paris, Souverain, 1836. Deux volumes in-8°. Frontispice sur chine, d'après Th. Gudin, gravé sur acier par A. Rouargue.

> Dans la chaloupe. Scène de tempête et de rébellion.

LEDHUY (Carle). — *Chroniques du château de Coucy. Thomas de Marle, épisode de l'histoire de Picardie au XIIe siècle*. Paris,

Poultret de l'Épée, 1834. In-8°. Frontispice lithographié, non signé.

Le chevalier mort.

LEDHUY (Carle). — *Mémoires de la Mort*. Paris, Lachapelle, 1838. Quatre volumes in-8°. Couverture macabre lithographiée.

LEFLOCH (Victor). — *Pauvre Fille! Roman fataliste*. Paris, Souverain, 1834. In-8°. Frontispice, vignette de Devéria, gravée sur bois.

Reproduction de la vignette, page 286.

LEFLOCH (Victor), sous le pseudonyme de Léon Martiney. — *Une Coquette*. Paris, Souverain, 1836. In-8°. Vignette.

LEGOUVÉ (Ernest). — *Édith de Falsen*. Bibliothèque choisie. Paris, Delloye, 1841. In-12. Frontispice de Baron, lithographié par Eugène Leroux.

Le prêtre et la pénitente.

Léonce L. — *Le Fils naturel*. Bibliothèque à 4 sous le volume. Paris, 1834. Au bureau de la publication, rue de Chabrol-Poissonnière. Eau-forte.

Voir la note, à l'article AMBS-DALES.

LEWIS. — *Le Moine*. Traduction par Léon de Wailly. Bibliothèque choisie. Paris, Delloye, 1840. Deux volumes in-12. Eaux-fortes non signées.

Ces deux eaux-fortes, traitées avec le plus grand soin, sont dues à Trimolet, dessinateur humoristique que la mort enleva jeune.

LEYNADIER (Camille). — *Les Gitanos,* avec une préface par Juan
Floran. Paris, Auguste Desrez, 1835. In-8°. Vignette-frontispice de (signature illisible), gravée par H. Brown.

> Un ermite et des femmes agenouillées près d'un autel, au fond d'une caverne,
> sont troublés dans leurs prières par l'arrivée d'un gitano menaçant.

LHÉRITIER (Eugène). — *La Femme selon mon cœur.* Paris, Moutardier, 1833. In-8°.

> Pas de vignette dans cet ouvrage, mais une couverture lithographiée et orne-
> mentée dans le goût constitutionnel le plus cossu.

LOTTIN DE LAVAL. — *Les Truands et Enguerrand de Marigny.*
Paris, Souverain, 1832. In-8°. Vignette d'Eugène Forest, gravée
par Cherrier. Une autre édition parut en 1833, en trois volumes
in-12, avec la vignette primitive d'Eugène Forest, plus deux
eaux-fortes de Benjamin Roubaud.

> Les trois vignettes font de cet ouvrage, indépendamment de la riche imagina-
> tion de l'auteur, un des types du romantisme.

LOTTIN DE LAVAL. — *Marie de Médicis.* Paris, Ambroise Dupont,
1834. Deux volumes in-8°. Vignettes de Jules David, gravées
par Cherrier et Porret.

> Combien Lottin de Laval fut mieux inspiré le jour où il choisit pour interprètes
> du roman précédent Forest et Roubaud! C'étaient des dessinateurs de feuilles
> satiriques; mais ils voulurent montrer qu'eux aussi pouvaient prendre part au
> mouvement intellectuel nouveau. Jules David, dessinateur mesuré et sans
> enthousiasme, devait être condamné plus tard à graver des figures de modes.

LUBIZE. — *Le Commis et la Grande Dame.* — Paris, aux bureaux
de la Bibliothèque de romans nouveaux à 4 sous le volume,

rue de Chabrol-Poissonnière. 1834. In-32. Eau-forte non signée.

Voir la note, au nom AMBS-DALES.

LUBIZE. — *L'Adjoint de campagne*. Bibliothèque de romans nouveaux à 4 sous le volume. Paris, imprimerie Mevrel, 1834. In-32. Eau-forte non signée.

Même note que la précédente.

LUCHET (Auguste). — *Frère et Sœur*. Paris, Souverain, 1838. Deux volumes in-8°.

Les bibliophiles qui se fient aux anciens catalogues de librairie, insérés à la suite des romans de l'époque, sont exposés à de vaines recherches pour l'histoire des vignettes romantiques. Il en est ainsi dans le cas actuel; l'éditeur Souverain annonçait pour le roman d'Auguste Luchet des vignettes qui ne furent pas publiées.

LUGAN (J. L.) — *Tunis, nouvelles africaines*. Paris, Biais et Riant. 1834. In-8°. Sur le titre, vignette de Mercadié, lithographiée à la plume.

MACAIRE (Stanislas). — *Deux Réputations, scènes de la vie positive*. Paris, Souverain, 1833. Deux volumes in-8°. Frontispices sur chine volant, lithographiés à la plume par Eugène Forest.

Premier volume : *le Suicidé*. Second volume : *les Gens de loi*.

[MAME (Clémentine)]. — *Le Manoir de Beaugency, ou la Vengeance*. Paris, Mame-Delaunay, 1832. In-8°. Frontispice signé : *Jolivet pinxit, Giraldon-Bovinet direxit*.

L'*Apparition et l'Orage*.

L'auteur de ce roman était, me dit-on, Mlle Clémentine Mame, fille du libraire Mame-Delaunay.

[Mame (Clémentine)]. — *Deux Époques*, par l'auteur du *Manoir de Beaugency*. Paris, Mame-Delaunay, 1833. In-8°. Frontispice de Tony Johannot, gravé par Andrew, Best, Leloir.

> Ainsi que le faisait remarquer à juste titre Gustave Planche, Porret seul sut graver les dessins de Tony Johannot. Une certaine banalité ressort de la vignette des *Deux Époques*. Dans l'intention de l'auteur elle devait être particulièrement dramatique ; la collaboration de trois graveurs ne suffit pas à la rendre émouvante.

Mansion (Hippolyte). — *Moutchas-y-Tchicas, épisodes de terre et de mer*. Paris, Denain, 1833. In-8°. Vignette sur bois de G. S., gravée par Napoléon Saint-Ferjeux.

> Un homme ivre est étendu sur le plancher, vraisemblablement le mari ; un jeune homme essaye de vaincre la résistance de la femme de l'ivrogne. Gravure de mélodrame traitée sans finesse.

Martin (Henry). — *La Vieille Fronde. 1648*. Publication de Ch. Lemesle. Paris, Ch. Béchet, 1832. In-8°. Sur le titre, vignette de Tony Johannot, gravée par Cherrier.

> Le cardinal de Retz apaisant la foule émeutée. Jolie composition de Tony Johannot, admirablement gravée.

Martiney (Léon). — Voir Victor Lefloch.

Masson (Michel). — *Un Cœur de jeune fille, confidence*. Paris, Allardin, 1834. In-8°. Vignette de Jules David, gravée par Lacoste jeune.

> L'annotateur de cette bibliographie s'est librement exprimé assez de fois sur un dessinateur de vignettes d'un talent bourgeois pour ne plus revenir sur son compte.

Masson (Michel) et Brucker (Raymond), sous le pseudonyme de Michel Raymond. — *Les Intimes*. Paris, Renduel, 1831. Deux volumes in-8°. Vignettes de Tony Johannot, gravées par Andrew.

> La vignette du premier volume représente une jeune femme surprise dans sa chambre à coucher par un jeune homme: un des lutins, affectionnés par Tony Johannot, trouble le sommeil d'un personnage du roman.

Masson (Michel) et Brucker (Raymond), sous le pseudonyme de Michel Raymond. — *Le Puritain de Seine-et-Marne*. Paris, Dupuy, 1832. In-8°. Vignette sur chine de Sainson, gravée par Girardet.

Masson (Michel) et Luchet (Auguste). — *Thadéus le ressuscité*. Paris, Ambroise Dupont, 1833. Deux volumes in-8°. Vignettes de Jules David.

> Il serait injuste d'accabler une fois de plus un dessinateur consciencieux que le libraire Ambroise Dupont avait sous la main et que, malheureusement pour tous deux, il employa à tout faire.

Masson (Michel) et Brucker (Raymond), sous le pseudonyme de Michel Raymond. — *Le Maçon*, nouvelle édition. Bibliothèque choisie. Paris, Delloye, 1840. Deux volumes in-12. Deux vignettes à l'eau-forte, non signées.

> C'est encore à Trimolet qu'on doit ces représentations du carreau des Halles et de scènes de la rue, étudiées avec le soin que le graveur apporta à l'illustration des *Chansons populaires* publiées par le même éditeur.

Mériclet (A. G. de). — *Pierre*. Paris, Lecointe et Pougin, 1832.

Deux volumes in-12. Sur le titre, vignette de Tellier, gravée par M. F., « élève de Porret ».

Personnage barbu, derrière les barreaux d'une prison

[MÉRIMÉE]. — *Mosaïque, recueil de Contes et Nouvelles* par l'auteur du *Théâtre de Clara Gazul*. Paris, Fournier, 1833. In-8°.

Le catalogue de la librairie Fournier, en 1833, annonce cet ouvrage « avec vignette ». La vignette ne fut pas publiée.

MERVILLE. — *Paul Briolat*. Paris, Renault, 1831. In-8°. Sur le titre, vignette de Tony Johannot, gravée par Porret. Une autre édition avec la même vignette parut en 1834, en trois volumes in-12, publiés par le même éditeur.

Un jeune républicain contemple Marat, assassiné dans son bain.

MÉRY. — *Le Bonnet vert*. Paris, 1830, Boulland. In-8°. Vignette de Tony Johannot, gravée par Thompson.

Scène de forçat et de garde-chiourme.
Méry revint plus tard sur la peine des travaux forcés. En 1835, il publiait dans la *Revue de Paris* deux articles, avec illustrations inédites d'Henry Monnier.

MÉRY. — *L'Assassinat, scènes méridionales de 1815*. Paris, Urbain Canel et Guyot, 1832. In-8°. Vignette de Tony Johannot, gravée par Thompson.

Au coin d'un mur, cadavre de vieillard étendu. Sur un ciel noir se détache un drapeau blanc avec les mots : *Vive le roi*.

MICHEL (Francisque). — *Mœurs du moyen âge. — Job ou les*

Pastoureaux. Audrefoy-le-bâtard. Paris, Ch. Vimont, 1832.
In-8°.

Le catalogue de la vente de la bibliothèque du baron Taylor (1876) porte :
« En tête frontispice gravé à la manière noire par H. de Triqueti et eau-forte
de Gigoux ».

Une note d'un développement exceptionnel doit être consacrée à cet ouvrage,
en raison d'un emploi tout particulier de la dédicace que fit l'auteur. M. Francisque
Michel dédie d'abord le livre à ses parents, puis

A

SES AMIS

MM. BREGHOT DU LUT,

ÉDOUARD BRAC DE BOURDONEL,

BOURGOIN D'ORLY, FERDINAND DENIS, GIGOUX,

ALEXANDRE DUMAS, ÉLOI JOHANNEAU, TONY JOHANNOT,

PAUL ET JULES LACROIX, HECTOR DE LA FERRIÈRE,

GÉRARD LABRUNIE, LAVIRON, CHARLES NODIER,

J. N. MONMERQUÉ, LE CH^{er} ANTONIO NUNES,

DE CARVALHO, PAULIN PARIS, PÉRICAUD,

LE DOCT^r PHILIBERT, RAYNOUARD,

REINAUD, LE BARON I. TAYLOR,

L'ABBÉ GERVAIS DE LA RUE,

LE Cte DE VIELCASTEL,

BENJAMIN GUÉRARD,

H. DE TRIQUETI,

ETC., ETC.

L'auteur reconnaissant.

De quelle utilité seraient pour la postérité des renseignements semblables si
chaque auteur avait groupé en tête de son œuvre les noms de ses contemporains,
de ses compagnons, de ses amis !

MONDO (Dominique). — *La Mort d'un roi.* Paris, Lachapelle, 1838.
Deux volumes in-8°. Lithographies par P. Gellé. Titre orné par
Théodore Henry.

Lithographie du premier volume : *Un Crâne de femme*; second volume : *la
Mort d'un roi.* Ces deux lithographies sont traitées avec un méphistophélétisme que

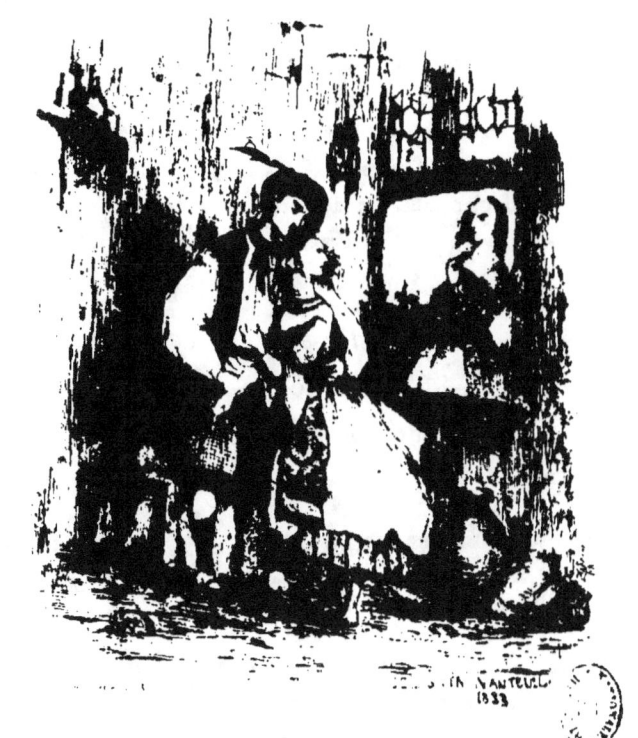

FAC-SIMILÉ D'UNE EAU FORTE DE CÉLESTIN NANTEUIL

dut envier le baron de Lamothe-Langon, à qui on n'accordait pas de vignettes; mais le titre-frontispice en regard troubla certainement les nuits de Touchard-Lafosse; il comporte un château fort incendié, des chats-huants, deux chevaliers dans leur armure, l'épée à la main, un moine en prière, une dame de haute condition évanouie (ces deux personnages sortant des anneaux d'un serpent), un vaisseau battu par la tempête, avec d'épais nuages supportant une tête de mort.

Quel était donc l'auteur F. G. Dominique Mondo pour lequel l'honnête Lachapelle faisait tant de frais d'illustrations? Un Italien véritable, auteur d'écrits sur la musique et qui, il n'en faut pas douter, tirait de sa propre escarcelle les louis nécessaires pour une si pompeuse ornementation de ses écrits.

MOREAU (Élise). — *Une Destinée, scène de la vie intime*. Paris, Maison, 1838. In-8°. Vignette de l'école de Tony Johannot, non signée, gravée sur bois par Hotelin.

MORIN (Michel). — *Le Gil Blas du théâtre*. Paris, Denain, 1833. Deux volumes in-8°. Eaux-fortes d'Alfred Albert.

Alfred Albert, comédien attaché à l'Ambigu-Comique, dessina un certain nombre de scènes de drame et de costumes de théâtre.

Michel Morin est le pseudonyme du vaudevilliste Vanderburck.

MORTONVAL (Guesdon). — *Mon Ami Norbert, histoire contemporaine*. Paris, Ambroise Dupont, 1834. In-8°.

Vignette de J. David, gravée sur acier par Fauchery.

MURET (Théodore). — *Jacques le Chouan*. Paris, Vimont, 1833. In-8°. Vignette de Tellier.

Ce fut une littérature très particulière que celle de M. Théodore Muret. La chouannerie, la légitimité, Henri V, la duchesse de Berry, les blancs et les bleus ne cessèrent jamais de se présenter à l'esprit du journaliste quand il prenait la plume.

MURET (Théodore). — *Le Chevalier de Saint-Pons, histoire de 1784.* Paris, Ambroise Dupont, 1834. Deux volumes in-8°. Vignettes de Jules David, gravées sur acier par Fauchery.

MUSSET (Paul de). — *La Table de nuit.* Paris, Renduel, 1832. In-8°. Vignette non signée, gravée par Andrew.

> On peut jusqu'à un certain point attribuer à Devéria la femme à la mode, accoudée sur un oreiller, lisant le nouveau roman, dans une élégante chambre à coucher.

MUSSET (Paul de). — *Samuel.* Paris, Renduel, 1833. In-8°. Eauforte de Célestin Nanteuil.

> La lune qui apparaît, à la faveur d'une fenêtre ouverte, éclaire une scène entre Samuel, Jeanne et Juliette.

NANTEUIL (Célestin). — *Collection de gravures à l'eau-forte de Célestin Nanteuil pour les œuvres de Victor Hugo.* Première livraison. Paris, Renduel, 1832. Petit in-4°.

> Cette livraison, la seule qui parut, est composée de quatre planches relatives aux romans de Victor Hugo : 1° *Portrait de Victor Hugo*; 2° *Bug-Jargal*; 3° le *Dernier Jour d'un condamné*; 4° *Notre-Dame de Paris*. Là éclate le génie décoratif de Célestin Nanteuil; il a déployé dans les entourages de ses compositions une imagination tout à fait d'accord avec la pensée du maître. Malheureusement le public ne comprit pas. Renduel arrêta la publication et le maître resta sans les illustrations sur lesquelles il était en droit de compter.

NODIER (Charles)[1]. — *Histoire du roi de Bohême et de ses sept châteaux.* Paris, Delangle, 1830. Grand in-8°. Dans le texte,

---

1. Parmi les livres, ornés de gravures, que Nodier publia sous l'Empire et la Restauration, il est bon de noter :
Les Proscrits. Paris, Lepetit, 1802. In-12, avec frontispice gravé sur acier.

nombreuses vignettes de Tony Johannot, gravées par Porret.

Voir reproduction d'une vignette, page 35.

[DE PASTORET]. — *Raoul de Pellevé, 1593, 1594. Esquisses du temps de la Ligue,* par l'auteur du *Duc de Guise à Naples.* Paris, Renduel, 1834. Deux volumes in-8°. Eaux-fortes de Boisselat, datées de 1833.

L'eau-forte du premier volume est entourée d'un cadre architectural, dans le goût de Célestin Nanteuil, mais avec moins de maîtrise ; celle du second volume représente deux grandes dames, dont une masquée, allant consulter l'astrologue Hiéronyme.

PETIT. — *Timoléon Jobert.* Bibliothèque de romans nouveaux à 4 sous le volume. Paris, imprimerie Mevrel, 1834. In-32. Eau-forte non signée.

Il me semblait délicat de porter à l'avoir intellectuel du vaudevilliste Lubize le roman *le Commis et la Grande Dame ;* la publication dans la même série du *Timoléon Jobert* de M. Petit, qui fut collaborateur de certaines pièces de Lubize, tend à faire croire que celui-ci se rendit réellement coupable du roman *le Commis et la Grande Dame.*

PICTET (Adolphe). — *Une Course à Chamounix, conte fantastique.* Paris, Benjamin Duprat, 1838. Grand in-12. Vignettes de

Le Dernier Chapitre de mon Roman. Paris, Cavanagh, 1803. In-12, avec vignette gravée sur acier.

Le Peintre de Salzbourg. Journal des émotions d'un cœur souffrant. Paris, Maradan, 1803. In-12, avec gravure.

Romans, Nouvelles et Mélanges. 2ᵉ édition, Paris, Gide, 1820. Quatre volumes in-12 Figures à l'aquatinte.

Jean Sbogar. 2ᵉ édition, Paris, Gide, 1820. Deux volumes in-12. Vignettes imprimées en bistre.

Stella, ou les Proscrits. Paris, Gide, 1820. In-12. Figures.

Infernaliana (publié par Ch. N...). Paris, Sanson, 1822. In-12. Frontispice à la manière noire.

Tony Johannot, gravées par Porret, plus fac-similé d'un dessin de Mme Sand.

Reproduction du portrait de G. Sand, page 127.

Le dessin à la plume de Mme Sand est une sorte de caricature de Liszt au piano.

PIGAULT-LEBRUN. — *Contes à mon petit-fils*. Paris, Barba, 1831. Deux volumes in-12. Figures sur acier, l'une signée : *Villeroy fils sc*.

Ces petites images sont de l'école de celles de la Restauration ; on les mentionne ici pour mémoire.

[POLYCARPE (Charles)]. — *Un Seigneur du Beaujolais, histoire de 1827*. Paris, Dentu, 1833. In-8°. Sur la couverture, vignette d'Auguste de Chatillon, gravée par Lacoste.

Un diable cornu déroule un grand livre d'images représentant les principales scènes du roman.

PONS. — *Un Mauvais Ménage, scènes de la vie intime*. Paris, Souverain, 1833. Deux volumes in-8°. Vignettes de Lécurieux.

Au peintre Lécurieux, qui illustra quelques livres de cette époque, il ne manqua qu'un peu plus de souplesse ; toutefois elle est bien dans la donnée romantique la vignette reproduite page 88.

POUJOULAT (Benjamin). — *La Bédouine*. Paris, Pougin, 1835. Deux volumes in-12. Eaux-fortes de Célestin Nanteuil.

Avec M. Poujoulat, Célestin Nanteuil se laissa entraîner vers l'Orient ; il ne demandait pas mieux, l'Orient étant alors à la mode. Les scènes de la vie biblique interprétées par le graveur romantique par excellence sont intéressantes.

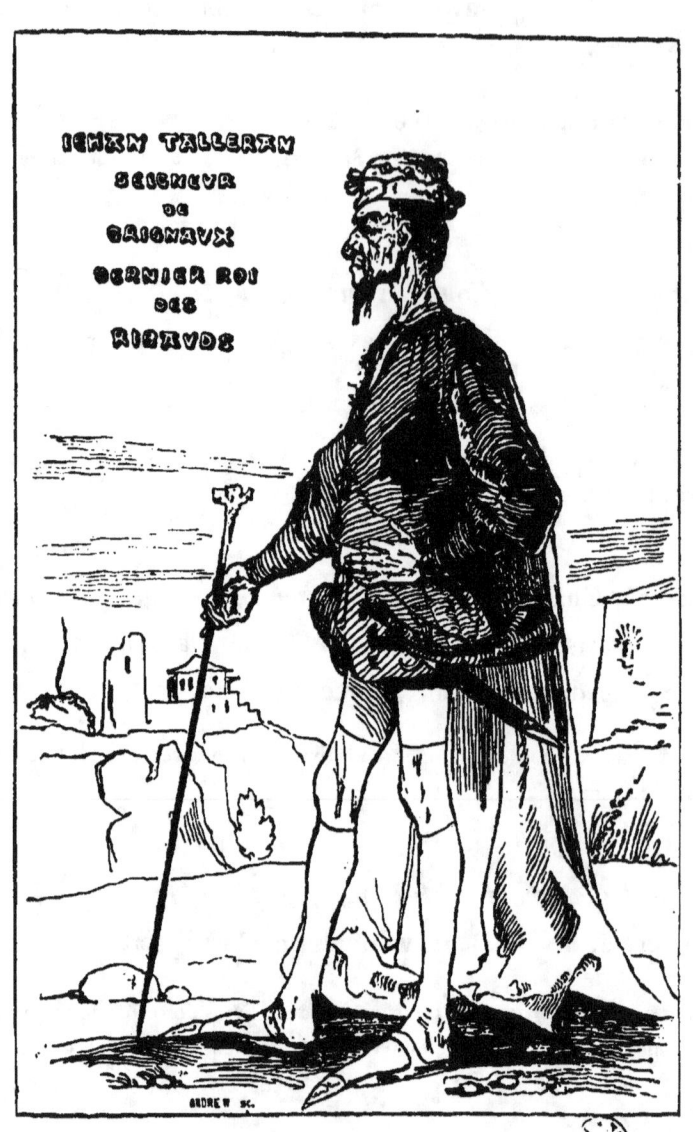

FRONTISPICE DE TONY JOHANNOT,
pour *le Roi des Ribauds*, du Bibliophile Jacob.

(1831)

POURRET DES GAUDS. — *Adhémar et Théodeberge, épisode des guerres civiles du XVe siècle*. Paris, Dentu, Audin, Hivert. Deux volumes in-8°. En tête de chaque volume, vignette-frontispice, gravée sur bois. Non signée.

« Puissent les sires d'Argental et de Montchal pardonner à mon imprudente jeunesse d'avoir troublé leurs cendres, et affublé de nouveau leurs ossements arides du casque et de la cuirasse des combats. » Ainsi s'exprime en commençant Pourret des Gauds, romantique, archéologue et légitimiste de province.

Les vignettes représentent une cour d'amour et un furieux combat entre chevaliers.

[POUYAT (Édouard) et LISTENER (Richard)]. — *Caliban,* par deux hermites de Ménilmontant. Paris, Denain, 1833. Deux volumes in-8°. Eaux-fortes d'Alfred Albert.

L'une des eaux-fortes est d'après Cruikshank. *Le Monde et la Vertu,* vignette du second volume, ne se fait pas remarquer par un vif accent.

POUYAT (Édouard). — *Les Étoiles, Nouveau Magazine, assorti par Pouyat.* Paris, A. Johanneau, 1834. In-8°. Eau-forte de A. Provost.

Des figures mythologiques et symboliques, Renommée, Muses, Nymphes et Faunes, sont groupées autour d'un cartouche avec ces mots : *Publié par E. Pouyat.* Lassailly, Hippolyte Fortoul, Tristan, B. Tilleul et divers autres écrivains ont fourni un morceau à ce recueil où pointent de vagues aspirations humanitaires, saint-simoniennes, poétiques et critiques.

PRIMARD (Édouard). — *Les Nuits d'un chartreux.* Paris, Roux, 1836. In-8°. Eau-forte de Goglet.

L'eau-forte un peu grise, mais travaillée, vaut mieux que celle du même auteur pour *la Fille d'une Fille,* citée à l'article Bauchery.

Édouard Primard, qui s'intitule « membre de l'Institut historique », a cru devoir faire précéder son livre d'une longue préface d'Auguste Pourrat, autre auteur de la maison Roux.

Raban. — *La Patrouille grise*. Paris, Pougin, Schwartz et Gagnot, Corbet aîné, 1838. Quatre volumes in-12. Vignettes par Champion, lithographiées à la plume.

> Vraiment on ne peut décrire de pareilles misères dessinées.

Raban. — *Le Valet du Diable*. Paris, Pougin, 1838. Quatre volumes in-12. Figures lithographiées à la plume.

> Il est difficile d'imaginer de plus pauvres images.

Raisson (Horace). — *Une Blonde, histoire romanesque. Précédée d'une notice nécrologique sur un homme qui n'est pas mort.* Paris, Bréauté, 1833. In-8°. Vignette-frontispice sur chine volant, de Charlet, gravée par Porret. La vignette est reproduite dans le cadre du titre sur la couverture.

> Épisode d'un combat de soldats de la République.
>
> La *Notice sur l'homme qui n'est pas mort* contient un détail qui a son intérêt. Horace Raisson semble revendiquer sa part dans les romans de jeunesse de Balzac, signés de divers pseudonymes :
>
> Était-il « un seul homme changeant de nom, de style, de manière, non seulement à chaque ouvrage, mais à chaque volume le plus souvent ? Certains l'assurent et nous n'oserions les démentir. Ne fut-il pas plutôt un être fictif, une sorte de raison sociale, et les mille noms sous lesquels ses romans ont été publiés : Horace de Saint-Aubin, Villerglé, lord Rhoone, etc., étaient-ils autre chose qu'un enseignement, un signe de reconnaissance ? »

Regnier-Destourbet (sous le pseudonyme de l'abbé Tiberge). — *Louisa, ou les Douleurs d'une fille de joie.* Paris, Delangle, 1830. Deux volumes in-12. Sur le titre, cul-de-lampe de Tony Johannot, gravé par Porret.

> Peu de chose que cette petite vignette : une croix de bois, une tête de mort perdue dans les roses, un coffret à bijoux, rien de plus ; mais cela est aussi délica-

tement dessiné que gravé et cela vaut les ingénieux culs-de-lampe des livres du xviiiᵉ siècle.

RESSÉGUIER (Jules de). — *Almaria*. Paris, Allardin, 1835. In-8°.

Pour frontispice petite vignette sur chine, gravée sur bois, qui semble empruntée à quelque ouvrage anglais.

REY (Georges). — *Nouvelle*. Paris, Gosselin, 1831. In-12. Portrait par Senties, gravé par Porret.

Petit livre qui a tout le caractère d'une autobiographie, avec le portrait de l'auteur au milieu du volume.

REY-DUSSUEIL (Marius). — *La Confrérie du Saint-Esprit, chronique marseillaise de l'an 1228*. Paris, Gosselin, 1829. Cinq volumes in-12. Sur le titre, vignette sur bois, gravée par Cousin.

Pénitent escorté par deux pêcheurs.

REY-DUSSUEIL (Marius). — *Le Monde nouveau, histoire faisant suite à la Fin du monde*. Paris, Renduel, 1831. In-8°. Frontispice lithographié, non signé.

Un condamné de l'Inquisition se prosterne devant un empereur.

REY-DUSSUEIL (Marius). — *Le Cloître Saint-Merri*. Paris, Ambroise Dupont, 1832. In-8°. Sur la couverture, vignette sur pierre, gravée par C. Girardet.

A première vue cette vignette traitée avec soin semble purement architecturale ; mais dans un coin une petite figure de grenadier de la garde nationale, montant la garde devant un entassement de pavés, rappelle l'insurrection des 5 et 6 juin 1832.

RICARD (Auguste). — *Les Étrennes de mon oncle*. Paris, Beaudouin, 1834. In-12. Eau-forte d'Émile Loubon.

ROBERT (Élie). — *La Veilleuse, romans.* Paris, Aug. Labot et Lelong, 1835. In-8°. Vignette à l'eau-forte par Édouard May.

Dans une série de cartouches portés par des grotesques habillés de costumes Renaissance, le graveur a disposé les titres des nouvelles qui composent le volume.

Élie Robert était le pseudonyme de M. Élie Berthet, lors de ses débuts dans les lettres.

[ROYER (Alphonse) et BARBIER (Auguste)]. — *Les Mauvais Garçons.* Paris, E. Renduel, 1830. Deux volumes in-8°. Vignettes de Tony Johannot, gravées par Porret.

Voir reproduction de la vignette du deuxième volume, page 257.

De ce livre l'éditeur disait dans une annonce savamment élaborée :

« Le vieux Paris ne nous est guère connu que par de sèches analyses et de savantes compilations. Rien pour la physionomie, rien pour le pittoresque des mœurs et du langage. Faire revivre Paris au XVIᵉ siècle avec l'insolence de ses gentilshommes, ses abbés turbulents, ses désordonnés soudards, son luxe et sa misère, c'est à coup sûr bien mériter de l'histoire.

« Le livre des *Mauvais Garçons* nous semble destiné à remplir cette lacune de la chronique parisienne. C'est un tableau large et varié, qui nous montre tour à tour les écoles de l'Université, la basoche et les mystères de la table de marbre, l'hôtel royal des Tournelles, une passe d'armes dans la rue Saint-Antoine, les oubliettes de l'Abbaye-Saint-Germain, les salons du chancelier Duprat, des bals et des supplices, des orgies de brigands avec leur argot, le lit de mort du vertueux Briçonnet, abbé de Saint-Germain-des-Prés ; et ce tableau, animé par l'intérêt d'un drame coloré par un style formé à l'école de Rabelais, de Fleurange et du délicieux chroniqueur de Bayard. »

ROYER (Alphonse). — *Venezia la Bella.* Paris, Renduel, 1833. Deux volumes in-8°. Vignettes-frontispices à l'eau-forte, gravées par Célestin Nanteuil.

Deux des meilleures eaux-fortes d'un maître dont l'œuvre en compte tant de colorées, d'ingénieuses et de transparentes.

SAINT-FIRMIN (Lucien de). — *Ernestine, ou l'Épreuve*. Paris, Moutardier, 1833. In-8°. Eau-forte de Camille Rogier.

L'eau-forte de ce roman fit partie plus tard du premier volume du roman de Léon de Vallerand, *le Marchepied* (1835).

SAINT-HILAIRE et Alphonse BROT. — *Entre onze heures et minuit*. Paris, Souverain, 1833. Deux volumes in-8°.

Le livre *Entre onze heures et minuit* se compose de deux parties. Le premier volume, *Devant la cheminée*, est dû à E. M. de Saint-Hilaire; le second volume, *Un Coin du Salon*, à Alphonse Brot.

Frontispice du premier volume sur chine volant, vignette de Lécurieux, gravée par Cherrier. En regard, titre ornementé dans le goût Renaissance, gravé à l'eau-forte par Édouard May.

SAINT-MAURICE. — *Gilbert, chronique de l'Hôtel-Dieu, 1780*. Paris, Denain, 1832. Deux volumes in-8°. Sur le titre, vignettes de Henry Monnier, gravées par Desseinferjeux.

Premier volume : le poète sur son grabat. Deuxième volume : une femme, qu tombe évanouie, est relevée par un homme.

SAINTINE [1]. — *Le Mutilé*. Paris, Ambroise Dupont, 1832. In-8°. Sur le titre, vignette de Tony Johannot, gravée par Thompson.

Un pape expire. Cardinaux, chevaliers, pages, gens d'armes, rassemblés au palais, n'ont pu empêcher le mutilé de se présenter sans mains en face de son bourreau agonisant. Dans cette vignette, Thompson a montré toutes les qualités de Porret, avec peut-être plus de finesse encore.

SALLES (Eusèbe de). — *Ali le Renard, ou la Conquête d'Alger*.

1. On doit encore à Saintine : *Contes philosophiques et moraux de Jonathan le visionnaire*. Paris, Denain, 1826. Deux volumes in-12, avec gravures sur acier.

Paris, Gosselin, 1832. Deux volumes in-8°. Vignettes de Tony Johannot, gravées par Porret.

> Frontispice du premier volume : des Arabes ont lié un lieutenant français à un arbre et s'apprêtent à le percer de leurs yatagans; une jeune femme, le sein découvert, se jette entre la victime et ses meurtriers. Second volume : le capitaine de hussards d'Aubagne regarde s'embarquer dans le port Fanny Shaler.

SALLES (Eusèbe de). — *Sakontala à Paris, roman de mœurs contemporaines.* Paris, Gosselin, 1833. In-8°. Vignette de Tellier, gravée par Brevière.

> Sakontala tombe évanouie au bal masqué.

SAND (George). — *Valentine.* Paris, Gosselin, 1833. Deux volumes in-8°. Vignettes de Tony Johannot, gravées l'une par Brevière, l'autre par Porret.

> Premier volume : Valentine et Louise. Second volume : Bénédict, agenouillé près d'un prie-Dieu, Valentine le poursuit également à genoux.

SAND (George). — *Indiana.* Paris, Gosselin, 1833. Deux volumes in-8°. Vignettes sur chine de Tony Johannot, l'une gravée par Cherrier, l'autre par Porret.

> Premier volume : Indiana prodigue ses soins à Raymond, blessé. Second volume : Sir Ralph empêche Indiana de se jeter dans la Seine.

SAND (George). — *Mauprat.* Paris, Bonnaire, 1837. Deux volumes in-8°. Portrait de George Sand, gravé par Calamatta.

> C'est le beau portrait avec la légende : *Disegnato e inciso da me L. Calamatta. Paris, 1836.*

SERVAN (Félix). — *Sans cela! elle serait ma femme.* Paris, Roux,

1835. Deux volumes in-8°. Frontispices gravés à l'eau-forte, signés Th. Salmon et Léonce Lhuillier.

Premier volume : à la clarté de la lune un jeune homme fatal apparaît au balcon de la chambre d'une jeune fille. Second volume : on retire de l'eau une femme noyée.

SERVAN DE SUGNY. — *Le Suicide*. Publication de Ch. Lemesle. Paris, Ch. Béchet, 1832. In-8°. Vignette d'Henry Monnier sur le titre.

Deux personnages en costume Louis XV se disputent. Jolie vignette non signée par le graveur.

STENDHAL. — *Le Rouge et le Noir*. Paris, Levavasseur, 1831. Deux volumes in-8°. Sur les titres, vignettes d'Henry Monnier, gravées par Porret.

Premier volume : Julien s'élance vers un confessionnal dans lequel est évanouie M{mme} de Rénal. Voir l'autre vignette reproduite page 292.

SUE (Eugène). — *Plik et Plok, scènes maritimes*. Paris, Renduel, 1831. In-8°. Vignette-frontispice d'Henry Monnier.

Plik et Plok est le premier roman maritime qui parut en France.
Une autre édition en deux volumes in-12 parut la même année, à la librairie Ch. Vimont. Sur le titre, petite vignette d'Henry Monnier, gravée par Porret.

SUE (Eugène). — *Atar-Gull*. Paris, Vimont, 1831. In-8°. Quatre vignettes d'Henry Monnier, gravées par Porret.

Sur le titre, vignette du négrier et des noirs qui est reproduite, tirée à part, dans le courant de l'ouvrage; première vignette : *le Timonier et le Capitaine du brick;* deuxième vignette pour le chapitre *le Faux-pont;* troisième vignette : *le Gibet;* quatrième vignette : *Un serpent enroule Jenny* (chapitre *la Veille des noces*).

49

Sue (Eugène). — *La Salamandre*. Paris, Renduel, 1832. Deux volumes in-8°. Vignettes de Tony Johannot, gravées par Porret.

Première vignette : *Mère défendant son enfant contre un nègre;* deuxième vignette : *Lutte de matelots dans un cabaret.*

Sue (Eugène). — *La Coucaratcha*. Paris, Urbain Canel, 1832. Deux volumes in-8°. Deux vignettes, une de Tony Johannot, l'autre d'Henry Monnier, gravées par Thompson.

Premier volume : *Orgie de matelots;* la seconde vignette est reproduite page 9.

Sue (Eugène). — *Cécile*. Paris, Urbain Canel et Guyot, 1834. In-12. Vignette-frontispice sur chine, par Eugène Forest.

Sue (Eugène). — *Latréaumont*. Paris, Gosselin, 1838. Deux volumes in-8°. Deux vignettes-frontispices sur chine volant, de Marckl, gravées par Porret.

Personnages de cour en habits du xviie siècle.

Tilleul. — *Les Deux Amours*. Paris, Renaud, 1833. Deux volumes in-8°. Vignette-frontispice sur pierre, sans nom de dessinateur ni de graveur.

Un jeune homme étend les bras vers une femme endormie dans un bocage. Un Amour aux pieds.

Thierry (Édouard) et Trianon (Henry). — *Sous les rideaux, Contes du soir*. Paris, Belin, Lachapelle, 1834. In-8°. Eau-forte de L. Chefdeville.

Scène de jalousie. Personnages en costume Louis XV.

Thouret (Anthony). — *Toussaint le Mulâtre*. Paris, Levavasseur,

1834. Deux volumes in-8°. Vignettes sur chine de Grandville, gravées par Porret.

Il faut sans doute attribuer à des relations démocratiques le choix de Grandville, que fit l'auteur pour orner son œuvre. Dans la première de ces vignettes, un nègre exprime sa flamme à une jeune femme au lit, qui l'écoute aussi effarée qu'échevelée. Le nègre et la jeune femme momifiés sont montrés par un vieil antiquaire ; ce spectacle remplit d'effroi les jeunes gens qui visitent son cabinet. Grandville, en dessinant ces vignettes, fit preuve du sérieux imperturbable qui ne l'abandonnait jamais.

Voir reproduction, page 296.

VALLÉE (Hippolyte). — *Colette, ou la Fille adoptive*. Paris, Lecointe et Pougin, 1833. Quatre volumes in-12. Vignettes d'Henry Monnier, répétées sur les couvertures et les titres.

Ces quatre vignettes sont des clichés sans doute appliqués à des publications antérieures. De 1822 à 1828, Henry Monnier dessina un certain nombre de vignettes et de culs-de-lampe pour les libraires de nouveautés et les fondeurs en caractères, lesquelles vignettes furent appliquées plus tard à divers ouvrages.

Voir reproduction, page 145.

VALLERAND (Léon de). — *Le Marchepied*. Paris, H. Fournier, 1835. Deux volumes in-8°. Eaux-fortes de Camille Rogier.

La vignette du tome premier se retrouve en tête d'*Ernestine, ou l'Épreuve*, de Lucien de Saint-Firmin (1833).

VENDREMISH-DURIVAGE. — *La Séparation*. Paris, Lecointe et Pougin, 1833. In-8°. Vignette sur bois d'après Traviès.

Un des plus rares ouvrages du romantisme. Non signalé par Quérard. L'édition tout entière, sauf quelques exemplaires, fut supprimée par l'auteur. Vendremish-Durivage, qui l'année suivante, fut nommé substitut à la Cour de Lyon, devait se rencontrer avec Jules Favre, également romantique ; mais le jeune avocat lyonnais défendait les accusés politiques de la grande cité ouvrière quand Vendremish-Durivage réclamait leurs têtes, au nom de la société menacée, avec une violence, un emportement dont profita la défense.

Voir reproduction de la vignette, page 299.

Viennet. — *La Tour de Montlhéry*. Paris, Gosselin, 1832. Deux volumes in-8°. Vignettes de Gigoux, gravées sur pierre par Girardet.

> Première vignette : *Festin d'hommes d'armes dans un vieux manoir ;* deuxième vignette : *Un Moine protège une jeune fille contre les entreprises d'un chevalier.*
>
> Il serait facile de surprendre à chaque page du roman M. Viennet en flagrant délit de romantisme. Le député de l'Hérault s'étant corrigé plus tard, la jeune école n'eut pas d'adversaire plus acharné.
>
> Une autre édition de *la Tour de Montlhéry* parut chez Abel Ledoux et Gosselin en 1833. Deux volumes in-12 avec les mêmes vignettes.

Vigny (Alfred de). — *Stello, ou les Diables bleus. Première consultation du Docteur noir*. Paris, Gosselin et Renduel, 1832. In-8°. Vignettes sur chine de Tony Johannot, gravées par Brevière.

> Une seconde édition, même titre, même éditeur, parut en 1833, en deux volumes in-12, avec deux vignettes-frontispices de Tony Johannot.
>
> Ces vignettes représentent, l'une Chatterton brûlant ses manuscrits, l'autre André Chénier et Mme de Saint-Aignan à qui un officier municipal donne lecture du décret d'arrestation. La troisième vignette, Mlle de Coulanges, malade, est reproduite page 261.

Viollet (Alphonse). — *Contes de la semaine*. Paris, Alex. Mesnier, 1834. In-8°. Eau-forte d'Émile Loubon.

> Une femme tombe aux genoux d'un homme, pour l'empêcher de tirer un coup de pistolet sur un jeune homme ; celui-ci, froidement, les bras croisés, attend le coup de feu.

Viollet (Alphonse). — *Chroniques contemporaines*. Paris, Moutardier, 1837. In-8°. Vignette.

> Les bibliophiles devront ne pas se préoccuper de la vignette anglaise, placée en tête du volume ; elle n'a aucun rapport avec le texte.

WALDOR (Mélanie). — *L'Écuyer d'Auberon*. Paris, Moutardier, 1832. In-8°. Trois gravures à la manière noire, une de Lhérie d'après Tony Johannot, deux d'après Gigoux, gravées par Gabriel Laviron. Plus frontispice d'après Tony Johannot, gravé sur bois par Thompson.

> C'est le seul livre romantique qui soit orné de gravures de cet ordre.

WAILLY (Léon de). — Voir LEWIS.

D'O. (Bénédict)? — *La Perle de l'île d'Ischia*, roman. Paris, Delaunay, 1837. In-18 carré. Vignettes et eaux-fortes hors et dans le texte.

> L'annotateur n'a pu trouver le nom que cachent ces initiales.

ANONYME. — *L'Évêque Gozlin, ou le Siège de Paris par les Normands, chronique du IXᵉ siècle*. Paris, Dufey et Vezard, 1832. Deux volumes in-8°. Sur le titre, vignettes de Lécurieux, gravées par Porret.

> Première vignette : *Assaut de Paris par les Normands:* deuxième vignette : *le Vieillard malade.*
>
> *L'Évêque Gozlin* est taillé sur le patron des romans de Walter Scott; l'auteur a même imité les célèbres préfaces du conteur écossais, alors qu'il n'avait pas livré son nom au public.

ANONYME. — *Sœur Laure*. Paris, Châtel, 1831. Deux volumes in-12. Vignettes sur acier, de Potier.

> L'annotateur de cette bibliographie n'a pu trouver de renseignements sur cet ouvrage.

Babel, publication de la Société des Gens de Lettres. Paris, Renouard, 1840. Trois volumes in-8°.

> Frontispice de la couverture, dessiné par Henry Monnier, gravé par Gérard;

il représente des écrivains, apportant volumes sur volumes pour édifier un monument intellectuel. En tête de chaque volume vignettes-frontispices d'Henry Monnier, gravées par Gérard. Dans le texte des trois volumes, vignettes du même pour une poésie de Victor Hugo, une scène populaire d'Henry Monnier et un poème de Méry.

Les Arabesques, choix de compositions inédites, par Roger de Beauvoir, Paul de Musset, Léon Halévy, etc., de la Société des Gens de Lettres. Paris, Renouard, 1841. Deux volumes in-8°.

> Sur le verso de la couverture, vignette d'Henry Monnier, gravée par Gérard, pour une nouvelle du volume, *le Criminel d'État*, de Roger de Beauvoir. *Les Arabesques* formaient une sorte de suite à *Babel* et donnaient satisfaction à un certain nombre de gens de lettres dont les récits n'avaient pu entrer dans les trois volumes primitifs.

Les Cent-et-Une Nouvelles des Cent-et-Un. Paris, Ladvocat, 1833. Deux volumes in-8°, par Fr. Soulié, Phil. Chasles, le Bibliophile Jacob, Félix Pyat, Ch. Nodier, Al. Dumas, Alph. Karr, Henri Martin, Ém. Deschamps, J. Janin, etc.

> Ces deux volumes, les seuls parus, contiennent vingt nouvelles avec vingt vignettes sur bois, en-têtes et encadrements.
>
> Voir reproduction, page 263.

Contes bruns, par une Tête à l'envers. Paris, Urbain Canel et Guyot, 1832. In-8°. Sur le titre, vignette de Tony Johannot, gravée par Cherrier.

> La fortune de ce livre est peut-être due autant à la vignette qu'aux récits de Balzac, de Philarète Chasles et de Charles Rabou. Une tête renversée, avec des yeux hagards et une chevelure dont chaque poil semble porteur de désolation, frappa extraordinairement les lecteurs de l'époque.

Étrennes pittoresques. Contes et Nouvelles, par M. P. L. Jacob, Arnould, Alex. Decamps, D. Saint-Yves, etc., ornés de vignettes. Paris, 1835, in-12. En tête de l'ouvrage, frontispice à l'eau-forte de Célestin Nanteuil.

> Dans le texte, deux vignettes sur bois, une non signée, attribuée à Célestin Nanteuil; l'autre signée *D. C.*

Le Sachet, Nouvelles. Paris, Abel Ledoux, 1835. In-8°. Eau-forte sur chine volant, d'A. Fauchery, gravée par Mlle Uranie Ledoux.

> Un seigneur surprend au pied d'un autel une femme accablée de remords en face de l'évangile ouvert. Composition avec un arrière-reflet de troubadourisme.
>
> Le volume contient des nouvelles de Philarète Chasles, Jules A. David, Em. Desprez, Charles Rabou, Alphonse Royer.

Salmigondis. Contes de toutes les couleurs, par MM. de Balzac, J. Janin, G. Sand, P. Chasles, L. Gozlan, Jean Paul, A. Dumas, Félix Pyat, Henri Martin, Drouineau, Roger de Beauvoir, Paul de Musset, Ém. Deschamps, P. de Kock, F. Michel, C. Nodier, P. Foucher, Dumersan, etc. Paris, Fournier, 1832-33. Douze volumes in-8°.

> A partir du deuxième volume le mot *Salmigondis* disparaît et l'ouvrage porte jusqu'au douzième volume le titre de *Contes de toutes les couleurs.*
>
> La couverture du premier volume est ornée d'une vignette de Menut, gravée par Porret. Tous les autres volumes ont un titre-frontispice sur chine, de Levasseur, gravé par Porret.
>
> En outre, au tome IX est adjointe une eau-forte de Boisselat pour *la Vivandière* de Francisque Michel.
>
> De même les tomes X et XI ont une lithographie tirée sur chine.
>
> L'éditeur des *Contes de toutes les couleurs* essaya d'appliquer à sa publication, qui paraissait tous les deux mois, une revue critique des nouveautés de la librairie et du théâtre ; l'idée de faire du livre une Revue ne réussit pas ou du moins ne fut pas continuée.

Un Diamant à dix facettes. Paris, Dumont, 1838. Deux volumes in-8°. Frontispice sur chine, portraits en pied à l'eau-forte de Frédéric Soulié et de Paul de Kock, gravés à l'eau-forte par Célestin Nanteuil.

> La pointe de Célestin Nanteuil, aux prises avec des personnages modernes, perdit tout à coup sa souplesse. Paul de Kock en robe de chambre et en calotte grecque, Frédéric Soulié avec l'épaisseur légendaire de ses moustaches, deviennent des êtres particulièrement engoncés.
>
> Ce recueil contient des nouvelles de Paul de Kock, Suau de Varennes, comtesse Dash, Roger de Beauvoir, baron de Bazancourt et Frédéric Soulié.

Clément le Turc, roman anecdotique en quatre époques, orné de douze vignettes par Tony Johannot et Porret; suivi de *l'Orpheline*. Paris, 1835. In-12.

> Les vignettes de Johannot, qui ornent ce roman, sont de petits clichés employés déjà dans maintes autres publications et dont quelques culs-de-lampe de l'ouvrage actuel sont les types.

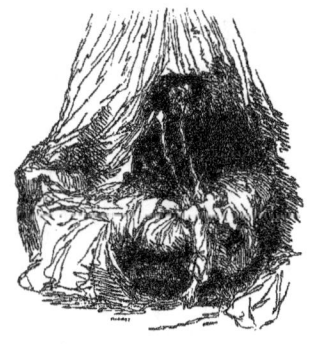

POÉSIES

Anglemont (Édouard d'). — *Légendes françaises*. Paris, Dureuil, 1829. In-8°. Sur le titre, vignette d'Achille Devéria.

> Un cavalier, faucon au poing, s'arrête devant un ange et un diable qui attirent son attention vers un moine étendu sur le chemin, et de la bouche duquel sort une flamme.

Anglemont (Édouard d'). — *Nouvelles Légendes françaises*. Paris, Mame-Delaunay, 1833. In-8°. Sur le titre, vignette de Tony Johannot, gravée par Porret.

> Un nain fantastique montre un écrit à une femme en costume du xviie siècle, qui donne un dernier coup d'œil à ses atours.

Anglemont (Édouard d')[1]. — *Amours de France*. Paris, Gosselin, 1841. In-8°.

> La petite vignette sur le titre doit être un cliché.

Arvers (Félix). — *Mes Heures perdues, poésies*. Paris, Fournier, 1833. In-8°. Sur le titre, vignette sur chine.

> Un papillon sur une branche, au bord de l'eau.

Autran (Joseph). — *Ballades et Poésies musicales. L'An 40. Suivies de « Marseille », par Méry*. Marseille, Lejourdan, 1840.

---

1. Il faut ajouter à l'œuvre poétique de M. Ed. d'Anglemont le volume *Odes*. Paris, Blosse, 1825. In-18. Vignette sur acier, gravée par Ferdinand.
    Voir reproduction, page 33.

Grand in-8°. Frontispice lithographié, signé P. G. Cariot. A l'intérieur du volume, trois lithographies : *la Gondole noire, le Carrefour des bois, Marseille;* plus une romance de M. J. Autran : *Bien-aimée aux yeux doux.*

La composition *le Carrefour des bois* est particulièrement romantique. Un nombreux cortège se rend au cimetière ombragé de cyprès. Sur le premier plan, des fantômes à tête de mort, enveloppés de suaires blancs. On lit sur une tombe : *hic jacet Jh. Autran, 1940.*

Voir reproduction du frontispice, page 217.

AYZAC (Félicie d'). — *Soupirs poétiques.* Paris, Delaunay, 1833. In-12. Trois lithographies, non signées.

BAOUR-LORMIAN. — *Légendes, Ballades et Fabliaux.* Paris, Delangle frères, 1829. Deux volumes in-12. Dans le texte, vingt-trois vignettes sur bois, non signées, gravées par Porret.

Quatre de ces vignettes ultra-romantiques de Devéria sont reproduites pages 21, 23, 24 et 26.

BARTHÉLEMY. — *Ma Justification.* Paris, Perrotin, 1833. In-8°. Sur le titre, vignette de Tony Johannot, gravée par Porret.

Scène d'insurrection. Combat de gardes nationaux sur la place de la Bourse. Barthélemy, de son balcon, assiste au drame.

BARTHÉLEMY et MÉRY. — *Œuvres,* précédées d'une notice par L. Reybaud. Paris, 1831. Quatre volumes petit in-12. Deux portraits.

BEAUCHESNE (A. de). — *Souvenirs poétiques.* Paris, Delangle,

1830. In-8°. Sur le titre, vignette de Tony Johannot, gravée par Porret.

> Une nuit de la chouannerie. Femme veillant sur son nouveau-né.
>
> Une autre édition avec la même vignette parut en 1834 chez les éditeurs Guyot et Dentu.

BEAUVOIR (Roger de). — *La Cape et l'Épée*. Paris, Suau de Varennes, 1837. In-8°. Eau-forte-frontispice de Célestin Nanteuil.

> Nain apportant un vase pour remplir la coupe d'une femme élégante. Un entourage ornementé encadre la scène

BIGNAN. — *Mélodies françaises*. Paris, Ch. Béchet, 1833. Deux volumes in-12. Deux vignettes sur chine volant, de Sainson, gravées sur pierre par Girardet.

> Premier volume : castel ruiné au sommet d'un monticule. Deuxième volume : prisonnière amenée devant ses juges dans une salle basse.

BOREL (Pétrus). — *Rhapsodies*. Paris, Levavasseur, 1832. In-12 carré. Titre et frontispice gravé à la manière noire. Autre tirage avec eau-forte de Célestin Nanteuil. A l'intérieur du volume, deux lithographies, signées *Napol* [Napoléon Thomas].

> La gravure du frontispice est attribuée à Joseph Bouchardy. Ces trois vignettes donnent une idée des bouzingots de 1832, tels que se les figurait l'auteur.
>
> Une eau-forte de Célestin Nanteuil, dans de meilleures données d'art romantique, fut ajoutée plus tard à une fausse seconde édition.
>
> Reproduction de cette eau-forte, planche V.

BOULAY-PATY (Évariste). — *Élie Mariaker*. Paris, Henry Dupuy,

1834. In-8°. Frontispice à l'eau-forte, par J. F. Boisselat.

Poète accoudé sur un rocher la nuit; un diable vole vers lui; au bas du rocher, toits et flèches de monuments noirs. Dans le ciel, un ange lumineux projette quelque clarté sur la figure du poète noyée dans l'ombre.

BOULAY-PATY (Évariste). — *Odes.* Paris, Coquebert. 1844. In-8°.

Image de keepsake dessinée et gravée sur acier par Larbalestier.

BOUNIN (Polydore). — *Poésies et Poèmes.* Paris, Renduel, 1832. In-8°. Frontispice gravé sur bois, non signé.

Scène tirée de la pièce de poésie : *le Serment de l'épouse.* Femme étendue morte sur les dalles d'un monastère.

BRUYS-D'OUILLY (Léon). — *Une Fleur des Savanes, ballade américaine.* Paris, Ch. Gosselin, 1840. In-8°. Vignette-frontispice, signée du monogramme P. L., gravée par Rouget.

CHAUDESAIGUES (Jacques). — *Le Bord de la coupe.* Paris, Werdet et Ollivier, 1835. Petit in-18. Frontispice de Célestin Nanteuil, gravé sur bois par Belhatte.

Voir reproduction, page 183.

CHAUMIER (Siméon). — *Les Dithyrambes.* Paris, A. Le Gallois, 1840. In-8°. Portrait lithographié par Aimé de Bayalos.

Voir reproduction, page 185.

[COQUATRIX]. — *Italie, drame.* Paris, Just Tessier, 1834. In-8°. Eau-forte de G. Morin.

DAVIN (Félix). — *Mystères et Poésies.* . . . . 1836. In-16. Portrait.

DE LA BESGE (Mme). — *Brises du soir, poésies.* Paris, Gosselin, Pelletan, 1835. In-8°. Frontispice lithographié par De Rudder.

> Du haut d'une falaise, une femme du monde confie une lettre à l'océan.

DESBORDES-VALMORE (Mme). — *Poésies.* Paris, Boulland, 1829. Trois volumes grand in-18, « ornés de quatre vignettes sur chine et d'un très grand nombre de gravures sur bois dans le texte ». (Quérard.)

DESBORDES-VALMORE (Mme). — *Poésies inédites.* Paris, Boulland, 1829. In-18, avec une planche.

DESBORDES-VALMORE (Mme). — *Poésies.* Paris, Boulland, 1830. Deux volumes in-8°. Faux-titre, entourage d'Henry Monnier, gravé par Andrew. Un catalogue annonce (1831) chez le même éditeur, même édition, sans doute, mais datée de 1831 : Deux volumes, figures sur chine d'Henry Monnier, Tony Johannot, Devéria. Frontispice sur acier de H..., gravé par Frilly. Sur le titre, petite vignette sur bois d'Henry Monnier. Chaque pièce du recueil est terminée par un cul-de-lampe non signé qui peut être attribué à Henry Monnier.

DESBORDES-VALMORE (Mme). — *Les Pleurs, poésies nouvelles.* Paris, Charpentier, 1833. In-8°. Frontispice sur chine, d'après Alfred Johannot, gravé sur acier par Mauduit ; sur le titre, vignette gravée par Brevière. Préface d'Alex. Dumas. Autre édition, en 1835, avec le nom de Mme Goulet, libraire.

DESCHAMPS (Émile et Antony). — *Poésies complètes*. Bibliothèque choisie. Paris, Delloye, 1841. Deux volumes in-12. Vignettes de Claudius Jacquand et de Louis Boulanger, gravées sur acier par Delanoy.

DUGAILLON (Eude). — *Fiel et Miel*, *poésies*. Paris, Paulin. Nancy, Mlle Gosset, 1829. Grand in-8°. Deux gravures hors texte, de J. J. Grandville ; trois gravures de J. Lewicki, sur chine.

[DU PONT (comtesse)]. — *Les Éphémères*. Paris, Everat, 1839. Grand in-8°. Vignettes.

DUVAL (Henri). — *Mélancolies poétiques et religieuses*. Paris, Adr. Le Clère, 1833. In-18. Frontispice de Jules David, gravé sur bois par Lacoste jeune.

La croix du matin.

FARCY (J. G.). — *Reliquiæ*. Paris, Hachette, 1831. In-18. Portrait.

FAVIER (Eulalie). — *Poésies de l'âme*. Paris, Hivert, 1835. In-8°. Sur le titre, cliché d'Henry Monnier, gravé par Leloir.

Voir reproduction, page 145.

GAUTIER (Théophile). — *Albertus, ou l'Ame et le Péché, légende théologique*. Paris, Paulin, 1833. In-18. Eau-forte de Célestin Nanteuil.

Une femme cherche à entraîner un jeune homme sur un canapé. L'ange s'envole, effarouché par cette scène ; une sorte de Méphistophélès y applaudit.

GAUTIER (Théophile). — *La Comédie de la mort*. Paris, Desessart, 1838. Grand in-8°. Frontispice de L. B. [Louis Boulanger], gravé sur bois par Lacoste jeune.

> La Muse conduit le poète en face du sphinx.

GOSZCZYNSKI et MALEZESKI. — *Les Ukrainiennes*, traduites par Clémence Robert. Paris, Merklein, 1835. In-8°. Vignette de Lécurieux.

GUTTINGUER (Ulric). — *Jumièges*. Rouen, Nicétas Périaux, 1839. In-12. Frontispice lithographié. Lithographies hors texte dans le volume.

HOUSSAYE (Arsène). — *La Poésie dans les bois*. Paris, Masgana, 1845. In-18. Vignette.

HUGO (Victor). — *Odes et Ballades*, 4ᵉ édition. Paris, Bossange, 1828. Deux volumes in-8°. Deux gravures sur acier, sans signa‑ ture : *Ode à la colonne, la Ronde du sabbat*. Sur les titres, vignette gravée par Cousin.

> Ces quatre gravures sont d'après Louis Boulanger.

HUGO (Victor). — *Les Orientales*. Paris, Gosselin, Bossange, 1829. In-8°. Frontispice gravé sur acier par Cousin. Sur le titre, vignette sur bois, sans signature.

> La vignette du titre, *les Djinns*, est de Louis Boulanger.

HUGO (Victor)[1]. — *Les Feuilles d'automne*. Paris, Renduel, 1832.

---

1. Aux poèmes de Victor Hugo, ornés de vignettes, les bibliophiles joignent : les *Odes*, édition in-18 (Paris, Ladvocat, 1825), avec la vignette de Devéria, *la Chauve-souris*, gravée sur acier par Mauduit; les *Nouvelles Odes*, édition in-18 (Paris, Ladvocat, 1824), avec la vignette de Devéria, *le Sylphe*, gravée par Mauduit; enfin les *Odes et Ballades*, édition in-18 (Paris, Ladvo‑ cat, 1824), vignette-frontispice de Devéria, gravée par Mauduit.

In-8°. Sur le titre, vignette de Tony Johannot, gravée par
Porret.

> Si vous voulez, à l'heure où la lune décline,
> Nous monterons tous deux la nuit sur la colline
> Où gisent nos aïeux.

JANVIER (Mme). — *Les Malheurs du pauvre*. Paris, Denain, 1832.
Lithographie par Ch. Aubry.

LAMARTINE (A. de). — *Harmonies poétiques et religieuses*. Paris,
Gosselin, 1830. Deux volumes in-8°. Sur les titres, deux
vignettes de Tony et Alfred Johannot, gravées par Porret.
Plus, sur la couverture, autre vignette de Tony Johannot,
gravée par Porret.

> Vignette du premier volume par Alfred Johannot : poète méditant, assis sur un
> rocher; la figure de la prière lui apparaît. Vignette du deuxième volume par Tony
> Johannot : un ange quitte la terre pour s'envoler vers le ciel.

LATOUR (Antoine de). — *La Vie intime, poésies*. Paris, Fournier,
1833. In-8°. Vignette sur la couverture.

LEMESLE (Charles). — *Chansons*. Paris, Mme Ch. Béchet, 1832.
In-12. Sur le titre, vignette de Tony Johannot, gravée par
Porret.

> Des hommes s'agenouillent dans un cimetière près des tombes des combat-
> tants de Juillet, ornées de couronnes.
> Sur un certain nombre d'ouvrages de 1831 à 1832, on lit sur la couverture du
> livre : PUBLICATION DE CHARLES LEMESLE. Lettré et n'ayant sans doute pas le goût
> du commerce, Lemesle s'entendait avec certains auteurs, achetait leurs manuscrits
> et les imprimait pour les déposer dans des comptoirs connus. C'est à ses soins
> qu'on doit la publication des *Chroniques et traditions de la Flandre*, de S. Henry
> Berthoud, premier volume, 1831 (chez Werdet et Mme Ch. Béchet); des *Contes*

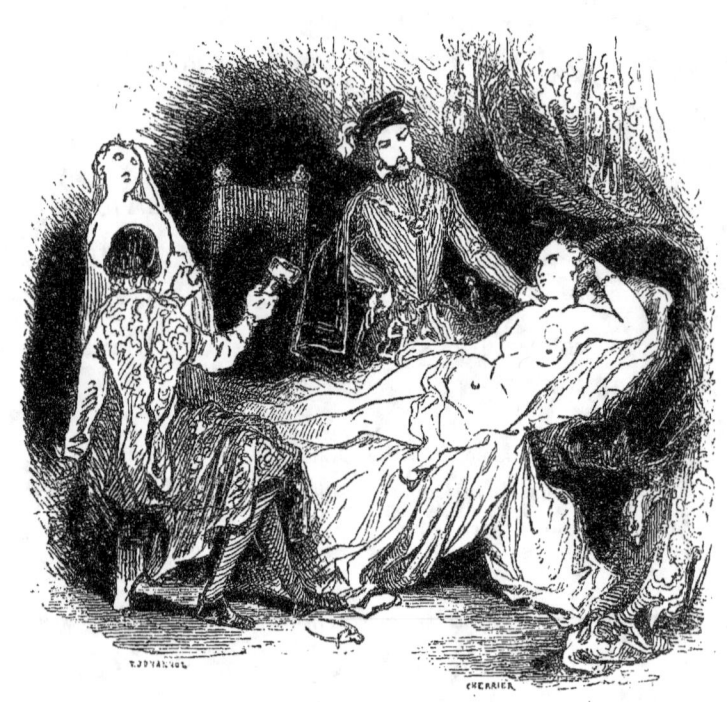

VIGNETTE DE TONY JOHANNOT,

pour un ouvrage inconnu.

(Vers 1831.)

misanthropiques, de S. H. Berthoud, 1831; de *Dubois cardinal*, de Godefroy Cavaignac, 1831; de *la Vieille Fronde*, de Henry Martin, 1832 (chez Mᵐᵉ Ch. Béchet, Werdet, Lecointe et Pougin); des *Saynètes*, de Paul Foucher, 1832 (chez Mᵐᵉ Béchet, Lecointe et Pougin, Werdet).

Charles Lemesle fut également auteur à ses heures. Il a signé un volume de *Proverbes dramatiques* (Paris, Mongie, 1830, in-8ᵒ), et un ouvrage qui causa quelque étonnement par son titre : *Mésophilantropopanutopies* (Paris, Ch. Béchet, 1833, in-18). Plus d'une pensée ingénieuse pousse à l'ombre de ce titre touffu.

LESGUILLON (Hermance). — *Rosées*. Paris, Janet, 1837. In-8ᵒ. Vignette sur acier et frontispice de Camille Rogier.

J'ai rarement vu un ménage plus uni que celui des Lesguillon. Le mari, poète dramatique de l'école de Casimir Bonjour, accompagnait sans cesse et partout Hermance Lesguillon, la Muse des Muses à ses yeux.

Un jour qu'on parlait dans un petit cénacle de l'avenir de la poésie moderne, Lesguillon se recueillit.

— De notre temps, dit-il, il restera un volume de Lamartine et le volume d'Hermance.

Ne sourions pas trop du culte rendu à la poésie; il rend heureux et bons les gens qui le pratiquent; aucune rebuffade de directeur de journal ou de théâtre n'aigrit ces croyants. Pendant que je corrige ces épreuves, j'apprends qu'Hermance Lesguillon a légué par testament sa petite fortune à la Société des Gens de Lettres. Après leur mort elle et son mari ont voulu rendre la vie plus facile à quelques déshérités qui labourent si péniblement le sol souvent ingrat de la littérature.

MALEZESKI. — Voir GOSZCZYNSKI.

MARY-LAFON. — *Silvio, ou le Boudoir*. Paris, Baudouin, 1835. In-8ᵒ. Frontispice non signé, gravé sur acier.

L'entourage finement gravé, composé d'ornements, d'oiseaux et de vases, encadre le titre de l'ouvrage.

MAURICE (Justin). — *Au pied de la croix*. Paris, Vaton, 1835. In-8ᵒ. Sur le titre, vignette de Gavarni, gravée par Porret.

Ange appuyé sur sa lyre au pied de la croix.

MERCŒUR (Élisa). — *Œuvres complètes,* précédées de mémoires, notices, etc., par sa mère, d'un portrait, par A. Devéria, et de trois fac-similés, etc. Paris, Pommeret et Guenot, 1843. Trois volumes in-8°.

[MÉRIMÉE]. — *La Guzla, choix de poésies illyriques.* Paris, Strasbourg, Levrault, 1827. In-12.

> Portrait du poète prétendu, Hyacinthe Maglanovich.

MONTFERRAND (Alfred de). — *Fleurs sur une tombe. A Élisa Mercœur.* Paris, Armand Aubrée, 1836. In-8°. Portrait et fac-similé d'Élisa Mercœur.

> Le recueil se compose de pièces inédites de Lamartine, de Sainte-Beuve, d'Émile Deschamps, d'Ernest Fouinet, de Gavarni, etc.

NODIER-MÉNESSIER (Marie). — *La Perce-Neige, choix de poésies modernes,* recueillies et publiées par Mme Marie Nodier-Ménessier. Paris, Heideloff, 1836. In-18. Frontispice à l'eau-forte sans signature ; vignette sur acier sur le titre gravé.

> Ce volume contient des poésies d'Eugène Devéria et de Louis Boulanger.

[OLIVIER (G.)]. — *Confiteor, poésies.* Rouen..... 1832. In-16. Vignette sur chine de Godefroy.

O'NEDDY (Philotée). — *Feu et Flamme.* Paris, Dondey-Dupré, 1833. In 8°. Frontispice à l'eau-forte de Célestin Nanteuil

> Un encadrement relie entre eux d'ingénieux motifs d'ornementation au milieu desquels se détache le titre du volume.

Pécontal (Siméon). — *Légendes et Ballades*. Paris, Masgana, 1846. In-18. Vignette par Gigoux, gravée par Godard.

Poisson. — *Feux follets, poésies*. Paris, Mme Louis, 1837. Deux volumes in-18. Quatre planches.

Poitevin (Prosper). — *Ali-Pacha et Vasiliki, poème*. Paris, Alexandre Mesnier, 1833. In-8°. Frontispice lithographié de Monvoisin.

> Voir reproduction, page 423.

Rességuier (comte Jules de). — *Tableaux poétiques*. Paris, Urbain Canel, 1829. In-12. Figure sur acier.

> *Vicomte de Senonnes del. Ad. Godefroy sc.* Cette vignette a trait à *Ondine*, une pièce du recueil.

Robert (Clémence). — Voir Goszczynski.

Rousseau (Alfred). — *Un An de poésie*. Moulins, Desrosiers, 1836. Grand in-8°. Frontispice d'Achille Allier à l'eau-forte, tiré en bistre. Sur le titre, vignette sur bois d'Achille Allier, également tirée en bistre.

> L'auteur aurait voulu donner une reproduction de ce curieux frontispice où un reflet de Célestin Nanteuil se fait sentir; mais l'enchevêtrement des figures, de l'architecture, des plantes est tel que les moyens de fac-similé actuels sont insuffisants.

Rovel (Rose). — *Poèmes, Marines, Voyages*. Paris, Levavasseur, 1832. Grand in-8°. Lithographies de Rivoulon.

SAINT-MARC (Louis de). — *Le Jeune Infirme, élégie*. Paris, Bohaire, 1838. In-8°. Sur le titre, vignette non signée et très finement gravée.

TAMPUCCI (Hippolyte). — *Poésies*. Paris, Paulin, 1833. In-8°. Eau-forte de Célestin Nanteuil.

> Voir reproduction, page 143.

[TEXIER (Edmond)]. — *Physiologie du poète,* par Sylvius. Paris, J. Laisné, 1842. In-18. Vignettes de Daumier, gravées par Birouste.

> L'Olympien, le Lamartinien, l'Humanitaire, le Touriste, le Catholique, le Régence, le Lara, le Dynastique, sont tour à tour étudiés par une plume mordante rehaussée de très vives vignettes de Daumier.

THIERRY (Édovard). — *Les Enfants et les Anges*. Paris, Belin, 1833. In-18. Quatre vignettes à l'eau-forte, par Joseph Thierry.

> Ce sont des vignettes traitées simplement et sans les moyens de rehaut des graveurs de profession.
>
> Voir reproduction, page 6.

VACQUERIE (Auguste). — *L'Enfer de l'esprit*. Paris, Ébrard, 1840. In-8°. Vignette de Louis Boulanger, gravée par Andrew, Best, Leloir.

> Trois folles dans une maison d'aliénés. Personnage grave habillé à l'espagnole. C'est la dernière vignette romantique. Le poète est dans le ton; mais l'accompagnateur, c'est-à-dire le dessinateur, est trop modéré.

VIAL (J. C.). — *Le Dessert,* contes en vers et poésies diverses. Paris, Paulin, 1833. Petit in-12. Bois gravé sur le titre.

Vigny (A. de). — *Poèmes*. Paris, Charles Gosselin, 1829. Un volume in-8°. Sur le titre, vignette de Johannot.

> Voir reproduction, page 96.

Vigny (A. de). — Voir **Ziegler**.

Villiers du Terrage (vicomte de). — *Poésies morales et historiques, ou suite des Loisirs d'un ancien magistrat, 1830 à 1836*. Paris, A. Dufart, 1836. Deux volumes in-8°. Gravure sur acier, d'après Tony Johannot.

Waldor (Mme Mélanie). — *Poésies du cœur*. Paris, Janet, 1833. In-8°. Vignette de Gigoux.

> Voir reproduction, page 80.

Ziegler. — *Éloa, la sœur des Anges. Compositions au trait sur le poème de M. A. de Vigny, par M. Ziegler.*

> Mélange de classique et de romantique rappelant à la fois Flaxman et Devéria. Voir reproduction d'une des planches, page 346.

F. C. P*. — *Nuits poétiques*. Paris, Pougin, 1835. In-8°. Frontispice lithographié, signé *S. P.*

> Fantôme apparaissant à un malade.

Anonyme[1]. — *Victor, poème en cinq chants*. Paris, Amyot, 1835. In-12. Vignette sur chine par Levasseur, gravée par Andrew.

1. Le libraire Claudin, dans un de ses catalogues, attribue ce livre à Servan de Sugny.

ANONYME. — *Chauvin romantique. Romance dédiée à M. Urbain Canel, libraire romantique.* 1830. In-8°. Frontispice lithographié, avec la légende :

> Sur le clocher du village
> Quand la lune est perpendi-
> Culair', d'un point sur un I
> C'est une parfaite image.

Un soldat, en costume de Chauvin, considère la lune. Cette brochure est une malice lancée à Alfred de Musset.

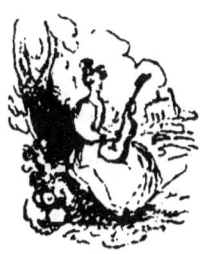

THÉATRE

MUSIQUE. — BALLETS. — PEINTURE

AMBS-DALES. — *Histoire de Deburau.* Troisième édition, augmentée de son procès devant la Cour d'assises. Paris, Ernest Bourdin, 1836. In-18 de 36 pages.

> Le titre, orné d'un portrait de Deburau, gravé sur bois, porte : « Édition tirée à 25,000 exemplaires. Prix, 4 sous. »

ANCELOT et XAVIER. — *Les Liaisons dangereuses.* Drame en trois actes. Paris, Barba, 1834. In-8°. Lithographie-frontispice de Jacques Arago.

ANGLEMONT (Édouard d'). — *Le Duc d'Enghien, histoire-drame.* Paris, Mame-Delaunay, 1832. In-8°. Sur le titre, vignette de Tony Johannot, gravée par Porret.

> Des officiers, suivis d'un peloton d'exécution, conduisent la nuit, à la lueur d'une lanterne, le duc d'Enghien dans les fossés de Vincennes.

ARNOULD et FOURNIER. — *L'Homme au masque de fer.* Drame en cinq parties et en prose. Paris, Barba, 1831. Frontispice composé et lithographié par Abel Lordon.

BARD (Joseph). — *La Vénus d'Arles, lecture du matin.* Paris, Cherbuliez, 1834. Deux volumes in-8°. Figure en tête du premier volume.

BÉRAUD (Antony). — *Guido Reni, ou les Artistes*. Pièce en cinq actes et en vers. Paris, Mesnier, 1833. In-8°. Frontispice lithographié par Monvoisin.

BÉRAUD (Antony) et DUMERSAN. — *Napoléon*. Drame en trois actes. Paris, E. Michaud, 1839. In-8°. Vignette d'Antony Béraud, gravée sur acier.

BOURGEOIS (Anicet) et LOCKROY. — *Périnet Leclerc, ou Paris en 1418*. Drame historique en cinq actes. Paris, Barba, 1832. In-8°. Lithographie de Bonhommé.

BOURGEOIS (Anicet). — *La Vénitienne*. Drame en cinq actes. Paris, Barba, 1834. In-8°. Lithographie à la plume, par Jacques Arago.

Voir reproduction, page 302.

CASTIL-BLAZE. — *La Danse et les Ballets*. Paris, Paulin, 1832. In-12. Vignette sur chine par Gigoux, gravée par Lacoste. Sur la couverture, entourage non signé, gravé par Lacoste.

Vignette : Mlle Taglioni danse dans un paysage. Couverture : deux petits faunes jouant; entourage aux angles des filets : flûte de Pan, triangle, corne d'abondance, tambour de basque.

CASTIL-BLAZE. — *Chapelle-Musique des rois de France*. Paris, Paulin, 1832. Petit in-8°. Frontispice par Gigoux, gravé par Lacoste.

A la porte d'une église, un empereur offre la main à une noble dame qui sort d'entendre l'office.

CHAMPION-LAJARRY. — *Une Actrice au Paradis.* Paris..... 1836. In-8°. Eau-forte d'Édouard May.

L'eau-forte est une reproduction ou un tirage nouveau de la vignette du premier volume de *la Tour de Londres*, d'Alph. Brot; d'autre part, d'après une note de M. Beuchot, cette brochure ne serait qu'un plagiat. Champion-Lajarry se serait emparé d'un opuscule d'Andrieux, *Saint Roch et Saint Thomas*, qu'il aurait contrefait en changeant seulement les noms de *Vestris* par celui de *Taglioni*, etc.

[DECAMPS (Alexandre)]. — *Le Musée, revue du Salon de 1834.* Paris, sans nom d'éditeur ni d'imprimeur, 1834. In-4°.

L'expression la plus complète de l'art romantique ressort des eaux-fortes de ce bel ouvrage, plus important encore par le concours qu'y prêtèrent les peintres que par le texte d'Alexandre. Decamps, le frère du peintre. Amaury-Duval, Baryé, Cabat, Eugène Delacroix, Feuchères, Paul Huet, Jadin, Marilhat, y gravèrent leurs propres compositions; Édouard May et Auguste Bouquet reproduisirent les toiles à succès de Paul Delaroche et d'Ary Scheffer; mais la palme de la gravure resta à Célestin Nanteuil pour ses interprétations de Granet, de Ziegler, de Camille Roqueplan et de Préault. Un frontispice magistral du même artiste ouvre dignement ce volume.

Voir reproduction réduite de l'eau-forte de Feuchères, page 188; plus reproduction du frontispice, page 269.

CORDELIER-DELANOUE. — *Le Barbier de Louis XI.* Paris, Mᵐᵉ Béchet, 1830. In-8°. Vignette de Tony Johannot, gravée par Cherrier.

Un serviteur rase Louis XI, pendant qu'un scribe lui fait la lecture. Un page s'avance portant une riche petite aiguière. Contient-elle de l'eau chaude pour adoucir le fil du rasoir ou quelque hydromel pour désaltérer le roi pendant cette fastidieuse opération ?

DUMAS (Alexandre). — *Stockholm, Fontainebleau et Rome, trilogie*

dramatique sur la vie de Christine. Paris, Barba, 1830. In-8°.
Lithographie de Raffet.

> Sujet de la lithographie :
>
> L'infâme!
>
> Nous trahir toutes deux ! — Toutes deux ? — Je suis femme !

DUMAS (Alexandre). — *Richard d'Arlington*. Huit dessins de Victor Adam, gravés par Branche. Paris, Louis Janet, 1832. In-8°
oblong.

> Ces huit dessins au trait, exécutés avec plus de précision que les lithographies
> habituelles de Victor Adam, accompagnent un texte de 16 pages.

DUMAS (Alexandre). — *Antony, drame en cinq actes*. Paris,
A. Auffray, 1832. In-8°. Frontispice sur chine de Tellier, d'après
Tony Johannot, gravé par Thompson.

> La vignette, représentant Antony et Adèle après la scène du bal, n'appartient
> qu'à la seconde édition.

DUMAS (Alexandre). — *Catherine Howard, drame en cinq actes*.
Charpentier, 1834. In-8°. Eau-forte de Célestin Nanteuil.

> Catherine pose la main sur le cœur d'Ethelwood évanoui.
> Une autre eau-forte du même artiste pour le même drame se rencontre parfois,
> quoiqu'elle soit restée inédite. Dans un caveau Catherine Howard est étendue
> sur sa tombe. — Oh! il faut que je la voie encore une fois! s'écrie le roi
> Henry. — Regardez-la donc, sire ! répond Ethelwood le poignard en main.

DUMAS (Alexandre). — *Angèle, drame en cinq actes*. Paris, Charpentier, 1834. In-8°. Eau-forte de Célestin Nanteuil.

> Dans un encadrement composé de dentelles, d'oiseaux et de fleurs, Nanteuil a
> représenté la dernière scène du drame : Henry Muller soutenant Angèle et donnant
> la main à la comtesse qui s'appuie sur son épaule.

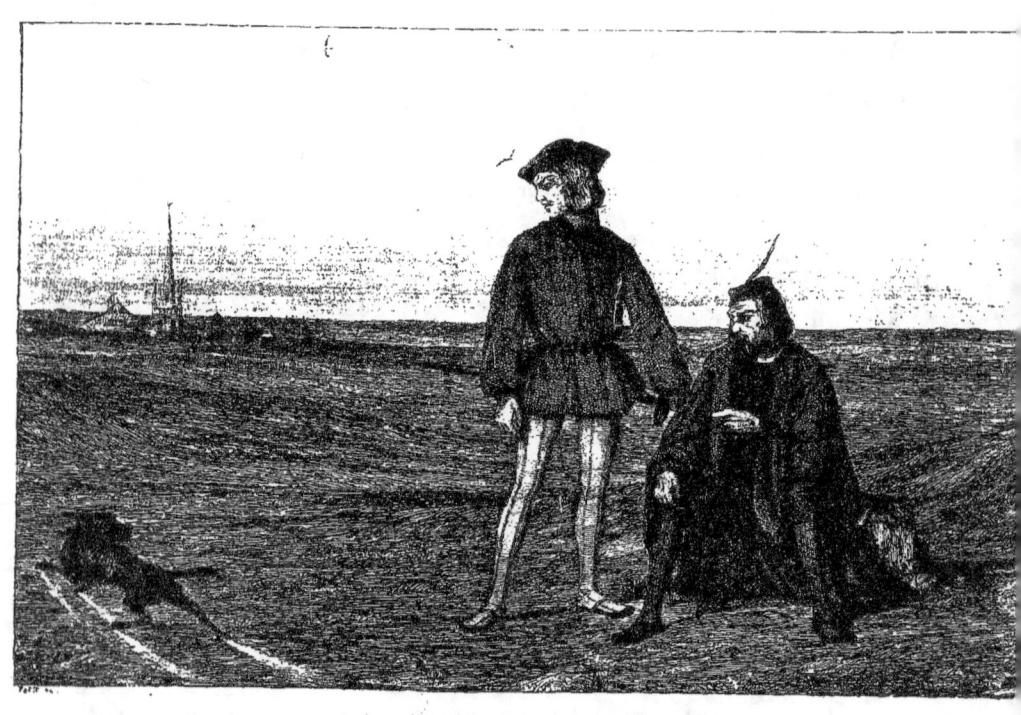

FAUST,

d'après une eau-forte d'Armand Leleux.

(Monde dramatique, 1836.)

Dumas (Alexandre). — *Théâtre d'Alexandre Dumas*. Paris, Charpentier, 1834-1836. En tête du tome premier, frontispice à l'eau-forte par Célestin Nanteuil.

> Dans les médaillons d'un cartouche sont représentées en miniature les principales scènes des drames d'Alexandre Dumas : *Christine, la Tour de Nesles, Térésa, Charles VII, Antony, Richard d'Arlington, Henri III, Angèle.*

D'Epagny et Deyeux. — *Charles III, ou l'Inquisition*, comédie-drame. Paris, Marchant, 1834. In-8°. Frontispice sur chine, par Mélingue.

D'Epagny et Jouy. — *Les Mal-contents de 1759*. Drame en cinq actes. Paris, Barba, 1834. In-8°. Lithographie de Mélingue.

Fleury (Arthur). — *Jean Galéas, duc de Milan, drame poétique*. Paris, Roux, 1835. In-8°. Frontispice à l'eau-forte de Th. Salmon.

> Dans un cachot du château de Pavie Isabelle d'Aragon, un poignard en main, se prépare à en frapper le cardinal Ascagne Sforce qui a fait assassiner méchamment par des sbires Jean Galéas Visconti.

Forneret (Xavier). — *Deux Destinées*, drame en cinq actes. Paris, Barba, 1834. In-8°. Frontispice sur chine volant de Tony Johannot, gravé par Porret.

> Charles, *se frappant d'un poignard.* Attends, je vais avec toi ! (*Il tombe sur le cercueil.*)
>
> M. de Saint-Brienne, *accourant avec frénésie et un poignard à la main.* Homme infâme ! Je te cherchais partout... Mon poignard ne rougira donc point de ton sang... Justice est faite !...

Forneret (Xavier). — *L'Homme noir*. Drame. Barba, 1835. In-8°. Frontispice lithographié.

FORNERET (Xavier). — *Vingt-trois Trente-cinq*. Comédie-drame en un acte. Paris, Barba, 1835. In-8°. Frontispice de Waschmut, lithographié par Challamel.

Lithographie un peu trop soignée pour une œuvre de l'*Homme noir*.

GALBACCIO. — Voir LAVIRON.

GŒTHE. — *Faust, tragédie de M. de Gœthe,* Traduit en français, par Alb. Stapfer. Ornée d'un portrait de l'auteur et de dix-sept dessins composés d'après les principales scènes de l'ouvrage et exécutés sur pierre par Eugène Delacroix. Paris, Charles Motte, 1828. In-folio.

Voir reproductions des frontispices de la couverture, pages 51 et 57.

GŒTHE. — *Faust*. Tragédie de Gœthe, nouvelle traduction complète en prose et en vers, par Gérard. Paris, Dondey-Dupré, 1835. In-18. Frontispice gravé à l'eau-forte [par Armand Leleux], d'après Rembrandt.

GŒTHE. — *Faust*. Vingt-six planches au trait [d'après Retsch]. Paris, Auvray. In-4° oblong. Fac-similé lithographié par Muret d'après la série publiée en Allemagne.

Voir reproduction, page 54.

Une autre édition de l'album de Retsch, planches réduites, fut publiée avec une analyse du drame de Gœthe par Mᵐᵉ Élise Voiart. Paris, Audot, 1828. In-18.

HUGO (Victor). — *Hernani ou l'Honneur castillan*. Paris, Mame-Delaunay, 1830. In-8°. Portrait de Victor Hugo, à l'eau-forte, signé *F. Salmon a. f.*

On trouve rarement l'exemplaire avec le portrait : peu ressemblant et d'une exécution insuffisante, il dut être supprimé lors des nouveaux tirages de l'édition.

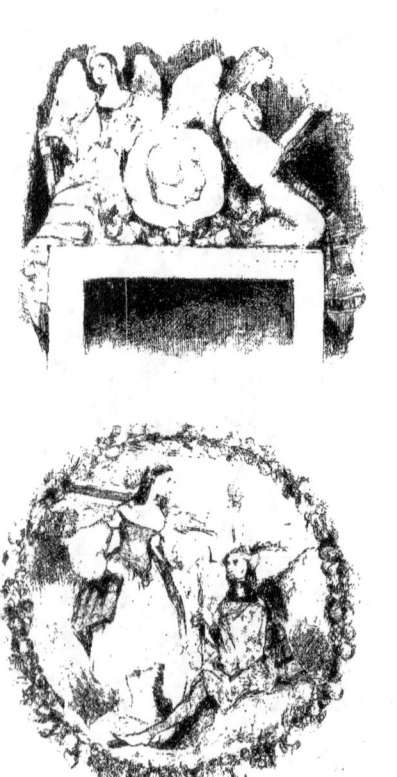

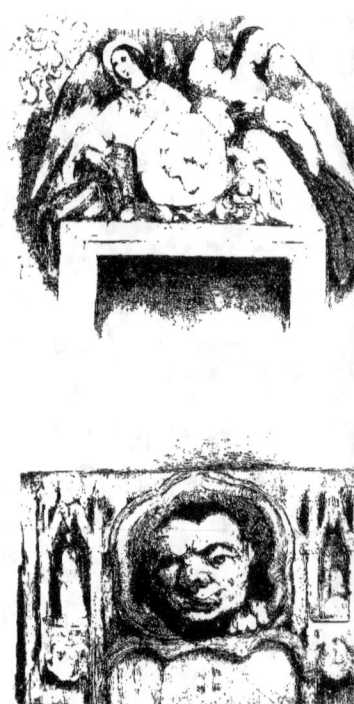

LAJARRY (S. C.). — Voir CHAMPION-LAJARRY.

LATOUCHE (Henry de). — *La Reine d'Espagne.* Drame en cinq actes. Paris, imprimerie Rignoux, 1831. In-8°. Portrait lithographié de Monrose.

LAVIRON et GALBACIO. — *Le Salon de 1833.* Orné de douze figures à l'eau-forte, par Alfred et Tony Johannot, Gigoux. Paris, Ledoux, 1833. In-8°.

LAVIRON (Gabriel). — *Le Salon de 1834.* Paris, Louis Janet, 1834. In-8°. Sur le titre, vignette sur bois, gravée par A. B. L., Douze lithographies hors texte par et d'après Decamps, Gigoux, Préault, Robert-Fleury, Tony Johannot, Cabat, Roqueplan, etc.

LENORMANT (Charles). — *Les Artistes contemporains. Salon de 1831.* Paris, A. Mesnier, 1833. Deux volumes in-8° avec un atlas de dix planches.

MEYERBEER. — *Robert le Diable.* Huit dessins de Victor Adam, gravés par Branche, accompagnés d'une analyse de la pièce. Paris, Janet, 1832. In-8° oblong.

MONNIER (Henry). — *Scènes populaires dessinées à la plume.* Paris, Levavasseur, Urbain Canel, 1830. In-8°. Frontispice et vignette sur le titre, gravés sur bois. Une deuxième édition augmentée parut à la même librairie en 1831.

> Pour les autres *Scènes populaires* (Dumont, 1835-1839, quatre volumes in-8), ainsi que pour les *Scènes de la ville et de la campagne* (Dumont, 1834), deux volumes in-8°, voir la Bibliographie publiée à la suite de *Henry Monnier, sa vie, son œuvre* (Dentu, 1879). Un volume in-8°.

Monpou (Hippolyte). — *Lénore, ballade de Burger, traduction de Gérard, mise en musique par Hippolyte Monpou*. Paris, Romagnési [1833]. In-4° d'une page de texte et de 39 pages de partition.

> Frontispice à compartiments, lithographié à la plume, de J. Goddé, non signé. Les trois parties de ce drame lyrique : *le Blasphème, la Course, le Cimetière*, sont précédées de trois lithographies : la première, signée par Célestin Nanteuil ; la deuxième, par Camille Rogier ; la troisième, non signée, mais vraisemblablement de Rogier.
>
> Reproduction du frontispice, page 63.

Ortigue (Joseph d'). — *Le Balcon de l'Opéra*. Paris, E. Renduel, 1833. In-8°. Eau-forte de Célestin Nanteuil.

> Pour ces morceaux de critique, tirés en partie du *Journal des Débats*, Célestin Nanteuil fournit un frontispice digne d'un poème. La musique est symbolisée par une jeune femme jouant de la harpe dans un paysage imaginaire : sur une roche un ange écrit les noms des plus célèbres compositeurs.

Penhoet (Olivier et Tanneguy de). — *Polichinelle*. Drame en trois actes. Paris, Bureaux de l'Histoire pittoresque d'Angleterre, 1836. In-12. Vignettes par Georges Cruikshank.

Planche (Gustave). — *Salon de 1831*. Paris, Fournier, 1831. In-8°. Vignettes sur bois, gravées par Porret d'après Eugène Delacroix, Tony Johannot, Isabey, Barye, etc.

> Reproduction de vignettes, pages 166, 191, 231 et 253.

Pourchel (Alfred). — *Une Chrétienne et Néron*. Drame en cinq parties et en vers. Amiens, Vᵉ Darras, Paris, Guillaume, 1835. In-8°. Gravure de J. Duvot.

ROCH (Eugène). — *Paris malade, esquisse du jour.* Paris, Moutardier, 1832-1833. In-8°. Petite vignette sur le titre. Cliché d'Henry Monnier ou de Devéria?

Scènes dialoguées.

SOUMET et BELMONTET. — *Une Fête de Néron.* Paris, 1830. In-8°. Lithographie de Raffet.

THOURET (Antony). — *Blanche de Saint-Simon, ou France et Bourgogne.* Paris, Ladvocat, 1835. In-8°. Portrait de l'auteur, lithographié par Julien. En tête du drame, vignette sur chine, dessinée par Eugène Forest.

C'est la scène cinquième du drame pendant laquelle le sire Robert assassine Du Lude en présence de Louis XI. Le drame de *Blanche de Saint - Simon* fut composé dans la prison de Saint-Waast où était interné le jeune républicain. Malheureusement une trop brillante santé nuisit à sa carrière; il était difficile d'évoquer « la paille humide des cachots » en face de l'Antony Thouret au gros ventre que ses amis appelaient plaisamment : Antony *Tout rond.*

VIGNY (Alfred de). — *La Maréchale d'Ancre.* Drame en cinq actes. Paris, Gosselin, 1831. In-8°. Lithographie de Tony Johannot, représentant la dernière scène du drame.

VIGNY (Alfred de). — *Chatterton.* Drame. Paris, Souverain, 1835. In-8°. Eau-forte-frontispice d'Édouard May.

Voir reproduction, planche IV.

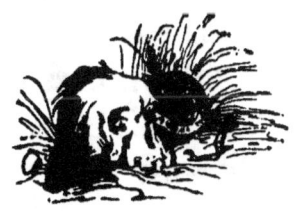

POLITIQUE

PHILOSOPHIE. — MORALE. — ARCHÉOLOGIE. — TRADITIONS
VOYAGES. — BIOGRAPHIES ET MÉMOIRES

ANNE (Théodore), ancien garde du corps du roi Charles X. — *La Prisonnière de Blaye*. Paris, Charpentier, 1832. In-18. Frontispice sur chine volant, par Tony Johannot, gravé par Porret. Sur le titre, vignette de Tony Johannot, gravée par Porret.

> Sorte de récit anecdotique de l'arrestation de la duchesse de Berry.

BALLANCHE. — *Antigone. L'Homme sans nom*. Paris, Delloye, 1841. In-12. Vignette par Bouillon.

BARESTE (Eugène). — *Nostradamus*. Paris, Maillet, 1840. In-12. Portrait dessiné par Lemud, gravé par Caqué.

BARGINET, de Grenoble. — *Chroniques impériales*. Paris, Guillemin, 1833. Un volume in-8°. Vignette d'Hipp. Adam, gravée par Cherrier.

BERTHOUD (Samuel-Henry). — *Chroniques et Traditions surnaturelles de la Flandre*. Publié par Charles Lemesle, 1ʳᵉ série. Paris, Werdet, Ch. Béchet, 1831. In-8°. 2ᵉ et 3ᵉ séries, Werdet, Ch. Béchet, 1834. Deux volumes in-8°. Vignette de Tony Johannot sur le titre, 1ʳᵉ série.

Le second volume ne fut publié par l'auteur qu'en 1834, à la même librairie, avec le même titre, 2ᵉ et 3ᵉ séries. Deux volumes in-8°. Gravures sur bois, dans et hors texte. Ce sont pour la plupart des bois tirés du *Musée des Familles*.

Une annonce de journal à propos de cet ouvrage mérite d'être signalée :

« M. S. Henry Berthoud, rédacteur de la *Gazette de Cambray*, et de la réputation duquel la poste apporte chaque semaine un fragment à Paris, par le mérite nouveau qui distingue ses feuilletons, M. S. H. Berthoud vient de publier les *Chroniques surnaturelles de la Flandre*. Éditeur, Mᵐᵉ veuve Béchet. Volume de l'ouvrage, in-8°. Son prix, 7 fr. 5o. Son genre, naïf, fantastique, terrible et gracieux. Son style, celui de Marot, de Rabelais et de Jules Janin. »

Vignette reproduite page 5o.

BERTHOUD (Samuel-Henry). — *L'Honnête Homme. Études morales.* Paris, Desrez, 1837. In-8°. Vignette sur bois.

BONNELIER (Hippolyte). — *La Plaque de cheminée.* Paris, Abel Ledoux, 1833. In-8°. Vignette sur chine, gravée sur pierre, non signée.

La vignette représente une vue du port et de la citadelle de Blaye.

CALVIMONT (Albert de). — *Veillées écossaises.* Paris, Urbain Canel, Guyot, 1832. In-18.

Lithographie représentant l'*Enfant du ciel*, c'est-à-dire le fils de la duchesse de Berry.

CALVIMONT (Albert de) et DE LA BAUME. — *Souvenirs de fidélité.* Paris, Hivert, 1834. In-18. Sur la couverture, vignette d'Henry Monnier, gravée par Andrew.

Ruines gothiques.

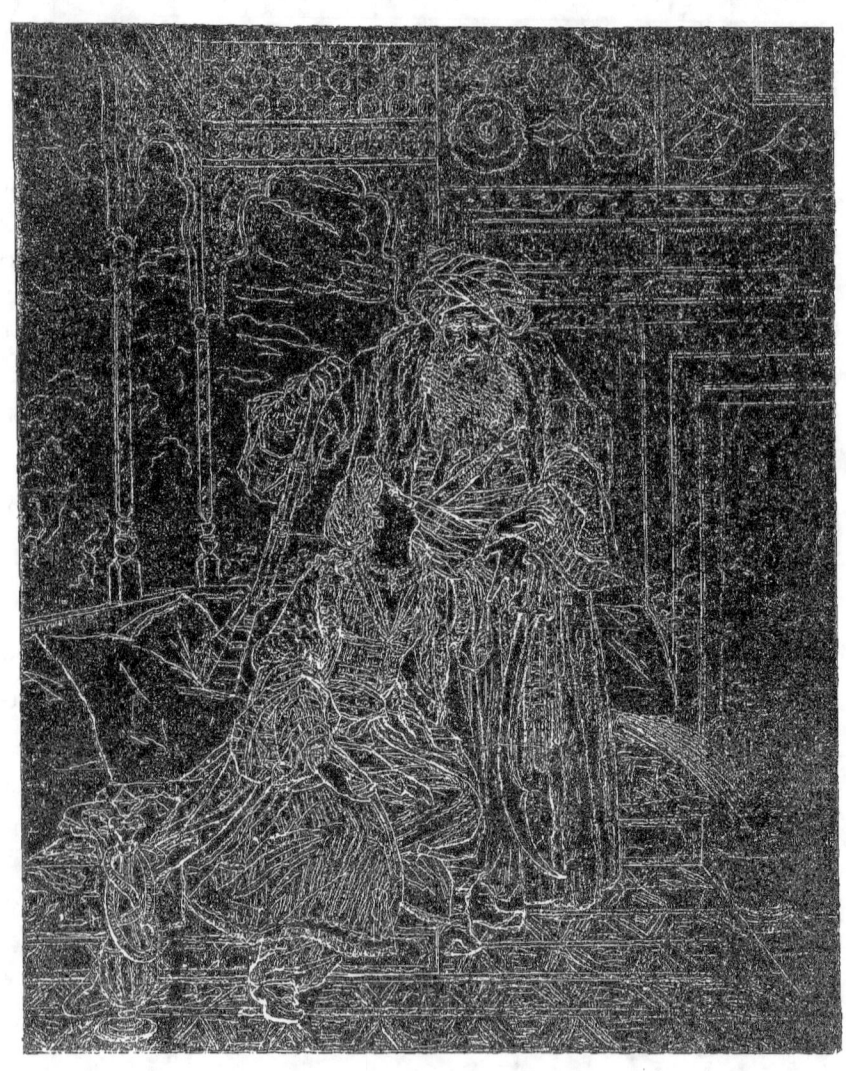

COMPOSITION DE MONVOISIN,

pour *Ali-Pacha et Vasiliki*, de Prosper Poitevin.

(1833.)

CORNILLE (Henri). — *Souvenirs d'Espagne*. Paris, Arthus Bertrand, 1836. Deux volumes in-8º. Sept eaux-fortes dont un frontispice, par Paul Vasseur.

DARGAUD. — *Solitude*. Paris, Paulin, 1833. In-8º. Sur le titre, vignette de Tellier.

> Un jeune penseur médite, appuyé sur un monument en ruines.

DENIS (Ferdinand). — *Le Brahme voyageur*. Paris, Abel Ledoux, 1833. In-18. Figures de Tony Johannot et Devéria.

DERMONCOURT (général). — *La Vendée et Madame*. Paris, Urbain Canel, 1833. In-8º. Vignette.

> Une deuxième édition, publiée par Hivert en 1834, a pour frontispice une pauvre lithographie.

DESJARDINS (G.). — *Première Babylone. Sémiramis la Grande*. Paris, Guillaumin, 1834. In-8º. Vignettes dans le texte et au revers de la couverture.

> Ce livre, qui mériterait une étude approfondie, est une dramaturgie dans laquelle la science hiéroglyphique se mêle à un romantisme républicain. Pour pénétrer dans ce drame divisé en « cinq coupes d'amertume », il faut la perception des grands monuments babyloniens. Dans cet ouvrage à la hauteur d'un palimpseste, Desjardins a laissé une sorte de secret du sphinx que découvriront peut-être les nouvelles générations.

DESMARAIS (Cyprien). — *Le Roman. Études littéraires et artistiques*. Paris, Société reproductive des bons livres, 1837. In-8º. Sur le titre, frontispice gravé sur bois, plus trois lithographies d'Acarie Baron.

> Le siège de la publication indique les tendances de l'auteur.

DOLLÉ (Frédéric). — *Histoire d'une promenade en Suisse et en France*. Gosselin, 1837. In-8°. Vignette sur chine d'Alfred Johannot, gravée par Pottin.

DUCOR (Henri). — *Aventures d'un marin de la garde impériale*. Paris, Ambroise Dupont, 1833. Deux volumes in-8°. Quatre vignettes de Jules David. Deux frontispices gravés sur acier, par Allais; deux sur bois, gravés par Lacoste jeune.

DUMAS (Alexandre). — *Impressions de voyage*. Paris, Gosselin, 1837. Deux volumes in-8°. Frontispice à l'eau-forte de Célestin Nanteuil, répété à chaque volume, mais en états différents.

DUMAS (Alexandre). — *Nouvelles Impressions de voyage. Quinze jours au Sinaï*. Paris, Dumont, 1841. Trois volumes in-8°. Vignette sur chine, par Dauzats.

> L'ouvrage a été fait en collaboration avec le peintre Dauzats.

FORNERET (Xavier). — *Encore un An de sans titre, par un Homme noir, blanc de visage*. Paris, Duverger, 1840. In-8°. Portrait de l'auteur, lithographié par A. Legrand.

HAIN (Victor-Armand). — *A la Nation, sur Alger*. Paris, chez les marchands de nouveautés, décembre 1832. In-8°. Vignette de Tellier, gravée par Saint-Ferjeux.

> Voir reproduction de la vignette, page 81.

HAURÉAU (B.). — *La Montagne. Notices historiques et philosophiques sur les principaux membres de la Montagne*, avec leurs portraits gravés à l'eau-forte par Jeanron. Paris, Bréauté, 1834. In-8°. Sur la couverture, vignette de Jeanron, gravée sur bois par Andrew.

Voir reproduction de la vignette sur bois, page 223, et de l'eau-forte, page 226.

LAMARTINE. — *Voyage en Orient*. Paris, Gosselin, 1836. Quatre volumes in-8°. — *Souvenirs, Impressions, Pensées et Paysages, pendant un voyage (1832-1833), ou Notes d'un voyageur*. Quatre volumes in-8°. Du tome V^e au tome VIIIe. Sur chaque titre de volume, vignette d'Alfred Johannot, gravée par Porret. Vignettes de Trimolet dans le texte; entourages de Marckl, gravés par Porret.

LANGLOIS (E. H.) DU PONT-DE-L'ARCHE. — *Hymne à la cloche*. Rouen, 1832. In-8°. Frontispice de Langlois, gravé par Brevière.

Voir reproduction, page 205.

Hyacinthe Langlois du Pont-de-l'Arche sera certainement étudié un jour comme il convient par les archéologues normands, ne fût-ce qu'au point de vue de ses vignettes et du soin que l'auteur apportait à la typographie de ses ouvrages. Les lettres ornées, les vignettes, les fleurons et les culs-de-lampe de ses publications servent de pont entre l'art de la Restauration et l'art romantique.

MARIN (Scipion). — *Histoire de la vie et des ouvrages de M. de Chateaubriand*. Paris, Vimont, 1832. Deux volumes in-8°. Sur le titre, deux vignettes de Tony Johannot, gravées par Porret.

Voir reproduction d'une des vignettes, page 255.

MONTARAN (baronne de). — *Fragments. Naples et Venise*. Paris, Jules Laisné, 1836. In-8°. Cinq dessins lithographiés par T. Gudin et E. Isabey.

MURET (Théodore). — *Madame en Vendée. Jacques le Chouan.* Paris, Urbain Canel, 1833. Un volume in-8°. Vignette sur bois de Tellier, gravée par Thompson.

NERVAL (Gérard de). — *Loreley, souvenirs d'Allemagne.* Paris, Giraud et Dagneau, 1852. In-18. Frontispice à l'eau-forte de Veyrassat.

[PEYTEL]. — *Physiologie de la poire*, par Louis Benoît, jardinier. Paris, chez les libraires de la place de la Bourse, 1832. In-8°.

> Sur la couverture, vignette de Grandville, gravée par Cherrier. Scène de réception à la cour. Tous les personnages en forme de poire sont reconnaissables à leurs coiffures et à leurs rubans : Louis-Philippe sur le trône, le maréchal Soult, le duc d'Orléans, etc. Sur le titre du livre, autre vignette sur bois représentant une poire avec ses feuilles, sans attributs satiriques.
>
> Dans le texte, clichés et culs-de-lampe de Grandville et autres empruntés au *Charivari*.

PLUQUET (Frédéric). — *Contes populaires, Préjugés, Patois, Proverbes, Noms de lieux, de l'arrondissement de Bayeux.* Rouen, Frère, 1834. In-8°. Vignettes de E. H. L. [Hyacinthe Langlois], gravées par Brevière.

> Le frontispice, *Voyage du chanoine de Cambremer à Rome*, est appelé à figurer dans les collections de vignettes romantiques. A l'intérieur du texte, vignette : *La mort!!! La mort!!!*

QUINET (Edgar). — *Ahasvérus.* Paris, Londres, rue des Beaux-Arts, 1833. In-8°. Vignette.

> Vue du Campo-Santo.

RAOUL (Maximilien). — *Histoire pittoresque du Mont-Saint-Michel.* Paris, Abel Ledoux, 1833. Grand in-8°. Quatorze vignettes à l'eau-forte, par Boisselat.

REY-DUSSUEIL. — *Le Monde nouveau, histoire faisant suite à la Fin du monde.* Paris, L. Renduel, 1831. In-8°. Lithographie à la manière noire.

ANONYME. — *L'Élysée-Bourbon.* Paris, Urbain Canel, Ad. Guyot, 1832. In-12. Vignette d'Auguste Bouquet, gravée par Cherrier.

ANONYME. — *Biographie du général Daumesnil, surnommé la Jambe-de-Bois de Vincennes.* Paris, Paul Dupont, 1834. In-8°.

Sur le recto et le verso de la couverture, vignettes de Tony Johannot, gravées par Cousin.

ANONYME. — *Mémoires de Latude,* avec une préface de Michel Raymond. Paris, Abel Ledoux, 1835. Deux volumes in-8°. Portrait par Gigoux.

L'ouvrage, de même que certains autres, est mentionné dans cette bibliographie en raison du portrait dessiné par un des maîtres de la nouvelle école.

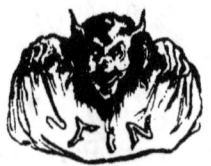

TABLE DES MATIÈRES

SECONDE PARTIE

TYPES ET MANIÈRE DES DESSINATEURS DE VIGNETTES ROMANTIQUES

TROISIÈME PARTIE

FIN DE LA TABLE DES MATIÈRES.

TABLE DES GRAVURES

—————

55

TABLE DES PLANCHES HORS TEXTE

FIN DE LA TABLE DES GRAVURES.

OUVRAGES ARTISTIQUES DE CHAMPFLEURY

HISTOIRE GÉNÉRALE DE LA CARICATURE

5 volumes grand in-18 jésus, illustrés de 600 gravures.

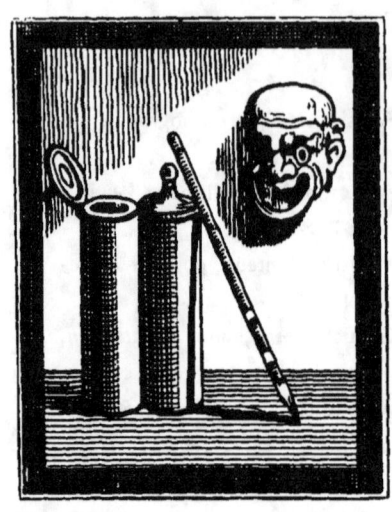

I. Histoire de la Caricature antique. Troisième édition. 1 vol. gr. in-18, *illustré* de 100 gravures. Prix. . . . . 5 fr.

II. Histoire de la Caricature au moyen age et sous la Renaissance. Deuxième édition. 1 vol. gr. in-18, *illustré* de 144 gravures . . . . 5 fr.

III. Histoire de la Caricature sous la Réforme et la Ligue (Louis XIII à Louis XVI). 1 vol. gr. in-18, *illustré* de 90 gravures . . . . 5 fr.

IV. Histoire de la Caricature sous la République, l'Empire et la Restauration. Deuxième édition. 1 vol. gr. in-18, *illustré* de 100 gravures . . . . . . 5 fr.

V. Histoire de la Caricature moderne. Deuxième édition. 1 vol. gr. in-18, *illustré* de 118 gravures . . . . . . 5 fr.

HISTOIRE DES FAIENCES PATRIOTIQUES

SOUS LA RÉVOLUTION

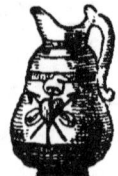

Troisième édition. 1 vol. gr. in-18, *illustré* de 100 gravures. Prix . . . . 5 fr.

HISTOIRE DE L'IMAGERIE POPULAIRE

1 vol. gr. in-18, *illustré* de 38 gravures. Prix . . . . 5 fr.

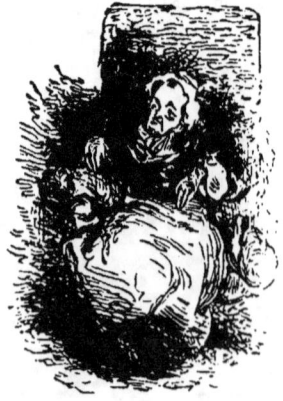

LE VIOLON DE FAIENCE

Nouvelle édition, avec eaux-fortes et illustrations en couleurs. 1 vol. in-8°. Prix . . . . . . 25 fr.

HENRY MONNIER

SA VIE ET SON ŒUVRE

1 volume in-8°, orné de 100 gravures fac-similé. Prix . . . . 10 fr.

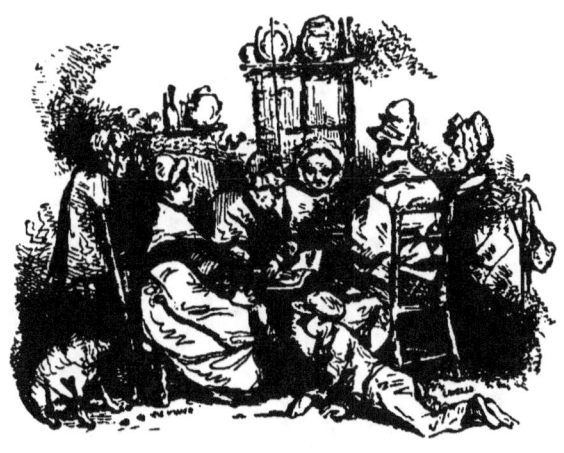

SCÈNES POPULAIRES

DESSINÉES A LA PLUME

Par HENRY MONNIER

2 volumes in-8°, illustrés de

150 GRAVURES

Prix : 20 francs.

OUVRAGES D'AMATEURS

ARSÈNE HOUSSAYE. — *Molière, sa femme et sa fille.* 1 vol. in-folio, illustré de gravures et eaux-fortes . . . . 100 fr.

— *Histoire du 41ᵉ fauteuil de l'Académie française*, nouvelle édition augmentée. 1 vol. in-8°, avec portraits et eaux-fortes . . . . 20 »

EDMOND ET JULES DE GONCOURT. — *Sophie Arnould*, d'après ses mémoires et sa correspondance. 1 vol. petit in-4°, avec portraits et fac-similé . . . . 10 »

— *L'Amour au XVIIIᵉ siècle.* 1 vol. in-16, avec eaux-fortes . . . . 5 »

EDMOND DE GONCOURT. — *La Saint-Huberty*, d'après sa correspondance et ses papiers de famille. 1 vol. in-16, avec vignettes et eaux-fortes . . . . 8 »

EMMANUEL GONZALÈS. — *Les Caravanes de Scaramouche*, suivies de *Giangurgolo* et de *Maître Ragveneau*, avec une préface par Paul Lacroix. 1 vol. in-16, avec vignettes et eaux-fortes, de Henri Guérard, encadrements en couleur. . . . . 10 »

CHARLES MONSELET. — *Poésies complètes.* 1 vol. in-18 elzévir, avec un frontispice gravé à l'eau-forte par Lalauze. . . . . 5 »

AUGUSTE SAULIÈRE. — *Les Leçons conjugales*, contes lestes. 1 vol. gr. in-18 jésus elzévir, orné de 55 vignettes et de 10 eaux-fortes de Henry Somm. . . . . . . 10 »

— *Histoires conjugales*, nouveaux contes lestes. 1 vol gr. in-18 jésus elzévir, orné de 50 vignettes et de 10 eaux-fortes de Henry Somm . . . . 10 »

CHARLES VINCENT. — *Chansons, Mois et Toasts*, précédés d'un Historique du Caveau, par E. Dentu. 1 vol. in-8°, avec portraits et vignettes à l'eau-forte par Le Nain. 10 »

ÉDOUARD FOURNIER. — *L'Esprit des autres* recueilli et raconté, 6ᵉ édition. 1 vol. in-18 elzévir. . . . . 5 »

— *L'Esprit dans l'histoire*, recherches et curiosités sur les mots historiques. 1 vol. in-18 elzévir. . . . . 5 »

— *Paris démoli.* Nouvelle édition. 1 vol. in-18 elzévir . . . . 5 »

JULES CLARETIE. — *Un Enlèvement au XVIIIᵉ siècle.* 1 vol. in-16, avec vignettes et eaux-fortes de Lalauze. . . . . 10 »

HENRY DE BORNIER. — *Poésies complètes.* 1 vol. gr. in-18 elzevir sur papier teinté. Portrait par Le Nain. . . . . 5 »

Paris — IMPRIMERIE DE L'ART, J. Rouam, imprimeur-éditeur, 41, rue de la Victoire.